Weichsel
Wien
Carnuntum
Budapest
Belgrad
Donau
Split
Konstantinopel
Trapezunt
Brindisi
Saloniki
Troja
Izmir
Athen
Ephesus
Antalya
Antiochia
Tyros
Jerusalem
Gaza
Cyrene
Alexandria
Akaba
Kairo
Memphis
El Aghella
Nil

Auf Römerstraßen durch Europa

Hermann Schreiber

Auf Römerstraßen durch Europa

BECHTERMÜNZ
VERLAG

Umschlagmotiv: Die Via Appia. Foto: Löbl/Schreyer, Bad Tölz

Lizenzausgabe für den Bechtermünz Verlag GmbH,
Eltville am Rhein, 1991
Lektorat: Erica Wuppermann
Satz: Fotosatz Leingärtner, Nabburg
Druck- und Bindearbeit: May + Co, Darmstadt

ISBN 3 927117 71 4

INHALT

VOM REIZ DES VERGANGENEN
Eine durchaus unzeitgemäße Vorbemerkung

Es ist vielleicht nichts anderes als der Spieltrieb aus Kindertagen. Haben wir nicht alle Muscheln gesucht, ans Ohr gehalten und nicht mehr existierende Ur-Meere in ihnen rauschen gehört? Haben wir nicht alle, ein wenig später, beim Vorüberfahren an Baustellen nachdenkliche Blicke auf jene alten Straßenstücke geworfen, die fortan, wenn die neue Straße fertig sein wird, langsam zurückfallen werden ins Grün des Vergessens? Ist uns nicht allen auf irgendeinem einsamen Hochjoch klargeworden, daß dort, wo wir heute den Rucksack hinauftragen, bis zur Eisenbahnzeit, die ja noch jung ist, Kolonnen von Tragtieren den gesamten Warenverkehr bewältigten, im Jahr 1800 nicht viel anders als zweitausend Jahre zuvor?

Gewiß, die Spur im Boden ist an sich nichts, erst unsere Phantasie bevölkert sie mit Karawanen, Sänften, Kolonnen, Kohorten, und diese Phantasie wiederum speist sich aus dem, was wir in glücklicheren Zeiten gelernt, gelesen, in der Arbeit erfahren haben. Wäre dies nicht der Fall, so würde uns auch der Weg über den Septimer, über den Clapier oder über die Höhen des burgundischen Morvan nichts sagen.

Ein Buch, das sich zwar nicht der Altstraßenforschung widmet, wie der Fachbegriff lautet, das aber auf Hunderten von Seiten von Straßen spricht, die es nur noch meterweise gibt, so ein Buch muß nicht nur die Phantasie seiner Leser zu Hilfe rufen, sondern sollte auch an das erinnern, was der Leser irgendwann in seiner Jugend im Geschichtsunterricht gelernt und wieder vergessen hat.

Wenige haben heute die Lateinische Sprache erlernt, sich mit Alter Geschichte befaßt – viele aber möchten doch erfahren, was vor der Gegenwart geschah. Außerstande zu sagen, wieviele meiner Leser ich geschichtsblinden Lehrplänen verdanke, fußend auf der Überzeugung, daß jeder Zuwachs an Wissen und Kenntnis unsere Erlebnisfähigkeit steigert, reise ich seit mehr als dreißig Jahren teils zum Vergnügen, teils im vergnüglichen Auftrag meiner Verleger durch unseren alten Kontinent. Die altersgrauen Burgen, die mittelalterlich-engen Stadtkerne, die verwehten Pisten und zerbröckelnden Uraltdecken früherer Heerstraßen haben mich angezogen wie eine Droge. Ist man erst einmal süchtig geworden durch die Kenntnis der vielen Schicksale aus Geschichte und Sage, dann schärfen sich die Sinne und man entwickelt ein besonderes Ahnungsvermögen für das geheimnisvollste, weil unsichtbar gewordene Erbe vergangenen Lebens. Denn es war ja da, es ist ja keine jener Fiktionen, die wir in die Zukunft projizieren, weil uns die Gegenwart nicht befriedigt. Es ist eine Art Archäo-Fantasy dies alles heraufzurufen, und die Faszination ist zumindest für den Autor, der sich darum bemüht, jener mindestens ebenbürtig, die von den unverbindlichen und unkontrollierten Visionen der Zukunft ausgeht. Es war vor mehr als dreißig Jahren, als ich auf das Herder-Wort stieß, das mich seither nicht mehr losließ: »Nicht auf dem Boden deiner Erde wandelst du, armer Mensch, sondern auf einem Dach deines Hauses, das durch viele Überschwemmungen erst zu dem werden konnte, was es dir jetzt ist«.

Die Überschwemmungen folgen in unserem Jahrhundert dichter aufeinander als je zuvor, und die Vergangenheit wird schneller und rücksichtsloser abgedrängt, als es früher möglich gewesen wäre. Ganze Dörfer mit Hunderten von Häusern, in denen viele Generationen gelebt haben, versinken in künstlichen Seen; Straßen führen plötzlich ins Wasser, Kirchturmspitzen ragen aus einer See-Oberfläche. Wälder erobern sich graue Mauern, und Moos bedeckt jene Steinplatten, über die durch viele Jahrhunderte das lauteste, bunteste Leben lief, das Leben der Straße. In einer Zeit, da wir uns über unsere Erde erheben und sie weiter und besser überblicken als einst die Götter vom Olymp, ist es keine Kunst mehr, zu sagen: dieses Tal bietet sich für eine Straße an, dieser Übergang ist günstiger als jener. Der Mensch vor den Brüdern Montgolfier jedoch war ein Kriechtier; er stieß sich zehnmal die Nase an Bergwänden wund, ehe er den gangbaren Weg, den zu bezwingenden Paß fand, und so mancher einsame Wanderhändler mag mit all seinem Kram in Sümpfen versunken sein, ehe die ersten Knüppeldämme über die trügerische Fläche geleiteten. Die Straße bindet eine unvergleichliche Fülle der Abenteuer und, was das Schönste daran ist – das eine oder andere aus dieser Fülle läßt sich rekonstruieren, ist uns in Berichten überliefert oder hatte gar geschichtliche Folgen. Die Straße der Zug- und Tragtiere, der Wanderer und der Soldaten wurde selbst zum Vehikel, nämlich zu dem des Fortschritts; sie brachte Menschen verschiedener Art, verschiedener Kultur und verschiedener Entwicklungsstufen miteinander in Verbindung und ließ dort, wo zwei Straßen einander kreuzten oder ein Paßweg sich ins Tal senkte, Siedlungen entstehen: jene Städte, die aus Bauern Bürger werden ließen.

Alteuropa ist ein totgesagter Park, tot ist es nicht. Der Reiz versunkener Städte, aufgegebener oder überdeckter Straßen wirkt gewiß nicht auf alle, aber das liegt nicht so sehr am alten Europa als an den späten Europäern selbst. Von so manchem Rezensenten händeringend gemahnt, doch nicht allzuviel vorauszusetzen, habe ich mich bemüht, diesen Weg in die Vergangenheit so anschaulich wie möglich zu schildern. Ich verwende moderne geographische Bezeichnungen gleich häufig wie die alten Römernamen und setze an den Schluß des Buches noch eine Zeittafel, damit die Kaiser und Konsuln nicht durcheinanderpurzeln. Die Aficionados – ja auch solche gibt es –, die glühenden Altstraßensucher unter den Autotouristen, finden in den Abschnitten über die römischen Alpenstraßen, über die Heerstraße auf dem Balkan, über den Hadrianswall und an manchen anderen Stellen so viele Details, wie sie brauchen, um selbst auf die Suche gehen zu können. Durchgängig Schritt für Schritt zu beschreiben, hätte jedoch eine Bibliothek erfordert und einen längeren Lebensrest, als mir noch vergönnt sein dürfte. Und weil es eine wirklich ungeheure Arbeit war, habe ich mich nicht gescheut, häufig Rat einzuholen: bei meinem Freund, dem Schriftsteller und Spanienkenner Dr. Wilhelm Muster in Graz und zu vielen Einzelheiten bei meinem Bruder Georg, der als Altphilologe dieses Buch mindestens ebensogut gemacht hätte wie ich. Neben diesen Herren danke ich an dieser Stelle auch dem Verlag und der zuständigen Lektoratsequipe für vielfache Hilfe und oft bewiesenes Verständnis.

München, im Februar 1985 Dr. Hermann Schreiber

NACH ROM – WOHIN SONST?

Es ist ein Wort, das jeder kennt – die Feststellung, daß alle Straßen nach Rom führen. Die ersten, die dies sagten, mögen darüber Stolz empfunden haben, die Späteren hatten dabei vielleicht ein Seufzen unterdrückt. Bezweifelt aber hat die Tatsache niemand, denn Rom, die Herrin der Welt für tausend Jahre und Weltmittelpunkt der Kirche seither, diese Stadt der Städte am Tiberfluß hat vielleicht nicht die erste Straße besessen, die es auf unserer Erde gab, aber sie war ganz gewiß der erste Straßen-Knotenpunkt, der diese Bezeichnung wirklich verdiente. Und die Römer schufen das erste Straßennetz, das aus den Straßen erst die Struktur eines Reiches macht, dem einzelnen Wegstück einen höheren Sinn gibt als das Hinundher des Pendelverkehrs mit gefügigen Zugtieren. Die Straße, zunächst nur Fahrbahn für Prozessionswagen, Schauplatz für Gepränge, Veranstaltungen und Athleten, schier überflüssig noch den fußwandernden Griechen, ist unter den Römern schon das, was sie bis heute geblieben ist und leistete bereits, was sie bis heute leistet, nicht mehr, aber auch nicht weniger: sie ist eine der wenigen sinnvollen Korrekturen an der rauhen Schöpfung, die wir Menschen vorzunehmen imstande waren. Da es heute so aussieht, als sei sie nun vollendet, zumindest, was Europa betrifft, stellt die entschuldbare Neugierde die Frage, wie es denn begonnen habe, in Rom und rundherum.

Rundherum fahren wir heute, was immer wir in Rom ansteuern, denn im Vorfeld des explosiv gewachsenen Stadtmolochs Rom bietet der Autobahnring die einzige Chance des Fremden, den richtigen Einstieg zu finden. Rundherumfahrend lesen wir dann das kuriose Nebeneinander altrömischer und christlicher Namen: Porta Latina und gleich darauf den Doppelnamen ein und desselben Tores, San Sebastiano und Appia, oder Porta San Paolo und Porta Ostiense, Porta San Pancrazio und Porta Aurelia und so weiter. Sieht man von dem kleinen Split ab, dessen alter Stadtkern in den ausgedehnten Kaiserpalast des Diokletian hineingebaut wurde, so gibt es kein zweites Beispiel gleichartigen und gleich vollständigen Ineinanderwachsens der Zeitalter in einem einzigen Stadtgebilde wie Rom. Und es ist keineswegs so, daß Neues das alte Rom überlagert hätte; oft liegt es ihm noch zu Füßen angesichts der sieben Hügel, deren Höhen schon das antike Rom bebaut hatte.

Und die Straßen, die führten allesamt aus Rom heraus, ehe man noch sagen konnte, sie führten nach Rom hinein, denn nicht die Etrusker und Sabiner oder gar die Griechen haben sie gebaut, um von den italischen Landschaften und Küsten her in die Tiberstadt einzudringen, sondern die Römer selbst waren es, in denen die Eroberungssucht erwachte und damit auch die konstruktive Lust, dorthin Straßen zu bauen, wo man erobern wollte, wo man erobert hatte, wo man weitere Kriegszüge in entferntere Gebiete vorbereiten wollte. Denn – zu seiner Schande sei es gesagt – das Straßennetz ist eine aggressive Erfindung genau wie das Netz der Spinne.

Selbst wenn wir statt kurzweg von Straßen ausdrücklich von Kunststraßen sprechen, läßt sich nicht ermitteln, wer nach den altorientalischen Prozessionsstraßen die ersten praktischen oder militärischen Zwecken dienenden befestigten Wege im Mittelmeerraum und im angrenzenden Europa gebaut hat. Im trockenen Griechenland hüpfte Theseus von Stein zu Stein, und die rüstigen Wanderer nützten Bergstöcke, wo der Tritt unsicher war; auch Gleise fanden sich, für Karren in den Felsboden gegraben, in Griechenland und mit größter Zweckhaftigkeit auf den Höhen der Insel Malta, vermutlich, um die vom Regen abgewaschene Erde wieder auf die höher gelegenen Anbauflächen transportieren zu können. All das ist zu speziell, zu lokal, um als Erfindung ausstrahlen zu können, weswegen römische Autoren – die darum zweifellos gescholten wurden – die Erfindung der Straße den Karthagern zuschreiben, sie ihnen jedenfalls eher zu gönnen scheinen als den etruskischen und griechischen Nachbarn.

Es war nun aber nicht so, leider, daß ein namentlich bekanntes Genie, ein Edisonius gleichsam, die erste Via publica zum Beispiel von Rom nach Ostia gebaut hatte, von der Mutterstadt zu ihrer ersten Kolonie, ihrem Hafen. Nur die Wahrscheinlichkeit sagt uns, daß eine Stadt wohl keine Straße dringender brauche als die zu ihrem Hafen. Denn wenn es auch Straßen gab, die nur den Weg auf die Äcker und zurück erleichtern sollten, wie die Via Laurentina (*quae populum Laurentes ducit in agros*), so kamen in einem Hafen doch Güter an, die man nicht so ohne weiteres wie die Gerätschaften der Feldbestellung auf den Rücken laden konnte. Die ältesten sicheren Zeugnisse von

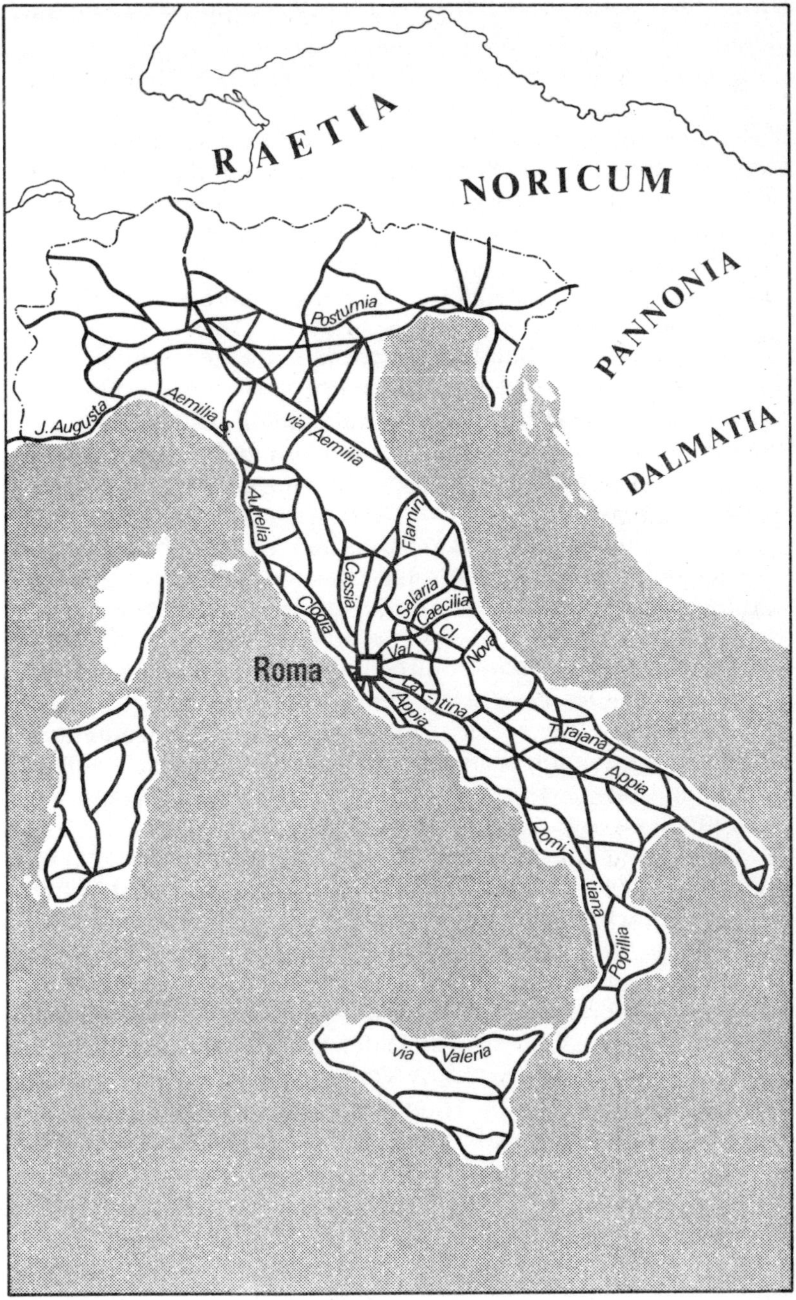
RAETIA
NORICUM
PANNONIA
DALMATIA
Postumia
J. Augusta
Aemilia S.
via Aemilia
Aurelia
Flamin
Cassia
Clodia
Salaria
Caecilia
Cl.
Val.
Nova
Roma
La-tina
Appia
Trajana
Appia
Domi-tiana
Popillia
via Valeria

einem städtischen Ostia stammen aus dem fünften vorchristlichen Jahrhundert, die erste sichere Erwähnung gepflasterter Straßen aus der gleichen Zeit (im Zwölftafelgesetz: »Die Wegbreite ist... im geraden Stück 8 Fuß, bei Biegungen 16 Fuß. Den Weg sollen sie befestigen: wenn man ihn nicht mit Steinen belegt hat, soll er das Vieh treiben, wo er will.«) Aus diesen Erwähnungen geht knapp, aber deutlich hervor, daß die ersten Straßen im Jahr 451 v. Chr., als das Gesetz aufgezeichnet wurde, bereits existierten, weiters, daß befestigte Straßen nicht selten, aber auch noch nicht die Regel waren, und drittens, daß die Straßen nicht nur militärischen Zwecken dienten, sondern, wie es sich für ein Bauernvolk gehört, zunächst einmal dem Viehtrieb. Damit sind wir bei einer Gruppe von uralten Wegen und Routen, die sich dem Land aufprägten, ohne gepflastert zu sein, weil Tausende von Hufen sie alljährlich stampften und festigten – die Triften, die Verbindungswege zwischen Winter- und Sommerweiden. Sie haben in ganz Europa nicht nur Wege geboren, sondern auch das Wegerecht, und selbst an der italienisch-österreichischen Grenze, wo die Bersaglieri bekanntlich die Pässe aus Angst vor einer Invasion durch die letzten Kaiserjäger schon im Oktober wieder schließen, ziehen die Herden ungehindert vom Veltlin hinüber ins obere Ötztal. »In der geschichtlichen Ordnung sind die ersten in regelmäßiger Wiederkehr benützten Wege allem Anschein nach die Transhumance-Routen jener Schafherden, die zwischen der Languedoc-Ebene und den Causses oder zwischen dem Massif Central und den Cevennen hinundher getrieben wurden« schreibt Pierre A. Clément in seinem Buch *Les Chemins à travers les âges* (Montpellier 1984), und es spricht nichts dagegen, im kargen Mittelitalien ähnliche agrarische Wanderungen anzunehmen. Daß auf diesen Routen die Schäfer mit ihren Herden Wege eher schufen als vorfanden, ist so gut wie sicher. Die Römer hatten, nach allem, was wir an Anhaltspunkten besitzen, von 500 vor Christus an etwa ein Halbjahrtausend Zeit, diese Wege der tausend Hufe zu Straßen für Menschen, Zugtiere und Wagen zu machen, und man kann sich, bedenkt man es richtig, eigentlich keine schönere Entstehungsweise als eben jene durch das Getrappel der Schafe ausmalen.

Wenn das römische Straßennetz ein Weltwunder zu nennen ist, so ist es doch jedenfalls nach dem Grundsatz entstanden, daß gut Ding Weile braucht und daß Rom selbst auch nicht an einem Tage erbaut worden ist. Als Europa schließlich von Nordschottland bis in die Sahara und von Westspanien bis an den Euphrat mit einem Netz von Römerstraßen überzogen war, hatte Rom zu diesem gewaltigen Werk mehr als sechshundert Jahre gebraucht, wenn wir die Rechnung bei jenem Appius Claudius Caecus beginnen lassen, der im Jahre 312 v. Chr. den Bau der Heerstraße von Rom über Aricia, Fundi und Sinuessa nach Capua befahl.

Ein Däne hat vor hundert Jahren ein dreibändiges Werk einzig und allein über die Via Appia geschrieben, und ein Deutscher hat ein dickes Buch jenem kurzen Stückchen der alten Straße gewidmet, das im vorigen Jahrhundert auf Veranlassung Papst Pius' IX. zwischen Rom und Albano ausgegraben worden ist. Wenn wir uns nun noch vor Augen halten, daß allein die Römerstraßen erster Ordnung, aneinandergereiht, zweimal um den Äquator reichen würden, daß aber alle gebahnten Straßen des Römerreichs zusammengenommen zehn Äquatorlängen ausmachen – dann können wir ungefähr ermessen, wie dick dieses Buch sein müßte, wenn es dem Wunder der Römerstraßen auch nur einigermaßen gerecht werden sollte.

Denn sie sind ein Wunder: ein Wunder der Ausführung vor allem. Bei den Straßen zählt nun einmal die Ausführung mehr als die Planung, das faktische Vorhandensein viel mehr als das halbe Dutzend Erfindungen, denen der Straßenbau seine bescheidene technische Entwicklung vom kretischen Straßenkunstwerk bis zum US-Highway Nummer 40 verdankt.

Die Beziehungen Roms zur etruskischen Kultur sind durch die Forschungen der letzten Jahrzehnte so offenkundig geworden, daß sich niemand mehr wundern wird, zu hören, wie viel die Römer auch auf dem Gebiet des Straßenbaus von den Etruskern übernommen haben. Der vorrömische Warenaustausch zwischen Italien und dem Alpengebiet lag fast ausschließlich in den Händen dieses Volkes, das sich so deutlich durch seine Begabung für den Handel und das Kunsthandwerk von den Römern unterschied. Bei Remedello Sotto verbindet eine fünfzehn Meter breite gepflasterte Straße zwei vorrömische Gräberfelder, und bei Canatello grub man gepflasterte Straßen wechselnder Breite (2,00 bis 3,80 Meter) aus. Ein spezifisch etruskisch zu nennender Straßentypus entwickelte sich aber erst im achten vorchristlichen Jahrhundert: es sind Hohlwege, die Hügel und kleine Erhebungen in künstlichen Schluchten durchschneiden, deren Seitenwände bis zu fünfundzwanzig Meter hoch sind – und das bei einer Sohlenbreite von nur drei Metern! Solche Anlagen ersparten zwar manche Kurve, machten aber ein besonderes Entwässerungssystem notwendig (wodurch sich eine überraschende Parallele zu den altchinesischen Lößstraßen ergibt).

Wenn man nun noch erfährt, daß zu beiden Seiten dieser Straßen tiefe Grabkammern in den Berg getrieben waren, so kann man sich das Reisen zu etruskischer Zeit nicht sonderlich gemütlich denken. Auch Griechen und Römer ließen sich an der Straße bestatten, aber das waren doch Wege, die frei über das Land hinliefen und einen Blick über die Grabsteine hinaus gewährten. Die etruskischen Schluchtstraßen führten wie Tunnels durch einen Friedhof...

Obwohl der Stein in Etrurien oft verhältnismäßig weich ist – leicht zu bearbeitender Tuff –, hatte man die Wegsohle meist nicht durchgängig geglättet; für die Fahrzeuge waren Spurrillen ausgehoben und Ausweichstellen vorgesehen, auch Prellsteine fanden sich, einige davon sogar mit etruskischen Inschriften.

Die stärksten Eindrücke vom etruskischen Straßenbau mögen die Römer freilich bei der Eroberung der Städte in Etrurien im vierten oder dritten vorchristlichen Jahrhundert gewonnen haben. Bei Ausgrabungen der Etruskerstadt Marzabotto (bei Bologna) fand man zum Beispiel allein in diesem kleinen Ort vier gepflasterte Hauptstraßen von je fünfzehn Metern Breite, die zudem angegrenzte Gehsteige und Entwässerungskanäle besaßen. Die Fußgänger konnten die Straßen auch bei Regen- oder Schmutzwetter auf steinernen Trittinseln trockenen Fußes überqueren. Die Trittsteine in Pompeji zeigen deutlich, daß die Römer dieses Prinzip genau übernahmen und noch ein halbes Jahrtausend später anwendeten.

Im allgemeinen aber war das vorrömische Italien ein Land ohne Überlandstraßen, fehlte dafür doch eine Hauptvoraussetzung: die politische Einheit, die starke Zentralgewalt. Rom konnte die italischen Stämme im Norden und Süden seines Kraftzentrums ja erst in langwierigen, an Rückschlägen reichen Kriegen niederwerfen. Bis zum Beginn des vierten Jahrhunderts vor Christus gab es in Italien nur die alten Handels-

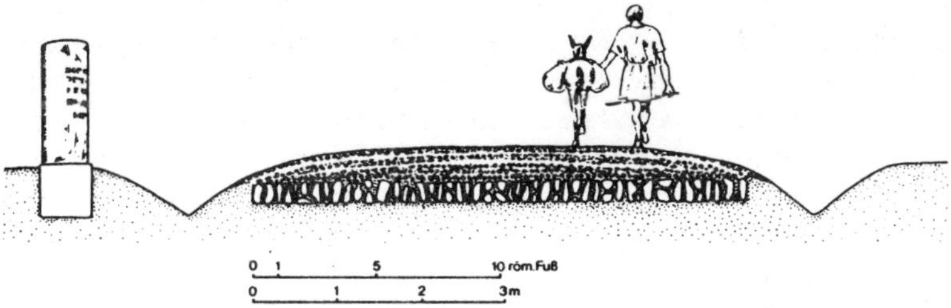

Querschnitt einer Römerstraße

wege, die noch keine Kunstbauten, sondern lediglich befestigte Erdwege waren, auf denen Kiesaufschüttungen die Fahrbahn verbesserten.

Die bedeutendsten dieser frühen Straßen entstanden offenbar auf Grund von Vereinbarungen zwischen den einzelnen Stämmen, die aus wirtschaftlichen Gründen wohl oder übel ihre Streitigkeiten zurückstellen mußten. So brauchte das Bergvolk der Sabiner, das an den westlichen Hängen der höchsten Apennin-Erhebungen (südlich von Umbrien) wohnte, das Salz von der Tibermündung. Es gelangte auf der Via Salaria zu ihnen. Auch die Via Appia folgte streckenweise einer älteren Kiesstraße von etwa drei Metern Breite.

Diese Beispiele dürfen uns jedoch nicht glauben machen, daß die Straße und der Verkehr im Bewußtsein jener Zeiten und Völker schon eine nennenswerte Rolle gespielt hätten. Ernst Speck macht in seiner *Handelsgeschichte des Altertums* das Römische Recht für manchen Mißstand der frührömischen Straßenwirtschaft verantwortlich: »Die langsame Entwicklung des römischen Straßennetzes war eine Folge der Forderung, daß Grund und Boden der Staatsstraßen Eigentum des römischen Volkes sein mußten. Solange die Bundesgenossen ihre Unabhängigkeit durch eine achtunggebietende Macht schützten, stellte diese einem kräftigen einheitlichen Vorgehen schwer überwindbare Hindernisse entgegen. Die 132 römische Meilen (= 195 Kilometer) lange Via Appia führte ausschließlich durch römisches Gebiet. Dann verstrich nahezu ein Jahrhundert, bis 220 v. Chr. die 212 römische Meilen (= 307 Kilometer) lange Via Flaminia geschaffen wurde; hierzu mußten schon umbrische Gemeinden Grund und Boden abtreten.«

War das Recht die Basis des römischen Denkens, so war der Krieg die Zielsetzung römischen Handelns. In ihren Feldzügen wuchsen die Römer über sich selber hinaus und schienen plötzlich, kaum daß sie mit den Waffen loszogen, alle Fähigkeiten zu haben, die ihnen sonst fehlten. Vergleicht man etruskische Gewölbe mit den römischen, überlegt man, wie lange die Griechen – auf süditalienischem Boden – schon den Mörtel benützten, so muß man sich sagen, daß die Römer technisch nicht sonderlich erfinderisch waren. Aber sie verfügten über die besten Ingenieur-Offiziere und über die genauesten Vorstellungen von dem, was man heute Beschäftigungstherapie nennt. Schon Isidorus Hispaliensis, seit 594 Bischof von Sevilla, sagte den Römern in seinem Hauptwerk, den Etymologien, nach, sie hätten die Straßen angelegt »über fast die ganze Welt wegen der Geradheit der Reisen und um Arbeitslosigkeit der Bevölkerung zu verhüten«. Viel gefährlicher als arbeitsloses Volk waren aber arbeitslose Soldaten, denn sie waren gefürchtet als potentielle Rebellen, die sogar schon die Waffen in der Hand hatten und sich ihrer auch zu bedienen wußten. Da zudem das Kriegsrecht das Römische Recht zeitweise außer Kraft setzte, ließen Zensoren und Konsuln die römischen Soldaten in den eroberten Gebieten oft unmittelbar nach den Schlachten und noch während der Feindseligkeiten Straßen bauen.

Trotz einiger Widerstände entstanden auf diese Weise die Straße von Bonia nach Arretium (Arezzo) im Jahre 187 v. Chr., die Straße von Salonae nach Andetrium in Dalmatien als ein Werk der VII. Legion, die Straße von Karthago nach Theveste, die von Lambaesis in Nordafrika ausgehende Via Septimiana und viele andere. Die Legionen in den Kolonien, die als Besatzungssoldaten oft monate-, ja jahrelang ein recht ruhiges Leben führten, taten sich bei solchen Arbeiten besonders hervor.

Schon in den frühen Zeiten des römischen Staates gab es eine eigene Heeresabteilung, die den Truppen vorauseilen und die Wege ausbessern mußte. Diese *centuria accessorum velatorum* blieb jahrhundertelang bestehen und hat sich um die Straßen im italienischen Mutterland große Verdienste erworben. Doch sie war nicht die erste Pioniertruppe: Schon Alexander der Große hatte seinen ausgesuchten Wegebauertrupps befohlen, vor seinem Heer zu marschieren und im Bedarfsfall blitzschnell zu arbeiten. Auch die Perser ließen bei ihren Feldzügen gegen Griechenland die Wege nicht nur auskundschaften, sondern auch in technischer Hinsicht erforschen und ausbessern.

Weit weniger wertvoll als die disziplinierte und trainierte Truppe war die Arbeitsleistung der Bewohner in den unterworfenen Gebieten. Dafür aber waren es so gut wie kostenlose Hilfskräfte, und an einer der langen, geraden Römerstraßen hatte man die Feinde von gestern wenigstens schön beisammen und konnte sie stets im Auge behalten. So bauten denn Sieger und Besiegte nebeneinander an den großen Heerstraßen des Römischen Reiches, schufteten Sklaven und Kriegsgefangene sechs- bis siebenhundert Jahre lang an Baustellen in beinahe der ganzen damals bekannten Welt.

Dennoch war der Wegebau keine »schmutzige Arbeit«. Waren die römischen Straßen auch nicht in dem Sinne heilig wie die griechischen, waren sie auch nicht für Priesterinnen und Pilger bestimmt, sondern für die Kohorten, Waffen und Güter der größten Militärmacht der Welt, so waren sie doch gerade darum der Stolz Roms, wie die Armee selbst und das ganze große Reich, das durch diese Straße erst erschlossen wurde. Die öffentlichen Gelder reichten bei weitem nicht aus, diese gewaltige, mit jeder Eroberung mehr anwachsende Aufgabe zu lösen. Man mußte deshalb auf jene Mittel zurückgreifen, auf die heute oft Wissenschaft und Kunst angewiesen sind: Spendenaktionen oder auch Legate. Aus Testamenten flossen dem Straßenbau große Summen zu, und so mancher wohlhabende Römer sah eine Ehre darin, durch eine namhafte Schenkung den Bau einer Straße zu vollenden oder doch zu beschleunigen. Cäsar wartete nach seiner Art nicht immer darauf, bis sich dieser oder jener Reiche zu einer solchen Schenkung entschloß: erfuhr er von einem Senator, der seinen Besitz schnell und leicht erworben hatte, so versäumte er es nur selten, ihn zu einer nicht ganz freiwilligen Stiftung zu veranlassen...

Verdienste um den Straßenbau wurden aber auch nachdrücklich gewürdigt; mancher, der sonst keine sonderlichen Verdienste zu verzeichnen hatte, verdankte seinen Spenden für eine notwendige Straße ein hohes Amt. Oft machte die Verbindung eines Mannes mit einer Straße seinen Namen in einer einzigartigen und schönen Form unsterblich, und zwar nicht wie heute, wo die Bürgermeister sich in den Prachtstraßen verewigen und den Dichtern die Gäßchen überlassen – endlose Überlandstraßen trugen den Ruhm eines Kaisers, eines Konsuls oder auch nur eines Feldherrn über Berge und Täler hinweg bis in die fernen Kolonien des Reiches.

Natürlich hat man auch die Namen und die Benennungsvorgänge der Römerstraßen studiert. Es zeigten sich, verblüffend in einem Staatswesen der großen Gesetzeswerke und Geschichtsschreiber, erstaunliche Inkonsequenzen. Die neben der Via Ostiense wohl älteste Römerstraße, die Via Salaria, welche die Salz-Campi nördlich der Tibermündung mit dem salzlosen Sabinerland verband, taucht mit diesem Namen erst 44 vor Christus auf, war gewiß aber nicht vierhundert Jahre namenlos: es schrieb nur niemand den Namen auf, weil jeder ihn kannte. Hingegen ist die Via Postumia von Genua über Piacenza, Cremona und Verona nach Vicenza schon im Jahr 117 vor Christus in Schriftquellen erwähnt, und schon 80 vor Christus ist die Via Caecilia genannt. Sie ist die rätselhafteste aller Römerstraßen, weil sich an ihr ein Meilenstein gefunden hat, der die Entfernung von Rom eindeutig angibt – nur handelt es sich um die Entfernung in der Luftlinie! Die Via Caecilia überquert etwa 165 Kilometer lang Täler, Höhen, Pässe und Schluchten der italienischen Mittelgebirge, über die zum Teil bis heute keine Straße führt (Muro Pizzo, Punte Mercatelle, Salto-Tal, Portella-Tal, Passo Capannelle am Gran Sasso usf.), eine dokumentarisch belegte, nur in der Wirklichkeit nicht auffindbare Geisterstraße, ein gigantischer Ulk der römischen Meilensteinbeschrifter, damit sich die Herren Hülsen, Persichetti und Radke ihretwegen die Köpfe zerbrechen.

Erst 69 vor Christus finden wir eine Straße verzeichnet, die allen Normen und Grundsätzen entspricht, eine der berühmtesten: die Via Domitia, bei der nun alles stimmt. Sie hat nicht nur den Anfang in einem imposanten Gebirge, den Pyrenäen, sie hat auch einen bekannten und feststehenden Endpunkt, nämlich Aquae Sextiae (Aix en Provence), weswegen wir sie bei Frankreichs Römerstraßen näher besprechen werden. Sie ist nach einem Feldherrn benannt, sie hat sich uns durch einen Meilenstein vorgestellt, der im Jahr 1949 bei Pont de Treilles südlich von Narbonne aufgefunden wurde, sie erinnert für alle Zeiten an Cnaeus Domitius Ahenobarbus, der, wenn dieses Buch erscheint, 2089 Jahre lang tot ist.

Und hat es nicht der große plebejische Politiker C. Flaminius ebenso verdient, daß man seinen Namen heute nicht mehr so sehr mit seiner Niederlage gegen Hannibal am Trasimenischen

See in Verbindung bringt als vielmehr mit der Via Flaminia, die er in seinem ersten Konsulat seit 223 vor Christus erbauen ließ? Es ist eine Straße von Rom durch Umbrien und zur Adria bei Rimini, eine der wichtigsten Fernverbindungen, die wegen des weitgehenden Fehlens von schwierigen Stellen auch für die Reise ins Po-Land und zu den Alpen gern benützt wurde. Sie erhielt in den Jahren 188 und 187 vor Christus ergänzende Nebenstraßen, wurde von Augustus vollständig wieder hergestellt und führt über die schon damals berühmte Brücke über den Nar-Fluß bei Narnia. Prokopius erwähnt sie in seinem *Gotenkrieg,* da sie in den Kämpfen Belisars auf italienischem Boden eine gewisse Rolle spielte: »Der Narnus, der auch der Stadt den Namen gegeben hat, fließt am Fuße des Berges entlang. Zwei Anstiege führen hier hinauf, der eine im Osten, der andere im Westen. Während ersterer infolge steiler Felswände schmal und gefährlich ist, kann man zum anderen nur über eine Brücke gelangen, die den Fluß überquert und so einen Zugang herstellt. Kaiser Augustus hat in früheren Zeiten (27 v. Chr.) diese Brücke errichten lassen, ein sehr beachtliches Werk mit der höchsten Wölbung, die wir kennen.« (Bell. Got. I/17) Die Reste der Brücke sind im heutigen Narni noch zu sehen.

Im Falle der Römerstraßen also sind Namen durchaus nicht Schall und Rauch, sie haften am alten Stein, sie leben, wie wir an der Via Caecilia gesehen haben, mitunter sogar ohne die Straße weiter, findet dieser Begriff sich doch in sämtlichen Lexika der alten Welt...

Die Römer scheinen überhaupt geneigt, angesichts so vieler Straßen, die von Konsuln und Kaisern errichtet wurden, den Frauen zumindest die Traumstraßen zuzubilligen, denn neben der Via Caecilia gibt es noch ein paar andere Straßen mit Frauennamen: die Via Clodia und die Via Cornelia, die beide nach Nordwesten aus Rom hinaus führen und zunächst natürlich nach einem Claudius beziehungsweise einem Cornelius so benannt waren. Das Endungs-a kommt daher, daß das lateinische Wort *via* weiblich ist. Aber die Römer, die es liebten, ihre Besonderheiten und ihren Aberglauben gegen die Geschichte und vor allem gegen die Forschung durchzusetzen, sie halten an den weiblichen Namen fest und haben damit vielleicht Halbvergessenes unbewußt bewahrt. Auf der Via Cornelia nämlich, die von Torre Vecchia über Porcareccio nach Boccea verlief, sind einst die vestalischen Jungfrauen vor den anstürmenden Galliern aus Rom geflohen, bis sie sich in der Etruskerstadt Caere beim heutigen Cerveteri in Sicherheit bringen konnten. Auch die Via Clodia, die Viterbo berührte, führte teilweise über Etruskergebiet und bewahrt vielleicht einen verballhornten Namen, den die Römer gegen die vielen Claudiusse eigensinnig beibehalten haben.

Gewisse wohlklingende Namen wurden auch auf Straßenstücke angewendet, die gar keinen oder einen anderen Namen getragen hatten, so daß sich heute nur noch Spezialisten – diese aber mit Begeisterung – in dem gewaltigen römischen Straßennetz wirklich zurecht finden und die Diskussionen auch unter den Gelehrten noch lange nicht beendet sind. Was an ihnen sicher ist, an den vielen Römerstraßen, das ist nicht der Name und auch nicht immer ihr Verlauf, das ist allein der Stein...

Bei einem Straßennetz von so ungeheurer Ausdehnung, wie sie das römische besaß, kam es natürlich zu örtlichen Verschiedenheiten in der Straßenbauweise. Nicht überall standen ideale Materialien zur Verfügung, da und dort mußte man sich behelfen oder sich dem Landschaftscharakter anpassen. Auch gab es im Laufe der Jahrhunderte Schwankungen in der Entwicklung der römischen Straßenbautechnik: Die Römer machten ihre Erfahrungen. Oft mußten sich Baumeister und Bauherren nach Wünschen der Obrigkeit oder nach militärischen Anforderungen richten, ohne Rücksicht auf die Qualität der Straße: einmal sollte gespart, ein anderes Mal wieder besonders schnell gebaut werden. Es gibt daher keinen klassischen Querschnitt durch die Römerstraße, nach dem man sagen könnte: Diese Schichten und Lagen kehren immer und überall wieder, waren soundso viele Zentimeter dick und bestanden aus diesem und jenem Material. Es gibt Dinge, die auch die Römer nicht vollkommen organisieren konnten. Wir besitzen nicht einmal eindeutige technische Anweisungen für den römischen Straßenbau, die uns Hinweise geben könnten – wir müssen uns daher an die Straßen selbst halten.

Die ersten Römerstraßen wurden in einer Art angelegt, die man in der italienischen Renaissance wieder aufnahm. Der seit Goethe und Jakob Burckhardt so oft zitierte Renaissance-Baumeister Andrea Palladio (1518 bis 1580) beschreibt den Vorgang in seinen *Quattro libri dell'architettura* wie folgt: Zunächst wurde der Straßenuntergrund sorgfältig geebnet und von größeren Steinen befreit. Dazu bedienten sich die Römer jener Straßenwalzen aus Holz oder Stein, die unter anderen auch Vergil (70 bis 19 v. Chr.) beschreibt und die vor allem den Nachteil hatten, daß sie zu leicht waren. Schwere Walzen, wie wir sie heute verwenden, hätten die Römer vor allem vor die Aufgabe gestellt, ein Gewicht von 15 bis 20 Tonnen zu bewegen, was damals kaum möglich gewesen wäre.

Der Untergrund wurde also nur unzureichend verdichtet, mit Sand oder Kies beschüttet, bisweilen auch mit einer Sandschicht, die eine Kiesdecke trug, und oft – aber nicht immer – mit Randsteinen eingefaßt. Diese Straßen wurden zu beiden Seiten stets durch Gräben entwässert. In Westdeutschland hat man solche Kieswege an vielen Orten ausgegraben: sie scheinen die ersten gewesen zu sein, die von den Besatzungstruppen Roms in Germanien angelegt wurden, und blieben ohne feste Decke, da sie dem geringen Verkehrsbedürfnis in diesen entlegenen Garnisonen durchaus genügten. In Italien selbst wurde dieser Straßentyp später durch die solideren vierschichtigen Römerstraßen ersetzt und nur bei weniger wichtigen Verbindungen beibehalten.

Dort, wo mit einer stärkeren Beanspruchung der Straße gerechnet werden mußte, behalfen sich die Römer mit einem widerstandsfähigen Kopfsteinpflaster. Die Ritzen zwischen den Steinen (die auf einer Sandschicht ruhten) wurden nicht ausgegossen, sondern durch Steinsplitter, mitunter auch durch Eisenplättchen, verkeilt.

Der Kalkmörtel, den die Griechen schon seit geraumer Zeit verwendeten und mit dem sie auch auf Sizilien und in Süditalien einzelne Stadtstraßen gebaut hatten, ist von den Römern erst verhältnismäßig spät übernommen worden. Dann aber – seit dem dritten vorchristlichen Jahrhundert – begannen die Römer eifrig zu experimentieren und Kalk mit den verschiedenen Sandarten der Halbinsel zu mischen. Sie erprobten auch die Mengenverhältnisse, fügten Füllsteine, Kies oder Kleinschotter hinzu und gewannen so den ersten Beton aus etwa drei Teilen Kies und einem Teil Kalkmörtel. Dieser Kiesbeton, den die Römer *caementum* nannten, war gut verwendbar, da er sich zwischen Steinrändern oder anderen Verschalungen in beliebiger Stärke aufschütten ließ und kleinere Unebenheiten des Untergrundes selbständig ausglich.

Eine weitere Verbesserung brachten die sogenannten Puzzolane, das heißt jene nach ihrem Fundort Puteoli (heute Pozzuoli bei Neapel) benannten natürlich vulkanischen Auswurfstoffe, »die zwar selbst nicht als Bindemittel angesprochen werden können, die aber durch Anregung latente hydraulische Eigenschaften wirksam werden lassen« (Johann Kastl in seinem Buch *Entwicklung der Straßenbautechnik* Berlin 1953) Nach fachmännischem Urteil standen die Kalk-Puzzolan-Mischungen der Römerstraßen, wie sie zum Beispiel in der Rheinprovinz wieder ans Tageslicht kamen, in ihren technischen Eigenschaften dem modernen Straßenbeton nicht viel nach.

Die Variationsmöglichkeiten waren nun schon recht beträchtlich. Man konnte verschiedene Zuschlagstoffe verwenden, der Mörtel band ja alles: Splitt aus Tuffstein, Lavabrokken, Ziegelbruch, ja sogar Schmiedeschlacke (wie z.B. in vielen Römerstraßen auf englischem Boden). Bisweilen wurde nur die Mittelschicht durch Mörtel gebunden, wie bei einer in Trier freigelegten Römerstraße, die eine Decke aus Kies und eine Sand-Untergrundlage hatte, andernorts aber finden sich nicht weniger als drei vermörtelte Schichten. Wir müssen zur weiteren Verdeutlichung auf die beiden Skizzen verweisen, zu denen allerdings zu sagen ist, daß auch sie nur je einen der häufigsten Grundtypen darstellen, der schon ein paar Meilen weiter wieder anders aussehen kann.

Dr.-Ing. Artur Speck faßt in einer kleinen, aber wertvollen Studie über den Kunststraßenbau (Berlin 1950) die Hauptfortschritte der römischen Bauweise zusammen und erblickt sie

1. in der sachgemäßen Gründung des Straßenfundamentes, das z.B. in sumpfigem Gelände auf Pfahlroste gebettet wird;
2. in der Herstellung einer starken und geschlossenen Trageschicht aus Bruchsteinen, Ziegelbrocken und Kieseln mit nach oben abnehmender Größe der verwendeten Steine;
3. in der Verkittung der Steinmassen mittels Lehm oder Kalkmörtel zu einer einheitlichen und ziemlich wasserdichten Betondecke;
4. in der dauerhaften Pflasterung ihrer Hauptverkehrswege;
5. in der grundsätzlich gleichartigen, konsequenten Durchführung dieser Methoden im ganzen gewaltigen Raum des Römischen Reiches, wobei planvoll zwischen Haupt- und Nebenstraßen unterschieden wird.

Kulturgeschichtlich wertend könnte man den gleichen Sachverhalt etwa so ausdrücken: Die Römer haben bekannte Elemente der Straßenbautechnik zu einer Methode kombiniert und diese in wahrhaft großartiger Organisation ihrem Weltreich, seiner Entwicklung und seinem Zusammenhalt dienstbar gemacht.

Nicht minder interessant als diese technischen Überlegungen ist die Linienführung der römischen Straßen, ihre Trassierung. Sie gehorcht nämlich durchaus nicht nur rationalen Prinzipien, sondern läßt sehr spezielle Neigungen und Hemmungen erkennen, mit andern Worten: Vorlieben und Vorurteile, wie sie dem modernen Straßenbau völlig fremd geworden sind. Auffallend ist vor allem, daß die Römer nur sehr ungern im Gebirge reisten und darum, wenn es eben möglich war, die Berge lieber auf weiten Umwegen umgingen. Oft wäre es ein Gebot der Wirtschaftlichkeit und der Vernunft gewesen, einen Gebirgszug zu überqueren und damit eine besonders kurze Verbindung herzustellen (wie z. B. zwischen Capua und Aternum, dem heutigen Pescara), aber der Römer entwarf seine Straßen nach dem Grundsatz, daß die Meere verbinden und die Berge trennen. Er hielt sich, soweit es möglich war, an der Küste und tröstete sich damit, daß die Küstenstraßen somit wenigstens die Schiffahrt ersetzen konnten, wenn diese während der winterlichen Stürme und bei unruhiger See eingestellt werden mußte.

Im italienischen Volk scheinen diese tiefeingewurzelten Vorurteile bis auf den heutigen Tag lebendig geblieben zu sein: man befahre nur einmal zur Probe eine beliebige Küstenstraße und dann etwa das Liri-Tal von Gaëta über Sora nach Pescara: die italienischen Ingenieure haben hier eine ausgezeichnete, ja imposante Bergstraße geschaffen, die Landschaft ist anziehend und pittoresk, aber man kann einen ganzen Tag fahren und nur zehn oder zwanzig Autos begegnen.

Die gerade Linie war der bekannte, ja geradezu sprichwörtlich gewordene Trassierungs-Grundsatz der Römer. Die Spezialforschung der letzten Jahrzehnte – aufgelistet in H. Chr. Schneiders kleinem Bericht *Altstraßenforschung*, Darmstadt 1982 – hat zwar bewiesen, daß dieses Prinzip keineswegs ohne Ausnahme befolgt wurde, aber es blieb doch nach Möglichkeit vorherrschend für die Anlage der Straßen.

Die Römer suchten aber nicht nur die gerade Linie als kürzeste Verbindung zwischen zwei Punkten, sondern sie führten oft Damm- und Stützbauten auf, nur um die Straße möglichst gerade führen zu können. Beispiele dafür sind die zweifellos zeitraubenden und kostspieligen Erdarbeiten, durch die Vespasian (69 bis 79) eine Reihe kleinerer Erhebungen durchschneiden ließ, um die Via Flaminia (Rom-Fano an der Adria) auch auf dem Weg durch den Apennin möglichst ohne Kurven bauen zu können; aus dem gleichen Grunde lief die Via Appia schnurgerade durch die Pontinischen Sümpfe nach Terracina.

War dieses Radikalverfahren in Italien selbst schon kostspielig genug, so führte es in neueroberten oder besetzten Gebieten zu so großen Schwierigkeiten, daß wir im Rückblick den Bauvorgang selbst fast mehr bewundern müssen als die schließlich vollendete Straße. Die Meßtechnik stak ja noch in den Kinderschuhen, wurde von Sklaven ausgeübt, von Offizieren überwacht und war von Anfang an weniger auf den Straßenbau als vielmehr auf Felderwirtschaft, Grenzziehung und Grundbesitzklärung zugeschnitten. Im unwegsamen, waldreichen, von Sümpfen durchzogenen Mitteleuropa mußten sich die einzelnen römischen Bautrupps oft durch Rauchsignale miteinander verständigen und auf Terrainschwierigkeiten aufmerksam machen.

War ein Tal zu überqueren, so führten die Römer die Straße möglichst nicht bis auf die Talsohle hinab und auf der anderen Seite wieder hinauf, sondern sie bauten ein aus vielen Bogen bestehendes Viadukt. Zwar scheuten sie die großen Bogen und waren in dieser Technik überhaupt weniger geschickt als zum Beispiel die Etrusker, von denen eine Reihe eindrucksvoller alter Konstruktionen erhalten ist. Die Römer halfen sich, indem sie einige Reihen kleiner Bogen übereinander setzten, eine Bauweise, wie sie heute am schönsten der Pont du Gard zeigt, das große Aquädukt in Südfrankreich, bei dem zwei Reihen größerer Bogen mit 14 beziehungsweise 16,50 Metern Höhe von einer Reihe zahlloser kleiner Bogen gekrönt werden. Da man solche Brücken gleichsam zellenweise bauen konnte, räumten die Römer durch diese Technik manche Schwierigkeiten aus dem Weg und sparten obendrein an Bauholz für die Gerüste: die fertigen Bogen wurden ausgeschalt und das Gerüst ein Stück weitergeschoben!

Während die Griechen ihre Wege möglichst dem natürlichen

Verlauf der Hänge und dem Landschaftsbild anzupassen suchten, befanden sich die Römer wegen ihres Grundsatzes der geraden Linie in einem steten Kampf mit der Natur. Die Griechen hatten die Perser Barbaren genannt und als Kennzeichen des Barbarischen eben jene Ehrfurchtslosigkeit betont, die in den persischen Wegebauten zutage trat. Die Römer erhoben nun dieses Ebnen und Durchbrechen, Tälerüberspannen und Bergedurchbohren zu einem neuen Prinzip, das den Menschen in ungeahnter und unerhörter Weise zur Auseinandersetzung mit der Schöpfung, mit der Bodengestalt unseres Planeten nötigte. Die Straßenbauten der Römer wachsen, so betrachtet, über den Rang bloßer Zweckbauten hinaus. In ihnen zeigt sich ein geradezu prometheisches Selbstbewußtsein des Eroberers, der dank seiner Macht höheres Wissen und Können tief hinein in die Zone primitiverer Völkerschaften trug und sich tatsächlich als einen Lichtbringer ansehen durfte.

Die Urartäer und Assyrer hatten schon lange vor den Römern Felsen ausgehöhlt und durch diese Stollen Wasser geleitet; der Straßentunnel jedoch ist eine römische Schöpfung. Der Tunnel unter dem Posilipo, durch den heute der ganze Autoverkehr von Neapel nach Fuorigrotta und Pozzuoli fließt, wird von verschiedenen römischen Schriftstellern erwähnt. Weniger bekannt ist, daß auch der Burgfelsen von Cumae (heute Cuma) von einem Römertunnel durchbohrt wurde, so daß diese beiden Großleistungen auf kleinem Raum nebeneinander lagen, in einer Landschaft allerdings, die wie keine zweite Italiens noch heute von römischer Vergangenheit durchtränkt ist und den Reisenden geradezu in einen traumhaften Zustand der Gegenwartsferne versetzt. Schöpfer dieser und anderer Stollenbauten war der Ingenieur L. Coccejus Auctus. Seine Auftraggeber verfolgten einen großartigen Gesamtplan: die Binnenseen der misenischen Halbinsel sollten zu einem System geschützter Werften und Häfen zusammengefaßt und ausgebaut werden, da die offenen Häfen Roms gegen den Seeräuberführer Sextus Pompejus, den ungekrönten König des Mittelmeeres, nicht hinreichend gesichert waren. Nach der Ermordung des Sextus Pompejus in Milet im Jahre 35 v. Chr. verlor die neue Anlage für Octavianus Augustus an Interesse; Hauptkriegshafen der Flotte wurde das leichter zugängliche Misenum. In den zahlreichen Grotten und Höhlen, die zur Aufbewahrung von Kriegs- und Schiffsmaterial gedient hatten, leben heute jene Neapolitaner, deren Kistendeckelhütten der großzügigen Slum-Sanierungsaktion der Stadt zum Opfer gefallen sind.

Obwohl die Felsbearbeitung beim Tunnelbau noch ungemein zeitraubend war – jährlich schritt er nur um wenige Meter fort –, mögen die Hauptschwierigkeiten bei den technischen Spezialfragen gelegen haben: den Problemen der Entlüftung und vor allem des genauen Planens und Messens. Ein Baumeister namens Nomius Datus, der in Nordafrika, in der Nähe von Lambaesis, mit einem Tunnelbau in Verzug geraten war, schrieb zu seiner Rechtfertigung folgende beredte Klage auf einen Dankaltar:

»Nachdem ich mein Quartier verlassen, stieß ich auf Räuber, die mich meiner Kleider beraubten und ernstlich verwundeten. Doch gelang es mir, Saldae zu erreichen, wo ich mit dem Befehlshaber zusammentraf. Nachdem ich mich einige Zeit ausgeruht, nahm jener mich zu dem Tunnel mit. Dort fand ich alle in niedergeschlagener und verdrießlicher Stimmung. Sie hatten alle Hoffnung aufgegeben, daß sich die beiden entgegengesetzten Stollen des Tunnels treffen würden, weil bereits jeder Anfang bis über die Mitte des Berges hinaus vorgetrieben und die Vereinigung dennoch nicht eingetreten war. Wie es in einem solchen Falle immer zu gehen pflegt, so wurde auch hier der Fehler allein dem Ingenieur zugeschrieben, als ob dieser nicht alle Vorsicht angewendet hätte, um den Erfolg des Werkes zu sichern. Was hätte ich mehr tun können? Ich begann damit, die Flügelorte des Berges zu bestimmen, ich markierte auf dem Bergrücken die Achse des Tunnels auf das genaueste. Ich zeichnete Pläne und Schnitte des ganzen Werkes und händigte sie dem Verwalter von Mauretanien aus. Und um besonders vorsichtig zu verfahren, lud ich den Bauleiter und seine Werkleute vor und begann in ihrer Gegenwart mit Hilfe zweier Schichten erfahrener Veteranen... den Ausbruch. Was hätte ich mehr tun können? Aber während der vier (!) Jahre, in denen ich von Lambaesis abwesend war..., hatten der Bauleiter und seine Gehilfen Versehen über Versehen begangen, jeder Stollen des Tunnels hatte sich von der geraden Linie entfernt, jeder nach der rechten Seite, und wäre ich ein wenig später gekommen, so würde Saldae statt eines Tunnels deren zwei besessen haben.«

Nomius Datus, der in Saldae wie ein Erlöser jubelnd begrüßt

worden war, brachte schließlich alles zu einem guten Ende, indem er die beiden Stollen, die nicht zueinander wollten, im letzten Augenblick durch einen Querstollen miteinander verband, durch Flickarbeit also, die für die Schwierigkeiten der Tunnelarbeiten in so früher Zeit bezeichnend ist.

Weit weniger schwierig, aber oft genauso zeitraubend und mühevoll waren die Korrekturen, die für die gerade Linienführung der Straßen notwendig waren: da wurden vorspringende Gesteinsbildungen in sorgfältiger Handarbeit abgeschlagen, kleinere Felsrücken durchschnitten, Bergkuppen abgetragen. Die Römer wußten genau, daß sie damit technische Pionierarbeit verrichteten, und darum künden von vielen dieser Leistungen besondere Gedenktafeln auch dann noch, wenn die Straße selbst nicht mehr in Benützung oder gar nicht mehr zu erkennen ist. Sie rühmen allerdings fast immer den Kaiser oder Feldherrn und so gut wie nie den Baumeister oder gar den Bautrupp. Eine aus dem Felsen gemeißelte Straße in Phönikien dankt ihr Entstehen Kaiser Antoninus Pius (138 bis 161 n. Chr.), dessen sprichwörtlicher Weisheit dieses Werk des Friedens wohl anstand; aber auch in Beirut, bei Sesamus (an der Schwarzmeerküste) und in einer Reihe anderer Orte in Syrien, Palästina und Nordafrika waren Felsarbeiten solcher Art notwendig und wurden durch Gedenktafeln gefeiert. So sehen wir die klassische gerade Linie im römischen Straßenbau oft und immer wieder über die Landschaft und die Bodenwiderstände triumphieren.

Auf den ersten Blick scheinen die römischen Straßen für die Ewigkeit gebaut worden zu sein: Sie waren gerade, das heißt, die starrachsigen römischen Wagen konnten auf ihnen ebenso mühelos fahren wie die schnellen Fahrzeuge unserer Zeit. Die Straßen waren ohne Rücksicht auf Sparsamkeit und Mittel mit einem geradezu ungeheuren Materialaufwand gebaut worden, hatte doch schon die uralte Via Appia einen Dammteil von 225 Meter Länge, 12,50 Meter Kronenbreite und 13 Meter Höhe, Stützmauern, die bis zu 43 Meter hoch waren, und Einschnittiefen bis zu 36 Meter (beim Durchstich durch den Monte San Angelo bei Terracina). Was sollte solchen Straßenkolossen mit Decken wie Panzermauern der Verkehr anhaben können?

Auch ein Koloß hat jedoch seine schwachen Stellen. Die Römer hatten ihre Straßen allzusehr nach Art ihrer Fußböden gebaut, die nur starre Lasten und – abgesehen von den Schritten der Menschen – keine Schwingungen aushalten mußten. Für das Gerumpel der ungefederten, hartbereiften Römerkarren waren die Straßendecken zwar dick genug, aber viel zu wenig elastisch. Die harte Oberfläche nutzte sich wesentlich rascher ab als eine nachgiebige, der Untergrund verursachte, wo immer er durch Unterwaschungen in Bewegung geriet, gefährliche Risse. Jeder Schaden an diesen Straßenblöcken war aber naturgemäß viel schwerer zu reparieren als die Schlaglöcher heute, die man so schnell mit bituminösem Mischgut ausfüllen kann, daß es eigentlich gar keine mehr geben dürfte...

Diese Kritik an der Bauweise ändert und mindert die ungeheure römische Leistung nicht. Das Mittelalter hat sie nirgends erreicht, die Neuzeit erst in unseren Tagen übertroffen.

Da jeder Kilometer neuer Straßen gegen die oft berechtigten Widerstände von Natur- und Umweltschützern durchgesetzt werden muß, kann niemand verlangen, daß sich unser altes Europa in ein gigantisches Freilichtmuseum für alte Straßen verwandelt. Ist auch der Erdstreifen, auf dem sie dahinführten, meist für die Landwirtschaft endgültig verloren, so lassen sie sich, eben weil sie zu viele und weil sie zu lang sind, nur ganz ausnahmsweise für eine verständnisvoll-interessierte Nachwelt bewahren, und das geschah naturgemäß am besten und eindrucksvollsten in Rom. Die Via Appia antica, zu erreichen über verschiedene Südostausfahrten der Millionenstadt und die Via Appia nuova, ist neben der Via Veneto die heute meistgenannte Straße Roms, weil in den an ihr liegenden vornehmen Villen so gut wie täglich eingebrochen wird. Dennoch sucht der begüterte Römer die einzigartige Kulisse, riskiert es, sein Landhaus über alten Gräbern zu errichten, auf einem Baugrund, der immer wieder mehr oder minder sensationelle Geheimnisse aus alten Zeiten preisgibt.

Die Via Appia verläßt Rom in südöstlicher Richtung und bietet uns heute noch die Möglichkeit, eine altrömische Straße zu befahren. Auch optisch vermittelt sie, schmal, gerade und wie für die Ewigkeit gebaut, den getreuen Eindruck jener alten Straßen, die schon vor zweitausend und mehr Jahren ihr eigenes Leben lebten und es sich auch heute noch bewahrt haben. Das zwischen dem dritten und dem elften Meilenstein freiliegende Stück der Via Appia antica ist ein Korridor in die Vergangenheit. Der Frieden der römischen Campagna liegt über ihr, die uralten, halbzerfallenen Grabmäler und Villen zur Rechten und zur Linken werden um nichts unwirklicher durch die modernen Wagen, die auf den Höckern des alten Pflasters langsam dahinrollen. Hier erkennt man unwillkürlich, wie sich Straße und Landschaft einem Reisenden aus dem alten Rom dargeboten haben mögen.

Der Baumbestand war damals viel reicher als heute; die griechischen Reisenden rühmten noch zur Zeit des Augustus das waldreiche Italien, und der jüngere Plinius erwähnt den Wildreichtum der Gegend zwischen dem Tiber und den Albanerbergen. Die Via Appia antica, so still sie heute ist, läßt uns nachempfinden, wie sehr der Römer auf und mit der Straße lebte. Den schattenspendenden Baumgruppen brachte er soviel Aufmerksamkeit und Liebe entgegen, als hätte er sie in seinem eigenen Garten angepflanzt, und auch die Brunnen und Quellen waren ihm an der Straße kaum minder wichtig als in der eigenen Villa. Die Silhouette der Via Appia wirkt immer wieder, welchen Ausschnitt man auch wählen mag, wie von einem Zeichner entworfen und läßt vermuten, daß der römische Straßenbau sich nicht nur auf die Fahrbahn selbst beschränkte: Die Via Appia, die in das kaiserliche Rom schon als eine dreihundert Jahre alte Berühmtheit einging, ist das überzeugende Beispiel für die mit viel Schönheitssinn gestaltete Landstraße, die auch im menschenleeren Gebiet das Leben anzieht, die aus einem steinernen Band zu einem langgestreckten Lebensraum wird, zu dem selbst die Gräber unlösbar gehören.

Bedenken wir auch, daß Römer wie Griechen sehr oft noch zu Fuß über Land reisten. Cicero erhielt, wenn er auf seinem Landgut bei Pompeji weilte, Briefschaften aus Rom durch Boten zu Fuß, die vier bis fünf Tage auf der Via Appia unterwegs gewesen waren; sie ruhten unter Pinien oder im Schatten der Grabmale, sie kehrten in den kleinen Raststätten ein. Sie lebten auf der Straße, und durch die Straße lebte das ganze einst so unwirtliche Gebiet der Pontinischen Sümpfe.

Dem Reisenden im schnellen Kraftfahrzeug erschließt sich der Mikrokosmos solch einer Straße nicht mehr, er vermag nur noch Sekundenbilder in sich aufzunehmen. Mit dem Reisetempo hat sich auch der Charakter der Straße gewandelt. Die Tendenz des modernen Straßenbaus schließt längeres Verweilen auf der Straße aus, ja, die modernsten und schönsten Straßen sind mit Halteverboten ausgestattet, so daß man gar nicht besinnlich an einem Ort rasten kann, auch wenn man es wollte. Die Höchstleistungen des Straßenbaus im Altertum, die Römerstraßen, und unter ihnen wieder die alten und kraftvollen Lebensadern rund um Rom, waren echte Kanäle römischer Lebensart hinaus aufs Land. Etwas von der Größe und Schönheit der Stadt und von der eindrucksvollen Ruhe ihrer Bauwerke floß in diesen Straßen zwischen den Feldern und den bäuerlichen Kleinsiedlungen dahin. Wo diese Straßen waren, da war Rom, und darum wurden sie nicht bloß angelegt, sondern richtig erbaut, wie Häuser oder Tempel...

Das Land, durch das die Via Appia zunächst führt, war zur Volskerzeit noch fruchtbar und gut entwässert. Damals lagen in diesem etwa 750 Quadratkilometer großen Raum dreißig kleinere Städte. Die häufigen Kriege jedoch minderten den Ertrag der Felder, die Bevölkerung ging zurück und konnte bald die Arbeiten an den Kanälen nicht mehr leisten; schon der Censor Appius Claudius Caecus (gest. nach 279 v. Chr.), der Erbauer der Via Appia, sah sich vor die Notwendigkeit gestellt, zugleich mit dem Straßenbau auch die Ausbesserungen der Kanäle in Angriff zu nehmen. Seither blieb das Schicksal der Straße, zumindest in diesem ihrem ältesten Abschnitt, immer mit den Sümpfen verbunden. Unter Cäsar, Augustus, Trajan und Theoderich (456 bis 526) wurden größere Entwässerungsarbeiten zugleich mit der Instandhaltung der Via Appia vorgenommen. In den späteren Jahrhunderten waren es die Päpste, die, als einzige einigermaßen stabile Autorität dieses Raumes, die Verpflichtung übernahmen, für die Königin der Straßen und das Land, durch das sie führte, zu sorgen. Aber weder Bonifazius VIII. (1235 bis 1303) noch der durch viele Bauten berühmte Martin V. (1368 bis 1431), weder Sixtus V. (1521 bis 1590) noch Pius VI. (1778) erreichten das Ziel: die für das nahe Rom so wichtige Sumpfebene endgültig trockenzulegen und dadurch vom Fieber zu befreien. Schon die antike Via Appia war von verlassenen und verfallenen Siedlungen gesäumt, und der Reisende unserer Tage sieht ein ähnliches Bild, wenn er die malerisch mit Efeu überwachsenen Ruinen des Städtchens Ninfa (nordöstlich von Latina) besucht; Zeugnisse bitterer Not, die ein paar hundert Familien zum Verlassen ihrer Heimstatt zwang.

Nach rund hundert Kilometern schnurgeraden Laufes erreichte die Via Appia, von der die heutige Autostraße nur im

Die Basis des Milliarium Aureum auf dem Forum Romanum,
jenes Meilensteins, von dem aus im römischen Reich
alle Entfernungen gemessen wurden

Die alte Milvische Brücke über den Tiber und der neuere Ponte Flaminio

Teilstück der Via Latina mit Originalpflaster nördlich Cassino
in der italienischen Provinz Caserta

Die Basis des Milliarium Aureum auf dem Forum Romanum,
jenes Meilensteins, von dem aus im römischen Reich
alle Entfernungen gemessen wurden

Die alte Milvische Brücke über den Tiber und der neuere Ponte Flaminio

Teilstück der Via Latina mit Originalpflaster nördlich Cassino
in der italienischen Provinz Caserta

Raume Velletri stärker abweicht, den römischen Badeort Tarracina, heute Terracina genannt, das Anxur der altitalischen Volsker. Mauerreste der uralten, von den Römern 388 vor Christus eroberten Ortschaft sind auf der etwa zweihundert Meter hohen Erhebung über dem modernen Stadtteil noch zu sehen; im Osten der Stadt, am Pisco Montano, liegt die Stelle, an der Trajan in zahllosen Arbeitsstunden einen Felsen abtragen ließ, um den Verlauf der Via Appia zu verbessern.

Terracina bezeichnet das Ende der Sumpfzone, die heute soweit trockengelegt ist, daß sogar neue Städte wie Aprilia und Pontinia mitten im einst malariagefährdeten Gebiet entstehen konnten. Aber noch Goethe war hier, als er die Via Appia bereiste, auf der Flucht vor einer »gefährlichen Luftschicht« und schrieb in seiner *Italienischen Reise* begeistert: »Desto erfreulicher und erwünschter war uns die Felsenlage von Terracina, und kaum hatten wir uns daran vergnügt, als wir das Meer gleich davor erblickten.« Dieser Reiz mag auch die Römer verlockt haben, sich hier Landhäuser und Villen zu bauen und die Fahrt durch das Sumpfland nicht zu scheuen.

Von Terracina führte die Via Appia zunächst nach Capua, das in jenen frühen Zeiten eine der reichsten Städte Italiens war, inmitten eines großen Getreideanbaugebietes lag und also jene Transporte nach Rom schicken konnte, die für die Versorgung und das Wohlverhalten der Bevölkerung in der Großstadt immer am wichtigsten waren: Feldfrüchte und Brotgetreide. Die Verbindung mit Capua, dem natürlichen Endpunkt der Via Appia, und Campanien war wichtiger als jede andere. Hannibals Heer soll in dieser dem üppigen Wohlleben ergebenen Stadt so verwöhnt worden sein, daß ihm seine kriegerischen Tugenden abhanden kamen; Cäsar legte deshalb zweihundert Jahre später lediglich eine Veteranenkolonie bei Capua an.

Zu Beginn des dritten vorchristlichen Jahrhunderts wurde die Via Appia über Capua (das ein wenig an Bedeutung verloren hatte) hinaus nach Osten weitergebaut. Sie erreichte 291 vor Christus die Samnitenstadt Maluentum, das Beneventum der Römer. Nach dem vierten Samniterkrieg konnte der Straßenbau fortgesetzt werden; das dünn besiedelte Apulien wurde in südöstlicher Richtung durchquert und in Tarentum ein Punkt erreicht, an dem die Straße ohne sonderlichen Nachteil für den Verkehr hätte endigen können. Aber die Römer taten nichts halb und zogen die Königin ihrer Straßen noch ein Stückchen weiter, quer über den Absatz des italienischen Stiefels hinweg nach Brundisium, dem heutigen Brindisi, wo sie auf die Via Traiana traf, die längs der Adriaküste verlief.

Die Via Appia und die Via Traiana machten im Verein mit dem Griechenland- und dem Orienthandel Brundisium zu einer der größten und reichsten Städte auf italienischem Boden. Brindisi hat die Einwohnerzahl seiner Glanzzeit (rund 100 000) bis heute nicht wieder erreicht. Nicht nur der älteste und berühmteste Landweg des Römischen Reiches endete hier, sondern auch der Lebensweg seines größten Dichters; im Jahre 19 vor Christus starb hier Vergil auf der Reise von Griechenland nach Rom. Als Hauptstraße und wichtigste Verbindung zwischen Rom und Griechenland, den Hauptstätten der klassischen Kultur, hat die Via Appia mit ihrem Endpunkt Brundisium die Dichter wiederholt beschäftigt; mancher wortgewaltige Künstler reiste auf ihr, wenn er auszog, das ehrwürdige Hellas kennenzulernen, oder wenn er, trunken vom Erlebnis Griechenlands, in die Heimat am Tiber zurückkehrte. Lassen wir Hermann Broch Vergils Ankunft in Brundisium schildern: »Stahlblau und leicht, bewegt von einem leisen, kaum merklichen Gegenwind, waren die Wellen des Adriatischen Meeres dem kaiserlichen Geschwader entgegengeströmt, als dieses, die mählich anrückenden Flachhügel der calabrischen Küste zur Linken, dem Hafen Brundisium zusteuerte, und jetzt, da die sonnige, dennoch so todesahnende Einsamkeit der See sich ins Friedvoll-Freudige menschlicher Tätigkeit wandelte, da die Fluten, sanft überglänzt von der Nähe menschlichen Seins und Hausens, sich mit vielerlei Schiffen bevölkerten, mit solchen, die gleicherweise dem Hafen zuströmten, mit solchen, die aus ihm ausgelaufen waren, jetzt, da die braunsegeligen Fischerboote bereits überall die kleinen Schutzmolen all der vielen Dörfer und Ansiedlungen längs der weißbespülten Ufer verließen, um zum abendlichen Fang auszuziehen, da war das Wasser beinahe spiegelglatt geworden; perlmuttern war darüber die Muschel des Himmels geöffnet, es wurde Abend, und man roch das Holzfeuer der Herdstätten, sooft die Töne des Lebens, ein Hämmern oder ein Ruf, von dort hergeweht und herangetragen wurden.«

Aber Vergil war es nicht mehr vergönnt, den Fuß auf die Steine der Appischen Straße zu setzen, um heimzukehren; er hatte nur noch das Ufer erreicht. Horaz, der im nahen Apulien geborene Dichter, sieht die Königin der Straßen distanz- und illusionslos in einer seiner Satiren aus dem ersten Buch der *Sermones*, das im Jahre 30 vor Christus veröffentlicht wurde.

Ich reiste aus der Hauptstadt in Gesellschaft
Heliodors, des Rhetors, dem in seiner Kunst
Kein Grieche leicht den Vorzug nehmen wird.
Aricia war das erste Nachtquartier,
Ganz leidlich; Forum Apii das zweite,
Ein Nest mit Schiffertroß und Beutelschneidern
Von Wirten vollgepfropft. Wir krochen also
Zwei Tage, wie ihr seht, an einem Wege
Den rasche Wanderer in einem machen.

Nach dem Zeugnis des Horaz war es also möglich, ja sogar üblich, auf der geraden pontinischen Strecke der Via Appia sechzig Kilometer in einem Tage zurückzulegen und erstmals in Forum Apii zu nächtigen, einer kleinen Marktsiedlung, die etwa zwölf Kilometer vom Meer entfernt lag. Die Reise wurde, zumindest in den Jahren, auf die sich der angeführte Bericht bezieht, zu Wasser fortgesetzt: eine lange Transportbarke, von Maultieren auf einem Uferschleppweg gezogen, nahm die antiken Touristen auf. Diese Beförderungsart stimmt zu den damaligen Berichten von der häufigen Verstopfung der Via Appia und von der Beschwerlichkeit der Reisen inmitten der vielen Karren, die den Staub aufwirbeln und deren Zugtiere ganze Schwärme von Insekten anlocken. Nach Terracina (das Horaz noch mit seinem alten Namen Anxur nennt) und Campanien folgt eine bewegte Nacht in Beneventum,

Wo unser Wirt, vor Eifer, seine magern Drosseln
Bald gar zu kriegen, sich und uns beinahe
Gebraten hätte. Denn die Flamm' ergriff
Die alte Küche, und durchs räuchrige
Gebälke fort sich wälzend leckte sie
Schon bis ans Dach hinauf. Stellt euch den Aufruhr
Im Saale vor! Wie Gäste und Bediente,
Heißhungrig jene, diese schüchtern und
Verstohlen, in die Schüsseln fahren, jeder noch
Was zu erhaschen sucht, und, um das ihrige
Zum Löschen beizutragen, allesamt
Mit vollen Backen durcheinanderrennen!

In einer Herberge bei Trevicum (der Ort selbst lag etwas abseits der Via Appia), wo Horaz nach anstrengender Reise durch das karge Apulien einkehrte, harrten andere Gefahren: der Holzrauch, der offenbar nicht richtig abziehen konnte, setzte seinen kranken Augen zu, vor allem aber beschäftigte ihn eines jener zahllosen leichten Mädchen, die an den großen Straßen mit geringer Mühe reichen Lohn ernteten:

> Ein schelmisch Mädchen
> Vom Hause spielte mir noch schlimmer mit,
> Ich Tor erwarte sie voll Ungeduld
> Die halbe Nacht durch: endlich übermeistert
> Der Schlaf mich dennoch, und ein plumper Traum
> Verrichtet ungebeten Amors Dienste.
> Von hier aus rennen unsere Kaleschen vier-
> Undzwanzig Meilen mit uns fort, um uns
> In einem Städtchen abzusetzen, dessen Name
> Nicht in mein Versmaß paßt, doch ist's
> Gar leicht an andern Zeichen zu erkennen.
> Das Wasser, das gemeinste aller Dinge,
> Wird hier bezahlt: hingegen ist das Brot
> So schön, daß kluge Wandrer sich davon
> Mit einem Vorrat zu bepacken pflegen.

Horaz bog kurz vor Venusia, wo er als Sohn eines Freigelassenen zur Welt gekommen war, mit seinen Gefährten nach Nordosten ab und gelangte, »nachdem wir einen langen und durch Regengüsse verdorbenen Weg durchmessen«, über Canusium und Rubi nach Barium (Bari) und von dort nach Brundisium. Es scheint sich um eine gebräuchliche Variante gehandelt zu haben, da die Via Appia auf ihrem letzten Stück zwischen Venusia und Tarentum nur wenige Raststätten und Siedlungen aufweist, so daß für die Reisenden nur dürftig gesorgt war.

In die Spitze des italienischen Stiefels, also dorthin, wo heute Reggio di Calabria liegt, führte die 321 römische Meilen (fast fünfhundert Kilometer) lange Via Popilia, die im Jahre 132 erbaut wurde und ihre Entstehung dem gewaltigen Auftrieb dankt, den die beiden Gracchen (um 130 v. Chr.) dem römischen Straßenbau gegeben haben. Gajus Gracchus hatte – was damals als kühne Neuerung galt – die Freiheit des Überlandverkehrs gegen die Rechte der Gemeinden erkämpft und bei der Grundstücksverteilung stets auch auf die Straßen und Wege und die Verpflichtung zu ihrer Instandhaltung geachtet: er ließ nicht nur neue Straßen erbauen, sondern auch die alten ausbessern und selbst kleinere Grenzwege und Nebenstraßen instandsetzen. Seit den Gracchen gab es senatorische Beamte für den Straßenbau und das Straßenwesen auf der Halbinsel; dieses Vorbild wirkte so stark auch auf Roms Bundesgenossen, daß sich schon damals die Einheit des Straßennetzes auf italienischem Boden anbahnte.

Rhegium (heute Reggio di Calabria) war nach so langer Fahrt oder gar Wanderung mehr als nur ein Zielort: Die uralte Hafenstadt an der Südspitze der Halbinsel war etwa fünfhundert Jahre nach ihrer Gründung durch Griechen aus Euböa und Messenien von den Römern endgültig erobert worden. Mehr als tausend Familien aus Campanien siedelten hier im äußersten Süden, und der Wanderer aus Capua konnte Freunde und Verwandte begrüßen, die vor ihm die Einöden Lukaniens durchzogen und im Angesicht Siziliens eine neue Heimat gefunden hatten.

Horaz war nicht der einzige, der sich darüber beklagte, daß Frösche und Schnaken den müden Wanderer nicht schlafen lassen und der Eseltreiber gleichsam als Ersatz für den Schlaf »die Reize seines Mädchens gellend preist«: auch Lukian, Seneca, Plutarch und viele andere berichten in ihren Schriften von ähnlichen Eindrücken auf ihren Reisen, aber wir können sie, so reizvoll es wäre, nicht einzeln zu Worte kommen lassen, sondern müssen ihre Zeugnisse zu einem Gesamtbild zusammenfassen, das freilich bunt genug ist.

Selbst wenn man sechzig Kilometer am Tage zurücklegte, brauchte man für die langen Strecken viel Zeit, darum suchte der reisende Römer zunächst einmal Gesellschaft. Zumindest aber ließ er sich, sofern er es sich leisten konnte, von Dienern oder Sklaven begleiten. Je mächtiger der Reisende, desto imposanter der Zug, und wenn Poppäa, Neros Gattin, mit goldbeschlagenen Zugtieren und fünfhundert Eselinnen für ihre Bäder über Land zog, dann mögen die Straßen, die sie benutzte, für anderen Verkehr kaum viel Raum geboten haben. Seneca machte trotz seines Reichtums einmal den Versuch, dem römischen Reiseluxus zu entrinnen und mit nur zwei Wagen – einem für sich selbst und den Freund Cäsonius Maximus, dem anderen für die Dienerschaft – über Land zu fahren, und kam sich dabei, trotz aller philosophischen Selbstüberredung, recht armselig vor. Andere wieder gaben auf Reisen so viel Geld aus, daß sie schon unterwegs überlegten, ob sie sich (ihrer Schulden wegen) am Ziel lieber als Gladiatoren oder als Tierfechter verdingen sollten. Verständlich scheint es angesichts der langen Reisedauer, daß manche Karosse als Schlafwagen eingerichtet war und daß reisende Gelehrte oder Politiker die Gewohnheit angenommen hatten, während der Fahrt zu diktieren. Die Reiselektüre bestand aus zu Büchern gebundenen Pergamenten, die handlicher waren als die sonst üblichen Papyrusrollen; sie waren gleichsam die Taschenbücher der Antike und stellen übrigens der Qualität der römischen Straße ein gutes Zeugnis aus – man versuche nur einmal, auf einer schlechten Straße zu lesen, selbst wenn man in einem gut gefederten Kraftfahrzeug sitzt!

Der wohlhabende Römer nahm nur ungern in den Straßengasthöfen Quartier. Er war aus seiner Villa Hygiene, Ruhe, Luxus und Exklusivität gewöhnt – sollte er sich nun plötzlich mit allem Gesindel gemein machen, das auf den Landstraßen dahinzog und dieselben Herbergen benützte, weil eben nicht genug Unterkünfte vorhanden waren? Lieber schlief er in seinem Wagen oder in einem Zelt, das Diener für ihn aufstellten. Die Witterung war ja meist mild genug. Es ist ein überraschendes Bild, sich vorzustellen, daß die Herren und Damen, deren Namen uns an so manche Schulstunde erinnern, als Campeure oder im Kombiwagen über Land zogen, Vorläufer einer Bewegung, die überall dort blüht, wo gute Straßen und günstige klimatische Verhältnisse zusammentreffen. Und diese beiden Voraussetzungen waren im größten Teil des Römischen Reiches gegeben.

Freilich gab es da und dort auch ausgezeichnete Gast- und Raststätten, die sich durch hohe Preise gegen den Zustrom allzu breiter Volksschichten schützten. Der weltkundige Grieche Strabo nennt seinen Lesern einige empfehlenswerte Gasthöfe, in denen man besonders gut essen könne, und Epiktet deutet an, daß es vielen Reisenden gar nicht so sehr auf die Ankunft an ihrem Ziel oder auf eine schnelle Heimkehr ankomme, sondern vor allem auf das Wohlleben an diesem oder jenem Ort der Route. Wir konnten nicht feststellen, ob das Altertum neben einer ganzen Reihe genauer Reisehandbücher auch einen ausgesprochenen gastronomisch orientierten Reiseführer kannte, einen Michelinus antiquus etwa. Es wird sich wohl nie mehr eruieren lassen, welches Volk mit dem Schlemmerleben auf Reisen begonnen hat...

In gewissen Handelsplätzen gab es schon vor zweitausend Jahren Gasthöfe, die sich auf Reisevertreter spezialisiert hatten und von ihnen bevorzugt wurden. Sie fanden dort alles, was sie zu Hause zurückgelassen hatten, und die ferne Gattin wurde durch das weibliche Personal so bereitwillig ersetzt, daß eine ganze Reihe kaiserlicher Verordnungen diese Gaststätten mit Bordellen gleichsetzt. Sehr aufschlußreich ist in diesem Zusammenhang das römische Gesetz, nach dem ein Ehebruch mit den Frauen und Mädchen, die in Gasthäusern tätig seien, gar nicht begangen werden könne (!). Erst unter Kaiser Konstantin (306-337), also zu einer Zeit, da der Verkehr auf den römischen Straßen schon in leichtem Rückgang begriffen war, wurde zumindest für die Tavernen-Wirtinnen selbst eine Ausnahme gemacht und der Umgang mit ihnen als Ehebruch gewertet: Die Frau Wirtin hatte damals also einen besseren Ruf als ihre Untergebenen. Schon Kaiser Alexander Severus (222-235) hatte bestimmt, daß jene Sklavinnen, die nicht in die Prostitution verkauft werden durften, auch davor bewahrt bleiben sollten, in Gasthöfen zu arbeiten – eine sehr bezeichnende Gleichsetzung der Unterkunftsstätten an den Straßen mit ausgesprochenen Bordellen. Die Wirte genossen denn auch einen denkbar schlechten Ruf, und die Polizei führte über sie ebenso Buch wie über Gewohnheitsverbrecher. Wie arg sie es trieben und wie sehr der Reisende ihnen ausgeliefert war, geht aus einer Unzahl von antiken Berichten hervor; es gab eben viele und lange Straßen, aber nur wenige Unterkunftsmöglichkeiten, und dieser Mangel an Konkurrenz wurde entsprechend ausgenutzt.

An den Erträgen der Kaschemmen waren oft sehr angesehene Bürger des Römischen Reiches beteiligt; sie errichteten die Wirtshäuser auf ihrem Grund nahe der Straße und ließen sie durch Sklaven bewirtschaften, die den Gewinn abführen mußten. Der Staat duldete die Zustände in den Tavernen und leistete ihnen noch Vorschub dadurch, daß die von Nero, Hadrian und anderen Kaisern errichteten staatlichen Unterkünfte den Beamten vorbehalten blieben. Der gewöhnliche Sterbliche mußte weiterhin entweder unter freiem Himmel schlafen, wo er den Räubern ausgeliefert war, oder sich in den Straßengasthöfen ein Gutteil seiner Habe abknöpfen lassen.

Der berühmte Arzt Claudius Galenus (131-201) war ein durchaus allgemein gebildeter und weltoffener Mann. Seine zahlreichen Schriften sind eine Fundgrube für die Zeit- und Sittengeschichte, und sein unbestechlicher Sinn läßt sie unbedingt glaubwürdig erscheinen. Darum ist es wohl auch kein Märchen, wenn er berichtet, daß verschiedene Gastwirte den Reisenden Menschenfleisch an Stelle von Schweinefleisch vorsetzten, und daß einer seiner Reisegefährten einst in einer ausgezeichneten Fleischbrühe ein menschliches Fingerglied gefunden habe. Eine Wirtsfamilie wurde sogar – nach Galenus – in dem Augenblick überrascht, als eben eines ihrer menschlichen Schlachtopfer zubereitet werden sollte, worauf entsetzte Gäste sie der Polizei übergaben.

Was die Wirte den Reisenden nicht abnehmen konnten, das brachten die Räuber an sich, die nur zu oft Hinweise aus den Gasthöfen erhielten oder durch ihre Späher die Reisenden beobachten ließen. Die römischen Straßen vom Räuberunwesen zu befreien, hätte zweifellos selbst die Kräfte eines Theseus überfordert, und die Maßnahmen der Obrigkeit – Militärposten, Lokalmiliz und städtische Sonderkommandos – blieben offensichtlich nur unzureichend, sonst hätten wir nicht so auffallend viele Berichte von Räubern, Räuberunfällen und berüchtigten Banden. In Italien nahm das Räuberwesen auch unter mächtigen Kaisern erstaunlichen Umfang an und legte zeitweise auf den wichtigsten Hauptstraßen den Verkehr völlig lahm: Die Via Appia wurde im dritten nachchristlichen Jahrhundert zwei Jahre lang von dem Räuberhauptmann Felix Bulla und seinen sechshundert Leuten beherrscht. Bulla wußte von jedem wichtigeren Reisenden, der in Brundisium an Land ging oder der in Rom aufbrach, was er an Wertgegenständen mit sich führte. Erst als seine Geliebte ihn an die kaiserliche Reiterei verriet und die Soldaten ihn fingen, zerfiel die Bande, die zum größten Teil aus entlaufenen Sklaven bestanden hatte; Bulla selbst wurde im Circus von wilden Tieren zerrissen.

Viel berühmter als Bulla, aber beim Volk weit weniger beliebt, war ein anderer Räuberführer, der rund ein Jahrtausend später an der Via Appia operierte und auch an ihr begraben liegt: Er hieß Robert de Hauteville und wurde Robert der Schlaukopf (Guiscard) genannt: Als er auf den Spuren seiner

Halbbrüder aus der Normandie nach Apulien kam, hatten diese das Land schon unter sich verteilt und speisten ihn mit einer kleinen Burg ab. Robert Guiscard machte sie zum Ausgangspunkt seiner Raubzüge und plünderte so lange Reisende und Kaufleute, bis er genug Geld und Gefolgschaft für seine ehrgeizigen Pläne beisammen hatte.

Auch der Weg nach Gallien und Spanien war im dritten Jahrhundert durch eine Räuberbande verlegt, die über zweitausend Bewaffnete verfügte und ihren Sitz in der Stadt Albenga, dem alten Albium Ingaunum an der Via Julia Augusta hatte. Die Sippe, aus der die Hauptleute dieser Bande stammten, war zeitweise so mächtig, daß sie ihren eigenen Thronprätendenten aufstellte. Er hieß Proculus und machte ernsthafte Anstrengungen, die Macht im ganzen Römischen Reiche an sich zu bringen, was ihn allerdings gezwungen hätte, die Via Julia Augusta gegen seine eigene Verwandtschaft freizukämpfen...

Andere klassische Schlupfwinkel großer Banden waren die Pontinischen Sümpfe, in denen aus Gesundheitsgründen keine Garnisonen unterhalten werden konnten, der noch heute sehr verlassen wirkende Buschwald um Cuma und sogar die nähere Umgebung der Hauptstadt selbst, in der die Banden immer wieder untertauchen konnten und in Großstadtwinkeln sicherer waren als auf dem freien Feld. Wenn wir bei einem antiken Schriftsteller lesen, daß es als großes Wagnis galt, bei Nacht von Rom nach Tibur (Tivoli) zu reisen, so erscheint uns das ganze gewaltige Straßennetz des Reiches in einem anderen Licht: Von Menschen erbaut, wurde es durch Menschen entwertet, und der Reisende, der im Fackelschein bangen Herzens auf jedes Geräusch lauschte, das den Lärm der Räder übertönte, hätte vermutlich einen sicheren Feldweg dem gefährlichen Pflaster der Via Tiburtina vorgezogen.

Burckhardt stellt in seinem berühmten Werk über die Zeit Konstantins des Großen die Frage nach dem sozialen Hintergrund dieses Räuberunwesens und sagt im Kapitel über die Hirtenräuber aus dem Nildelta: »Dergleichen alte, unterdrückte, in neuer Barbarisierung begriffene Bevölkerungen würden wir im ganzen Reiche noch manche kennen, wenn die Provinzialgeschichte nicht so stumm wäre.« Damit ist die Situation rings um die imposanten Straßen treffend beleuchtet: Die zahllosen Völkerschaften des großen Reiches hatten ihre eigene Kultur und Organisation, ehe die Römer kamen. Die

Römer unterwarfen sie, vermochten aber die eroberten Länder nicht völlig zu durchdringen (wofür das ptolemäische Ägypten wohl eines der bezeichnendsten Beispiele und Kleopatra selbst ein deutlicher Beweis ist). So konnte es kommen, daß hart neben den großen, von den Römern bevorzugten und geförderten Zentren wie Alexandria oder Tarsos die Bevölkerung wieder in den Zustand äußerster Primitivität und Not absank und – da sie ja keinen eigenen Staat mehr bilden konnte – in anarchischen Zuständen dahinlebte. In weiten Gebieten des Römischen Reiches waren die mächtigen, wie für die Ewigkeit gebauten Straßen nichts anderes als Dämme durch einen unsichtbaren Sumpf, den die Unterworfenen beherrschten.

Sogar die Räuberbanden auf der Apenninhalbinsel, die man leicht als rein kriminelle Erscheinung ansehen könnte, müssen als soziales Faktum genommen werden. Ein Kronzeuge ist der erwähnte Räuberhauptmann Felix Bulla. Als er einen gegen ihn ausgeschickten Centurio schmählich geschoren zu seiner Truppe zurückschickte, befahl er ihm: »Sage deinen Herren, sie sollen ihre Sklaven besser halten, dann werden sie nicht zu mir kommen, um Räuber zu werden.«

Sosehr die Wirte der Straßentavernen verachtet wurden, weil sie ohne eigenes Wagnis den wehrlosen Schläfer bestahlen oder prellten, soviel Sympathie bringt die ganze antike Literatur dem wahren Herrn der Landstraßen, dem Räuber entgegen. Da Apulejus, Heliodor und andere Schriftsteller der Antike mit ihren Werken durch viele Jahrhunderte Anreger und Vorbilder blieben, in der Renaissance zu neuer Geltung erwachten und noch Cervantes und den spanischen Schelmenroman beeinflußten, darf man sagen, daß die Romantisierung des Räubers in den geschilderten Verhältnissen an den Römerstraßen ihren Ursprung hat.

Aus all dem entwickelte sich auf der römischen Straße ein seltsamer und beachtenswerter Mikrokosmos lateinischen Lebens; losgelöst aus den Bindungen der städtischen Wohngemeinschaft, lebte der Römer auf der Straße das uralte Wanderleben, in dem er sich freier fühlte, in dem sein unruhiges etruskisches, phönikisches und griechisches Ahnenerbe befriedigt wurde. Und die Römerin? Sie ließ sich in Sänften auf den Straßen dahintragen, die laue Luft umgab sie, während sie sanft gewiegt wurde und die Landschaft geruhsam mustern konnte. Cäsar hat nur Müttern und Frauen über vierzig die Benützung der Sänfte gestattet: er wollte den Luxus einschränken, vor allem aber wohl den Verkehr entwirren und die Straße entlasten. Freilich fehlte es gerade den hübschesten Frauen nicht an Verbindungen und Beziehungen, um Ausnahmen zu erreichen. Der später zum Christentum übergetretene Philosoph und Schriftsteller Clemens von Alexandrien berichtet, daß die Frauen eine Reise in der Sänfte gemeinhin als Schaustellung auffaßten, der sie sich nur zu gerne unterzogen, und von Seneca wissen wir, daß ein Mann, der sich dem etwa widersetzt hätte, als engherzig, bäurisch oder gar als Haustyrann gegolten hätte...

Die Straße, heute oft Symbol für das moralische Niemandsland zwischen Welt und Halbwelt, zwischen Recht und Gewalt, war offensichtlich dem römischen Rechtsstaat entglitten. Räuber und Dirnen verwandelten die einst heiligen Wege in eine Freistatt der gesellschaftsfeindlichen Kräfte, und auch die Mächtigen jener Zeit vermehrten durch ihren eigenen Luxus und Größenwahn nur noch die wirren und amoralischen Zustände: ihre Mätressen ließen sich halbnackt und zum Greifen nahe zwischen dem hungrigen Gesindel dahintragen, das mit Stockschlägen in den Graben getrieben wurde. Als Julia, die Gemahlin des Feldherrn Agrippa und Tochter des Kaisers Augustus, mit ihren Sänftenträgern in Bedrängnis geriet, weil der Fluß Skamander unerwartet viel Wasser führte, legte Agrippa den einfältigen Einwohnern des nahen kleinasiatischen Dorfes (die von Julias Ankunft gar nichts gewußt hatten) wegen Unterlassung der Hilfeleistung die ungeheure Geldbuße von umgerechnet 160000 DM auf. König Herodes mußte sich dafür einsetzen, daß die Römer auf die Eintreibung verzichteten.

Natürlich gibt es auch Gegenbeispiele, und man darf annehmen, daß sie zwar weniger spektakulär, aber im ganzen nicht minder zahlreich waren als die Räubergeschichten, die zweifellos eifriger kolportiert wurden. Die Straßen des Römerreiches hatten auch eine beträchtliche sittigende Wirkung, wie Christoph Martin Wieland es ausdrücken würde, dessen Horaz-Übertragungen wir als die schönsten zitiert haben. Diese Wirkung bestand vor allem darin, daß abgelegene, kaum erreichbare Gebiete mit der Hauptstadt oder anderen größeren Zentren in Verbindung treten konnten, daß sie von dorther die Einflüsse fortgeschrittener Kultur und geistiger Aktivitäten empfingen und – daß sie für ihre in der ländlichen Abgeschiedenheit kaum interessierenden Agrarprodukte bessere Preise erzielten (wobei ja höheres Einkommen als Voraussetzung für den Anstieg auch des kulturellen Lebensstandards gelten darf). Friedländer erzählt die Geschichte eines ostfriesischen Bauern, der auf der Suche nach einem Markt seine Gänse wochenlang vor sich hertrieb, um sie günstiger zu verkaufen, bis er im Jahr 50 vor Christus in Rom eintraf... Berühmt als Lebensader, die ganzen Landstrichen zu einem besseren und auch höheren Dasein verhalf, war die Via Aemilia, welche die am Po-Fluß gelegene Festungsstadt Placentia (Piacenza) mit dem Adriahafen Ariminum (Rimini) verband; auf ihr wurden fast täglich kleine und größere Herden dahingetrieben, vom Federvieh bis zum Rind. Sie zog sich am Fuß des Gebirges so schnurgerade hin wie die moderne Autostraße, auf der freilich der Viehtrieb verboten ist. Alle von Norden wie von Süden auf die Via Aemilia mündenden Täler nützten sie, um ihre landwirtschaftlichen Produkte an den Mann zu bringen, und die aus ihren Tälern nun nach Rimini gelangenden Bauern, die sich in jenem großen Hafen ja auch tagelang aufhielten, gewannen zweifellos Einblicke in die Welt und ihr Treiben, auf die sie in den Bergen noch zweitausend Jahre lang – bis zu den ersten Touristen – hätten warten dürfen.

Eine zweite unstreitig positiv zu wertende Funktion der Straßen und des Straßennetzes war durch den *Cursus Publicus* gegeben, wie das römische Postwesen darum hieß, weil es im wesentlichen den Reisen und der Beförderung von Personen und Poststücken öffentlichen Interesses diente. Es hätte in einem straßenlosen Staat höchstens nach altgriechischer Sitte durch Läufer funktionieren können, war aber schon von den persischen Großkönigen mit Straßen oder eher Pisten, mit festen Rasthäusern und einem eigenen Personal ausgestattet worden. Das grundlegende Werk darüber schrieb der Plöner Gymnasiallehrer Dr. E. E. Hudemann schon im Jahr 1875 (Reprint Wiesbaden 1966). Er beginnt seine Darstellung mit dem seinen Verfasser ehrenden und dennoch falschen Satz: »Das Bedürfnis des Verkehrs innerhalb eines Staates ist gering, so lange die Bevölkerung nicht eine gewisse Stufe höherer Bildung erreicht hat. Durch diese gerade wird jenes Bedürfnis hervorgerufen...«. Die Bauern von der Via Aemilia sind einer von vielen Gegenbeweisen: Bei ihnen hat das Bedürfnis (nach einem Absatzmarkt) umgekehrt erst die höhere Bildung hervorgerufen, und in sehr vielen Teilen des Römischen Reiches stand es ganz ähnlich, zumindest, so lange das Reich noch einigermaßen gesichert dastand. In Roms Spätzeit war das Reisen schließlich so gefährlich, daß dann, wenn etwa eine Gesandtschaft an die Grenzen zusammengestellt werden mußte, der Senat freiwillige Meldungen erbat (*Antike Diplomatie* Darmstadt 1979, S. 322ff.). Es gab da nämlich schon Herrscher wie Attila oder Geiserich, die sehr eigentümliche Gepflogenheiten hatten, auch im Umgang mit Gesandten.

Wie eine Riesenspinne mit zahllosen Fangarmen liegt das Netz der Römerstraßen über dem Mittelmeerraum, alles, was irgend zum Landtransport geeignet war, entzog man den Gefahren der Seefahrt. Dennoch wäre das gewaltige Straßennetz wohl kaum entstanden, hätten die Römer nicht weitgehend das Hauptproblem eines jeden Großreiches lösen müssen: die ständige Bereitschaft und Allgegenwart einer militärischen Macht, oder – mit anderen Worten – das für die Antike ungleich schwierigere Problem, große Truppenmassen so schnell zu verschieben, daß örtliche Unruhen und Komplikationen sofort verläßlich bereinigt werden konnten.

Die Großreiche der Alten Welt bestanden aus einer Vielzahl eroberter Territorien, die durch eine kleine stationierte und eine große, aber weit entfernte Militärmacht beherrscht wurden. Die Römer ließen ihre Truppen, die in Gallien, Spanien oder England gesiegt hatten, nicht im Lande, sondern schickten sie – mitunter sogar schon während der Schlacht oder unmittelbar danach – an andere Unruheherde, wo sie dringend gebraucht wurden, etwa in Kleinasien, Ägypten oder an der Donau. Es war für Rom und seinen Machtanspruch daher lebenswichtig, sogleich, noch während des Feldzuges, gute Straßen in den eroberten Gebieten anzulegen, auf denen die Legionen schnell marschieren und binnen kurzem an andere Einsatzorte verlegt werden konnten.

Als 162-165 Lucius Verus in harten Kämpfen die Parther besiegte und die Königsburg in Ktesiphon plünderte, standen in seinen Reihen Legionen des Rheinheeres und Verbände von der Donau. Nero verlegte eine Legion aus Britannien in den Kaukasus. Gegen die aufständischen Wüstenstämme Nordafrikas wurden nicht nur Truppen aus Spanien herangeführt, sondern auch Legionen aus dem Raume des heutigen Ungarn, und gegen die Markomannen bot Mark Aurel nordafrikanische Garnisonstruppen auf. Selbst die Alpenpässe wurden bei Schnee und Eis bezwungen, als Vitellius (12-69 n. Chr.) die ihm ergebenen Rheinlegionen nach Italien beorderte. Ihr Gewaltmarsch über den Großen Sankt Bernhard war vergebens: Vespasian (9-79 n. Chr.) führte die Orientlegionen heran und bezwang Vitellius, der sich in Rom verkrochen hatte.

Mochte das eine oder andere Mal eine Heeresabteilung auch zu spät gekommen sein wie etwa die Legionen, die Kleopatra gegen Cassius und Brutus schickte, als diese in Syrien standen, so war das System im ganzen doch imposant genug und die Allgegenwart der Römer oft eine unliebsame Überraschung für diesen oder jenen aufsässigen Gaufürsten, der von kommunizierenden Gefäßen noch nie etwas gehört hatte... Es funktionierte denn auch so lange, als es überhaupt noch Legionen gab, und danach dienten die Straßen den Eroberern mit der allen Straßen eigenen Neutralität – man kann sie seit jeher in zwei Richtungen befahren!

Die Geschichte der Römerstraßen ist eine Summe ungeheurer Pionierleistungen, und man bedauert, sie nicht alle aufzählen zu können: die Gabinische Straße, die von Salonae landeinwärts in das unwegsame albanische Karstgebiet führte, oder das kleinasiatische Straßennetz im wilden Anatolien. Ist es nicht ein bestürzender Gedanke, daß Claudius Galenus, der berühmteste Arzt seiner Zeit, für die Reise von Pergamon nach Rom den Landweg wählen und auf diesem auch wieder in seine Vaterstadt zurückkehren konnte, während man sich heute, wegen der vielen Unfälle auf dem sogenannten Autoput Belgrad-Agram oft für die Seereise entscheidet? Selbst das seit Jahrtausenden unruhige und schwer zugängliche Aurès-Gebirge in Nordafrika hatten die Römer von allen Seiten mit Straßen umzogen.

Zwölf Jahre lang reiste Kaiser Hadrian (117-138) durch sein gewaltiges Reich, die Geschichtsschreiber wissen von großen Mühen und Beschwernissen auf diesen ausgedehnten Fahrten zu berichten. Wagen und Sänften mögen den oft kränkelnden Kaiser fürchterlich durchgerüttelt haben, aber das römische Straßensystem hat kaum jemand vor oder nach ihm in so gutem Zustand kennengelernt. Trajan wie Hadrian waren große

Baumeister und weise Herrscher, Antoninus Pius wie Mark Aurel standen diesen beiden wohl an Glanz, doch nicht an Weisheit nach. Trotz vereinzelter großer Straßenbauten noch im dritten nachchristlichen Jahrhundert bezeichnen die Regierungsjahre der vier genannten Herrscher den Optimalzustand des römischen Straßennetzes, für dessen Verwendbarkeit und praktischen Nutzen ja nicht so sehr seine absolute Länge als vielmehr die Erhaltung der einzelnen Strecken entscheidend war.

In dieser Zeit, da die Straßen tatsächlich Gemeinbesitz des Reiches und seiner Völker waren, erschienen die meisten jener Itinerarien oder Reisehandbücher, deren ausführliche Hinweise neben den Meilensteinfunden die wichtigste Quelle über die Römerstraßen und ihren Verlauf sind. Die Itinerarien waren vermutlich für Gesandte bestimmt, die ein Regierungs- oder Verwaltungsauftrag in ferne Länder führte, und wurden auch in den folgenden Jahrhunderten immer wieder neu aufgelegt, wobei sich (da der Text ergänzt und bearbeitet wurde) Abschreibefehler und falsche Angaben einschlichen. Die ursprünglichen Routen mit Entfernungsangaben in römischen Meilen waren, soweit sich dies heute noch nachprüfen läßt, erstaunlich verläßlich. Als Beispiel für ihre Ausführlichkeit sei nur angeführt, daß zum Beispiel allein das *Itinerarium Antonini Augusti* für die Reise nach und in Britannien nicht weniger als fünfzehn Routen nennt. Jede ist wie in einem modernen Autoführer am Kopf benannt (z. B. *Iter a vallo ad portam Ritupis* = Vom Grenzwall nach Richborough Port) und mit der Gesamtmeilenzahl versehen; darunter stehen dann die einzelnen Stationen mit den Distanzangaben. Ein anderes Itinerarium aus dem Jahre 333 beschreibt den Weg von Bordeaux nach Jerusalem und zurück, wobei Mailand und Rom berührt und die heiligen Stätten genau beschrieben werden.

Neben diesen geschriebenen Itinerarien, die bis zu dreitausend Stationen an dreihundert Straßen verzeichneten, gab es auch Straßenkarten oder besser gesagt Routenskizzen in graphischer Darstellung. Solch eine Wegekarte, die vermutlich einen Kartographen namens Castorius zum Urheber hat, ist uns in einer späteren Kopie erhalten und unter dem Namen Peutingersche Tafel *(Tabula Peutingeriana)* bekannt geworden. Ihre elf Blätter sind in der Kopie zu einem einzigen langen Streifen aneinandergeklebt, der Militär- und Handelsstraßen bis an den Ostrand der damals bekannten Welt aufzeichnet und mit dreieinhalbtausend säuberlich kalligraphierten Stationsnamen versieht. Auch die Flußläufe sind in einer uns drollig anmutenden, beinahe kindlichen Perspektive berücksichtigt und größere Siedlungen durch bezeichnende Gebäude gekennzeichnet wie auf den lebendigen Reliefkarten moderner Reiseprospekte.

Das Jahrhundert, in dem jener Castorius ein letztes Mal die ganze imposante Ausdehnung des römischen Straßennetzes in seinen Karten festhielt, war das letzte des ungeteilten Römischen Reiches; am 24. August 410 eroberte Alarich Rom und ließ seine Krieger die Stadt plündern...

ROMS SONNE ÜBER GALLIEN

Wir wissen heute, daß für die Zusammensetzung und damit den Charakter der europäischen Völkerfamilie ein Glücks- und ein Unglücksfall entscheidend gewesen sind. Der Unglücksfall war die zweite Germanische Wanderung zwischen 375 und 408, als die Hunnen die begabtesten und tüchtigsten Germanenstämme vor sich her und endlich aus Europa hinaustrieben. Der Glücksfall aber waren die Kelten – nicht etwa, weil man ihnen (wie Shaw, Joyce, Beckett und andere angedeutet haben) die britische Literatur verdankt, sondern weil dieses sehr unterschiedliche Konglomerat von Wanderstämmen in seinen besten Elementen Phantasie, Einfallsreichtum und Mut zur transzendierenden Spekulation aufbrachte – nicht nur für ein paar Generationen, sondern, wie wir heute sehr deutlich sehen, bis zum Fantasy-Impuls der unmittelbaren Gegenwart. Die Germanen hingegen, ihrer aktivsten und kühnsten Stämme beraubt, wurden auf das bäurisch-seßhafte Element reduziert, das bekanntlich fünfhundert Jahre später als seine westlichen und südlichen Nachbarn zu geistiger Selbstbekundung gelangte.

Die Kelten hatten sich in Europa stark ausgebreitet, hatten einzelne ihrer Wanderstämme sogar bis auf den Balkan vorgeschickt, ihre dauerhaften Zentren aber schließlich auf den britischen Inseln und im heutigen Frankreich gefunden. Die dank Cäsars eingängigem Latein auch weniger fleißigen Gymnasiasten wohlbekannte Eroberung Galliens brachte dann jene Dreiteilung mit sich, die trotz ein wenig römischer Willkür doch auch ethnische Bedeutung hatte: An die Westpyrenäen schloß sich das aquitanische Gallien. Der Raum des eigentlichen Frankreich wurde breit ausgefüllt von der Celtica, und zwischen Seine und Rhein begründeten die Römer Belgium, eine alsbald stark von Germanen durchsetzte nordkeltische Provinz. Der Italien am nächsten liegende Teil des heutigen Frankreich zwischen Toulouse und Lyon wurde als Provincia Romana dem Mutterland zuerst angegliedert.

Man darf sich heute darüber wundern, daß die Römer in aufreibenden Kriegen, die den jungen Staat an den Rand des Untergangs brachten, gegen Karthago und die Phöniker kämpften, statt das weite und einladende Gallien zu erobern. Aber erstens waren die Meereswellen zu jener Zeit leichter zu bezwingen als die Alpen, und zweitens hatten Handelskriege ja stets einen gewissen Vorrang vor der bloßen Eroberung erhalten. Unter Cäsar aber, der von der innenpolitischen Wirkung militärischer Erfolge sehr viel hielt, war es dann soweit, und es geschah, was die Älteren unter uns vom Gymnasium her und die Jüngeren aus der Lektüre der Asterixbände kennen: Das keltische Gallien wurde mit der Hilfe germanischer Soldtruppen unterworfen. Während die Germanen vom Jahr 104 vor Christus bis zum Ende des Römerreichs einen Aufstand nach dem anderen anzettelten, begnügten sich die intelligenten Kelten – Bretonen und andere Seefahrerstämme ausgenommen – im allgemeinen damit, von den Römern anzunehmen, was ihnen brauchbar erschien, im übrigen aber keltisch-gallisch zu bleiben und nichts zu vergessen. Die sogenannte Pax Romana, der römische Friede, war nicht lückenlos, brachte aber keinem anderen Land so reichen Gewinn und so geringfügige Nachteile wie dem heutigen Frankreich.

Das für unser Thema wichtigste Erbe aus diesen fünfhundert Jahren ist zugleich auch das sichtbarste: die Römerstraßen. In keinem anderen Land ist es so leicht, Teile von ihnen auch heute noch aufzufinden, allerdings auch, weil Frankreich beinahe die doppelte Fläche der Bundesrepublik, aber doch um ein Drittel weniger Einwohner hat; die Vergangenheit hat also sehr viel mehr Platz, die Gegenwart muß nicht schon aus Raumgründen alles überdecken und zubauen, was unter günstigeren Verhältnissen der Erhaltung für wert befunden werden könnte.

Am leichtesten gelangt man auf römische Straßenstücke dort, wo stehengebliebene Straßentore uns auf sie hinweisen. Diese Tore hatten ja ihren Sinn, sie waren nicht, wie spätere klassizistische Bauten, nur Erinnerungsmale an Fürstenhochzeiten oder andere Feste. Wo ein Tor war, da begann auch eine Straße, und wenn wir heute nach Autun fahren, was durch die Autobahn Paris-Burgund erheblich vereinfacht wird, so können wir die Stadt durch ein Römertor betreten und durch ein anderes Römertor wieder verlassen. Das Südtor führt auf eine ziemlich steil abfallende Vorstadtstraße, an der wir Römisches nicht mehr zu erkennen vermögen, das Nordtor jedoch entläßt uns hinaus ins Land, auf eine heute nicht mehr stark befahrene

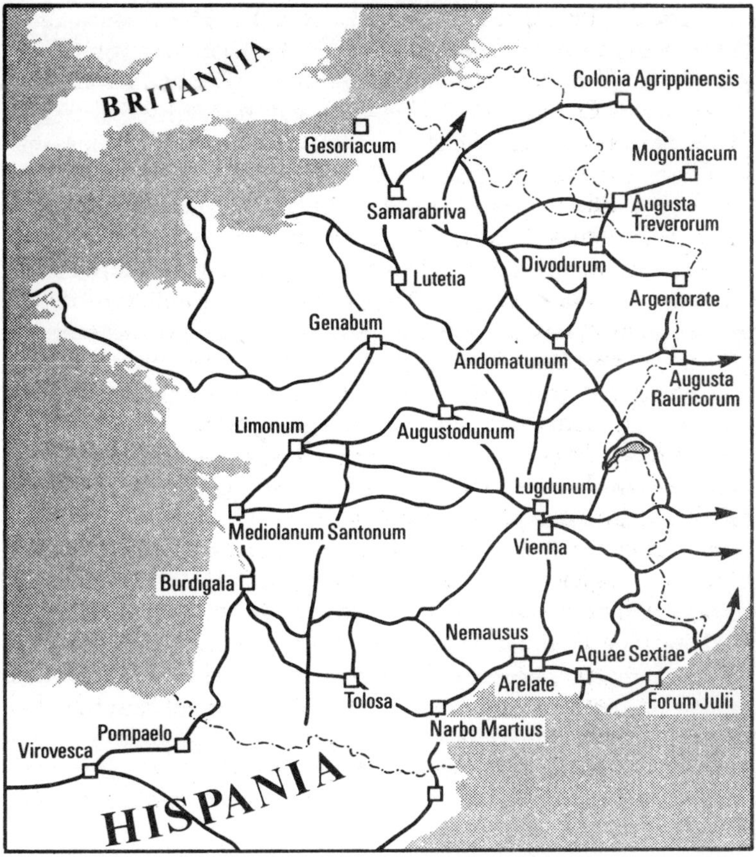

Nebenstraße, die uns in ihrem Verlauf beinahe halluzinatorisch klar macht, worin der Reiz dieser Altstraßen besteht. In zweitausend Jahren nämlich verändert sich auch eine Landschaft. Die Straße hat Zeit, mit ihr zusammenzuwachsen, ein Stück von ihr zu werden und dennoch Straße zu bleiben.

Zunächst ist die Straße römisch-kompromißlos und läuft schnurgerade so genau in den Norden, als hätte jener uns unbekannte römische Ingenieur sie mit dem Kompaß trassiert. Am rechten Rand liegt eine kleine Häuseransammlung, die La Porte d'Autun heißt, nach dem eindrucksvollen Römerbau, der sich am Nordausgang des alten Augustodunum noch immer erhebt. *Voie Romaine*, wie die Franzosen in Anlehnung an das *via* der Lateiner sagen, und D 980 stimmen hier noch überein; dann, nach dem Weiler Saint Forgeot, weicht die moderne Straße von der genauen Nordrichtung ab in Richtung auf Chissey-en-Morvan, während unsere Römerstraße natürlich schnurgerade weiterführt und es irgendwie schafft, keineswegs steril zu wirken: sie hatten eben das Genie der geraden Linie, und die Hügel Galliens schienen sich zu unterwerfen.

Da die Römerstraße über Auxerre (Autessiodurum) nach Paris zielte, auf die damals noch kleine, aber eben sehr zentral gelegene Fischer- und vor allem Schiffersiedlung an der Seine, finden sich auch bei Auxerre noch erhaltene Straßenstücke und vor allem erkennbare Trassenabschnitte. Man kann über Avallon und Vézélay hingelangen, also auf der Anfahrt eine der schönsten Basiliken von ganz Frankreich besuchen, und fogt dann der D 951 nach Norden in die N 6 und dieser bis zu der kleinen alten Adelsresidenz Arcy im Cure-Tal. Zwei Kilometer westlich von Arcy begleitet die Römerstraße, hier *Voie d' Agrippa* genannt, die moderne, im Cure-Tal geführte Straße nach Nordnordost. Wie immer hatten die Römer das Flußtal gemieden, vor allem, da es mit seinen vielen Windungen für den Straßenbau ebensowenig geeignet war wie das Moseltal, und sich für eine Trasse in geringem Abstand entschieden. Sie zweigt in einer Landschaft bekannter Grotten schon bei Voutenay-sur-Cure aus dem Flußtal dort ab, wo dieses eng und unübersichtlich wird. Fünfzehnhundert Meter westlich von Voutenay liegen auf einem das Tal beherrschenden Hügel Reste eines Römerlagers. An der zweiten Kreuzung nach diesem Lager müssen wir uns rechts halten und stoßen an der aus Arcy nach Westen führenden Bezirksstraße auf die alte Trasse. Sie ist bis zu dem Dorf Sery an der Yonne zu verfolgen, verband also Cure und Yonne, zwei Flüsse, die hier allerdings zumindest nach moderner Auffassung nicht schiffbar sind.

Das waren, gleichsam vorweggenommen, zwei leicht erreichbare Römerstrecken, weil gerade das Morvan, der wilde Norden des lieblichen Burgund, bis an die Schwelle unseres Jahrhunderts in einem in Deutschland unvorstellbaren Maß naturbelassen blieb, aus einem besonderen Grund: Böse Zungen behaupten, weil die Ammen der reichen Pariser Familien aus dieser Gegend kamen und man den Nachwuchs der Upper-Ten mit möglichst guter Milch aufziehen wollte.

In der geschichtlichen und geographischen Ordnung müßte man natürlich im Süden beginnen, weil in Europa nun einmal alles im Süden begann und weil die Römer vom Süden her nach Gallien hineinschlüpften – auf einer Straße, die zwar einen Namen hat, aber seltsamerweise einen, den man sich nicht zu deuten vermag. Die Römer eröffneten ihren Eroberungszug nach später noch oft befolgtem Muster erst, als ihnen ein Hilferuf aus Marseille zukam. Mit den Massalioten nämlich waren die Römer seit alters befreundet, und die reichen Händler von der Rhônemündung wurden von den Ligurern der Seealpen immer dann überfallen, wenn sie sich vom letzten Überfall gerade wirtschaftlich erholt hatten. Die Ligurer hatten, wie auch andere Seeräuberstämme, ihre Hauptsitze in Buchten, die von der Landseite her wegen der Steilküste fast unzugänglich waren, andererseits aber stetige Zugriffsmöglichkeiten auf die Küstenschiffahrt boten. Der Wert solcher Positionen blieb jahrtausendelang erhalten, und so manche hier ansässige Adelsfamilie verdankt ihren Aufstieg zuerst der Teilnahme an diesem organisierten Raub und später, als die Zentralgewalten dann stärker wurden, dem rechtzeitigen Wechsel auf die Seite des Königs.

Die Ligurer sind – sofern man sie als geschlossenes Volk bezeichnen und nicht als Raubgemeinschaft auffassen will – ebenso interessant und ebenso geheimnisvoll wie die Basken, nur hatten sie nicht das Glück, ähnlich entlegen zu leben. Gegenüber den West-Pyrenäen liegen die Seealpen eben doch ziemlich zentral und sind weniger wild. Als Barriere zwischen Italien und Frankreich, zwischen dem Mutterland der Römer und ihrer wertvollsten Kolonie Gallien, waren sie eben dazu verurteilt, erobert zu werden. Die sehr zahlreichen antiken Zeugnisse über die Ligurer lassen erkennen, daß sie zeitweise bis nach Norditalien hinein Macht ausübten und, als echte Piraten, zu beiden Seiten der Handelsstraße nach Massilia saßen, also auch an der Nordspitze von Korsika. Strabo bestätigt uns, daß sie als Bergbewohner abgehärtet, anspruchslos und zäh waren, Cato nennt sie tapfer, behende, ausdauernd und vom Wuchs her eher klein. Ihre sehr wenigen Sprachdenkmäler lassen sie als früh abgesplitterte Stämme der keltischen Rhäter erscheinen, die offenbar schon vor zweitausenddreihundert Jahren jenen Isolationsdrang empfanden, der die rhätischen Vorarlberger heute immer wieder zum Problemfall für Wien werden läßt. Die Römer allerdings gebrauchten gegen sie völlig undemokratische Methoden: sie führten seit 328 vor Christus Krieg gegen die Ligurer, erlitten in den heißesten Kämpfen (187-175) auch Rückschläge und versuchten schließlich, das Übel durch Umsiedlungen an der Wurzel zu packen. Was blieb, waren freilich die landschaftlichen Besonderheiten, die den Straßenbau so erschwerten, wie sie zuvor die Kämpfe gegen die Ligurer erschwert hatten.

Wir fahren heute zwischen Menton und Nizza auf den schönsten Straßen der Welt, der *Grande Corniche* und der *Moyenne Corniche,* durch dieses Kampfgebiet, durch den Abwehrriegel der Ligurer, von denen sich kunstvoll in die Felsen gegrabene Sperrfestungen erhalten haben. Wir passieren dabei die grandiose Trophäe des Augustus, das auf einem Felsenkegel über dem Straßendorf La Turbie stolz aufragende Siegesmal des Augustus, mit dem er die endgültige Niederwerfung der zähen Bergstämme feierte. Blickt man von hier oben die Küstenlinie entlang, kann man besonders gut ermessen, wie schwer es gewesen sein muß, gegen ein Völkchen Krieg zu führen, das jeden Felsenriß, jeden Vorsprung, jede Höhle kannte. Und wir sehen an den malerischen Steilabstürzen auch, wie schwer es war, hier die paar Meter Fahrbahnbreite für eine Straße aus dem Felshang zu gewinnen, die Seealpenküste in ein Durchgangsland zu verwandeln und aus dem Schlachtfeld die liebliche Erholungslandschaft der Côte d'Azur werden zu lassen.

Als endlich vom Osten her Nizza (Nicaea) erreicht war, durften die Römer triumphieren, denn damit war nun auch technisch das Schwerste überstanden. Zwar schiebt sich der Burgfelsen von Nizza, der die meisten römischen Altertümer trägt, noch einmal wie ein Kap ins Meer hinaus und sperrt die Küstenstraße (bis heute – die Verkehrsstockungen sind hier vorprogrammiert!). Aber dahinter, also westlich gelegen, öffnet sich das Land zu einem breiteren Küstenstreifen, der gegen das Hinterland zu nicht mehr steil, sondern in sanften Hügeln ansteigt.

Der Paillon, der heute überdeckte und dadurch kaum mehr wahrnehmbare Fluß von Nicaea, hat trotz aller Wildwasser, die er gelegentlich führt, und aller historischen Stürme an seinen Ufern sein Bett so genau bewahrt und nicht gewechselt, daß man in ihm seit Jahrzehnten mit nur langsam nachlassendem Erfolg auf die Suche nach Münzen und antiken Gegenständen gehen kann. Offensichtlich hatten schon die ersten hier eintreffenden Römer Spaß daran, Münzen ins Wasser zu werfen, denn als man im Jahr 1882 das Paillonbett tief in die Schotterschicht hinein aufgrub, um die Fundamente des Casino Municipal darin zu verankern, kamen nach zahlreichen mittelalterlichen Münzen auch solche aus der Römerzeit zum Vorschein. Die älteste dieser Münzen stammte nicht aus der Kaiserzeit, sondern aus der republikanischen Epoche, als Cäsar die Legionen kommandierte, die hier einen Weg nach Gallien hinein fanden.

Für den Straßenbau in den Seealpen haben wir nur einige wenige Anhaltspunkte: er war den Römern offensichtlich so selbstverständlich, daß sie von ihm in Chroniken und Huldigungsreden nicht viel Aufhebens machten. Im Jahr 154 oder wenig später scheinen die Römer in einem der zahllosen, immer wieder gebrochenen Friedensverträge mit den Ligurern erstmals die Forderung durchgesetzt zu haben, daß ein zwölf Stadien (ca. 2200 Meter) breiter Streifen an der Küste für den Durchzug der Römer nach Nicaea und Massilia freigehalten werden mußte und nicht nur exterritorial war, sondern von den Ligurern gar nicht betreten werden durfte(!). Dieser Streifen begann allerdings wegen der erwähnten Terrainschwierigkeiten erst bei Nizza und zog sich nach Westen bis Marseille. In der Mitte des Streifens wurde eine *via publica,* also eine öffentliche Straße gezogen, deren Sicherheitsfeld zur Linken und zur Rechten auf die ständige Bedrohung dieser Hauptverkehrsader durch die geschlagenen Ligurer schließen läßt. Die Straße war um so mehr gefährdet, als ja schon im Esterelabschnitt die Felsen wieder so nahe ans Meer herantraten, daß die Straße – wie die spätere N 7 und die Autobahn – im Binnenland geführt werden mußte. Strabo gibt als Gesamtlänge dieser Straße 1200 Stadien an; da dieses Längenmaß zwischen 178 und 185 Metern wechselt, kommen wir auf eine Heerstraße von etwa 216-220 Kilometern, eine beachtliche Leistung für das zweite vorchristliche Jahrhundert: Offensichtlich wurde, wenn Strabo nicht irrt, die ganze Distanz zwischen Nicaea und Massilia durch eine der frühesten Römerstraßen außerhalb Italiens überbrückt.

In der Mitte des Straßenverlaufs, also etwa im Raum des Massif des Maures, wo sich die Straße besonders weit von der

Küste entfernen mußte, lag der offensichtlich befestigte Stützpunkt Forum Voconi, in dem man die Erinnerung an den Schöpfer dieser Straße vermutet, den sonst nirgends aufscheinenden Römer Voconius, dem man an der heutigen Côte d'Azur eigentlich ein Denkmal setzen sollte. Sicheren historischen Boden betreten wir hingegen mit dem Konsul Sextius, der 154-152 v. Chr. vor allem gegen den mächtigsten und tüchtigsten Stamm der Ligurer, gegen die Salyer kämpfte. Ältere Nachschlagewerke bezeichnen diese als ›mit Kelten untermischt‹, was natürlich mißverständlich ist, da sie ja selbst Bergkelten aus Rhätien gewesen zu sein scheinen und höchstens afrikanische oder hispanische Kelten als Fremdelemente aufgenommen haben mögen. Die Salyer herrschten nach dem Verlust des erwähnten Küstenstreifens noch in weiten Teilen der heutigen Provence. Sextius nahm ihnen zunächst Hinterlandsverbindungen ab und begründete das beherrschend an zwei Tälern liegende Entremont, ehe er die Salyer völlig besiegte und auf ihrem Gebiet die Stadt Aquae Sextiae erbaute, die seinen Namen verewigt (Aix-en-Provence).

Damit haben wir nun zwar geschichtlich gesehen gute Anhaltspunkte für die Entstehung der Küstenstraße von Italien nach Frankreich, jener Straße, die stets den stärksten Verkehr an sich ziehen wird, weil sie das ganze Jahr über gangbar und weder durch Eis noch durch Schnee gefährdet ist. Daß sie so spät geschaffen wurde, hatte seinen Grund vor allem in den militärischen und politischen Schwierigkeiten mit den Raubstämmen, denen das Gelände gestattete, sich auch gegen die überlegene Kraft der Legionen erstaunlich lange zur Wehr zu setzen.

Dieser Umstand aber ist es, der die Frage aufwirft, auf welchen Wegen denn Rom vorher, also vor der Mitte des zweiten vorchristlichen Jahrhunderts, seine Westexpansion vornahm. Denn diese war, als Aix-en-Provence begründet wurde, nicht nur in vollem Gange, sondern eigentlich schon abgeschlossen. Beide punischen Kriege gegen Karthago und dessen Interessen in Spanien waren inzwischen schon Vergangenheit; Spanien war bis auf Kantabrien und ein paar härtnäckig-unbotmäßige Bergstämme unterworfen. Es muß also, bei aller Anerkennung der Leistungsfähigkeit von Seetransporten und Flottenoperationen, doch schon vor Sextius Landwege gegeben haben, die soweit ausgebaut waren, daß sich größere Truppenkörper auf ihnen bewegen und ganze Armeen ihr Material nach Südgallien und Spanien zu schaffen vermochten. Und es gibt zudem das unbestreitbare Großereignis der Alpenüberquerung des Puniers Hannibal mit 46 000 Mann und einem großen Troß...

Zunächst wird man annehmen dürfen, daß nach den Siegen der Römer über die Ligurer kurze Friedensphasen auch den Durchzug an der Küste gestatteten, wo es ja auch vor der Straße des Voconius und ihrer Sicherung durch Sextius zumindest Wege gegeben haben muß. Zudem aber hat die neuere Forschung in Arbeiten vor allem des Instituts für Ligurische Studien in Bordighera auf den Mont Ginevro hingewiesen, einen für die Verhältnisse in den Westalpen relativ niedrigen Paß, der für die Überschreitung der Hauptkette günstige Voraussetzungen bot – und dies vor allem dann, wenn man die technischen Bedingungen alten Straßenverkehrs berücksichtigt.

Die Hauptschwierigkeiten moderner Bergstrecken sehen Eisenbahn- wie Straßenbauer in den Steigungen. Für Saumtiere und gezogene Karren mit ergänztem Vorspann war dieser Gesichtspunkt nicht so wichtig wie die Gesamtdauer der Überquerung; denn man bewegte sich langsam, man scheute mit Recht das Übernachten in den Bergen, und man fürchtete den schnellen Wetter- und Temperatursturz, wie er in den Westalpen bis heute selbst gut ausgerüstete Touristen gefährdet.

Berücksichtigt man all das, so war der Mont Ginevro der unstreitig günstigste und gangbarste Westalpenpaß. Der Anmarsch aus der Po-Ebene vollzog sich im schnurgeraden Tal der Dora Riparia, wobei die uralte Stadt Susa die letzte leistungsfähige Basis für Versorgung und längere Rasten bildete. Das bei den Römern Segusio genannte Städtchen war zeitweise die Residenz eines zu beiden Seiten der Alpen lebenden Stammes, der sich zwar militärisch mit Ligurern und Allobrogern nicht messen konnte, dafür aber offenbar in der Nutzung der alten Paßwege über den Ginevro und wohl auch über den Mont Cenis besonders geschickt war und daraus seinen Vorteil zog.

Die eigentliche Bergstrecke von Cesana Torinese, das erst 1360 Meter hoch liegt, nach Clavière, wo die Hochgebirgsregion beginnt, ist mit etwa sieben Kilometern außerordentlich kurz und war auch für bespannte Fahrzeuge bei rechtzeitigem Aufbruch in einem Vormittag zu bewältigen. Nach weiteren sieben bis acht Kilometern befand man sich am Westhang des Mont Ginevro wieder in erträglichen Höhen, bei den Unterkünften von Les Alberts und La Vachette (heutige Namen).

Danach aber öffnete sich das breite, von einem zeitweise wilden Fluß durchströmte, aber eben darum von Engstellen freie Tal der Durance. Wie günstig und angenehm es in die Provence und auf die Rhône zuführte, kann man heute nicht mehr beurteilen; wer das schöne Tal aber vor der Anlage des langen Stausees von Serre Ponçon kennenlernte, wird meine Meinung teilen, daß man von der Po-Ebene nirgends leichter ins südliche Frankreich gelangen konnte als über den Mont Ginevro mit seinen 1850 Metern und seiner kurzen Scheitelstrecke.

Die Herren Guy Barruol und Pierre Martel haben denn auch in einem kleinen, aber hervorragend dokumentierten Buch von 1965 nachgewiesen, daß die Straße vom Mont Ginevro, französisch Mont Genèvre, durch das Durance-Tal nach Cavaillon und zur Rhône die älteste der römischen Transalpinstraßen gewesen sei, und da es eine solche alte Straße vor allen Ligurersiegen ja gegeben haben muß, beantwortet dieser Nachweis auch die Frage nach der offensichtlich sehr intensiven Kommunikation Roms mit dem südlichen Gallien und Spanien. Wir müssen für das Tal der Dora Riparia und den Paß hinüber zur Durance starken Verkehr vor allem in römisch-republikanischer Zeit annehmen. In der Zeit nach Augustus standen dann, nach der vollkommenen Niederwerfung der Seealpenvölker, neben der Küstenstraße auch noch eine Reihe niedrigerer Übergänge und der heutige Colle di Tenda zur Verfügung, der den Weg aus der westlichen Po-Ebene zur Küste bei Ventimiglia und Nizza verkürzte.

Nach einem Umweg, zu dem uns der große Durance-Stausee heute nötigt, können wir der Römerstraße aus den Alpen zur Rhône heute auf einer längeren Strecke folgen als dies bei den meisten anderen alten Straßen der Fall ist. Schon Gap war als Vapincum eine zur Römerzeit verkehrsreiche Stadt. Hier sind wir 750 Meter über dem Meer und haben vor uns die berühmte Durance-Enge von Sisteron, dem alten Segustero. Dort spricht heute niemand mehr von den vorgeschichtlichen Alpenvölkern oder auch den Römern, sondern nur noch von Napoleon, der auf seinem Weg von Antibes nach Grenoble, dem Schicksalsmarsch, mit dem die Phase der Hundert Tage begann, in Sisteron nächtigte. Hart südlich des Dorfes mit dem seltsamen Namen Les Bons Enfants verläßt die Römerstraße, die ja immer um gerade Linien bemüht war, das Durancetal und zweigt in die Berge ab. Wir folgen ihr auf der D 801, die alle Anzeichen der versunkenen Altstraßen-Herrlichkeit aufweist: Ruinen einer Burg am Beginn der Strecke und links oberhalb der Route; ferner eine alte Kapelle. Heute freilich läuft nicht einmal durch das Haupttal viel Verkehr, war doch auch Sisteron früher ungleich bedeutender als heute, wo der einstigen Bischofsstadt nur noch knapp viertausend Einwohner geblieben sind.

Die frühmittelalterlichen Kirchen und Kapellen sind an vielen Orten eines der sichersten Zeichen für die Beibehaltung der alten Römerstraße auch noch in christlichen Zeiten. Wie käme sonst eine so schöne romanische Kirche, groß und dreischiffig ausgebaut mit großer Apsis, in die Einsamkeit des Val Saint-Donat?

Bei der Einmündung des wilden Bléone in die Durance erfüllt ein ganzes Delta alter Hochstraßen das Durancetal, denn mit dem Bléone kommt auch die Route Napoléon hinzu, die nun freilich Durance-aufwärts weiterzieht, in der Richtung, die der von Elba zurückgekehrte Kaiser nehmen mußte, wenn er nach Paris wollte. Die Römerstraße folgte dem Gießbach Mardaric ans rechte, nördliche Durance-Ufer und ist fortan teilweise durch die N 96 oder durch ein kurzes, die Straße begleitendes Kanalstück verdeckt. Während an der Bléone-Einmündung bis Château-Arnoux leider sehr viele Eingriffe in die alte Talwildnis erfolgten, verrät uns das romanische Kloster von Ganagobie noch etwas von den früheren Verhältnissen. Es wurde im zehnten Jahrhundert auf einer schmalen Terrasse errichtet, die von Norden unzugänglich ist und sowohl das Flußtal als auch die an seinem Nordhang hingeführte Römerstraße beherrschte, die damals natürlich noch der einzige Verkehrsweg an der Durance war.

Die Grenze zwischen den Klostergründen und der Gemeinde Lurs, die auf einem Felsenvorsprung malerisch über dem Tal liegt, bildete ein Bach, der den nicht ganz seltenen Namen Buech oder Buès trägt und sich hier in die Durance wirft. Dieser Bach mußte mit einer kleinen Einbogen-Brücke überwunden werden, und die Herren Barruol und Martel haben sie tatsächlich gefunden, ein vergessenes winziges Römerbauwerk, das als heidnisches Relikt auch einen der üblichen grausigen Namen erhielt, es heißt bei den Bauern Pont de la Mort de l'Homme, also die Brücke vom Menschentod. Die kleine Brücke besaß zur Überwindung des Quertals sehr lange Rampen, die jedoch weitgehend verschwunden sind, und ähnelt in ihrem Bautypus stark den Brücken, wie sie aus römischer Zeit bei Savona und bei Finale Ligure erhalten geblieben sind. Diese Übereinstimmung macht die Großzügigkeit des ganzen Straßenplanes deutlich: die Römer bauten nach ihrem Schema über Hunderte von Kilometern hinweg, ihre Straßen waren als eine einzige große Einheit konzipiert, als ein Straßennetz, das ein gewaltiges Reich zusammenhalten sollte.

Zwischen Lurs und dem Durancetal, genauer zwischen Notre-Dame-des-Anges und Giropey, verläuft die Römerstraße gut sichtbar und schnurgerade durch die Fluren, südsüdwestlich von der Durance weg auf die Stelle zu, wo das antike Alaunium lag. Damit hat die Römerstraße endgültig das Durancetal verlassen und zieht das enge Tal der Bégude und danach des Calavon vor, das sich bei Cavaillon mit dem Rhônetal vereinigen wird – eine der schönsten Anfahrtstrecken in die Provence. Manosque, die Stadt Jean Gionos, bleibt im Süden liegen, Forcalquier im Norden. Den Bogen, den hier die N 100 beschreibt, um das reizende Städtchen einbeziehen zu können, macht die römische Heerstraße nicht mit, sondern überquert die Hochebene von Mane in der üblichen kompromißlosgeraden Linie, die heute noch gut zu erkennen ist, weil die Straße von den Anrainern noch befahren wird. Forcalquier war zur Römerzeit noch kein Ort, sondern lediglich eine Stätte der Kalkgewinnung (*furnus calcarius* ergab den modernen Namen). Auch Forcalquier hatte, wie Sisteron, im Mittelalter, nach dem Abklingen der Maurengefahr, viermal soviele Einwohner wie heute, ist aber einer der reizvollsten Orte der inneren Provence geblieben.

Daß die Straße die Kalkbergwerke nördlich liegen ließ, darf nicht verwundern: sie war eine Heerstraße und diente militärischen Zwecken, dazu den offiziellen Reisen. Darum liegen auch die vielen Dörfer, die hier aus römischen Gutshöfen entstanden sind, nicht an der Straße. Dafür säumte das Mittelalter den Römerweg mit christlichen Kapellen wie Saint Clair am Ostende der Mane-Ebene und Saint Sauveur weiter westlich, auf der gleichen Hochfläche oder Saint Siméon, das frühmittelalterliche Gotteshaus, dessen Ruinen wir bei Lincel wahrnehmen können. Bei Saint Clair wurde übrigens vor zweihundert Jahren ein großer Friedhof ausgegraben mit etwa fünfzehnhundert Skeletten, die allesamt auf dem Rücken lagen und eng beisammen. Nach einer schwer zu beweisenden lokalen Tradition soll es auf dieser Hochfläche zu einer Schlacht zwischen Cäsar und einigen verbündeten Bergstämmen gekommen sein, die von den Römern gewonnen wurde. Sicher ist, daß soviele offensichtlich zugleich bestattete Tote nicht einmal mit einer Seuche zusammenhängen können; die örtliche Tradition einer blutigen Schlacht hat also (wann immer diese auch stattfand) einiges für sich.

Unruhige Zeiten kamen für die Römerstraße und ihre Anrainer mit den Einfällen der Sarazenen, wie man im ganzen christlichen Abendland jene Seeräuber nannte, die keineswegs nur an den Küsten ihrem blutigen Handwerk nachgingen, sondern sich überall dort, wo Straßen vorhanden waren, auch tief ins Hinterland wagten. Man weiß, daß sie durch viele Jahrzehnte selbst innerschweizer Bergpässe besetzt hielten (Pontresina hieß *pontus saraceni*) und daß sie im Gebiet der Provence vor allem an der Straße Sisteron-Cavaillon aktiv waren, weil sie auf der Rhône schnell das Meer erreichen konnten. Philippe Sénac hat in seiner 1982 in Paris erschienenen Untersuchung *Provence et Piraterie Sarrasine* auf diese Rolle der Römerstraßen hingewiesen; unzugängliche Landstriche waren damals noch am ehesten vor Eindringlingen sicher.

In unserem Bereich wurden die Städte Aix und Apt wiederholt überfallen, wobei Teile ihrer Bevölkerung in die Sklaverei nach Nordafrika oder nach westspanischen (damals arabischen) Häfen verschleppt wurden. Fréjus soll insgesamt nicht weniger als siebenmal überfallen worden sein; Sisteron und andere kleine Bischofsstädte wehrten sich zwar standhaft, hatten gegen die Krieger aus den Barbareskenstädten aber keine Chance. Zu einem Kuriosum an unserer Römerstraße kam es im Fall von Forcalquier. Hier war zwar die kleine Stadt von Mauren eingeschlossen, aber wegen einer Liebesaffaire zwischen der Tochter des Bürgermeisters und dem jungen Hauptmann der Belagerer kam es zu einem Gentlemen-Agreement, das den Bewohnern die Bestellung der Felder gestattete und schließlich glimpflichen Abzug zur Folge hatte – eine Anekdote, die sich Sénac entgehen ließ, die aber aus anderen

Quellen gut belegt ist. Die fünfzehnhundert Toten von der Mane-Ebene waren jedoch gewiß weder Sarazenen noch ihre Gegner, so stark waren die bei diesen Kämpfen eingesetzten Verbände nicht. Sie werden also wohl ebenso ein Rätsel bleiben wie die verschwundenen 11 000 Jungfrauen aus dem Gefolge der heiligen Ursula zu Köln...

Dennoch bleiben die Gräber und Friedhöfe neben den Meilensteinen die sichersten Anzeichen für den Verlauf einer Römerstraße, nicht nur wegen des antiken Brauches, Tote an den Straßen zu bestatten, sondern auch, weil in spätrömischen und frühmittelalterlichen Zeiten nirgends bessere Wege für das Trauergeleit zur Verfügung standen. Der christliche Aberglaube an ruhelose Geister und Wiedergänger brachte nicht selten ein gewisses Unbehagen gegen Friedhöfe innerhalb der Stadtmauern mit sich – vor allem dann, wenn die Kirche nicht neben den Gräbern stand, wenn das Gotteshaus nicht die Ruhe der Toten schützte.

Bewegen wir uns weiter in Richtung Cavaillon, so haben wir am Verlauf der römischen Alpenstraße, die nun durch den Luberon nach Westen zieht, noch eine Reihe anderer gesicherter Gräber und Friedhöfe als Beweise für den Straßenverlauf: Eine kleine Grabstelle in Saint-Sauveur-du-Pont im Gemeindegebiet von Céreste, einer Stadt, die Albert Camus sehr liebte, ferner drei Nekropolen im Bereich Reillanne und ausgedehnte Friedhöfe in der am Talausgang malerisch gelegenen alten Stadt Apt. Diese liegen am Eingang und am Ausgang vor den früheren Toren des kleinen befestigten Gemeinwesens, und jedesmal, wenn hier gebaut und der Talgrund aufgegraben wird, kommen abermals Skelette und Grabbeigaben zum Vorschein. Das war vielleicht ein Grund dafür, daß sich die neuen Wohnviertel der Stadt vor allem auf den Höhen ausdehnten: wer will schon auf Gräbern wohnen. An der Rue du Gaz im Saint-Lazare-Viertel haben uns Gräber aus dem ersten und zweiten nachchristlichen Jahrhundert bewiesen, daß diese Straße mit dem so modernen Namen dem Verlauf der Römerstraße entspricht. Im Osten von Apt erstreckte sich die Gräberzone bis in den Vorort Pierrefiche; die Römerstraße ist hier ein angenehmer Spazierweg teilweise unter Bäumen und Gebüschen (gerade, wenig befahren, keine Gleise).

Einer der Hauptvorzüge der Strecke Sisteron-Apt-Cavaillon bestand für marschierende Truppen und Reisende in dem Umstand, daß die Straße immer von Bergbächen und klaren Flüssen begleitet war, so daß auch im heißesten provenzalischen Sommer Tier und Mensch erquickt werden konnten. Heute freilich würden die Legionen, sofern man sie aus dem Calavon zu versorgen wagte, tot umfallen, denn der einst so klare Bergbach – der wenig, aber gutes Wasser führte – ist inzwischen durch die Industrie des Raumes von Apt zum toten Gewässer geworden. Noch sind der Honig, die Süßigkeiten und die Marmeladen von Apt im ganzen Land geschätzt, aber nur, weil das von Fremden wenig besuchte Gebiet die Umweltkatastrophe verheimlichen kann.

Zwischen Apta Julia und Cabellio (Cavaillon) haben sich drei Meilensteine gefunden, die uns den Verlauf der Römerstraße anzeigen: einer beim Urbane-Bach zwischen Gargas und dem entzückenden Röteldorf Roussillon, der zweite bei Goult kurz vor der Stelle, wo einst die Straßenstation Ad Fines lag (heute Mariquan) und der dritte etwa dort, wo sich heute das Dorf Coustellet befindet, unweit des Sabran-Turms. Das sind erstaunlich wenig Meilensteine, verglichen etwa mit der Fülle der Hinweise, die wir im allerdings lange Zeit ziemlich entlegenen Großraum von Narbonne gefunden haben (ein Gebiet, das erst vor wenigen Jahren durch die Katalonienautobahn erschlossen wurde, in der Römerzeit aber dicht besiedelt war). Nur der Meilenstein vom Urbane-Bach wurde an Ort und Stelle geprüft, eine Reihe weiterer Meilensteinfunde wurde, wie auch in den Alpen, dadurch entwertet, daß die ländlichen Finder die Schriftseite nicht schonten und den Stein irgendwo einbauten.

Schließlich erreicht die Straße bei Cavaillon wieder die Durance, die einen großen Bogen beschrieben hat. Sie bedeutete also gegenüber dem Haupttal eine erhebliche Abkürzung, aber nicht nur das: selbst heute, da dieser herrlich wilde Fluß auf weiten Strecken verbaut und kanalisiert ist, läßt sich ermessen, wie stark die Wasserstände der Durance in der Vergangenheit wechselten und wie frei sie sich in ihrem breiten Bett bewegte – Umstände, die jede Straße an ihren Ufern aufs schwerste gefährden mußten.

Die Durance bei Cavaillon konnte von den Römern nicht überbrückt werden, vielleicht waren auch Brücken weggerissen worden. Strabo sagt eindeutig, daß man bei Cabellio mit einer Barke über den Strom setzen mußte; dies geschah vermutlich beim Ortsteil Capeau, der bis herauf ins achtzehnte Jahrhundert der Hafen der Stadt war; auch andere hier zusammenlaufende Römerstraßen mündeten an dieser Fährstelle. »Die Kreuzung spielte im Straßennetz des narbonnensischen Gallien die Rolle einer Drehscheibe, ganz ähnlich wie Tarascon an der Rhône, wo der Fluß ebenfalls mittels einer Fähre, dem *Traiectum Rhodani,* übersetzt wurde« (Barruol-Martel). Leichter hatten die Römer es mit dem schmalen Calavon, der in seinem Unterlauf, wo der Verkehr offenbar schon erheblich war, von zwei Brücken überspannt wurde, vom Pont des Beaumettes (heute nur noch an den Lagerungen zu erkennen, dort, wo die moderne Brücke die Straße nach Ménerbes über den Calavon führt) und vom Pont Julien bei Apt, so benannt nach Apta Julia. Er steht noch vor uns, acht Kilometer flußabwärts von Apt, dort, wo die Felsenpartien von Roquefure von der sandigen Ebene von Bonnieux abgelöst werden, die keinen guten Brückengrund mehr geliefert hätte (Dreibogenbrücke aus der Zeit des Augustus). Die Brücke von Les Baumettes war 1316 von einem starken Hochwasser weggerissen worden, ein Schicksal, das auch noch eine mittelalterliche Brücke an dieser Stelle traf. Eine Römerbrücke in Apt selbst war schon 1294 ein Opfer des Hochwassers geworden, ja die Fluten in jenem Jahr sollen so furchtbar gewesen sein, daß ihnen überhaupt nur der Pont Julien entging, eine Brücke übrigens, die interessante Hochwasser-Fenster unterhalb der Fahrbahn aufweist, um den Druck auf Pfeiler und Brückenwände zu mindern.

Cavaillon-Cabellio ist heute eine der freundlichsten Städte der Provence, hell, wie alle Römerstädte, aber mit schattigen Boulevards und einem lebhaften, bunten Zentrum. Nicht so vornehm wie Orange, nicht so überlaufen wie Avignon, nicht so winzig wie Tarascon oder Saint-Rémy-de-Provence, ist die Stadt auf eine erstaunliche Weise intakt und provenzalisch geblieben, weil das Luberon eben noch ein Geheimtip ist und weil die vielbefahrene Rhône-Linie der Autobahn der Stadt den Durchgangsverkehr erspart: die großen Verkehrsknoten liegen am westlichen, stadtabgewandten Durance-Ufer.

Die Römerstraße führte vom Norden her in die Stadt Cabellio hinein und verließ sie nach Südosten, in Richtung auf Salonae (Salon de Provence). An beiden Stellen dehnten sich Friedhöfe neben der Straße, im südöstlich gelegenen Viertel Arcou-

Der Triumphbogen des Germanicus mit zwei Durchfahrten in Saintes, Westfrankreich, dem römischen Mediolanum Santonum.

Der Pont du Gard, ein als Aquädukt gebauter Talübergang
auf halbem Wege zwischen Nîmes und Avignon

Teilstück einer römischen Bergstraße in den unwegsamen Cevennen
bei Saint Andéol

les und im Norden zwischen der Porte d'Avignon und Ratacan. Die moderne Straße führt durch das Gräberfeld hindurch, von dem freilich nur noch dann etwas zu sehen ist, wenn tiefer gegraben wird. Dennoch ist Cavaillon für jeden an der Antike interessierten Besucher eine sehr lohnende Etappe, war die Stadt doch sogar schon vor den Römern ein wichtiger Handelsplatz, wie die Ausgrabungen auf dem Saint-Jacques-Hügel erwiesen haben. Ligurer und Cavarer brauchten nicht auf die Römer zu warten, sie hatten sich schon vor der Eroberung eine Hügelstadt mit einem gewissen Komfort und nicht ohne Schönheitssinn erbaut. Grabbeigaben, ein weibliches Skelett und andere Funde aus jener vorgeschichtlichen Epoche sind in einem Archäologischen Museum mit Objekten aus späterer Zeit bis hin zu einem merowingischen Altar vereinigt.

Die Römerstadt wurde jedoch nicht auf dem für römische Verkehrs- und Lebensgewohnheiten zu engen Hügel angelegt, sondern breitete sich im Tal aus, so daß sich Römisches und Späteres nicht mehr so leicht trennen lassen. Der Triumphbogen auf der Place du Clos schließt zwar den breiten Cours Bournissac ab und könnte somit ein einstiges römisches Stadttor sein, wurde aber an diese passende Stelle erst von den Stadtvätern des modernen Cavaillon verbracht, so daß wir über die Anlage der Römerstadt in die Irre geführt werden. Echt archaisch wirkt aber der Saint-Jacques-Hügel, zu dem man von der Triumphpforte aus dem ersten Jahrhundert nach Christus hinansteigen kann, und am eindrucksvollsten begegnet uns das provenzalische Altertum eine halbe Autostunde westlich von Cavaillon auf dem Ruinenfeld Glanum an der südlichen Stadtgrenze von Saint-Rémy-de-Provence. Hier befinden wir uns mitten in der heute wohl geschlossensten und am leichtesten zugänglichen Zone römischer Altertümer in Europa, nur daß sie eben nicht wie etwa Ostia Antica ein weihevoller Besucherpark ist, sondern das Herz einer lebhaften Region zwischen Orange, Nîmes, Arles, Aix und Carpentras. Die zahlreichen Römerstraßen liegen hier unter einem reizvollen Teppich intensiven mittelalterlichen Lebens, den neben den Provenzalen auch Araber, Juden und Zigeuner mit ihren Ornamenten versahen, waren doch zeitweise die Päpste in Avignon Herren der ganzen Landschaft: tolerante Herren, in deren Schutz sich zahlungskräftige Minderheiten wohler und sicherer fühlen durften als in weltlichen Reichen.

Hier ist nicht nur Rom, hier ist die ganze griechisch-römische Antike uns gegenwärtiger als irgendwo sonst, vom ligurischen Aufbruch an der bescheidenen Luberon-Straße über die glanzvollen Denkmäler der Theater und Arenen bis hin zu der unvergeßlichen Allee der Sarkophage von Alyscamps; hier brauchen wir nicht mehr zu reisen, hier sind wir angekommen.

Verlieren sich im vielbefahrenen Rhônetal die Spuren, wie sie die Legionen zogen, so bleibt in der Einsamkeit der Gebirge doch manches erfaßbar, was in den Weiten Frankreichs, in einem modernen, hochentwickelten Industriestaat, längst nicht mehr sichtbar ist. Das glückliche Gallien, von der Sonne Roms so standhaft beschienen wie keine andere Region Europas, hat sich zwar auch in seinen westlichen Landschaften so manches überraschende Römerdenkmal bewahrt wie etwa in Saintes, nahe der Atlantikküste; aber im großen und ganzen ist in diesem Land mit den großen Entfernungen das keltisch-germanische Element stets zu stark gewesen für das Gelingen einer vollständigen Romanisierung. So wie manche Teile Germaniens von den Römern nie erobert wurden, blieb auch die Decke der römischen Zivilisation etwa in der Bretagne und auf der Cotentin-Halbinsel äußerst dünn und durch aufreibende Kriege dauergefährdet, so daß man sagen darf, nicht die Straßen banden das offene, ausgedehnte Gallien an Rom, sondern die in den Flußtälern intensivere und leichter zu versorgende Pflanzkultur der Römerorte an Garonne, Loire und Seine. Der langsame Landverkehr mußte nur zu oft vor den großen Entfernungen kapitulieren, die hier, anders als im engen Italien, den Reisenden entmutigten; das ließ Flußhandels- und Flußmündungsstädte wie Cabillonum (Châlon-sur-Saône), Burdigala (Bordeaux), Lugdunum (Lyon), Caesarodunum (Tours) und Lutetia (Paris) schließlich die bloßen Straßen-Knotenpunkte wie etwa Avaricum (Bourges) oder Limonum (Poitiers) überflügeln.

Ein in vielen Friedensjahren wohlhabend gewordenes und gebliebenes Land zieht, so mußte es wohl sein, die Raubscharen und ganze beutegierige Völker an, und daß um 406/08 Vandalen und Sueben und ein Halbjahrhundert später die Hunnen und ihre germanischen Verbündeten Gallien durchzogen haben, wobei ihnen die Römerstraßen sehr zustatten kamen, darüber sind wir einigermaßen informiert, denn damals gab es schon Kirchen und Kleriker, schreibkundige, verängstigte Mönche, die uns Aufzeichnungen hinterließen. Auch die berühmte Schlacht auf den Katalaunischen Feldern bei Châlons-sur-Marne war eine Schlacht an einer Römerstraße; diese durchzog schnurgerade, wie wir es schon kennen, das Schlachtfeld in Richtung auf Reims, das Durocortorum der Römer.

Immer noch umstritten, weil in schriftarmen vorchristlichen Zeiten erfolgt, ist hingegen der Durchzug der punischen Armee unter Hannibal. Nachweislich gelangte sie über die Alpen in die Po-Ebene, wo sie dann die römischen Heerstraßen vorfand. Und so, wie man lange Zeit über den Koloß von Rhodos oder den Leuchtturm von Alexandria rätselt, so beschäftigt diese späte Herkulestat eines nordafrikanischen Feldherren die Gemüter bis heute – vielleicht auch weil der dunkle Kontinent in jener Phase phönikisch-punischer und später römischer Herrschaft seine überzeugendste europäische Epoche hatte und diese seither nie wieder einholen konnte.

Eine so heiß diskutierte Frage kann in einem Buch, in dem sie nur Episode sein soll und darf, weder zureichend behandelt werden noch gar mit einem Dictum des Autors enden; wir beschäftigen uns mit ihr nur, weil sie Licht auf eine zweite Alpenstraße geworfen hat, die offensichtlich seit Hannibals spektakulärer Überquerung der Alpen stärker gewürdigt wurde als vorher. Das heißt, sie wurde fortan nicht nur von dem sie beherrschenden Ligurerstamm benützt, sondern – da ihre Gangbarkeit erwiesen war – auch vom italisch-gallischen Fernhandel. Bei diesem Übergang handelt es sich um die Pässekombination Mont Cenis und Clapier, die seit der Eröffnung des Montblanc-Tunnels vor einigen Jahren noch tiefer in Vergessenheit geraten ist als schon früher und nur noch von Eisenbahnreisenden beachtet wird.

Einer der beiden Historiker der Alten Welt, auf die sich die Überlegungen zu Hannibals Alpenübergang stützten, der Grieche Polybios, ist um 120 vor Christus geboren und war also den Ereignissen, über die er schreibt, ziemlich nahe. Auch hatte er mit eigenen Augen die Inschriften auf dem Altar von Lakinion (Südostitalien) gesehen und gelesen, durch die Hannibal im Bewußtsein seiner geschichtlichen Leistung der Nachwelt in punischer und griechischer Sprache von seiner Armee und den kriegerischen Ereignissen Kunde gab. Polybios hat auch die für den Alpenübergang in Frage kommenden Gegenden selbst bereist und studiert, als er im Stab seines Freundes Scipio gegen die spanische Stadt Numantia zog. Sein Zeugnis könnte also nur durch die Entdeckung eines Augenzeugenberichtes entwertet oder in den Hintergrund gedrängt werden.

»Nachdem Hannibal zehn Tage lang etwa achthundert Stadien weit längs der Rhône (rhôneaufwärts) marschiert war, begann er, zu den Alpen aufzusteigen. Hier warteten seiner die größten Gefahren. Solange man sich nämlich im ebenen Lande befand, hielten sich alle Sonderhäuptlinge (Stammesführer) der Allobroger fern, aus Furcht teils vor der Reiterei, teils vor den ihm das Geleit gebenden Barbaren. Als aber diese nach ihrem eigenen Lande zurückgegangen waren, die Truppen des Hannibal hingegen in die Gebirgspässe vorzurücken begannen, da zogen die Anführer der Allobroger eine hinreichende Zahl von Leuten zusammen und besetzten im voraus die wohlgelegenen Punkte, über die Hannibal notwendigerweise seinen Weg nehmen mußte.«

Rechnen wir das Stadion zu 180 Metern, so marschierte Hannibals Armee also 140-144 Kilometer den Strom entlang. Da Hannibal die Rhône erst bei Avignon überschritt, weil er bei einem Übergang im Raum Arles dann auch noch die Durance hätte überqueren müssen, haben wir von Avignon nach Norden zu rechnen und gelangen mit größter Sicherheit ans Isère (Isaria)-Tal; das Drômetal wäre zu nah.

Da wir wissen, daß Hannibal ortskundige Verbündete hatte, die erst zurückblieben, als die Angriffe der Bergstämme den ganzen Zug gefährdeten, ist mit der Ermittlung des Isèretales der Weg bis nach Grenoble, also in die große Senke, in der alle Wege münden, nicht mehr zweifelhaft. Die Stadt war damals wohl nur ein Flecken auf der Grenze zwischen den Allobrogern und den Vocontiern und führte den Namen Cularo. Diese vorrömische Bezeichnung wurde später durch Gratianopolis ersetzt, ein schwer zu sprechendes Wort, das die Bewohner sich als Grenoble mundgerecht machten.

Von Grenoble kann man heute das schöne Romanchetal bis zum Lautaret befahren und über diesen Paß nach Briançon und zum Mont Ginevro gelangen. Ein Teil der Kommentatoren verficht die Ansicht, daß Hannibals Armee sich durch das Romanchetal auf den Lautaret zugezwängt habe. Dabei hätte ein damals völlig unerschlossener, über zweitausend Meter hoher

Paß eine erste beachtliche Hürde auf dem Weg zum eigentlichen Übergang gebildet, was von den alten Historikern auch gewiß erwähnt worden wäre. Diese Hypothese ist also nicht allzu stark, auch hätten die Allobroger an dieser Strecke kaum so viele Gelegenheiten zu Überfällen gefunden, weil ihre eigenen Anmarschwege viel zu beschwerlich gewesen wären.

Man muß sich ja überhaupt fragen, wie es denn kam, daß Völker, denen man gar nichts tun wollte – die Allobroger bei Hannibal, die Basken bei Karl dem Großen – sich gegen ganze wohlgerüstete Armeen stellen, von denen man doch sicher sein kann, daß sie in ein paar Tagen buchstäblich über alle Berge sind, also gar nicht bleiben wollen. Der simple Räuber überfällt da weit lieber ein schwach bewaffnetes Kaufmannsgeleit. Aber die Berg-Allobroger waren eben hundearm: sie brauchten alles, was Hannibal in so reichem Maß mit sich führte: Lebensmittel, Waffen, Ausrüstung, Tragtiere, Kleidung.

Obwohl Hannibal in der Wahl des Zeitpunkts nicht ganz frei gewesen war, weil ihm eine römische Armee auf der Küstenstraße entgegenzog, war der Augenblick doch relativ günstig. Es war Ende September; die Berge waren so schneefrei, wie sie überhaupt werden, die Winterkälte noch nicht eingefallen. Hannibal zog also von Grenoble aus die Isère aufwärts, aber er konnte diesem Tal wohl nicht allzuweit folgen, denn das obere Isère-Tal endet, wie heute viele Tausende von Skifahrern wissen, bei Bourg-Saint-Maurice in einer Gabelung: ein Weg führt nach Süden zu den hochgelegenen Orten Val d'Isère und Lac de Tignes, wo lediglich der Col de l'Iseran einen Übergang am Talende anbietet, der aber war für eine Armee zweifellos ungangbar. Der Nordzinken der Gabel aber weist auf den mörderischen Westanstieg des Kleinen Sankt Bernhard, den nur verräterische Führer dem punischen Feldherrn hätten empfehlen können. Außerdem sieht man von der Höhe dieses Passes nicht die Po-Ebene, genießt also nicht jenen tröstlichen Anblick, den Polybios ausdrücklich erwähnt: »Da sich indes bereits der Schnee auf den Höhen sammelte, weil schon der Untergang des Siebengestirns nahte, und er die Truppen wegen der bereits erlittenen und wegen der noch erwarteten Strapazen in mutloser Stimmung sah, so rief er sie zusammen und suchte ihnen Mut zuzusprechen, wozu ihm der vor Augen liegende Anblick Italiens als alleiniges Hilfsmittel diente. Denn es lag so zu Füßen der Berge, daß, wenn man beide (Dent d'Ambin und Cime de Bard) nebeneinander betrachtete, die Alpen gleichsam eine Hochburg ganz Italiens zu bilden schienen. Indem er ihnen daher die Ebenen am Po zeigte... zugleich aber auch die Gegend, wo Rom selbst liege, andeutete, ermutigte er seine Leute wieder einigermaßen. Am nächsten Tag brach er dann auf und begann den Abstieg.«

Vom Kleinen Sankt Bernhard aber sieht man, wegen der flankierenden Gipfel des Grand Assaly (3166 m) und des Torre del Tighet mit beinahe 3000 Metern lediglich nach Norden, ins Tal der Dora Baltea. Weder dieses selbst noch die an seiner Nordflanke aufragenden Dreitausender konnten den frierenden und erschöpften Nordafrikanern irgendwelchen Trost bieten.

Damit spricht nun also alles gegen die sogenannte Tarentaise und für die Maurienne-Route, die außerdem rein optisch kürzer wirkt, weil man das Isère-Tal schon am Zusammenfluß von Isère und Arc verlassen kann, auf einer auch für größere Menschenmengen gut gangbaren breiten Talsohle, die das Arctal zunächst ohne Engstellen aufnimmt. Im weiteren Verlauf freilich erweist sich die Maurienne als endlos, selbst für den Autotouristen unserer Tage, und erklärt die neun Tage, die Hannibals Armee für den Anstieg bis zur Paßhöhe brauchte. Auch war das Maurienne- oder Arc-Tal zweifellos dichter besiedelt als das obere Isèretal, was zwar den Vorteil brachte, daß man von den Bauern Vieh kaufen konnte, aber eben auch den Nachteil barg, daß Zusammenrottungen und Überfälle möglich wurden: die Gegend gehörte nämlich schon jemandem, sie war kein Niemandsland mehr.

Der Bericht des Polybios macht klar, daß vor allem beim Anstieg die Hauptschwierigkeiten eben in diesen kriegerischen Verwicklungen lagen und daß Hannibal keine nennenswerten Verluste gehabt hätte – zumindest bis zur Paßhöhe –, wären die Allobroger nicht immer wieder und bei allen sich bietenden Gelegenheiten über seine Truppen hergefallen. Der Weg selbst bot also keine extremen Hindernisse, er war nur erschöpfend, was alles für das Arc-Tal zutrifft.

Aus dem Arctal-Ende führen verschiedene Übergänge nach Italien, in das Tal der Dora Riparia, in das ja auch die Straße vom Mont Ginevro mündet. Der erste ist der Col de Fréjus, unter dem heute ein Tunnel die Eisenbahn und Autotransportzüge passieren läßt; der zweite ist der Col de Pelouse, der mit 2800 Metern für Hannibal viel zu hoch war, was auch für die Pässe drei und vier, Etache und Ambin gilt. Niedriger sind dann der Clapier und vor allem der Mont Cenis, nach dem das ganze Massiv seinen Namen hat, und da er eine moderne Straße trägt, da er nur 2100 Meter Scheitelhöhe hat, gilt er heute als der Hannibal-Paß, als die Strecke der Elefanten.

Zweifellos aber ist der Clapier der ältere Übergang. An der Strecke von Bramans bis Le Planey häufen sich die Anzeichen dafür, daß er im frühen Mittelalter der bekanntere von den beiden Pässen war. Kapellen, Klosterruinen, alte und verfallene Hospize sind heute allesamt kaum beachtet, aber Hinweise darauf, daß dieser geschütztere Weg im Vallon d'Ambin der exponierten Route über den Mont Cenis vorgezogen wurde, die sich nach steilem Anstieg an der Nordrampe vierzehn Kilometer lang im Hochgebirge hält und damit für Reisende sehr gefährlich war. Ich schlage mich also zu der Partei der Clapieristen, nicht zuletzt, weil ich die beredte Schilderung von den Gefahren des Abstiegs, wie sie uns Polybios gibt, leichter mit dem steilen Weg vom Col de Clapier ins Tal vereinbaren kann als mit dem langen und keineswegs gefährlichen Südrampenweg des Mont Cenis. Dieser nämlich setzt erst auf einer Höhe von 750 Metern, wo im September oder auch im Oktober gewiß kein Schnee lag, in den die Elefanten einbrechen konnten, zu den letzten steilen Windungen an: »Wenn die Lasttiere stürzten, dann traten sie beim Versuch, wieder aufzustehen, bis auf die unteren, alten Schneeschichten durch und blieben mitsamt ihren Lasten wie festgefroren stecken. Hannibal gab daher die Hoffnung auf und biwakierte am Bergrücken... dann setzte er seine Leute ein, am Steilhang entlang einen Weg aufzumauern, eine überaus mühevolle Arbeit.« Bergvölker, Schnee und Strapazen hatten Hannibal um die Hälfte seiner Streitmacht gebracht, auch viele Tragtiere waren verloren.

Die Römerstraßen in Frankreichs Alpen gehörten durch viele Jahrhunderte zu dem langsam abbröckelnden Staat Savoyen, der schließlich 1860 seine letzten französischen Gebiete verlor. Savoyen war durch kultivierte Fürsten, schöne Frauen und schlechte Verwaltung bekannt und hätte ohne die Römerstraßen so gut wie keine brauchbaren Verkehrswege besessen. Aber auch draußen im nichtalpinen Frankreich hatten die Römerstraßen ein relativ langes Überleben, weil es weitgehend an Frösten fehlte, die den harten Decken gefährlich geworden wären, und weil sich die fränkische Herrschaft doch relativ schnell gegen die Invasoren durchsetzte, wie sie weiter östlich den Aufbau geordneter Staatswesen behinderten.

Dieses Straßennetz, im Lauf von fünfhundert Jahren zu erstaunlicher Ausdehnung gediehen, hatte seine größte Dichte, wie nicht anders zu erwarten, im Großraum des späteren Paris und führte von dort in die Zonen mittelalterlicher Frühindustrie: also in Richtung der Niederlande und des lothringisch-elsässischen Rheingebietes. Gute Straßen standen auch im mittleren und südlichen Westfrankreich zur Verfügung, zwischen Nantes und den Pyrenäen, und natürlich, wie schon erwähnt, im Kerngebiet römischer Kolonialbemühungen, im Raum Rhône-Saône mit dem lebhaften, außerordentlich umsatzstarken Flußhafen Châlons-sur-Saône am Südrand von Burgund.

Völlig ausgespart war begreiflicherweise das wilde Massif Central zwischen Clermont-Ferrand, Limoges, Rodez und Périgueux, und dieses Fehlen der römischen Tünche macht ja bis heute den keltisch-archaischen Reiz der Auvergne aus. Auch zwischen der Auvergne und den Pyrenäen gab es erstaunlich wenige Straßen, im Grunde nur die zwei Querverbindungen Atlantik-Mittelmeer, die nördlichere von Saintes über Périgueux und Cahors nach Rodez und zur Rhône, die südlichere von Bordeaux über Toulouse und Carcassonne ans Mittelmeer bei Narbonne. Ähnlich dünn blieb das Straßennetz in der rebellischen Bretagne und in der Normandie.

Verschiedene Umstände waren der Erhaltung des römischen Straßennetzes günstig, örtlich-zufällige und allgemeine. Als sehr günstig erwiesen sich die Straßenbau-Prinzipien der Römer, die stets die Talsohle vermieden und damit den Hochwasserschäden der Schneeschmelzezeit entgingen, und die, wenn sie am Hang bauten, nach Möglichkeit jenen Hang wählten, der den feuchten Atlantikwinden und dem Unwetteranprall weniger ausgesetzt war. Zu den lokalen Zufällen darf man zählen, daß die Römerstraßen sehr oft die Flurgrenzen bildeten, daß sie Gemeindegebiete oder auch private Besitztümer gegeneinander abgrenzten, so daß sie schon darum erhaltenswert erschienen und die Anrainer sogar ein Interesse an der Pflege hatten, um Rechtsstreitigkeiten vorzubeugen.

Es gab aber auch Bauprinzipien, die sich als nachteilig erwiesen, wie die geschickte Verwendung von großen Bronzeklammern bei den Steilrampen der Römerbrücken. Diese auch heute gelegentlich noch verwendeten Metallklammern stabilisierten den Steinbau, der durch das ständige Befahren der steilen Auf- und Abfahrten Erschütterungen ausgesetzt war (die Franzosen sprechen von einer Brückenkonstruktion *en dos d'âne*, buckelig wie ein Eselsrücken).

Vandalen und Sueben brachen bei ihrem großen Einfall zu Beginn des fünften Jahrhunderts die Klammern heraus, weil sie an dem Metall interessiert waren. Die Brücke hielt dann nicht mehr lange, und so haben sich vergleichsweise wenige Römerbrücken erhalten, so groß das Land auch war: Der Pont Flavien bei Miramas unweit Marseille, die zerfallende Brücke von Ambroix an der einstigen Via Domitia über den Vidourle, deren letzter Bogen malerisch im Wasser steht, und die Brücke von Saint Thibéry über den Fluß Hérault. Den heute noch im Gebrauch stehenden Pont Julien bei Apt haben wir schon erwähnt, die beiden anderen Brücken veranlassen uns aber zu einem kleinen Exkurs. Die Via Domitia, Roms Weg nach Spanien durch das Languedoc, war eine Hauptader des Imperiums, und die Akten der Kaiserzeit sind erfüllt von Rügen über mangelnde Pflege dieser Straße und den Verteidigungsschriften der zuständigen und betroffenen Beamten.

Es ist sicher, daß Rom auf diese Straße ganz besonderen Wert legte und jeden räuberischen Übergriff, der an ihr erfolgte, auf das Härteste bestrafte. Das hatte zur Folge, daß die Anrainerdörfer geradezu ängstlich um die Straße und deren Sicherheit bemüht waren und selbst dafür sorgten, daß den ja so gut wie stets im offiziellen Auftrag reisenden Herren mit ihrem Gefolge nichts zustieß.

Bei Ambrussum – Ambroix sind noch längere Stücke der römischen Pflasterung zu sehen, und dort, wo von der Via Domitia eine zur Festung ansteigende Nebenstraße abzweigte, sind auch Spurrillen zu erkennen, wie sie die Wagenräder in den holprigen Steinbelag gegraben haben. Das malerischste Stück der alten Heerstraße ist aber unstreitig die Saint-Thibéry-Brücke über den zeitweise sehr ungebärdigen Hérault-Fluß, der das schwierigste Hindernis römischer Truppen- und Warenbewegungen auf dem Weg nach Spanien bildete. Auch hier ist der Mittelbogen höher als die anderen, aber nur wenig; die Brücke ist nicht mehr begehbar und zieht sich als Ruine in den

Fluß hinein. Ihr wurden die Hochwasser-Öffnungen zum Verhängnis, weil sie im Mittelalter die Entnahme von Steinen erleichterten.

In christlichen Zeiten, die für Gallien ja relativ früh anbrachen und ungestört blieben, weil die Franken als einziges Germanenvolk nie Arianer gewesen waren, in diesen noch recht rauhen Frühzeiten des Christentums erhielten die Straßen und die Herbergen an den Straßen eine Schutzheilige nicht ganz einwandfreien Rufes, nämlich Maria Magdalena, die von Jesus Christus ehrlich gemachte Dirne. Daraus vermag man zu erkennen, wie es auch in jenen nicht mehr heidnischen Zeiten an den Straßen zuging, die nun – nach einer grausamen, aber sehr energischen Frankenherrscherin – *les chaussées Brunehaut* hießen. Zwischen den Steinen der römischen Pflasterung sproß das Grün; zerfallende Teilstücke wurden nicht mehr ersetzt, die Merkurtempel und andere Straßenheiligtümer aus römisch-heidnischer Zeit verschwanden, weil die nun einsetzenden Pilgerströme aus England und Irland über die Straßen zogen und die frommen Briten sich durch den Anblick steinerner Götzen und Teufel beleidigt, ja gefährdet fühlten. Diese Pilger waren es aber auch, die das Schicksal mancher Überlandstraßen beeinflußten, denn von den Pilgerzügen nach Santiago de Compostela und nach Rom lebten nicht wenige Gastwirte des merowingischen Frankreichs, und wo keine Straße begehbar war, da kamen auch keine Pilger hin. Ausbesserungen der Straßendecken und Schutz der waffenlosen Pilgerscharen gingen Hand in Hand und schenkten Frankreich auf der Basis des alten römischen Straßennetzes jenes Minimum an gangbaren Wegen, das dieses große Land brauchte – bis die straffe absolutistische Verwaltung des Sonnenkönigs den genialen Minister Colbert die Straßen ähnlich rücksichtslos und schnurgerade durch die Fluren bauen ließ wie einst die Römer.

Das spröde England, mit dem die europäische Gemeinschaft heute so manche Schwierigkeit hat, wurde – eine heute vergessene Pointe – von römischen Soldaten aus der heutigen Europastadt Straßburg erobert. Während Cäsar zwar 54 v. Chr. die Invasion siegreich durchführen konnte, die Römer England aber bald wieder aufgeben mußten, gelang eine dauerhafte Etablierung der römischen Macht dann unter dem Kaiser Claudius vom Jahr 43 an. Sie ist der vielleicht eindrucksvollste Beweis für die Tüchtigkeit dieses Imperators, den uns Bücher und Filme stets als einen hinkenden und versponnenen Gelehrten von beachtlicher Weltfremdheit hinstellen.

Vermutlich ist kaum eine andere amphibische Aktion der Römer so sorgfältig geplant worden wie diese zweite Invasion, an der unter dem Kommando eines in Pannonien erprobten Feldherrn namens Aulus Plautius 40-50 000 Mann teilnahmen: Als Kerntruppe die Legio II Augusta aus Straßburg, weiters Truppenteile aus Neuss und Mainz, zu denen Hilfstruppen aus Gallien, Germanien und Thrakien kamen.

Zu entdecken war England nicht mehr. Die Verteilung der Münzfunde, über die wir inzwischen einen guten Überblick haben, beweist unwiderlegbar den emsigen und ausgebreiteten Handelsverkehr aus dem Süden und Südwesten Englands mit der gesamten europäischen Westküste. Schon das vorrömische, keltische Britannien führte Wein und Keramik aus Gallien und Spanien ein, ja es gab sogar eine gewisse Bevölkerungsbewegung über den Ärmelkanal hinweg und politischen Einfluß europäischer Küstenstämme auf englische Teilreiche.

Von den mindestens zwei Landungsplätzen der Römer ist nur einer mit Sicherheit bekannt, er lag bei Richborough in der heutigen Grafschaft Kent, wo ein Brückenkopf von vier Hektar Ausdehnung gebildet wurde. Es muß aber in der Nähe ein zweites, viel größeres Heerlager von etwa 150 Hektar Fläche gegeben haben, aus dem die Römer vordrangen, um zunächst den Raum zwischen Südküste und Themse in Besitz zu nehmen. Mit der Überschreitung der Themse wartete Plautius, bis Kaiser Claudius selbst eingetroffen war. Am Medway-Fluß kam es zu einer Zweitage-Schlacht, die von den Römern nur gewonnen werden konnte, weil ihre niederländischen Hilfstruppen in voller Rüstung durch den Fluß schwammen und die

Briten in der Flanke angriffen. In den sechzehn Tagen, die Kaiser Claudius in Großbritannien weilte – eine beinahe moderne Blitzreise – wurde die alte britische Hauptstadt Camulodunum (das heutige Colchester) erobert und zur Hauptstadt der neuen Provinz *Britannia* gemacht. Feldherr Plautius drang bis auf eine Linie vor, die er als Dauerfront oder Armee-Grenze halten zu können meinte: Sie verlief (etwa) von Exeter im Süden über die Ostküste des Bristol-Kanals, Gloucester und den Fluß Trent bis zur Humber-Mündung. Unmittelbar im Rücken dieser Frontlinie, also östlich von ihr, erbauten die Legionäre die erste wirklich leistungsfähige Überlandstraße, die es auf den britischen Inseln gab, rund 550 Kilometer von jenen 15 000 Straßenkilometern des römischen Haupt- und Nebenwegenetzes, das in den nun anbrechenden dreihundert Jahren der Römerherrschaft entstehen sollte. Der Straßenbau begann also auch in England, wie so oft in Europa, mit rein militärischen Zielsetzungen, die Straße des Aulus Plautius sollte die Querverschiebung römischer Einsatztruppen erleichtern, da niemand wissen konnte, ob die Aufstände der Unterworfenen in Cornwall oder in Wales losbrechen würden.

Es entbehrt nicht der Ironie, daß wir die wesentlichsten Aufschlüsse über den südwestlichen Straßen-Endpunkt in Exeter dem Umstand verdanken, daß die städtischen Behörden an der Westfront der berühmten Kathedrale einen großen Parkplatz anzulegen beschlossen: Bis zu diesem Augenblick, bis zum Jahr 1971, hatten die Archäologen praktisch keine Chance, in diesem innersten und heiligsten Bezirk der Stadt zu graben. Nun aber stieß man auf das sicherste Anzeichen für ein altes Legionslager – auf ein großes Bad, das größte steinerne Gebäude aus jener frühen Römerzeit überhaupt. Die Mauern, die neben dem Dom gefunden wurden, waren noch beinahe zwei Meter hoch, und das große Badehaus scheint gegen Ende des ersten Jahrhunderts schließlich als Versammlungsort gedient zu haben. Damit war Exeter als Garnisonsort der Zweiten Legion erwiesen, als Südwest-Endpunkt des großen Befestigungssystems aus Kastellen und Verbindungsstraßen. Ptolemaios hatte dies schon behauptet, aber die britischen Archäologen hatten es ihm nicht glauben wollen, weil man so gar keine Römerspuren in Exeter gefunden hatte...

Es ist rund um Exeter, wo sich ein Dutzend Überlandstraßen vereinigt, nicht einfach, einen bestimmten Landstraßenzug

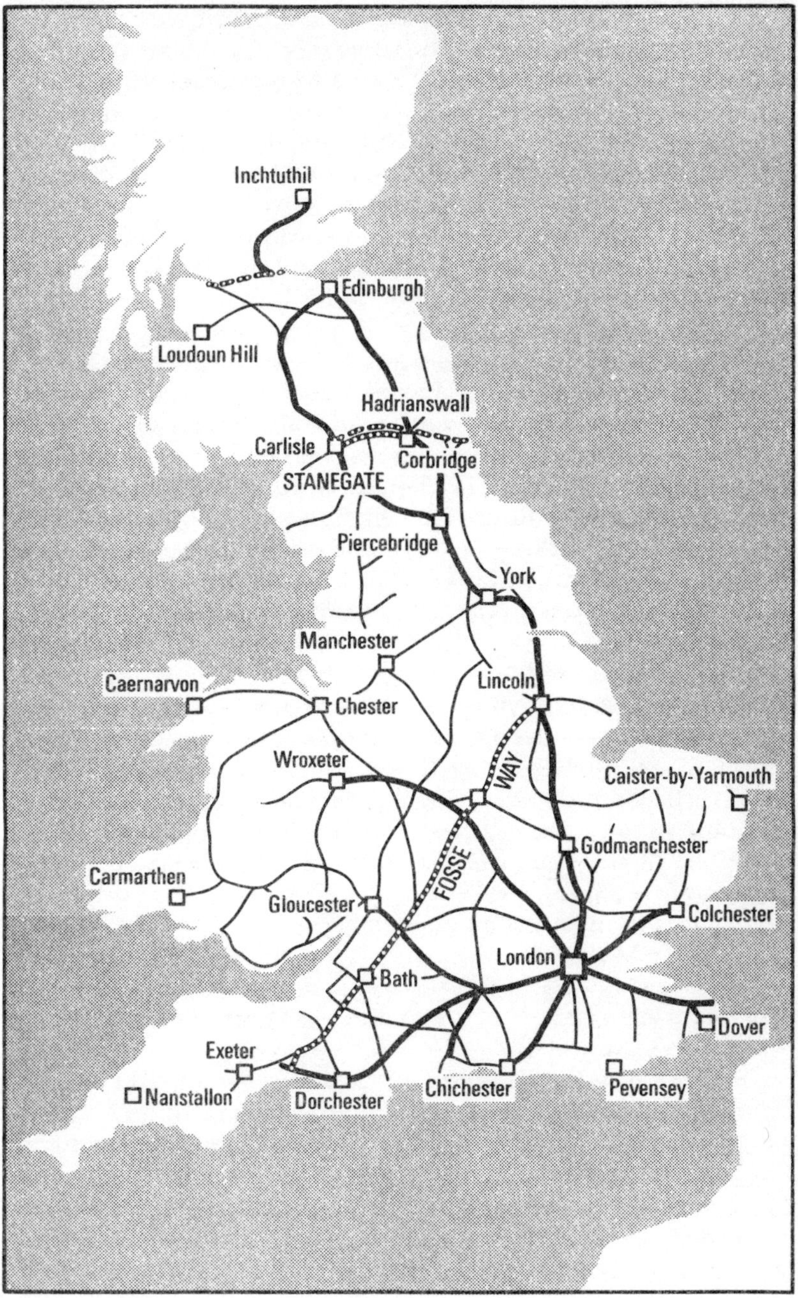
Inchtuthil
Edinburgh
Loudoun Hill
Hadrianswall
Carlisle
Corbridge
STANEGATE
Piercebridge
York
Manchester
Caernarvon
Lincoln
Chester
Wroxeter
WAY
Caister-by-Yarmouth
Godmanchester
FOSSE
Carmarthen
Gloucester
Colchester
London
Bath
Dover
Exeter
Nanstallon
Dorchester
Chichester
Pevensey

anzusteuern; in diesem Fall haben wir jedoch eine Hilfe: die alte Römerstraße führt in Richtung des Flugplatzes von Clyst Honiton aus der Stadt hinaus nach Ostnordost und trägt die moderne Bezeichnung A 30. Am deutlichsten ist die alte Trassierung im Raum von Ottery St. Mary zu erkennen, bei jener Kreuzung, die den Flurnamen Fairmile trägt, vielleicht eine Erinnerung an einen römischen Meilenstein. Die Straße biegt dann in nordöstliche Richtung und führt hart nördlich von den Ruinen einer römischen Landhaus-Siedlung weiter (zwischen Marsh an der A 303 und Combe St. Nicholas).

Die Römer konnten sich auf vielen Teilen der langen Strecke zwischen Exeter und Lincoln auf den alten *Fosse Way* stützen, eine vorgeschichtliche Diagonalstraße, die den Römern für ihre Zwecke zwar nicht genügte, die aber immerhin vorhanden war und mit der die Stämme des südwestlichen und südlichen England jahrhundertelang Erfahrungen gesammelt hatten, so daß Überflutungsstrecken, Sümpfe und andere schwierige Abschnitte bekannt waren, und die Römer bei ihrem Ausbau die örtlichen Verhältnisse berücksichtigen konnten.

Dieser uralte *Fosse Way* gilt seltsamerweise selbst für gutunterrichtete Nachschlagewerke als Römerstraße, ist zu ihr aber erst geworden, nachdem die alten Briten ihn schon durch Generationen benützt hatten. In Dorset können wir ihm noch auf einer ziemlichen Strecke folgen und damit an unsere von Exeter nach Nordosten heraufführende Route anschließen: Nach dem Verlassen des Städtchens Ilminster führt die A 303 beinahe geradenwegs nach Osten; hier schiebt sich der alte Fosse Way, auch Foss Way geschrieben, von Süden heran (Dinnington-Over Stratton). Bei Ilchester beschreibt die A 303 durch die neue Stadtumgehung einen Westbogen, während die alte Römerstraße durch die Stadt führt und nördlich der Stadt im freien Feld endet, die Fortsetzung nach Podimore ist nicht mehr zu erkennen. Von der Podimore-Kreuzung zweigt die A 303 nach Ostnordost ab, in Richtung auf Wyncanton, während der *Fosse Way* die Richtung auf Bristol beibehält und mit der heutigen Trasse der A 37 weitgehend übereinstimmt. Römische Meilensteine oder Brücken sind an dieser Strecke nicht mehr zu erkennen.

Viel Römisches bekommen wir hingegen in dem Städtchen mit dem etwas merkwürdigen Namen Cirencester (Gloucestershire) zu sehen, denn es war der Mittelpunkt des langen

Fosse-Way-Verteidigungssystems der Römer gegen den keltischen Westen. Die Römer waren, als sie die Insel eroberten, bereits erfahrene Kolonisatoren; sie wußten, daß die Unterwerfung großer Länder gegen den Willen der ansässigen Bevölkerung und ohne ihre Mitwirkung einen ungeheuren Kräfteverschleiß mit sich bringen würde. Auf dem langen Weg von Rom zu den britischen Inseln wäre auch der Kräftenachschub für ein reines Unterdrückungs-System gar nicht zu bewerkstelligen gewesen. Die Römer mußten also trachten, sich mit einheimischen Autoritäten und Einflußträgern zu verständigen und die stets vorhandenen Gegensätze innerhalb der Britenstämme auszunützen, das zu allen Zeiten einzig erfolgversprechende Erobererprinzip.

Die Römer hatten darum die alten Stammesstrukturen nicht zerschlagen, sondern ihre eigenen Verwaltungsmittelpunkte nach Möglichkeit in die alten Stammeszentren gesetzt, wie in Gallien und in anderen eroberten Gebieten, und Cirencester war nicht nur Verkehrsknotenpunkt, sondern auch Verwaltungszentrale für den Stamm der Dobunni, was den römischen Namen Corinium Dobun(n)orum für die Stadt erklärt. Da Ermine-Street, Icknield Way und Fosse Way hier zusammentrafen, erlangte Cirencester eine Bedeutung, die damals nur von London übertroffen wurde.

Cirencester ist heute ein Landstädtchen von etwa 12 000 Einwohnern, das seiner großen Zeit ein wenig nachtrauert, endete sie doch schon im vierten Jahrhundert, als die Römer England verließen. Cirencester erholte sich erst, als die Wolle zu einem Ausfuhrartikel wurde, und die hübschen Häuser einiger reichgewordener Wollhändler sind heute die ansehnlichsten weltlichen Baudenkmäler der Stadt, auffälliger als die Grabsteine einiger römischer Ritter und die Überreste eines Forts aus der Zeit der Kaiser Claudius und Nero. Neben Resten eines Amphitheaters ist aber vor allem das sehr gute Römermuseum in der Barkstreet bemerkenswert; es enthält neben vielen Einzelfunden auch Teile von Jupiterstatuen, die allem Anschein nach einst im Freien, an den Hauptstraßen im Raum Cirencester, aufgestellt gewesen waren. Insgesamt bedeckte die Römerstadt 240 *acres,* also immerhin etwa hundert Hektar, und mit einiger Übung kann man auch noch Reste der Befestigung, die Lage der Basilika und andere Römerreste erkennen. Die Basilika hatte in diesem wichtigen, für das ganze Südengland unentbehrlichen Verkehrs- und Verwaltungszentrum zweifellos verschiedene Aufgaben – sie war wohl nicht nur das Rathaus, sondern auch die Börse. Das Amphitheater lag westlich der Stadt, ebenso der Villenbezirk.

Die Befestigungen verfielen so schnell, daß Cirencester, als gegen Ende des sechsten Jahrhunderts die sächsischen Eroberer kamen, keinen nennenswerten Widerstand mehr leisten konnte. Da die Sachsen von Osten kamen, hatte auch die alte Schutzfestung für Cirencester, das von Nerva gegründete Gloucester, in diesem Fall die feindlichen Vorstöße nicht auffangen können. In der Folge überflügelte die einstige Colonia Glevum die Civitas Cirencester: Gloucester am Severn profitierte von der Binnenschiffahrt, erhielt 681 eine später berühmte Abtei und wurde als Hauptstadt des altenglischen Königreichs Mercia zu einem Mittelpunkt der Christianisierung der britischen Insel. Die Hauptstraßenzüge von Gloucester folgen bis heute der römischen Trassierung, auch wurde ein Amphitheater freigelegt und der Standort einer Reihe römischer Verwaltungsgebäude ermittelt; nur wie der Kaiser hieß, dem die Bürger der Stadt eine Reiterstatue widmeten, das weiß man bis heute nicht.

Die Abwehrzone des Aulus Plautius verlor an Bedeutung, als die Römer der nächsten Generation ihre Angriffe weiter nach Westen vortrugen, in das Hügel- und Bergland von Wales, eine bis heute an vielen Stellen noch schwer passierbare, von Hochmooren, Wasserläufen und Gebirgen gekennzeichnete Landschaft. Die Römer des ersten nachchristlichen Jahrhunderts hatten noch den vollen Angriffsschwung der jungen Kaiserzeit, und die von ihren Druiden immer wieder zum Widerstand aufgestachelten Ordoviker boten einen militärischen Grund dafür, die befestigte Zone, die sich so lange bewährt hatte, vorzuschieben.

Die Ordoviker wurden immer weiter nach Westen abgedrängt, in Feldzügen, denen die Straßen nach Chester – damals noch Hafen an der Irischen See – und im oberen Severn-Bogen ihre Entstehung verdanken. Deva, wie Chester damals hieß, wurde die Ausgangsbasis für die Angriffe zu Schiff gegen die große Insel Anglesey, den letzten Rückzugsort der Druiden, und im Severnbogen entstand die viertgrößte Römerstadt auf britischem Boden: Viroconium Cornovionum, das heutige

Wroxeter, acht Kilometer von Shrewsbury entfernt. Auch in diesem Stadtnamen klingt also der alte Britenstamm mit, die Cornovier, römisch Cornovii, deren Hauptstadt die achtzig Hektar umfassende Siedlung wurde. Die Straße am Severn führte wohl noch an die Kambrischen Berge heran, endete aber an ihrem Westhang; sie hatte westlich von Wroxeter nur noch strategische Bedeutung.

Die Stadt, der sie ihre Entstehung verdankt und der sie andererseits zu Jahrzehnten der Blüte verhalf, hat das Aufundab der Geschichte in so schnellem und hektischem Wandel erlebt wie kaum eine andere in England. Nach den Siegesfeiern vom Jahr 60, als die Schlacht um Anglesey erfolgreich beendet worden war, zählte Wroxeter mindestens dreißig Jahre lang zu den wichtigsten Römerstädten als Etappe, aber auch als Handelsmetropole. Es scheint jedoch, daß die Hauptstraße von London nach Chester und damit zur Irischen See vor allem nach der Niederwerfung der letzten Walliser Kelten in so hohem Maß Verkehr und Wirtschaft an sich zog, daß Wroxeter an seiner Stichstraße und am Fuß der unwegsamen Kambrischen Berge gegen Ende des Jahrhunderts verarmte.

Die Wende brachte erst Kaiser Hadrian, der auf einer seiner vielen Reisen im Jahr 121 auch nach Wroxeter kam. Die Vorlieben einzelner Kaiser für bestimmte Städte haben oft dazu beigetragen, deren Schicksal zu wenden; Paris, Trier, Wien und andere Römerstädte haben von solch allerhöchster Gunst profitiert, und für Wroxeter begann ein neues Leben. Die Stadt wurde, wenn auch überwiegend aus Holz, neu aufgebaut und erweitert und spielte etwa hundertundfünfzig Jahre lang wieder eine beachtliche Rolle, und das trotz eines Brandes im Jahr 165. Den endgültigen Niedergang brachte dann der Rückzug der Römer von der Insel. Zu Beginn des fünften Jahrhunderts war Wroxeter bereits eine Ruinenstätte, aus der sich bald darauf die sächsischen Eroberer die Steine für die Bauten von Shrewsbury holten.

Nach ersten Ausgrabungsversuchen im Jahr 1863 begannen systematische Freilegungen 1948; sie brachten eindrucksvolle Reste der Römerstadt zutage. Der Besucher von Wroxeter sieht zwar auf dem Weg nach Westen nicht mehr allzuviel von der alten Stichstraße zu den Kambrischen Bergen, aber er kann sich in Wroxeter in einem Forum ergehen, die Reste von alten Marktlogen erkennen und das unvermeidliche Badehaus. Dieser große Komplex, den vor allem die XIV. Legion benützte, wies an Kalt- und Warmwasserbecken, Ruheräumen und Gymnastiksälen alles auf, was der Römer auch in den fernsten Kolonien zu finden erwartete. Heute ist hier ein Museum untergebracht, andere Römerfunde sind im nahen Shrewsbury zu sehen.

An einer schmalen Straße, die durch die Mitte der Stadtanlage führte, sieht man noch die Sockel von sechzehn Säulen eines Tempels, vielleicht aber auch der langen Kolonnadenreihe zugehörend, die einst das Forum umgab. Dieses war im Jahr 130 beendet, wie uns eine in Sandstein säuberlich gegrabene fünf Zeilen lange Inschrift verrät, die das ausgedehnte Bauwerk dem Gönner der Stadt, dem Kaiser Hadrian widmet. Sie befindet sich in einem guten Abguß im Rowley House Museum in Shrewsbury, das Original wird im Londoner Victoria-and-Albert-Museum aufbewahrt.

Es gab kurz nach dem Sieg über die Druiden von Anglesey einen blutigen Aufruhr gegen die Britenherrschaft, und in seinem Verlauf wurde klar, daß gute Straßen nicht nur den Römern Vorteile brachten: sie ermöglichten auch den Rebellen schnelles Vordringen gegen die Zentren der Römermacht...

Herd des Aufruhrs war der Stamm der Icener, der die wenig ausgeprägte Halbinsel zwischen Colchester und Norwich bewohnte, also die ostenglischen Ebenen nordöstlich von London. Der Stammeshäuptling, von Tacitus höflich König genannt, hieß Prasutagus, seine Frau Boudicca, und da er keinen Sohn hatte, setzte er neben seinen beiden Töchtern noch den Kaiser im fernen Rom zum Erben seiner Herrschaft ein, ein Akt der Unterwürfigkeit, der sein Land sichern sollte, aber genau das Gegenteil bewirkte. Der römische Prokurator, dazu einige Centurionen und Unterbeamte aus dem Sklavenstand, fielen nach dem Tod des Königs über die Icener her, besetzten die Residenz, mißhandelten die Königinwitwe und vergewaltigten die Töchter, ehe sie plünderten, was sich nur irgend wegschleppen ließ. Der Adel der Icener wurde aus seinen Besitzungen vertrieben und das Volk wie Sklaven behandelt.

Da es schon immer antirömische Strömungen gegeben hatte, brachten diese Übergriffe naturgemäß das Faß zum Überlaufen, und eine Revolte brach aus, der sich bald die an der Themse lebenden Trinobanten und andere Stämme anschlossen, in denen der Freiheitswille noch nicht ganz erloschen war. Tacitus scheut sich nicht, die Ursachen zu nennen. Sie lagen nicht nur bei einzelnen beutegierigen Beamten und Offizieren, sondern in gewissem Sinn im ganzen System. Zeigen uns schon die ausgedehnten Badeanlagen und die wohleingerichteten Städte, daß Rom für seine Soldaten auch in entlegenen Kolonien sorgte, so galt diese Fürsorge auch den Veteranen. Daß es diesen einfachen Soldaten im Alter so gut ging, daß sie ertragreiche Grundstücke und billiges Dienstpersonal besaßen, war schließlich Werbung für den Soldatenstand und ein dauernder Ansporn für die Legionäre – nur mußte alles, was eine Veteranensiedlung in den Kolonien besaß, zuvor eben anderen weggenommen werden. Die von den Veteranen Geschädigten waren vor allem die Trinobanten nördlich der Themsemündung, und daß sie sich den Icenern anschlossen, gab dem Aufstand die gefährliche Stoßrichtung nach Süden. Längs der Straße aus Mittelengland, die nach Südosten, auf Colchester zuführte, kam es zu mörderischen Kämpfen mit den an Zahl zu geringen römischen Garnisonstruppen, die obendrein schlecht ausgerüstet waren. Niemand hatte den ruhigen Icenern eine Revolte zugetraut.

»Mit Ausnahme des Tempels (von Colchester) wurde alles im Sturm genommen, geplündert oder in Brand gesteckt. Der Tempel, in dem die Soldaten sich gesammelt hatten, wurde zwei Tage lang belagert und dann ebenfalls gestürmt. Dann zogen die siegreichen Britannier dem Legaten der IX. Legion, der zum Entsatz herbeigeeilt war, entgegen, sprengten die Legion auseinander und hieben das ganze Fußvolk nieder... Diese Niederlage und der Haß der Bevölkerung, die er durch seine Habsucht in den Krieg getrieben hatte, setzten den Prokurator Catus so in Angst, daß er sich nach Gallien einschiffte.« (Tacitus, *Annalen* 14,32)

Unterdrückung ist oft grausam, was aber stets noch grausamer ist, das ist die Rache der Unterdrückten, wenn sie auch nur zeitweise die Oberhand gewinnen. Suetonius Paulinus, römischer Oberbefehlshaber in England und Sieger von Anglesey, marschierte mit seinen Truppen auf der großen West-Ost-Straße, so schnell die Legionäre es schafften. Die letzten hundert Kilometer mußten durch unruhiges Gebiet zurückgelegt werden, dann wurde London erreicht. »Dieser Ort hatte zwar noch nicht den auszeichnenden Namen einer Kolonie erhalten, war aber durch die große Zahl römischer Kaufleute und durch seinen lebhaften Verkehr von großer Bedeutung. Dort angekommen, erwog Suetonius, ob er den Ort zur Basis seiner Unternehmungen machen solle; aber er dachte an die geringe Zahl seiner Soldaten, an die gründliche Lehre, die anderen Truppenteilen zuteil geworden war, und beschloß infolgedessen, die eine Stadt aufzugeben, um das Ganze zu retten. Er ließ sich auch durch keine Klagen und Tränen der hilfeflehenden Bewohner erweichen, sondern gab das Zeichen zum Abmarsch, und wer mitziehen wollte, konnte sich dem Heere anschließen. Die Weiber, die Greise und wer sich sonst durch seine Anhänglichkeit an London dort zurückhalten ließ, wurde von den Aufständischen niedergemetzelt.« (Tacitus ebendort).

Die Festung Verulam(ium), später durch Saint Albans, durch Baco und seine große geistliche Tradition berühmt geworden, lag an der von London nach Chester führenden Hauptstraße und wurde dank dieser guten Verbindung von den Rebellen schneller erreicht als von den römischen Hilfstruppen, die von der Irischen See heranmarschierten. Es kam also in Verulam, einem Municipium mit großer Bürgergemeinde, zu den gleichen Verlusten unter der Zivilbevölkerung wie in London. »Es ist festgestellt«, schreibt Tacitus, »daß damals gegen 70000 römische Bürger und Bundesgenossen in den genannten Orten umgekommen sind. Die Britannier machten nämlich keine Gefangenen, trieben auch keinen Sklavenverkauf oder andere (sonst) mit den Kriegen verbundenen Geschäfte. Morden wollten sie, an den Galgen hängen, verbrennen, kreuzigen. Es war, als fühlten sie schon das Gericht, das die Römer über sie ergehen lassen würden und wollten vorher schon nach Möglichkeit Rache üben.«

Zu dieser großen Abrechnungsschlacht kam es, als Suetonius Paulinus seine eigenen Truppen und die versprengten Reste der zerschlagenen IX. Legion mit einigen Hilfstruppen wieder zu einem einsatzfähigen Verband gemacht hatte. Der Schlachtort lag bezeichnenderweise nicht auf irgendeinem dazu geeigneten Feld, sondern unweit des Schnittpunkts der beiden großen Hauptstraßen, des *Fosse Way* und der von London nach Chester führenden Querstraße dazu. Unweit Leicester, in einem südlich der Stadt gelegenen Hügelgelände, das die Römer vor Flankenangriffen schützte, wurde die britannische Übermacht vernichtend geschlagen. Es half nicht, daß

Boudicca von einem Streitwagen herab, auf dem sich auch die beiden geschändeten Töchter als Mahnung befanden, die Ihren anfeuerte. Es ist interessant zu lesen, daß sie in ihrer von Tacitus zitierten Ansprache erklärte, es sei in England nichts Ungewöhnliches, daß die Frauen mit in den Kampf zögen: Eine Bestätigung für das uns aus vielen altirischen, also keltischen Sagen bekannte Mutterrecht und für die Tatsache, daß die Frauen das Waffenhandwerk beherrschten.

In diesem Fall half es ihnen nichts, und wenn auch Tacitus selbst an die Zahl von 80000 toten Briten gegenüber nur 400 gefallenen Römern nicht zu glauben scheint, so steht doch fest, daß die Aufständischen eine vernichtende Niederlage erlitten. Boudicca vergiftete sich, die Römer aber steigerten sich in den gleichen Blutrausch wie vordem die Briten: Nicht nur Männer und Frauen wurden getötet, sondern sogar die Zugtiere, und nach dem Sieg kam es zu furchtbaren Vergeltungsaktionen in den am Aufstand beteiligten Gebieten. »Doch wütete«, schreibt Tacitus, »unter den Briten am schlimmsten der Hunger. Sie hatten die Aussaat des Getreides versäumt, weil jung und alt in den Krieg gezogen war, und weil man schon auf die römischen Getreidevorräte gerechnet hatte. Trotzdem entschlossen sich die mutigsten Stämme nur zögernd zum Frieden«.

Es war und blieb ja noch lange eine karge Insel; die Kriege und Bürgerkriege hatten bis ins achtzehnte Jahrhundert herauf stets die schlimmsten Hungersnöte zur Folge, und erst recht bei den Briten der Römerzeit, denn die Vorratswirtschaft und die Verteilung des Getreides auf den guten Straßen waren Errungenschaften der Eroberer, die dasselbe System seit Jahrhunderten mit Erfolg auf der Apenninhalbinsel praktizierten; die keltischen Bauern lebten in ihrer Feldwirtschaft im wesentlichen von der Hand in den Mund.

Die ausgedehnten Reisen des Kaisers Hadrian hatten für das Straßenwesen des Römischen Reiches im allgemeinen und für das britische Straßennetz im besonderen wichtige Folgen. Da man mit Pferd und Wagen oder im Sattel selbst auf guten Straßen sehr lange unterwegs war, wuchs das Problem der Reisekosten zu einer heute schwer vorstellbaren Bedeutung an. Verschiedene Kaiser hatten sich schon damit beschäftigt, weil die Bevölkerung an den Straßen durch die Auflage betroffen war, reisende Beamte und Würdenträger, ja nicht selten sogar Offiziere und Truppenteile zu versorgen. Nerva (96-98 n. Chr.), trotz kurzer Regierungszeit einer der tüchtigsten Vorgänger Hadrians, hatte darum zunächst für Italien selbst angeordnet, daß der Staat die Kosten von Dienstreisen zu tragen habe. Hadrian dehnte nach seinen Eindrücken in Gallien, Germanien und Britannien diese neue Vorschrift auf das ganze Reich aus, wobei die dafür nötigen Beträge nicht aus dem Staatshaushalt, sondern aus der Kaiserlichen Schatulle kommen sollten.

Damit war sehr viel Anlaß zu Unfrieden und zu Auseinandersetzungen beseitigt, vor allem in entlegenen Reichsteilen wie Britannien, wo die örtlichen Verhältnisse von dem, was in Rom üblich war, oft beträchtlich abwichen. Die Vorstellungen so manchen Würdenträgers hatten – sofern sie nicht erfüllt werden konnten – nicht selten zu Beschwerden, ja sogar zu Prozessen und langwierigen Verwaltungsakten geführt.

Die besondere, Britannien selbst betreffende Maßnahme war Hadrians im ganzen Reich erkennbares Bestreben, zu kurzen, leicht zu verteidigenden Grenzen zu gelangen. Diese Voraussicht eines Kaisers zweihundert Jahre vor dem Beginn der großen Barbaren-Anstürme ist zu bewundern, aber auch die Radikalität, mit der Hadrian seine Erkenntnisse verwirklichte. Mit erstaunlicher Energie verschaffte er sich zunächst zutreffende Auskünfte über die Landesnatur und die geographischen Verhältnisse. Die bizarre Form der britischen Hauptinsel mit ihren tiefen Meeres-Einschnitten im Nordwesten wie im Nordosten legten den Plan nahe, an einer durch das Meer verengten Stelle der Insel einen Befestigungsgürtel von einer Küste zur anderen zu ziehen und damit die Front gegen die räuberischen und aggressiven Bewohner Schottlands zu verkürzen.

Der Hadrianswall ist heute noch streckenweise erkennbar, immerhin mehr als achtzehn Jahrhunderte nach seiner Errichtung. Er zog sich zwischen den heutigen Städten Newcastle on Tyne im Osten und Carlisle im Westen quer durch den Nordteil der Insel. Die Bauarbeiten, und später die Versorgung der fünfzehn den Wall krönenden Festungen und der etwa 10000 Soldaten am Wall bedingten einen erheblichen Ausbau der Straßen, die aus dem römischen Süd- und Mittelengland nach Norden führten. Dennoch bedeutete der Wall am Tyne eine Selbstbeschränkung der Römer, denn der Statthalter und Feldherr Agricola (77-84) war schon im Jahr 80 bis zum Firth of

Forth vorgedrungen und hatte damit Positionen erreicht, die sich freilich in den darauffolgenden Jahren als unhaltbar erwiesen. Diese Tatsachen zeigen uns heute den mutigen, ja gelegentlich stürmischen Agricola und den weisen Hadrian in einem Gegensatz, der für die Römerzeit in England entscheidend wurde. Agricola war in seinen ersten Offiziersjahren ein Kampfgefährte jenes Suetonius Paulinus gewesen, der den Aufstand der Königin Boudicca niedergeschlagen hatte, kannte also England und die Verhältnisse bei den Unterworfenen sehr genau, als er 77 oder 78 Statthalter auf der britischen Insel wurde. Nach der Niederschlagung einer Revolte der Ordoviker von der Insel Anglesey entschloß sich Agricola zu jenem Vordringen in den Norden, das seinen Namen berühmt machen sollte. Er überschritt den Tyne, passierte den Firth of Forth und traf am Mons Graupius auf etwa 30000 Mann zusammengezogener gegnerischer Streitkräfte, keltische Schotten, die man damals Kaledonier nannte. Der Ort der großen Schlacht dürfte hart südlich der Küste des Moray-Firth gelegen haben, etwa auf einer Linie zwischen den heutigen Städten Inverness und Peterhead. Agricola siegte, wobei die Einzelheiten für unser Thema nicht so interessant sind wie die Tatsache, daß er auch die Flotte der Römer einsetzte, einmal, um die Gestalt der nördlichsten Küsten zu erkunden, zum andern, um im Rücken des Gegners Beunruhigung zu stiften. Er ließ die Schiffe oft vorausfahren und an den Küsten plündern und befahl auch eine Gesamt-Umrundung der Insel im Norden, wohl der ersten seit der kühnen Forschungsfahrt des griechischen Kaufmanns und Gelehrten Pytheas von Massilia vierhundert Jahre zuvor.

Vergegenwärtigt man sich den bis heute oft öden, ja wilden Aspekt Schottlands und die Schwierigkeiten, die hier auch noch viel spätere Feldherren mit ihren Armeen zu überwinden hatten, dann muß die Leistung der Römer am Ende des ersten Jahrhunderts als außerordentlich bezeichnet werden. Hadrian hat dennoch in seiner Vorsicht den Großteil dessen, was Agricola erobert hatte, wieder aufgegeben und den Wall, der seinen Namen trägt, vergleichsweise weit im Süden entstehen lassen. Die Römerstraßen, die vom Süden her auf diesen Wall zuführten, trafen auf die Festungen mit den modernen Namen Carlisle, Greatchester, Corbridge und Newcastle; eine Querverbindung, also eine Etappenstraße hart südlich des Walls, verband Carlisle mit Corbridge. Bei diesen beiden Orten, die in der britischen Geschichte noch sehr oft als Orte kriegerischer Auseinandersetzungen auftauchen, überschritten auch Nordsüdstraßen den Hadrianswall und reichten in das Gebiet hinauf, das Agricola erobert hatte; ihr Verlauf ist jedoch nicht immer und überall genau bekannt. Gesichert ist der Verlauf einer von Corbridge nach Berwick upon Tweed, also zur Tweed-Mündung führenden Römerstraße und einer zweiten, die Carlisle mit Glasgow verband (von ihr ist nur der Verlauf am Solway-Firth noch nicht mit Sicherheit ermittelt).

Zwischen Glasgow, genauer gesagt dem Vorort Old Kilpatrick am Clyde-Fluß, und dem tief eingeschnittenen Firth of Forth entstand im Jahr 142 eine zweite, nördlichere, Verteidigungslinie der Römer gegen die noch nicht unterworfenen, nur von Agricola einmal geschlagenen Bewohner des schottischen Hochlands. Die britische Hauptinsel ist hier außerordentlich schmal, nämlich nicht einmal fünfzig Kilometer breit, weswegen ja die Sperrfestung Stirling für die schottische Geschichte eine so große Bedeutung erlangte. Ein Wall, der hier von einer Küste zur anderen reichte, konnte dem römischen Britannien einen Landzuwachs bringen, nämlich die relativ breite Landfläche mit den Southern Uplands und den Cheviot Hills, alles Land zwischen dem Tyne-Fluß und (dem heutigen) Edinburgh.

Agricola hatte die Küsten erkunden lassen und eine genaue Karte des Nordteils der Insel gezeichnet; ihr Ergebnis war in gewissem Sinn dieser neue, nördlichere Wall, für dessen Erbauung eher eine geographische Motivierung bestand als eine faktische Notwendigkeit; denn der breite Inselraum zwischen den beiden Wällen war ja, wie die Dürftigkeit der Römerstraße beweist, von den Eroberern noch so gut wie gar nicht genutzt oder auch nur erschlossen. Über den Wall hinaus nach Norden führte nur noch eine Stichstraße, die bis Perth bekannt ist und im Forth-Übergang bei Stirling ihren Ursprung gehabt haben muß. Der genauere Charakter der Römersiedlung bei Stirling ist jedoch nicht bekannt.

Der unter Kaiser Antoninus Pius von der II., VI. und XX. Legion erbaute Wall war nur wenig über fünfzig Kilometer lang, erstreckte sich also tatsächlich quer über die engste Stelle der Landbrücke. Neunzehn Befestigungen verstärkten ihn, ein Graben von zehn bis zwölf Metern Breite war ihm vorgelagert, allerdings nur vier Meter tief. Hinter dem Wall verband eine Militärstraße die Festungen und Stützpunkte miteinander.

Eckpfeiler des eindrucksvollen Befestigungswerkes waren Cramond und Inveresk am Forth und Bishopton am Clyde. Weit draußen in der Clyde-Mündung, in der Nähe der heutigen Stadt Gourock am Kap, befand sich eine Signalstation für die Zusammenarbeit mit der Flotte, die in diesen unwegsamen Gegenden ja weit schneller agieren konnte als die eigentliche Wallbesatzung. Auch die erwähnte, nordwärts in den Raum des heutigen Perth führende Stichstraße war mit Signalstationen ausgestattet und hatte die Funktion vorgeschobener Beobachter; bei Unruhen konnten die hier stationierten Legionäre auf der ausgebauten Straße relativ schnell in den Schutz des Walls zurückweichen.

In den Jahren 155-158, als nicht nur nördlich, sondern auch südlich des Walls Aufstände ausbrachen, waren die Befestigungen vermutlich geräumt, wurden aber später wieder in Besitz genommen und nach umfassenden Instandsetzungen noch weitere vierzig Jahre lang gehalten. Gegen Ende des zweiten Jahrhunderts, spätestens 196, wurde der Wall dann aufgegeben, hatte also nur wenig mehr als ein halbes Jahrhundert seinen Zweck erfüllt. Die Grenze gegen die Pikten, wie man die Völker des nördlichsten Schottlands um diese Zeit nannte, blieb zu allen Zeiten unruhig und gefährdet, doch besaßen die Römer gewisse Kenntnisse auch über die niemals unterworfenen Völker der Highlands. Cassius Dio berichtet, wohl auf Erzählungen der Soldaten des Agricola oder spätere Kundschafter vom Antoninus-Wall gestützt, daß die Schotten die Vielweiberei pflegten, ärmlich lebten, gut zu Fuß waren und Rinder züchteten. Sie besäßen eine wunderbare Kraftnahrung von großer Konzentration, von der eine bohnengroße Menge ihnen den Hunger für den ganzen Tag nehme und leisteten den Römern so hartnäckig Widerstand, daß das Reich an dieser Grenze insgesamt fünfzigtausend Mann verlor.

Das schottische Wetter hat von Graben und Wall nicht allzuviel übrig gelassen, und da die Steine für Bauten aller Art verwendet wurden, ist der einst so stolze Wall heute nur noch an ganz wenigen Stellen sichtbar, immerhin aber noch eher zu erkennen als die Straße, die an ihm entlang führte. Das Westende des Walls ist in der Nähe der Stadt Bowling in Dunbartonshire zu sehen, wo auch der Forth-Clyde-Kanal endet, der

Nordschottland zur Insel macht. Den deutlichsten Wall-Eindruck gewinnt man etwa 1600 Meter östlich von Bonnybridge, unweit Rough Castle.

Mit der Aufgabe dieses Walls wurde die südlichere Grenzbefestigung, wie sie Hadrian einige Jahre zuvor erbaut hatte, wieder wichtig. Sie war etwa doppelt so lang wie der Wall des Antoninus Pius und wurde beinahe zweihundert Jahre länger gegen die aus dem Norden andrängenden Pikten gehalten. Und wenn auch nach dem Jahr 383 der Hadrianswall und seine Verteidigung nicht mehr erwähnt werden, so hat sich dieses imposante Bauwerk, von dem auch noch gemauerte Strecken erkennbar sind, dem Gedächtnis der Bevölkerung doch ungleich stärker eingeprägt als der kürzere Wall am Firth of Forth. Das Westende des Hadrianswalles gab einem Ort den Namen, der noch heute Wallsend heißt, und die vom Süden her auf den Wall zuführenden Straßen haben diesem Landesteil schon in römischer Zeit dichte Besiedlung und eine für die Wirtschaft günstige Infrastruktur gebracht. Da einzelne der Befestigungen bis zu tausend Mann aufnehmen konnten, ergab sich auch ein natürlicher Nachschubbedarf, der den Verkehr auf den Straßen vom und zum Wall dreihundert Jahre lang in Gang hielt. Insgesamt waren etwa achttausend Soldaten nötig, um den Wall besetzt zu halten, wozu der ganze Troß und die Familien kamen. Während jedoch die Zubringerstraßen heute vom modernen Verkehr aufgesogen wurden und im Einzugsgebiet der Industrieballungen von Middlesborough keine Überlebenschance hatten, ist die fünf Meter breite Militärstraße südlich der Wallkrone streckenweise noch zu erkennen oder mit heutigen Straßenstücken identisch.

Von Wallsend nach Newcastle endet sie bei einem Schloß, das sich etwa an der Stelle einer römischen Befestigung erhebt (eine andere wurde 1903 bei Wallsend entdeckt). Hier hatten die Römer eine 250 Meter lange Brücke über den Tyne erbaut, die immerhin tausend Jahre existierte, ehe sie im Jahr 1248 ein Großfeuer zerstörte. In Newcastle ist viel von dem, was zugrundeging, heute in Modellen zu sehen, im Museum of Antiquities, das auch das berühmte Mithraeum von Carrawburgh rekonstruiert hat: Der Tempel beweist, daß die vorderasiatische Mithras-Religion mit den römischen Legionären bis in den Norden der britischen Hauptinsel gelangt war.

Auf das dritte Fort stoßen wir, wenn wir Newcastle auf der Westgate-Road verlassen, also durch das einstige West-Tor, wieder ein Beweis dafür, wie sehr sich spätere Verhältnisse auf die Römerstraßen gestützt haben. Hier sind nun, noch im Weichbild von Newcastle, zwei kurze Straßenstücke gleichsam museal ausgespart und erkennbar mit einer Kulisse wenig ansehnlicher Häuser aus unserem Jahrhundert.

Ein Stück weiter südlich, an der Broomridge Avenue, hat sich das einzige Teilstück einer besonderen Straßenkonstruktion erhalten, die den Zugang zu den Befestigungen auch bei langanhaltendem Regen und sonst schlechtesten Straßenverhältnissen sichern sollte, aus militärischen Gründen natürlich: Selbst im Dauerregen mußte der Wall verteidigungsbereit bleiben und mit Alarmtruppen schnell aufgefüllt werden können. In der Nähe dieser Sehenswürdigkeit hat sich auch ein kleiner Tempel für den Gott mit dem schwierigen Namen Antenociticus erhalten, eine keltische Gottheit, die offenbar auch unter den römischen Soldaten Verehrer gefunden hatte.

Bei Heddon-on-the-Wall wird dann das alte Befestigungsbauwerk am besten sichtbar. Wir kommen hier zu einer Wallstrecke, die auf der Höhe der Anlage eine Straße aus dem achtzehnten Jahrhundert trägt. Die Römerstraße ist verlassen, der Wall selbst wird zum Weg. Zwanzig Kilometer lang kann man sich wie ein Imperator auf Inspektion fühlen und zur Rechten auf den alten Graben hinunterblicken. Auch diese Anlage hatte übrigens militärische Gründe: 1745 hatte Charles-Edward Stuart, der populäre Bonnie Prince Charlie, mit seinem Versuch, von Schottland aus den englischen Thron zu erobern, vorübergehend soviel Erfolg, daß man in London schon die Koffer packte. Die Engländer wollten sich hier, am alten Hadrianswall, mit Hilfe einer neuen Straße gegen die Schotten schützen wie 1600 Jahre zuvor die Römer. Diese Militärstraße des achtzehnten Jahrhunderts wird von der A 68 gekreuzt, die der Trasse der alten Römerstraße folgt, und an diesem Schnittpunkt ist bis heute noch allerlei zu sehen: drei Kilometer südwärts das römische Fort von Corbridge, Reste einer Römerbrücke bei Chollerford und ein gut erhaltenes Wallstück bei Planetree. Bei Brunton erhebt sich sogar noch einer der weniger wichtigen Türme des alten Befestigungswerkes. Die Römerstraße ist auch bei Corbridge selbst (westlich der modernen Siedlung) gut zu erkennen, und die Besucher finden einen eigenen Parkplatz vor. Statthalter Agricola schuf an diesem Punkt, wo die Dere-Street aus dem Süden heran und über den Tyne geführt wurde, einen der wichtigsten Verkehrsknoten des ganzen römischen Straßennetzes im Norden der Insel. Es gibt Anzeichen dafür, daß Festungen und Brücken der Stadt Corbridge eine Art Überleben sicherten, als die Römer sich längst von der ganzen Insel zurückgezogen hatten.

Fünf Kilometer von Corbridge entfernt liegt Hexham, ein Städtchen, das beinahe zur Gänze aus Römersteinen errichtet worden ist, und trotzdem sind von dem Wall und der Straße noch immer einzelne Teile zu sehen. Es ist die Gegend, in der jede Straße irgendwann umkämpft war – im Norden war schließlich Englands einzige Land-Grenze – und so finden wir auf altrömischem Straßengrund, heute B 6318 genannt, eine Gedenktafel für die Gefallenen der Schlacht von Heavenfield im Jahr 634. Die Römer hatten zu diesem Zeitpunkt die Insel bereits verlassen, aber so mancher Römersproß hielt die kriegerischen Tugenden seiner Vorfahren noch hoch: der Sieger von Heavenfield war zwar König Oswald von Northumbria und wurde später heilig gesprochen; sein tapferer Gegner jedoch trug den romanischen Namen Cadwalla und führte die Walliser an. Die Inschrift schließt mit den lateinischen Worten *Laus Deo*, Gott sei gelobt.

Auf der anderen Seite der Straße, an deren Kreuzung man sich schlug, sind noch Wallreste erkennbar, nur dreißig Meter, aber mit ihnen hat es eine besondere Bewandtnis: Es war der Amateurarchäologe William Hutton aus Birmingham, der tausend Kilometer zu Fuß zurücklegte, um den ganzen Wall abzuwandern und dem es gelang, dieses Stück zu retten, das sein Eigentümer schon dem Erdboden gleich machen wollte.

Im Raum Planetree entfernt sich die alte römische Militärstraße ein wenig vom Wall. Dieser senkt sich ab, weil hier – unweit der modernen Tynebrücke – eine römische Brücke aus Stein über den Tynefluß führte. Am Ufer ist noch einer ihrer Pfeiler zu sehen, im Wasser bei niedrigem Pegelstand zwei weitere. Damit sind wir nahe der Wallmitte bei Chester (Cilurnum), einer großen Römerfestung, der sechsten, wenn man vom Osten zu zählen beginnt. Chester war ein Kavalleriestützpunkt, und die Sagen von den durch die Lüfte reitenden römischen Soldaten hielten sich hier bis vor wenigen hundert Jahren. Westlich von Chester erreicht die römische Straße bei Limestone Corner ihren höchsten Punkt. Hier lag die Festung Carrawburgh, in der sich vermutlich vor allem Legionäre aus dem Orient aufhielten, denn der nahe Mithrastempel wurde nicht weniger als dreimal wieder aufgebaut. Erst im vierten Jahrhundert siegte hier das Christentum und ließ von dem Bauwerk nur die Fundamente übrig.

Eine zweite hier verehrte Gottheit war die Nymphe Coventina, deren Kult die Vermutung nahelegt, daß die Verbindung der Legionäre zu der unterworfenen Bevölkerung im Lauf der Generationen immer enger geworden ist und schließlich zur Vermischung geführt hat. Auf dem Grund des Bekkens, in das die Quelle floß, fanden sich nicht weniger als 13000 Münzen aus den Jahren 130 bis 380, Opfergaben der Legionäre und der Angehörigen. Das Heiligtum wurde erst nach dem Jahr 400 zerstört.

Das nächste Römerfort nach Westen zu ist besonders gut erhalten und malerisch gelegen; es heißt heute Housesteads und beherbergte 800 Fußsoldaten aus Belgien. Beim nahen Chesterholm haben umfangreiche Ausgrabungen eingesetzt und unter anderem einen römischen Meilenstein zutagegefördert, der unverrückt noch an seinem alten Platz steht. Chesterholm war schon vor der Errichtung des Walls eine Festung, nämlich unter dem Feldherrn Agricola. Hier fand man beschriebene Holzbrettchen und Stoffreste aus dem ersten Jahrhundert, eine archäologische Sensation, weil sich derlei nur unter ganz besonderen Verhältnissen zweitausend Jahre erhält. Solche und andere Funde haben das Kastell Vindolanda am Hadrianswall zu einer heute vielgenannten Ausgrabungsstätte gemacht. Die Arbeiten sind noch im Gang, in den Sommermonaten kann man dabei zusehen.

Westlich von Haltwhistle löst sich die Hauptstraße wieder vom Wall; hier scheint die große Befestigung durch eine ruhige Gegend geführt zu haben, denn die gefaßten Quellen, die Kastelle und Zivilstädte mit Wasser versorgten, lagen bis zu zehn Kilometer nördlich des Walls, also im Vorfeld. Eine Fußwanderung von etwa fünf Kilometern zeigt uns hier den Wall, so wie er ohne Rekonstruktionen aussieht, ehe uns ein kleiner Turm das zehnte Fort, nämlich Carvoran, anzeigt. Hier stand eine Spezialeinheit syrischer Bogenschützen, und daß die Besatzungskinder nicht sehr britisch aussahen, läßt sich denken. Reste einer Römerbrücke und einer alten Flußmühle sind zu sehen, liegen aber nicht mehr am Fluß, der inzwischen ein neues Bett gesucht hat. Auch der Flußgrund war stellenweise gepflastert, um das Passieren der Irthing-Furt zu erleichtern. Die letzte der heute noch gut erkennbaren Befestigungen ist Birdoswald mit dem römischen Namen Camboglanna. Hier lag eine Reiterabteilung, von deren Unterkünften noch Umwallungen und Tore zu sehen sind. Im Volksglauben ist Camboglanna freilich das alte Camlan, der Ort, wo König Arthur seine letzte Schlacht schlug und seine Todeswunde erhielt.

Birdoswald und der Irthing-Fluß vereinen sich zu einer der schönsten Landschaften von Cumberland. Es gab im vorigen Jahrhundert einen Earl of Carlisle, der behauptete, man könne im ganzen alten England nichts Hübscheres sehen als den Ausblick, der sich von den Pennine Falls nach Süden zu biete. Bergab, auf den Fluß zu, gewahrt man abermals Reste eines Kastells und westlich einer gut erhaltenen Wallstrecke sogar noch ein Stückchen des ersten, ältesten Römerwalls in dieser Gegend, des sogenannten Turf-Walls. Er war aus Erde und Torf aufgeschüttet und mit Rasensoden bedeckt, was ihm natürlich auch heute noch das dramatische Element nimmt – aber bei der Straßensuche findet man eben nicht so ohne weiteres Theater, Götterbilder oder Thermenanlagen. Von Birdoswald führte eine Römerstraße direkt nach Norden, also über den Wall hinweg, nach Bewcastle, das wir heute auf der B 6318 ansteuern müssen. In Bewcastle lag eine Festung, die das Westende des Walls nach Norden zu gegen einen Flankenstoß absichern sollte. Ein Teil des heutigen Dorfes liegt innerhalb der Umgrenzung der großen Römeranlage.

Zwischen Birdoswald und der Küste sind die Erinnerungen an die Römer zwar zahlreich, aber nicht sehr ansehnlich, und man braucht eine sehr gute Detailkarte, wenn man sie herumstreifend finden will. Carlisle selbst war eine ausgedehnte Römersiedlung, deren Hauptstraßen bis heute zum Teil den zweitausend Jahre alten Trassen folgen.

Die Stadt liegt etwa dreizehn Kilometer stromaufwärts von der Mündung des Eden in den Solway-Forth. Der Platz stach den Römern schon so früh ins Auge, daß wir hier älteste römische Töpferwaren finden und zahlreiche Hinweise auf das besondere Interesse der Besatzungsmacht an dieser Siedlung. Vor den Römern gab es hier allerdings schon Hunderte von

Hütten der keltischen Bevölkerung, seit dem Jahr 70 dann römische Bauten. Die britisch-römische Siedlung hieß Luguvallium und galt als eine der Städte, in denen man besonders angenehm lebte. Das nahegelegene befestigte Lager von Petriana (heute die Vorstadt Stanwix) beherbergte etwa tausend Reiter. So manches alte Haus von Carlisle steht noch auf einem Fundament aus Steinen der Festung, die bis in die Regierungszeit des Magnus Maximus (384-388) gehalten wurde. Der Name Carlisle bildete sich aus der altbritischen Namensform Caer Luel für das komplizierte lateinische Wort Luguvallium.

Carlisle war der Nord-Endpunkt der wichtigen Römerstraße, die von Chester im Westen der Insel heraufführte. Auch sie hatte vor allem militärische Bedeutung, während der wirtschaftliche Aspekt in den kargen Nordprovinzen eine so lange und kostspielige Straßenanlage kaum gerechtfertigt hätte. Auch wurde die eigentliche Küste ebenso ausgespart wie der heute bei den Briten so beliebte Seen-Distrikt: Die wenigen Fischerdörfer an der Irischen See hatten noch keine Bedeutung für die Römer, auch brauchten sie natürlich keine Straßen, da man ja bis zur Schaffung der ersten Eisenbahnen auf dem Wasser am bequemsten reiste. Aber die Römer trachteten, die gewachsenen städtischen Zentren miteinander zu verbinden, und so ergab sich ein in diesem gegenüber dem Festland doch recht zurückgebliebenen Land eine erstaunliche Anstrengung der großen Straßenbauer. Sie führten die große Straße nicht nur von Carlisle über Manucium (Manchester) nach Deva (Chester), sondern auch nach Südosten zur heutigen Stadt York, die damals Eburacum hieß. Dort haben die heutigen Straßen mit den Namen Petergate und Stanegate den gleichen Verlauf wie die Römerstraßen, und unter dem berühmten Münster von York liegen die Reste und Fundamente der Römerfestung.

Während wir jedoch heute mit der ehrwürdigen Stadt York vor allem seine Kathedrale aus dem dreizehnten Jahrhundert in Verbindung bringen, hatte sie ähnlich wie Carlisle für die Römer nur militärische Bedeutung; das ganze gewaltige mittelenglische Industriegebiet, dessen Verkehrswege von Leeds und Sheffield bis nach Liverpool alle Römerstraßen überdeckt, existierte ja noch nicht; niemand ahnte die Bodenschätze, die es entstehen lassen würden.

Diese ausschließlich militärische Zielsetzung beim römischen Straßenbau auf der britischen Hauptinsel erklärt auch die relative Häufigkeit sehr kurzer Straßen und das Vorhandensein von Stichstraßen, die irgendwo enden, das heißt, die bis an eine neuralgische Linie, bis in eine Gefahrenzone führen, ohne Siedlungen miteinander zu verbinden. Die Straße, die dies am deutlichsten beweist, führte von Chester nach Westen, achtzig Kilometer weit, bis in das Küstenstädtchen Carnarvon, heute mit Rücksicht auf die Walliser auch Caernarfon geschrieben. Die Römer nannten den festen Platz Segontium.

Die Straße von Chester nach Carnarvon ist im dünn besiedelten Nord-Wales leichter zu verfolgen als Römerstraßen durch Industriebezirke. Den Legionären und ihren Gefangenen jedoch muß sie einige Mühe bereitet haben. Sie verläuft von Chester aus wie die heutige große Fernverkehrsstraße über Saint Asaph auf den Fluß Conway zu, dessen Trichtermündung in die Irische See sie südlich umgehen muß. Von Caerhun an gelangt sie dadurch in bergiges Terrain, nämlich in die Vorberge des Snowdon, der ja das höchste Gebirge der ganzen Insel ist, trotz seiner bescheidenen 1100 Meter. Die Cwms, wie man heute wieder sagt (»Kum« ausgesprochen), die Schluchten dieses Massivs, wurden von der Römerstraße häufiger umgangen als überwunden, erwies sich der Snowdon doch, im Vergleich zu den von vielen Römerstraßen überquerten Alpen, als relativ harmloser Gipfel. Man kann hier Teile der einzigen Bergstraße sehen, die von den Römern auf der Insel erbaut wurde, und zwar zwischen Bwlych Y Ddeufaen und Llanfairfechan. Südlich von Carnarvon gab es Römerlager, die jedoch nicht dauernd besetzt waren; offenbar wurden sie nur dann mit Truppen aus dem nördlichen Gallien aufgefüllt, wenn von der Insel Anglesey und den stets zur Rebellion neigenden Kelten dieses westlichsten Landvorsprungs Gefahr drohte. Eines dieser Lager kann man heute noch erkennen, es kontrollierte vier wichtige Straßen und ist darum auch heute, trotz einsamer Lage, rein verkehrstaktisch in einem Zentrum gelegen: Die Agricola-Festung bei Blaenau Ffestiniog (östlich des heutigen Dorfes). Straßen oder doch Wege nach Carnarvon, Conway, Bala und Dolgelau kreuzten sich hier. Reste des Amphitheaters für die Soldaten sind hier zu sehen; eine große ebene Fläche beim Lager deutet man sich als Prozessionsstraße oder aber als Exerziergelände. Um 1100 wurde auf dem Areal des römischen

Forts eine mittelalterliche Festung errichtet – die Kreuzwege interessierten schließlich auch die walisischen Raubritter.

Die jahrzehntelangen Schwierigkeiten mit den Aufständischen in Nordwales ließen die Römer erst spät zu den Bodenschätzen gelangen, die in diesem Teil der Insel und in Cornwall früher ausgebeutet wurden als in den heutigen Industriebezirken. Auf der Insel Anglesey gab es schon vor den Römern, also in vorgeschichtlicher Zeit, einen primitiven Kupferbergbau. Die Zinnminen von Cornwall sind bekanntlich uralt und verhalfen der sonst unwirtlichen Landschaft des heutigen Dartmoor schon in den Zeiten der phönikischen Seefahrer zu einem gewissen Wohlstand, waren es doch Phönikerschiffe und Flotten aus Tartessos, die das Cornwall-Zinn nach Südspanien holten, wo es zu Bronze verschmolzen wurde. Noch unter den Römern wurde mehr Zinn gefördert, als die Besatzungsmacht brauchte, aber die Transportwege blieben maritim wie in der Vorzeit: Auf den Römerstraßen konnten Massengüter niemals bewegt werden; auch die da und dort auf einfachste Weise und für den örtlichen Bedarf ausgebeuteten Kohlevorkommen halfen den Römern nicht zu ertragreichen Ausfuhren, sie machten sich damit nur das Leben am Hadrianswall etwas angenehmer. Es steht fest, daß die Legionäre gerade soviel Kohle förderten und von den Produktionsstätten zu den Befestigungen karrten, wie sie für die Beheizung ihrer Kasematten am Wall benötigten. Der Seeweg um die Insel herum nach Gallien war zu gefährlich, auch waren die Römer gewiß gute Soldaten, aber zu allen Zeiten eher klägliche Seefahrer. Vor allem die Nordmeere mit dem schlechten Wetter, dem Nebel und den für jeden Mittelmeer-Bewohner erschreckenden Gezeiten hatten die Römer oft in höchst gefährliche Situationen gebracht, wenn sie es mit Küstenstämmen zu tun hatten, die diese Tücken des Ozeans seit jeher kannten.

Dieser Umstand, die Vernachlässigung des Küstenverkehrs, erklärt auch die merkwürdige Tatsache, daß selbst zwischen London und der Kanalküste kein sonderlich dichtes Straßennetz ausgebaut war. London war lediglich über Canterbury mit Sandwich verbunden, das heißt, es gab neben der Schiffahrt in der Themsemündung einen Weg zur Verkürzung der Passagezeiten, einen Weg für jene, die nicht gerne lange auf dem Wasser waren und darum erst in Sandwich das Schiff nach Gallien bestiegen. Der Südosten der Insel war im übrigen aber eine Gegend, die den Römern sehr am Herzen lag, wo sie sich offensichtlich wohler fühlten als in den nördlicheren Gegenden, in denen militärische Präsenz wichtiger war als das eigentliche Römerleben der Kolonie. Während am Hadrianswall auch die Familien der garnisonierten Römer gleichsam unter dem Schwert lebten, gab es im Südosten auf engem Raum drei der vier Theater, die man in England gefunden hat, richtige Theater mit Zuschauerrängen und Bühnenwand, wie wir sie aus Orange oder Taormina kennen, keine Arenen. Das Theater in Canterbury hatte offenbar viel Zulauf, denn es maß mehr als achtzig Meter im Durchmesser. Es ist aber ebenso vollständig unter späteren Bauten verschwunden wie die Theater in Cosbecks bei Colchester und in Brough-on-Humber. Nur in Saint Albans bei London hat sich das Theater erhalten. Es stammt aus dem zweiten Jahrhundert und wurde im vierten gründlich umgebaut, ja, es erhielt sogar eine gewisse Bühnenmaschinerie und einen Schnürboden, ohne überdacht zu sein...

Dennoch brauchen wir nicht anzunehmen, daß die London-Canterbury-Straße vor allem den Theaterbesuchern diente; sie war der wichtigste Reiseweg vom alles beherrschenden Londinium nach Gallien, und das kleine Sandwich hatte damals ganz gewiß schon soviel Leben wie in späteren Jahrhunderten, als sich die Hafenplätze am engeren Ärmelkanal wegen der Nähe zu Frankreich zu wehrhaften Zentren der britischen Schiffahrt entwickelten. Erstaunlich aber bleibt vor allem, in welchem Maß schon damals Londinium an der Themse alle anderen Römerstädte in England überflügelte:

Obwohl selbst im Umkreis von London der Verlauf der Römerstraßen nicht in allen Fällen sicher ermittelt ist, ergibt sich doch mit absoluter Gewißheit das Bild eines eindrucksvollen Straßenknotenpunkts, und das, obwohl die Ostrichtung ja durch die Themsemündung in Anspruch genommen wird. Die Hauptzielpunkte der von London ausgehenden Straßen verraten noch heute in ihren Endungen das lateinische *castrum*: Chichester im Südwesten, eine der am deutlichsten auf dem römischen Straßenkreuz fußenden Stadtanlagen, Silchester im Westen und Colchester im Nordosten; dazu kommen die schon erwähnten Durchgangspunkte Canterbury und Saint Albans und einige weniger bedeutende, vielleicht auch nicht völlig ausgebaute Straßen vom Themsetal nach Süden und nach Norden.

Meistens sind Orte, deren Verkehrslage so günstig ist, die sich so zwingend als Mittelpunkt empfehlen, schon vor den Römern Zentren eines Stammesbereichs gewesen, wofür Paris das deutlichste Beispiel bleibt. Flüsse waren dabei stets im Spiel, gab es doch vor den Römern nur Ansätze von Straßen, nur Wege, die Händler und Tragtiere frequentierten, ohne daß sich jemand um ihren Ausbau oder ihre Unterhaltung kümmerte. Um so erstaunlicher ist, daß die Römer, als sie von den Höhen beim heutigen Greenwich das Themsetal vor sich liegen sahen, offensichtlich noch keine Siedlung vorfanden. Das Tal war weit und von bewaldeten Hügeln begrenzt, und durch den Fluß führte eine Furt, die heute nicht mehr zu erkennen wäre, weil der Wasserspiegel der Themse damals fünf Meter niedriger(!) lag als heute. So gerne alle Stadtväter ihrem Gemeinwesen auch ältere Würden bescheinigen, es gibt keine Funde, die auf eine Besiedlung Londons in vorgeschichtlicher Zeit hinweisen. Die wenigen Funde aus der Gründungszeit, die im Bereich der heutigen City und des Stadtteils Southwark gemacht wurden, stammen aus Werkstätten von Arezzo und sind fünfzig oder mehr Jahre nach Cäsar hergestellt worden, hängen also wie die Stadtgründung selbst mit der zweiten und nun gelungenen Römer-Invasion zusammen.

Zwischen 44 und 54 nach Christus entstanden die Anfänge von London auf einem Hügel östlich des schmalen Themse-Zuflusses Walbrook, und schon im Jahr 60 nennt Tacitus dieses Urlondon ein bekanntes Handelszentrum und sagt, daß die Zivilbevölkerung hier eine große Rolle spielte. Nach Lage der Dinge war die Hauptaufgabe des Platzes freilich darin zu sehen, daß über London der Nachschub aller in Britannien kämpfenden und sichernden römischen Truppen lief. Etappenstädte wachsen schnell, das war stets und überall so; nur daß sie auch nach dem Ende der Feindseligkeiten große und lebhafte Städte blieben, das hat natürlich mit einer stabilen Verkehrslage mehr zu tun als mit den militärischen Entwicklungen. Und wenn es auch bei Westminster eine Themsefurt gab, wo man nur etwa 150 Zentimeter Wassertiefe zu bewältigen hatte, so ergab sich die Zukunft der Stadt doch aus den Brücken, die hier schon zur Zeit des Kaisers Claudius geschlagen wurden, und aus den Straßen, die rings um London die Legionäre und wohl auch die britischen Gefangenen, die Sklaven und die Hilfstruppen anlegten.

Schon im Jahr 61, als die große Revolte der Königin Boudicca (auch Boadicea) über London hinwegging, war die Bedeutung der Stadt so fest etabliert, daß sie nach den Verwüstungen schnell wieder besiedelt wurde. Die Asche der Mordbrände von damals ist heute noch auffindbar, wenn man zehn bis zwanzig Fuß unter der Fläche des modernen London zu graben hat; auf dieser Asche aber entstand London zum zweiten Mal, nun festungsartig geschützt durch eine 200 mal 200 Meter messende Zitadelle im Nordwesten (heute Cripplegate). Im Zweiten Weltkrieg ergab sich auch – nach Bombentreffern und bei verschiedenen größeren Bauvorhaben – Gewißheit über die Umwallungen des römischen London. Demnach war ein städtisches Areal von etwa 140 Hektar von einer streckenweise fünf Meter hohen Umwallung umgeben, die zwei bis drei Meter dick war und aus Erdaufschüttungen, aber auch aus Mauerwerk bestand und zusätzlich von einem Graben umzogen war. Nach der auf diese Weise geschützten Fläche war London die größte Stadt von Britannien und wurde nördlich der Alpen nur von vier anderen Römerstädten an Ausdehnung übertroffen.

In seiner besonderen Situation als Straßenknotenpunkt brauchte London nicht weniger als sechs Tore, die in die Stadtmauer geschnitten und befestigt waren, was zum Beispiel im Raum Newgate zu komplizierten Anlagen führte, die den Archäologen manches Rätsel aufgaben. Es zeigte sich nämlich, daß es verschiedene ältere Wälle gegeben hatte, die zu Zeiten Kaiser Hadrians, also nach 120 n.Chr., dann zu einer großen Befestigung zusammengefaßt wurden. London, Cirencester, Wroxeter und Saint Albans scheinen mehr als jeweils 20000 Einwohner gezählt zu haben. Insgesamt verbanden die Römerstraßen in England nicht weniger als zwanzig städtische Zentren miteinander, von denen allerdings nur zwölf bis herauf in unser Jahrhundert besiedelt geblieben sind und uns als moderne Städte entgegentreten; acht sind in den unruhigen Zeiten nach dem Abzug der Römer bis zur Festigung der königlichen Zentralmacht in England wieder zugrundegegangen.

Je größer die modernen Städte wurden, desto tiefer begruben sie die Römerreste unter späteren Bauten. Darum sind die Stadtmauern auch zum Beispiel in Colchester viel deutlicher zu sehen als im größeren London, und darum kann man in Lincoln, dem römischen Lindum, noch deutlicher erkennen, wie ein römisches Stadttor aussah (East Gate und Newport Gate) und wie breit die römischen Fahrstraßen waren. Das moderne Straßenniveau ist auch in Lincoln erheblich höher als zur Römerzeit. Manches hübsche Mosaik, durch darüberliegende Schichten geschützt, ist uns auf diese Weise an Marktplätzen oder in Toreinfahrten erhalten geblieben...

Mochten die Römer auch noch so schöne Straßen, Stadttore und Stadtmauern bauen und unterhalten, Englands Schicksal war und blieb doch das Meer. Das zeigte sich schon in einer der interessantesten Herrschergestalten der Römerzeit, in Carausius, der von 286 bis 293 die Insel beherrschte und das System der Straßen und Garnisonen durch eine schlagkräftige Flotte ergänzt hatte. Marcus Aurelius Carausius war ein Menapier, entstammte also einer belgischen Völkerschaft und hatte zunächst die Aufgabe, vom heutigen Boulogne-sur-Mer aus mit Hilfe einer Flotte die römischen Kanalküsten gegen sächsische Seeräuber zu schützen. Angeklagt, mit ihnen gemeinsame Sache zu machen, entzog er sich dem Prozeß, indem er, gestützt auf seine Flotte, die Herrschaft in England selbst antrat. Auf seinen Münzprägungen bezeichnet er sich als einen Bruder der damals gemeinsam herrschenden Kaiser Diokletian und Maximian, stellte sich ihnen also gleich. Für seinen Herrschaftsbereich gilt er als der erste Seekönig der Briten. Als er im Jahr 293 von einem seiner Minister ermordet wurde, war immerhin klar, daß die stärkste Macht neben und nach den Römern jene Völkerschaften sein würden, die plötzlich und lautlos mit ihren Schiffen aus den Nebeln der Nordsee auftauchten und an den britischen Küsten landeten.

Ob dies tatsächlich im Jahr 443 geschah, ob die Sachsenkönige Hengist und Horsa tatsächlich gegen die Pikten zu Hilfe gerufen worden waren, das ist bis heute umstritten. Fest steht, daß die Neuankömmlinge ein Britenvolk vorfanden, das unter dem Schutz der Römer das Kämpfen verlernt hatte. Fest steht aber auch, daß die Ankömmlinge mit Städten, Straßen und Landhäusern nichts anzufangen wußten. Anders als auf dem Kontinent, wo die Germanen in die römische Zivilisation hineinwuchsen und in den Römerstädten urbane und christliche Zentren der Kultur weiterbestanden, fing England noch einmal in der barbarischen Vorgeschichte an.

Obwohl die Römer im vierten Jahrhundert – dem letzten ihrer Herrschaft – die Straßen zu den Küsten hin erheblich ausgebaut hatten, damit gefährdete Punkte schnell von Alarmtruppen erreicht werden könnten, wurden nicht diese Straßen zu den Einfallswegen der Sachsen, sondern die Flüsse. »Aber auch die römischen Straßen müssen die Eroberung des Landes wesentlich beschleunigt haben«, schreibt George Macaulay Trevelyan. »Wie lebendig stehen sie vor unseren Augen, diese Krieger, wie sie auf der gepflasterten Kunststraße dahinziehen, schwer beladen mit Beute, aber um so leichter bewaffnet. Lachend freuen sie sich ihres Glückes. Da erspähen sie abseits der Straße, hinter Bäumen, eine römische Villa. Bald schlagen die Flammen empor...« Man weiß, daß die ältesten Grabstätten altsächsischen Gepräges so gut wie ausschließlich an Flußufern gefunden wurden. Die Wälle und Mauern, die Festungen und Tore aber sperrten nur die Straßen. Die Römerwelt in England wurde ein Opfer ihrer eigenen großartigen Ordnung: Kamen die Angreifer aus einer anderen Richtung als jener, die das sechshundert Jahre alte römische Militärsystem ihnen zugeteilt hatte, so war dieses System nutzlos. Die Bürger, die sich daran gewöhnt hatten, Handel zu treiben und im Schutz der Legionäre zu leben, hatten seit den Zeiten der wilden Königin Boudicca nichts dazugelernt und ließen sich so hilflos abschlachten wie zweihundert und dreihundert Jahre später die Mönche der Küstenklöster, als die Wikinger kamen.

Schon die ersten Raubscharen zerstörten das römische England; es fiel in Trümmer, noch ehe die zweite Welle der Eroberung die Insel erreichte, das eigentliche Volk mit den Familien. Die herrliche römische Thermenstadt Bath, heute wiederum eine Augenweide, war längst verlassen und verödet, als die Sachsen im Jahr 577 dort einzogen: Schilf und Wasservögel hatten in den mächtigen Mauern der Thermenanlagen das menschliche Leben ersetzt, und vielleicht hat jener Mönch Gildas wirklich recht, der um 540 in seinem großen Lamento eine ganze Welt zusammenstürzen sah, nur weil das römische England nach dem Abzug der Legionen eine Beute der Barbaren wurde:

»Mit furchtbarer Gewalt ward jede menschliche Siedlung dem Erdboden gleich gemacht. Zusammen mit den Vorständen ihrer Kirchen fielen die Bewohner, ganz gleich, ob Mönch oder Laie. Allenthalben sah man Schwerter blitzen, und rings züngelten die Flammen empor. Schrecklich war es zu sehen, wie in den Straßen alles durcheinander lag: Turmgiebel, die man aus ihrem Gebälk gerissen hatte, Quader der hohen Mauern, heilige Altäre, verstümmelte Menschenleiber mit gräßlichen Klumpen geronnenen Blutes bedeckt, als wären sie in einer grausigen Weinpresse zermalmt worden. Wer das nackte Leben retten konnte, floh in die Berge – dort wurden sie dann später gefangengenommen und haufenweise abgeschlachtet. Manche trieb der Hunger in die Sklaverei des Feindes, andere trugen ihren Jammer über das Meer hinüber.«

Haverfield stellt in seinem grundlegenden Werk *Roman Occupation* fest, es sei kein Fall bekannt, in dem Angelsachsen in einem römischen Landhaus gewohnt hätten; andererseits erzwang die räumliche Enge da und dort das Ineinander von Ruinen und späteren Wohnbauten wie zum Beispiel in Cambridge. Auch einige Knotenpunkte von Römerstraßen waren so unentbehrlich für das Leben auch im angelsächsischen England geworden, daß Chester, Canterbury und Bath wieder besiedelt wurden, während London selbst, aber auch Lincoln und York, vielleicht niemals ganz menschenleer waren, der Flußübergänge und der Landstraßen wegen. Und es waren diese Straßen, die London, Cambridge und andere Orte auch schnell wieder aufblühen ließen.

Aber es waren eben nicht die Häuser, die Dächer, die Paläste, die dies bewirkten, sondern die Lage an den Verkehrswegen. Die aus dem Meer gekommenen Eroberer mußten Villen, Mauern, Türme, Tempel und Straßen als Wunderwerk, als Zauberei ansehen, als Leistungen eines zweifellos überlegenen Volkes, das im Besitz der seltsamsten Kenntnisse und Geheimnisse war: Wären die Römer geblieben, so wären die Sachsen gewiß anders empfangen worden als von den britischen Stadtbürgern. Es war vielleicht ahnungsvolle Scheu vor den gewaltigen Kunstbauten der das Land überziehenden steinernen Wege mit den Knotenpunkten der Festungen und Städte, die jene angelsächsischen Eroberer von den Villen und Landgütern der Römer fernhielten, ja sie ganze Städte wie Wroxeter, Silchester oder Verulamium aufgeben ließ, kaum daß sie geplündert worden waren.

Im äußersten Westen und im Südosten Europas fanden die Römer besondere Verhältnisse vor, die sich natürlich auch auf den Straßenbau auswirkten. Weder in Spanien noch auf der Balkanhalbinsel vermochte Rom in dem Maß die Rolle des Kulturbringers auszufüllen, wie dies in den Alpenländern, in Gallien und in Germanien der Fall war. Auf dem Balkan hatten sich griechische und thrakische Kulturen vom Mittelmeer bis an den Rand der großen Gebirge hinein vorgeschoben. Erste Straßen und Wege waren gebaut, Städte begründet und Burgen zum Schutz der Wege geschaffen worden; und in Spanien traf Rom auf den von der Meerenge bei Gibraltar mächtig nach Norden ausgreifenden, auf seine vielen Handelsniederlassungen gestützten alten Rivalen Karthago.

Das zahlenmäßig unbedeutende Seefahrervolk der Phöniker hatte über seine Pflanzstadt Karthago Zugang zu den Menschenreserven Nordafrikas gefunden. Damit setzte seit dem siebenten vorchristlichen Jahrhundert ein gnadenloser Machtkampf im Mittelmeer ein, der um so imposanter ist als er sich weitgehend zur See abspielte, demnach mit den Mitteln einer sehr frühen Seefahrt. Da auch die Griechen im westlichen Mittelmeer Kolonien unterhielten, deren berühmteste Massilia-Marseille war, ergab sich eine Interessengemeinschaft der in Mittel-Nord- und Nordwestitalien Handel treibenden Etrusker mit den Phönikern und daraus folgend im Jahr 535 vor Christus die große Seeschlacht vor Alalia an der korsischen Ostküste, in der die phönikisch-etruskische Flotte die Griechen aus Phokaia besiegte.

Die Einbeziehung der Balearen, der Pythiusen, Korsikas und des westlichen Sizilien ins punische Interessengebiet wurde flankiert durch die schwierige Ausweitung karthagisch-phönikischer Macht auf der Iberischen Halbinsel. Bekannt war diese schon sehr lange, denn die Phöniker trieben zweifellos seit der Mitte des zweiten vorchristlichen Jahrtausends Handel mit Tartessos, dem Tarschisch der Bibel, einer Stadt, in der die wertvollen Produkte spanischer Erzgruben verfrachtet wurden und die damit eine Schlüsselrolle in der einsetzenden Bronzezeit spielt. Die zur See offensichtlich außerordentlich wagemutigen Phöniker, die dabei völlig unbedenkliche Kaufleute, Piraten und Erpresser geworden waren, begründeten ihre wichtigste Niederlassung in Gades (Cadiz), das man darum mit einigem Recht als älteste Stadt Europas ansehen kann, so lange sich von Tartessos nicht mehr findet als jene drei Goldenen Armreifen von der Guadalquivirmündung, einzige Spuren einer einst blühenden Stadt. Gades um 1000, Karthago wenig später begründet – das erweist die Phöniker als längst etablierte Ausbeuter spanischer Bodenschätze in dem Augenblick, da die Römer sich durch die ligurischen Stämme nach Westen gekämpft und Spanien von Norden her erreicht haben; denn da sie keine Seefahrer sind, haben sie dazu bis ins dritte vorchristliche Jahrhundert gebraucht. Spanien, für dessen Innenraum sich die Phöniker nur bis zu den Bergwerkszonen interessieren, hat sich inzwischen mit keltischen und ibero-afrikanischen Zuwanderern aufgefüllt.

Diese noch nicht sehr gut bekannte, aber offensichtlich sehr glücklich gemischte vorrömische Bevölkerung der Iberischen Halbinsel bestand aus sehr armen, sehr harten und zum größten Teil ungemein tapferen, bis zur Selbstvernichtung zähen Bauern und Viehzüchtern, die den Römern außerordentliche Schwierigkeiten bereiteten.

Der Kampf der Römer um Spanien währte an die zweihundert Jahre (!) und ging erst 19 vor Christus zu Ende, als Augustus die keltiberischen Stämme der kantabrischen Nordprovinzen unterwarf. Die Basken wurden von den Römern ebensowenig besiegt wie von den Arabern oder von Karl dem Großen.

Diese harten Kämpfe gegen eine Völkermischung, die sich mit größter Geschicklichkeit die schwierige Landesnatur zunutze machte, hatten den Römern offenbar einen gewissen Widerwillen gegen die nordspanischen Gebirge eingegeben. Es fällt auf, daß die Straßenbauten der Römer in Spanien selbst etwa der üblichen Dichte in Kolonialgebieten entsprechen, daß über die Pyrenäen aber nur zwei Straßen führten. Sie waren allem Anschein nach beide ungepflastert, also nichts anderes als schon bestehende alte Gebirgspfade, die von den Römern nur an den schwierigsten Stellen mit Stütz- und Schutzbauten versehen und von den ärgsten Hindernissen befreit wurden. Die wichtigere dieser beiden Straßen führte am Mittelmeer, wenige Kilometer von der Küste, von Gallien nach Spanien, die andere in den Westpyrenäen mit Ausmündung in Pamplona.

Wer heute die Pyrenäen mit den Alpen vergleicht, die herrliche Unberührtheit der Pyrenäentäler mit der Übererschlie-

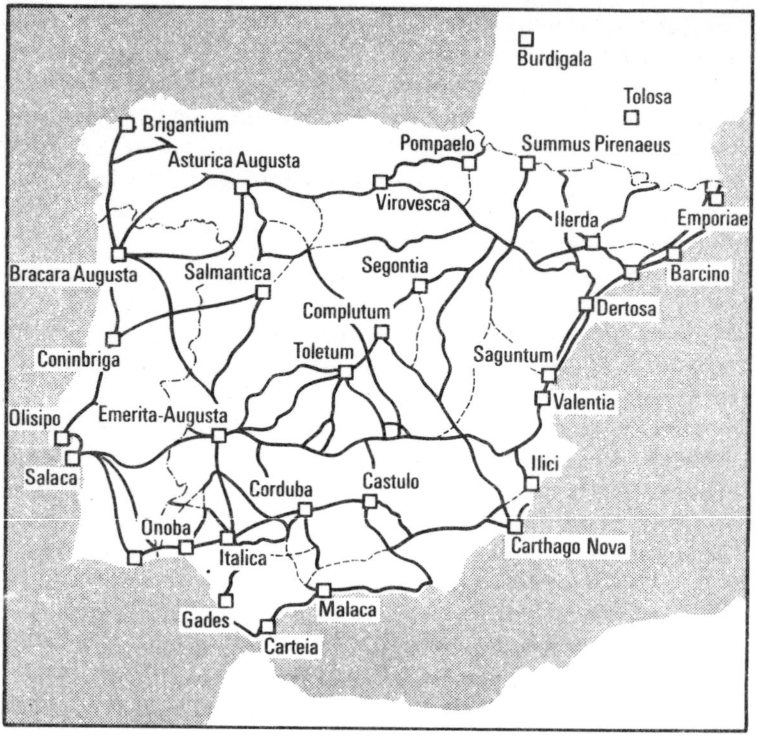

ßung und Vermarktung der Alpen, wird sich nicht sehr wundern, daß auch die Römer in den Norditalien abschließenden Gebirgen ungleich besser Bescheid wußten als in den Pyrenäen. Selbst die großen Geographen Strabo und Pomponius Mela lassen sie von Norden nach Süden verlaufen (!), während Plinius und Ptolemaios sich einer eindeutigen Aussage entschlagen; andererseits hielt man die Pyrenäen allgemein für das höchste Gebirge Europas, auch ihre Länge wurde mit 900 Kilometern (statt richtig 435) erheblich überschätzt.

Sieht man von den Küstenstreifen im Westen und im Osten ab, die zweifellos begangen wurden, schon bevor die Römer kamen, so ergibt sich als die älteste nachgewiesene Passage der Col de Perthus, etwa zwanzig Kilometer von der Mittelmeerküste, der Paß, der heute die Autobahn trägt. Hier zogen die

Truppen aus Massilia nach Spanien, Hannibal mit punischen und iberischen Truppen nach Gallien, und seit etwa 200 vor Christus sah man hier zahllose römische Truppenteile, Reisende und Beamte. Um 121 vor Christus begann der zielbewußte Ausbau der Straße Perpignan-Paß-Figueras zur Via Domitia, die später in Via Augusta umbenannt wurde.

Etwa gleich weit vom Meer entfernt, aber nun im Westen, überquerte die Straße von Bordeaux in der Passage von Roncevaux die Pyrenäen und führte nach Pompaelo, wie Pamplona bei den Römern hieß. Die Straße ist wie jene über den Col de Perthus in dem Itinerarium des Antoninus belegt.

Ist auch die Straße nach Pamplona in ihren Gebirgspartien von einzigartiger Schönheit und glücklicherweise bis heute so geblieben, so besitzen wir doch sichere Anhaltspunkte für die Benützung weiterer Pyrenäenpässe, die in der alten Literatur nicht namentlich erwähnt werden. Caesar muß im Jahr 49 vor Christus durch das Tet-Tal und über den 1610 Meter hohen Col de la Perche nach Spanien gezogen sein, um Pompeius im dortigen Bereich seiner Hauptmachtstellungen unerwartet zu treffen. Das Paralleltal des Tech (mit dem heutigen Hauptort Ceret) ist zu Beginn des fünften Jahrhunderts von Teilen der in Spanien einfallenden Vandalen-und Sueben-Stämme passiert worden, wobei schließlich ein 1540 Meter hoher Paß zu überschreiten war. Schließlich gab es noch eine in der Literatur nicht beachtete, aber im Itinerarium des Antoninus verzeichnete, die Pyrenäen überschreitende Straße, die von Béarn (Benearnum) nach Zaragoza (Caesaraugusta) führte, ein Übergang, der heute vor allem für die Eisenbahn genutzt wird, als Straße (Oloron-Jaca) jedoch weniger frequentiert ist, trotz der niedrigen Paßhöhe von 1640 Metern.

An die Hauptübergänge in den Pyrenäen schlossen sich die Römerstraßen, im Lauf der Jahrhunderte ausgebaut und bis zum Schluß, bis zum Ende des Reiches von vielen Bewohnern des römischen Spanien als unzureichend empfunden. Das Straßennetz war nämlich weniger auf die Siedlungen abgestimmt als auf die militärischen Zwecke und die Lage der Bergwerke, also die Wirtschaft. Das erklärt sich wohl daraus, daß das große, klimatisch extreme, oft entsetzlich trockene und heiße Spanien den Gewohnheiten der in Italien dicht gedrängt lebenden Römer in vielem widersprach. So hatte sich zum Beispiel in den mehr als sechshundert Jahren der spanischen Römerzeit kein echtes Zentrum für Verwaltung und Leben der Halbinsel herausbilden können (und auch nachher noch lange nicht: Madrid ist eine der jüngsten Hauptstädte Europas...).

Der einzige als solcher nennenswerte Straßenknotenpunkt, die Stadt Emerita Augusta (Merida) lag weit im Südwesten, die ganze Mitte Spaniens wirkte unendlich und auf weiten Strekken öde. Sie war durch Räuber so gefährdet, daß die einzige Diagonalstraße Zaragoza-Toledo-Merida nur ungern benutzt wurde, obwohl die Ostküstenstraße ihr gegenüber einen Umweg bedeutete. Diese führte den Ehrennamen Via Augusta und wurde im letzten vorchristlichen Jahrzehnt fertig, wenn man auch nicht mit Sicherheit weiß, ob sie dann auch schon in ihrer gesamten imposanten Länge von den Pyrenäen bis nach Gades fertiggestellt war. Bis Valencia jedenfalls war sie stark frequentiert; nach dieser Stadt entfernte sie sich von der Küste, um – anders als die heutige Autobahn – die Sierra del Carrascal im Landesinnern zu umgehen. Während eine kurze Stichstraße durch die Küstenberge auf Elche (Ilicis) und den wichtigen Hafen Nova Karthago (Cartagena) zuführte, setzte sich die Via Augusta mit ihrem Hauptstrang nach Westen fort und durchquerte die südliche Mancha in einem bis heute weitgehend siedlungsarm gebliebenen Gebiet. Eine keltiberische Siedlung jedoch wurde von den Römern dort zur Stadt ausgebaut, weil diese wohl vor allem als Etappe wichtig war und von der Straße ein gewisses Leben empfing: Libisosa, auch als Libisosia und als Libisona überliefert, heute nur noch eine Ruinenstätte bei dem Marktflecken Lezuza. Der Name weist noch eine gewisse Verwandtschaft mit der alten Bezeichnung auf, man darf also annehmen, daß auch andere Altsiedlungen ihre spanischen Namen nach der römischen Namensform erhielten, der wiederum die ursprüngliche Bezeichnung der Oretaner zugrundelag (Tugia wird Toya, Vivatia Baeza, Carcuvium Caracuel, Consabura Consuegra).

Die Via Augusta umging dann ein besonders unwegsames Gebirge im Süden, den sogenannten Saltus Castulonensis (Sierra Morena); das waren vor allem in dem Teil, der heute Sierra Madrona heißt, aufeinanderfolgende Bergketten, die auch noch in den Maurenkriegen eine große Rolle spielten. Die Stadt, die dem Saltus den Namen gab, war ein wichtiges Bergbauzentrum nicht erst der Römer, sondern schon der Oretaner: Castulo, heute Caslona, lag am Guadalimar, einem Nebenfluß des Guadalquivir; über der Stadt ragen zwei Bergspitzen auf, die von den griechischen Geographen mit dem Parnaß verglichen wurden, und da es auch eine schöne Quelle gab, war die Begeisterung für Castulo alsbald vollkommen. Konkreter waren die Vorteile, die Oretaner und Römer aus den nahen Silber- und Bleigruben zogen. Der Name der heute nicht mehr bedeutenden Stadt lebt in einem Dokument weiter, in dem Heldenleben des Plutarch. Einer seiner Lieblinge, der Römer Sertorius (ermordet 72 v. Chr.) ist auf eine besondere Weise nicht nur mit Spanien verbunden, von wo aus er Rom erobern wollte, sondern mit Castulo.

Sertorius hatte, als einer der ersten namentlich bekannten Spione der Weltgeschichte, sich schon beim Kimberneinfall für seinen Feldherrn Marius als Späher in Barbarenkleidung betätigt und dafür einen keltischen Dialekt gelernt. In Castulo, der reichen Bergwerksstadt, lebten die römischen Soldaten in Saus und Braus, und als einmal der Großteil der Garnison tieftrunken im Schlaf lag, überfielen Keltiberer aus der Nachbarschaft Castulo, drangen in die Häuser ein, töteten die Schlafenden und plünderten eifrig. Sertorius entrann mit einem Teil der Besatzung, bewachte von außen die Tore, bis auch die Plünderer sich hatten vollaufen lassen, kehrte dann den Spieß um und erschlug mit seinen Gefährten die Feinde. Das aber reichte ihm noch nicht: Er stellte aus allen Geretteten eine Truppe zusammen, die sich die Kleider der Keltiberer anzog und nun das Dorf überfiel, aus dem die Räuber gekommen waren. »Er täuschte die Barbaren so, daß er die Tore offen fand und eine große Menge von ihnen in seine Gewalt bekam, die in der Meinung, daß die Sache gelungen sei, ihren vermeintlichen Freunden und Mitbürgern entgegengezogen war. Die meisten wurden also gleich am Tor niedergehauen, jene, die sich ergaben, als Sklaven verkauft.« (Plutarch, Sert. 3)

Ist Sertorius mit vorhergehenden und späteren Schicksalen eine der farbigsten Männergestalten der römischen Antike, so ist Castulo-Caslona in der Nähe des heutigen Linares eine der interessantesten Städte der Hispania Tarraconensis. Hat es sich auch leider nicht bewahrheitet, daß die Stadt eine Etruskergründung sei – der große Schulten hat viele Jahre daran geglaubt –, so bleibt Castulo doch als Zankapfel zwischen Puniern und Römern eine Stadt bemerkenswerter Schicksale, die schon im frühen vierten Jahrhundert als Bischofssitz genannt wird, im westgotischen Spanien eine Münzstätte war, im Mittelalter dann aber jegliche Bedeutung verlor. Die Ruinen liegen nördlich der in den letzten hundert Jahren aufgeblühten modernen Bergwerks- und Industriestadt Linares.

Auf Castulo folgte nach Südwesten zu Illiturgis, eine vermutlich bedeutende Stadt an der Via Augusta, von der sich jedoch nur dürftige Spuren in der Literatur finden. Die Historiker erwähnen die Zerstörung der Stadt im Jahr 210 vor Christus durch Scipio. Sie hatte also keltiberische Einwohnerschaft und vermutlich eine punische Garnison; später bauten die Römer dann – die Aufgabe vieler Sieger – die vordem gründlich zerstörte Stadt wieder sorgfältig auf. Mit Illiturgis erreichte die Via Augusta das fruchtbarste und wirtschaftlich insgesamt für die Römer wichtigste Gebiet des ganzen Spanien. Der Guadalquivir, im Altertum Baetis genannt, war hier schon schiffbar. Daß er in den Atlantik mündete und nicht ins Mittelmeer, spielte inzwischen keine Rolle mehr: die Karthager waren besiegt, sie hatten nicht mehr die Kraft und die Schiffe, die Meerenge von Gibraltar zu sperren, wie sie es so lange getan hatten, bis die erbosten Mittelmeervölker einen anderen Weg zu den britischen Zinn-Inseln fanden: über Land bis Burdigala-Bordeaux oder gar über Rhône, Saône und Seine an die Kanalküste, zwei Wege, welche die stürmische Biskaya umgingen, und die Karthager auch...

Man muß in Andalusien die Höhen aufsuchen, um sich das Land in alten Zeiten vorstellen zu können, etwa den beherrschend hoch über Jaen gelegenen Burg-Palast, der heute den Parador beherbergt. Er gestattet den Blick über die trockene Senke, in der das iberische Auringis lag, eine der vielen von Scipio zerstörten Infererstädte. Wir befinden uns hier im heißesten Becken Spaniens, und das will einiges besagen; auch in Ecija schwitzten selbst die Römer, aber unter der Plaza de Toros fanden sich doch ausgedehnte Reste einer römischen Arena; eine zweitausend Jahre alte Kampfstättentradition erhielt sich trotz der Ungunst eines bis heute mörderischen Klimas.

Dort, wo Andalusien zum Garten wird, sitzen auch die Römerorte dichter, ließ auch Scipio Gnade walten, denn irgendwo mußten schließlich auch die neuen Herren leben. Zwar kam es, nach vielen Kriegsjahren, nicht mehr zu jenen vertrauensvollen Verbrüderungen, wie sie der integere Charakter eines Tiberius Sempronius Grachus bewirkt hatte, aber im Lauf vieler Generationen wuchs den Römern doch viel Wertvolles aus Spanien zu. Die Provinz, in der dies am deutlichsten wurde, war das (später nach den Vandalen so benannte) Andalusien, die alte Baetica. Als die Römer hierher kamen, waren die Stämme, die Spanien bevölkerten, noch nicht stark vermischt; vor allem in Andalusien hielten sich stolz und gut regiert die Turdetaner. Sie waren nach Niebuhr »ein sehr gebildetes Volk, sie hatten ein eigenthümliches Alphabet, viele Inschriften und Münzen sind noch vorhanden mit uns unbekannten Buchstaben. Viele spanische Münzen sind gar nicht, viele nur höchst ungewiß zu erklären«. Schulten hat sich mit den Turdetanern besonders beschäftigt und auf ihre reiche geschichtliche Literatur (!) hingewiesen, auf ihre Dichtung und auf Gesetze, die sie, damit man sie sich leichter merken könne, in rhythmisch gebundener Form abgefaßt hatten. Sie nahmen bald das Lateinische an. Im übrigen »gehört das Thal des Baetis (Guadalquivir) zu den reichsten Segensgefilden Europas, noch jetzt ein Paradies und wird es immer bleiben, trotz der größten Verwüstungen des Krieges und der schlechtesten Regierung« (Niebuhr 1827/28 in seiner Bonner Wintervorlesung).

Man empfindet in diesen Gegenden und in der Beschäftigung mit ihnen, was auch Niebuhr in seinen so herzhaft persönlichen und oft glücklich improvisierenden Vorlesungen bekannte: daß man dieser Landschaft das Studium eines ganzen Lebens widmen sollte, mit allem, was ihr widerfahren ist seit den Tagen, da die Karthager hier den Turdetanern begegneten, seit sich Hannibal seine Frau aus Castulo holte. Das historische Hispalis (Sevilla) ist in die Rolle des verschwundenen, vom überreich ablagernden Guadalquivir versteckten Tartessos geschlüpft, unter den Arabern blühte es reicher auf als unter den Römern und erhielt seinen modernen Namen (Isbilia).

Die Via Augusta, um zu ihr zurückzukehren, näherte sich Hispalis über Cordoba, genauer Colonia Patricia Corduba genannt, welchen Namen man sich bis heute nicht zu deuten weiß. Die Gründung erfolgt relativ spät und durch die Römer, nicht vor 112 vor Christus, doch holte die Stadt bald nach, was ihr an iberischen Traditionen fehlte. Sie wurde als Geburtsort des Seneca (55 v. bis 40 n. Chr.) und Heimat seiner ritterlichen Familie sprichwörtlich, wenn auch der Begriff der *poetae Cor-*

dubenses, der Dichter aus Cordoba, nicht immer nur positiv gemeint war, weil sich das spanische Latein doch ein wenig von den geschliffenen Versen und verspielten Wendungen der römischen Boulevarddichter unterschied, das heißt: von diesen darum als provinziell empfunden wurde.

Zwischen Corduba und Hispalis war die Via Augusta von einem Hügel beherrscht, der ein römisches Kastell trug, und zwar Carmo, seit arabischer Zeit und bis heute Carmona. Wie häufig an Straßen, fand sich hier ein ausgedehntes Gräberfeld aus frührömischer Zeit, das aber bis ins vierte nachchristliche Jahrhundert belegt wurde. Insgesamt kamen etwa tausend Begräbnisstätten zum Vorschein, zum Teil wohlausgebaute unterirdische Kammern mit eigenen Zugängen in Form von kleinen Treppen, Geschlechterwappen an den Wänden und Nischen für die Grabbeigaben und die Votivfigürchen. Unweit dieser iberorömischen Friedhofsanlage fand sich auch ein um ein halbes Jahrtausend älteres Gräberfeld aus der späten Bronzezeit. Die Stadt selbst in ihrer Hügellage ist bizarr, wirkt vor allem nachts mit ihren unterschiedslos weißen Häusern eher nordafrikanisch als spanisch und belohnt uns, wenn wir ausreichend in der Araberstadt Carmona herumgekurvt sind, mit der überraschenden Römerfestung auf der Hügelkuppe, die heute einen Parador beherbergt.

Auf relativ kleinem Raum überlagern einander sehr intensive Kulturen: Cäsar nennt im Zweiten Buch des *Bellum civile* Carmona die »weitaus am besten befestigte Stadt der ganzen Provinz«. Das sahen natürlich auch die Araber und setzten ihren Alcazar in die Reste der römischen Zitadelle auf der Hügelkuppe. Nur die Straße, die Via Augusta, lief anders als die Heerstraße der Araber, weil in arabischer Zeit sowohl Sevilla als auch Cordoba, wie es nun hieß, zu Städten von großem Glanz wurden, mit Bevölkerungszahlen, wie sie in der Römerzeit nur die Tiberstadt Rom und Alexandria in Ägypten kannten. Zwischen Sevilla und Cordoba hatten die Araber, durch die Zone der Gärten und Palazzi hindurch, Schnellverbindungen für ihre Kuriere gezogen, während die Römerstraße südlich davon, über Ecija verlaufend, unter dem gnadenlosen Zerstörungswerk von Sonne, Hitze und Trockenheit langsam zerfiel.

Bei Hispalis-Sevilla knickte die Via Augusta nach Süden ab und führte nun am linken, östlichen Ufer des Baetis-Guadalquivir zu der Stadt Cadiz, die damals Gades hieß und für die Römer kaum viel weniger wichtig war als sie es für die Phöniker gewesen. Der Guadalquivir ist in diesem dritten und letzten Abschnitt seines 560 Kilometer langen Laufes ein recht merkwürdiges Gewässer. In den Gebirgen noch kraftvoll, zwischen Karstwänden Schluchten ausschwemmend, nimmt er danach reichlich Nebenflüsse auf, verliert aber von Sevilla an, wo er noch die schönsten Stadtansichten belebt und unter der Torre Giralda hinfließt, jegliche Contenance, und das nicht erst heute. Das Gefälle, schon vor Sevilla sehr gering, reicht nun überhaupt nicht mehr zu, den durch den Genil verstärkten Fluß geradenwegs ins Meer zu führen. Er bildet Mäander, deren man einige durchstochen hat, natürlich erst in neuerer Zeit, und er verweilt bei großen und kleinen Inseln. Dort, wo heute die Marismas den ausgedehnten Guadalquivirsumpf des rechten Ufers bilden, sahen die Römer noch eine große Lagune, welche sie den Lacus Ligustinus nannten. Die Wasserstände wechseln stark zwischen dem Minimum im August und dem Maximum im Dezember, und bei hohem Wasserstand führt der Strom achtzigmal soviel Sedimente mit sich wie im heißen Sommer. Mit anderen Worten: hier hat ein großer und launischer Fluß ein ganzes Land, das ganze Mündungsgebiet verändert, ja unkenntlich gemacht und tut es in verringertem Maß noch heute, da schon ein Dutzend von Stauanlagen für einen Ausgleich der Wasserführung sorgt. Vieles von dem, was wir aus den Taten des Herakles, aus dem Alten Testament und von den alten Geographen über dieses Mündungsland wissen, liegt unter Sand, Geröll und Geschiebe tief und für immer begraben, die Rinder des Geryones, die Bronzeöfen von Tarschisch und mit ihnen vielleicht das Atlantis des Platon.

Nach den Beschreibungen der römischen Geographen umfloß der Baetis – Guadalquivir ist sein arabischer Name – vor zweitausend Jahren ein großes Stück Land, das er auf diese Weise zur Insel machte. Land und Wasser waren in der heute amphibisch wirkenden, schwer zu nutzenden Region damals offenbar noch sauberer getrennt: Es gab den großen See, die große Insel und eine Mündung in zwei Armen des einen Flusses. Auch andere Flüsse haben sich vor allem in ihren Mündungen und im Zusammenhang mit der Deltamündung im Lauf der Jahrtausende gewandelt; der Nil hat uralte Städte begraben, die Weichsel wie die Oder besiedelte Inseln und Gestade, der Guadalquivir aber die geheimnisvollste und älteste Stadt des westlichen Europa, die Zinn-Umschlagsstadt Tartessos. Dies mißverstehend hat so mancher alte Geograph den Baetis selbst zum Zinnfluß gemacht.

Die Via Augusta also stieß hier, in vorsichtiger Distanz zu einem wankelmütigen Fluß geführt, mitten hinein in älteste europäische Geschichten und Legenden, führte dorthin, wo Herkules die nach ihm benannten Säulen an der Enge zum Weltmeer errichtete. Jerez de la Frontera, die Stadt mit dem wohlklingenden Namen, hat wenige Chancen als das alte Tartessos zu gelten; wäre Tartessos dort gewesen, wo Jerez heute liegt, Schulten hätte es gefunden. Die Via Augusta näherte sich hier dem heutigen Sanlucar de Barrameda, dem Mündungsort und Konquistadorenhafen, am stärksten an, bog dann in einem weiten Bogen nach Osten aus und erreichte Gades-Cadiz nicht, wie die moderne Straße, über Puerto Real und die Inseln, sondern über das heutige San Fernando und die langgestreckte, wie ein Daumen ausgreifende Halbinsel; von den beiden Cadiz-Inseln trug die größere die römische Stadt.

Das Übersetzen nach Afrika ging aber weniger von Gades-Cadiz aus vor sich als vom heutigen Tarifa, dem römischen Hafen Iulia Traducta (*traducere* = übersetzen), ein auch für die Römer alltäglicher Vorgang, da sie in Nordafrika ausgedehnte Besitzungen mit blühenden Städten als koloniale Kornkammern des Reiches nützten. Tatsächlich scheint die hier nur fünfzehn Kilometer breite Meerenge auch für vorgeschichtliche Völker nie ein besonderes Hindernis dargestellt zu haben. Der Einbruch des Atlantiks ins vorher abgeschlossene Mittelmeer erfolgte vor mindestens acht Millionen Jahren, und die Straße war seitdem dauernd offen, konnte bei einer Mindesttiefe von 350 Metern auch nicht austrocknen. Die Verhältnisse liegen also anders als im Fall der Beringstraße, die bekanntlich während der Eiszeiten zu einer trockenen Fußes begehbaren Landbrücke zwischen Sibirien und Alaska wurde und damit durch Jahrtausende die Einwanderung mongoloider Nordasiaten nach Amerika ermöglichte.

Fährt man heute von Algeciras auf der hoch über dem Meer verlaufenden Straße nach Tarifa, dann sieht man am südlichen Abhang grüne Täler bis zu den Stränden. Hier konnten sich Völker einschiffen, hier konnten Völker an Land gehen. Der lange Landestreifen hat Unsicherheiten geschaffen über die Lage von Iulia Traducta, das man auf manchen historischen Atlanten in die Bucht von Algeciras versetzt findet; hingegen ist heute Tarifa als Nachfolgeort des römischen Übersetzhafens festgestellt. In nächster Nähe von Tarifa finden sich bis heute römische Ruinen einer zivilen Stadt namens Belon (wegen irrtümlicher Hinzuziehung von Fall-Endungen auch als Belone in den Quellen), die sich mit Iulia Traducta in den Verkehr nach Tingis teilte und vermutlich das städtische Hinterland des speziellen Hafenbereichs bildete. Die Stadt ist im Itinerarium des Antoninus als südlicher Straßen-Endpunkt aufgeführt.

Dieser langen, von den Pyrenäen bis an die Meerenge führenden und streckenweise sehr stark frequentierten Via Augusta kann das übrige Spanien nichts Gleichwertiges entgegensetzen. Die Diagonalstraße von Zaragoza über Toledo und Merida nach Sevilla hat an der uralten Tajobrücke unterhalb Toletum den einen, in Merida, beim Übergang über den Guadiana, einen zweiten bemerkenswerten Punkt. Ein Stadtfelsen wie der von Toledo, auf drei Seiten vom Tajo umflossen, mußte schon die Carpetaner anregen, in dieser einzigartig günstigen Lage ihre Hauptstadt zu errichten. Das iberische Volk hielt über siebenhundert Jahre an ihr fest und beherrschte das Herz Spaniens bis zum kastilischen Scheidegebirge, ehe es auf eine für Europa höchst seltsame Weise zugrundeging (um 580): »Es kehrten Gesandte König Chilperichs aus Spanien heim und erzählten, daß die carpetanische Provinz schrecklich von Heuschrecken verwüstet worden sei; kein Baum, kein Weinstock, kein Busch, keine Feldfrucht, nichts Grünes sei übrig geblieben« (Gregor von Tours im sechsten Buch seiner *Fränkischen Geschichten).* Einige Jahre später meldet der gleiche Chronist noch Erstaunlicheres: »Die Heuschrecken zogen in diesem Jahr aus der carpetanischen Provinz, welche sie fünf Jahre lang verwüstet hatten, der großen Heerstraße folgend in eine benachbarte Provinz. Sie nahmen der Länge nach einen Raum von (umgerechnet) 225 Kilometern, in der Breite einen solchen von (umgerechnet) 150 Kilometern ein.«

Die Nachricht, daß Millionen von Heuschrecken der großen Heerstraße, also wohl jener nach Zaragoza, gefolgt seien, ist auf den ersten Blick ein Kuriosum ersten Ranges, erklärt sich aber aus der Tatsache, daß die Carpetaner ja südlich eines langen Gebirgszuges lebten, so daß die zweifellos aus Afrika gekommenen gefräßigen Tiere sich eigentlich nur in der ungefähren Richtung der nach Nordosten weiterführenden Straße bewegen konnten, um noch nicht abgefressene Gebiete zu finden.

Merida, an derselben Römerstraße etwa 250 Kilometer weiter südwestlich gelegen, ist die spanische Stadt mit den eindrucksvollsten römischen Resten, sieht man einmal von dem Jahrtausendbauwerk des Aquädukts von Segovia ab. Das alte Emerita Augusta nahm nicht nur die schlecht ausgebaute, aber wichtige Nordsüdstraße aus Salamanca auf, sondern auch drei Straßen aus Lusitanien, wie Portugal damals hieß.

Lissabon hieß damals Olisipo, was im portugiesischen Lisboa deutlicher anklingt als in der international zurechtgemachten Bezeichnung dieser Stadt. Lissabon hatte keine direkte Straße nach Spanien, es brauchte sie auch nicht, lag die Stadt doch am Tagus (Tajo), der sie mit dem Herzraum des römischen Spaniens verband. Aber über Santarem, das stromaufwärts lag, und über Ebora führten Straßen aus dem südwestlichen Portugal nach Merida, vereinigten sich westlich der Stadt und trafen auf den Trajansbogen, einen schmucklosen, heute seiner Marmorverkleidungen beraubten zweitausend Jahre alten Bogen über der Einfallstraße und vor der Plaza Maior, die sich über dem einstigen Forum des antiken Emerita Augusta ausdehnt.

Die von Salmantica, also Salamanca aus dem Norden herabkommende Straße nahm in Caceres, dem alten Norba Caesarina, die schräg durch Portugal herankommende Straße aus Braga, dem wichtigen Hafenort auf. Der Übergang über den Tagus erfolgte auf einer bis heute erhaltenen, sehr schönen Brücke, die in mehr als einer Hinsicht bemerkenswert ist. Mit einem siebzig Meter hohen Bogen ist sie die kühnste aller erhaltenen Brücken; der Fluß schneidet hier so tief ins Umland, daß es keine andere technische Möglichkeit gab. Die Römer waren denn auch von der architektonischen und praktischen Leistung so beglückt, daß sie dem Ingenieur dieses Wunderwerks im Jahr 106 ein schmuckes Mausoleum errichteten, das uns seinen Namen – Gaius Iulius Lacer – überliefert hat. Der wohlgelungene Bau war für die Araber Grund genug, das Städtchen am südlichen Flußufer Alcantara (d.h. ›die Brücke‹) zu nennen. Die späteren Herren des Landes, Habsburger und Bourbonen, haben ihre Wappen in den mitten auf der Brücke aufragenden Triumphbogen graben lassen, der ursprünglich für Kaiser Trajan bestimmt war.

Ganz Lusitanien blickte also nach Merida, und wer das römische Spanien sucht unter der bunten maurisch-westgotisch-jüdischen Kulturschabracke, der wird schon an den Einfahrtstraßen in die helle und heiße Stadt auf das römische Emerita hingewiesen: Ein Aquädukt, das inzwischen dem heiligen Lazarus zubenannt wurde, führt an der Einfallsstraße aus Trujillo nach Norden, das andere, Los Milares oder Los Milagros benannt, ist eindrucksvoller, weil sich noch einige Bogen ins Himmelsblau erheben, und zwar an der Straße nach Caceres. Das römische Theater lag am Ostrand der Römerstadt, deren Hauptader bis heute die alte, über die große Brücke von Nordost nach Südwest führende Straße geblieben ist – sie überschreitet den Guadiana auf einer der am besten erhaltenen römischen Brücken überhaupt. Sie war, da der Fluß hier Inseln bildet, ursprünglich zweigeteilt, ist heute also beinahe 800 Meter lang. Emerita Augusta entstand ein Menschenalter nach seiner Brücke, um 25 vor Christus, wenn man auch annehmen darf, daß allein der Bau der sechzig Brückenbogen hier eine kleine Arbeitersiedlung entstehen ließ, die dann nicht mehr verschwand, sondern an einem viel genutzten Weg als Straßenstation und für die Brückenwachen zu einem Siedlungskern wurde.

Jedenfalls ist das große Theater schon im Jahr 18 vor Christus, also nur sieben Jahre nach der Stadtgründung, gebaut worden, und zwar für 6000 Besucher; so ganz klein kann die Stadt also nicht mehr gewesen sein, vor allem, wenn man bedenkt, daß es, außer dem Theater vom Typus Taormina oder Orange mit hoher Rückwand, auch noch ein Amphitheater für Kampfspiele und Tierhetzen gab...

Das beliebteste Spektakel aber war ungeachtet dieser beiden Einrichtungen das Wagenrennen von Merida im Circus Maximus mit einer 400-Meter-Bahn (trotz überwuchernden Pflanzenbewuchses noch gut zu erkennen an der Ausfahrtstraße nach Trujillo). Am nördlichen Brückenlager erbauten die Araber im Jahr 835 den Alcazar.

In einem alten Kloster, das sich mit seiner eher flachen Silhouette in die Römerstadt gut einfügt, hat man den Parador untergebracht, eines jener Staatshotels, die mit Hitze, Staub, blendender Sonne und schlechten Straßen so vollständig versöhnen wie nichts anderes von allem, was Spanien zu bieten hat. Von hier aus vorsichtig zu Fuß erkundend, entdeckt man das Wunder einer ihrer kleinen Heiligen, dem Märtyrermädchen Eulalia geweihten Stadt auf Römergrund, ja auf römischen Säulen, in römischen Straßenzügen und Fassaden. Und natürlich erhebt sich auch die Festung Abd er Rahman II. auf römischen und westgotischen Fundamenten und Ruinen, wenn auch nicht buchstäblich auf einem Schuttberg.

Auf der Plaza de Santiago stehen ein wenig nutzlos, aber nicht zu übersehen, die mächtigen Säulenstümpfe römischer Bauten. Die Casona del Conde de los Corvos wurde auf einem kompletten Säulengang errichtet: Sie ruht auf den Kolonnaden eines Dianatempels. Aus einem anderen römischen Tempel, vermutlich dem der Concordia Augusti, wurden jene prachtvollen römischen Sarkophage zusammengetragen, aus denen man der heiligen Eulalia am Beginn der nach ihr benannten Rambla ein Denkmal aufgeschichtet hat. Aus Versehen oder weil man nichts Besseres zur Hand hatte, krönte man den Sarkophagenhügel durch eine römische Statue, die seither die Ehre hat, als ein Steinbild der im Jahr 304 für ihren Glauben gestorbenen Heiligen zu gelten. Die Pfarrkirche Santa Eulalia zeigt noch deutliche Reste der ursprünglichen westgotischen Basilika, aus der sie durch Erweiterung gewonnen wurde, und an der Außenwand den sogenannten *Hornito de Santa Eulalia* (wörtlich: der kleine Ofen, das Öfchen, obwohl er natürlich die zärtliche Bezeichnung durch die frommen Spanierinnen weniger verdient als die kleine Heilige selbst, die in diesem Ofen starb. Daß man ihr nachher noch den Kopf abschlug, ist hoffentlich ein Irrtum: Man tat dies, wenn überhaupt, *vor* der Verbrennung).

Die Straßen, die nach Merida hineinführen, weisen uns auch den Weg zu den berühmtesten seiner Altertümer, denn das römische Emerita hatte zweifellos nicht die 34 000 Einwohner, welche die Stadt heute zählt, und wenn der Circus Maximus 25 000 Menschen faßte, wenn die Wagenrennen von Emerita im ganzen Südwesten der Hispania Romana bekannt und beliebt waren, dann setzte vor solchen Kampftagen gewiß ein Zustrom der Schaulustigen von auswärts ein. Man muß moderne Viertel durchmessen oder umgehen, um an die Reste des Circus zu gelangen, die an der Straße nach Madrid erkennbar sind; die Straßen aber, die gibt es noch immer.

Merida wird, im Vergleich mit anderen Städten des südlichen Spanien, sehr wenig, zu wenig besucht. Das Römererbe, in Südfrankreich triumphierend, offenbar und auf eine einzigartige Weise integriert in das Bild provenzalischer Städte wie Arles, Orange, Saint Rémy, ist in der bewegten Geschichte Spaniens zu einer beinahe vergessenen Phase geworden, von der sich ein Land, das für seinen christlichen Charakter so viele Blutopfer gebracht hat, nachdrücklich abwendet. Merida hat keinen Seneca hervorgebracht wie Corduba, keinen Martial wie das winzige Schwefelquellenstädtchen Bilbilis. Viele Straßen führten nach Emerita, aber es waren die Kampfstätten und Vergnügungen dieser alten Stadt, zu der die Römer aus Nord und Süd und die Lusitanier aus dem Westen heranströmten, ein Las Vegas des antiken Spanien, das seine Sünden vergessen will und sich darum seiner zwölfjährigen Märtyrerin zugewandt hat.

Von den Straßen, die aus Emerita hinausführten, ist für uns jene am interessantesten, die den Tagus-Tajo überschreitend auf den Durius zuhält, den Fluß, der heute spanisch Duero heißt, ein vermutlich vorkeltischer, altiberischer Name. Die Straße war wohl nicht stark frequentiert, denn ihr einziges gutes Stück war die Brückenstrecke von Alcantara. Sie führte durch das Bergland des inneren, noch heute ärmsten Portugal und trat ins allgemeine Bewußtsein eigentlich erst am Duero, dem Fluß, den die alten Geographen besonders gut kannten. Sie geben seine Länge, seine schiffbare Strecke, seine Mündung – kurz all das, was so oft zu Fabeleien Anlaß gab – durchaus richtig an, hatten sie doch gute Gründe, den Duero genau zu kennen: es war der Fluß, der von Numantia herkam, der iberischen Heldenstadt, dem Symbol des Widerstands gegen die Römer.

Es scheint, daß die für annähernd zwei Jahrtausende einzigen Straßen, die Portugal erhielt, eine große Rolle in der Einigung des Landes spielten und damit auch in der Entwicklung zur Selbständigkeit, die ja ein Wunder für sich ist angesichts des soviel größeren Nachbarn auf der gemeinsamen Halbinsel. Die Römerstraßen erschlossen den Häfen ein zurückgebliebenes Hinterland; sie boten Verkehrsmöglichkeiten an, wenn der Atlantik zu sehr tobte, und sie brachten die entlegenen Gebiete in Verbindung mit dem unmittelbaren Hinterland der Welthafenorte, die sich schon in der Antike gut entwickelt hatten. Es ist also eine gewisse Undankbarkeit, aber es ist wohl auch Zufall, daß die Römerstätten in Portugal womöglich noch weniger besucht sind als jene des westlichen und nördlichen Spanien. Dabei ist Conimbriga bei Coimbra eine gut erhaltene und uralte Stadt, wie ihr vorrömischer Name besagt, eine Stadt der bunten Mosaiken, die es mit den Azulejos durchaus aufnehmen können. Verborgen, aber nur wenige Kilometer südöstlich von Lissabon, liegen die Reste des römischen Hafens Caetobriga auf einer Halbinsel, die wir uns zu Fuß erwandern müssen, ein Hafen, der bis ins fünfte Jahrhundert erfolgreich mit Lissabon rivalisierte. Heute liegt hier eine der reizvollsten und am wenigsten bekannten Ausgrabungsstätten an einem einsamen Strand, an dem der Sand allzuvieles zudeckte, Scherben, Münzen, Waffen und Schmuck aus fernsten Zeiten.

Europas größte Halbinsel legt auch zwischen die Stätten römischer Erinnerungen große Distanzen; zwischen Sagunt im Nordosten und Lugo im Nordwesten ist man auch heute noch gut zwei Tage unterwegs, und einen Tag zwischen der Veteranenstadt, die aus Sehnsucht Italica genannt und bei Sevilla ausgegraben wurde, und Pamplona. Wo sich die römische Paßstraße nach Spanien hinabsenkte, begann ein gewaltiger Landblock, an den Rändern nur wenig gegliedert. Die großen Distanzen haben auch die längsten Straßen bezwungen, sie sind kein Netz mehr, sie sind in der großen Trockenheit zu Staub geworden, in der großen Armut zu Steinbrüchen, und nur ihre unentbehrlichsten Teile – die Brücken von Salamanca, Cordoba, Merida, Alcantara, Trespuentes westlich von Vitoria haben sich erhalten, dazu Fundamente der Brücke von Alconetar über den Tajo, zwischen Céceres und Coria, der Brücke von Caparra über den Ambroz nördlich von Plasencia. Und in den Brücken von Segura über den Elja stecken ganz gewiß alte Römersteine, auch wenn die Mauren darüberhingebaut haben.

Dort, wo Iberien nicht trocken ist, sondern feucht, waren die Römersteine doppelt wertvoll, im hohen Nordwesten, wo die düstere Stadt Lugo noch ihre Römermauern besitzt und wo man bis ins hohe Mittelalter bei jedem Wetter auf guten Straßen vom Römerhafen Brigantium am Keltenkap der Halbinsel bis zum Ebro reisen konnte und auf diesem dann ans Mittelmeer. Und wenn für die Alte Welt der Leuchtturm von Alexandria eines der Sieben Weltwunder war, so bietet uns La Coruña, wie Brigantium heute heißt, immerhin den einzigen erhaltenen Leuchtturm aus römischer Zeit, *Torre de Hercules* genannt, innen unverfälscht antik, lediglich außen vor zweihundert Jahren restauriert. Die Navarra-Avenue, die zu ihm hinausführt, folgt der Hauptader der Römerstadt, die sich bis an die Spitze der Halbinsel hinauswagte; wegen der Überfälle der Mauren und Wikinger wurde diese äußerste Position der alten Stadt später aufgegeben und Festungen überlassen, während sich die Wohnviertel an der Basis der Halbinsel ausdehnten. Festungen auf antiken Fundamenten schützten auch die Hafenstadt, die heute Braga heißt und in Portugal liegt, das Bracara Augusta der Römer neben der Ausgrabungsstätte Citania de Sabroso, in der manche Gelehrte altiberische Reste, also eine vorrömische Stadtanlage, erkennen wollen. Die Sueben, zu Beginn des fünften Jahrhunderts im Gefolge der Vandalen auf die Halbinsel gekommen, hatten hier ihre Hauptstadt, bis sie durch die Westgoten vernichtet wurden und die Reste ihres zerschlagenen Volkes nach Nordafrika hinüberretteten. Durchziehende Völker, endlose Straßen, verwehte Römerzeit.

Es war vor mehr als hundert Jahren, daß sich der französische Spanien-Enthusiast Antoine de Latour, betrübt darüber, daß Sagunt in Murviedro umbenannt worden sei, auf die Suche nach Geist und Erbe Roms in so manchem Winkel Kataloniens machte. »Bei dieser Gelegenheit bemerkte ich, am Ende einer Straße, ein Stück Römermauer und ein paar Steine mit verwitterten Halbreliefs, die in diese eingelassen waren. Doch zeigte sich mir die Antike mit mehr Grazie in der Gestalt einer jungen Frau, die ich hinter dem Tisch, an dem sie Blumen verkaufte, kaum bemerkt hatte. Ich trat hinzu, um sie nach dem Weg zu fragen. Sie erhob sich, um mir Auskunft zu geben, und zeigte mir ein so reines römisches Profil, daß erst durch sie das ganze Bild seine volle antike Harmonie erhielt.«

Begegnen wir an Europas Straßen römischen Altertümern wie Toren, Mausoleen oder Tempelruinen, so üben diese einen starken optischen Reiz auch dadurch aus, daß sie der modernen Umwelt des Asphaltbandes, der Tankstellen, Ampelanlagen und Raststätten durch die ehrwürdigen Farben uralter Bauwerke, durch die sichtbaren Spuren der Jahrtausende in einer Art lautlosen Protests widersprechen. Dies ist zwar am häufigsten und deutlichsten in der großen Stadt Rom selbst, wo der Römer inzwischen gar nichts mehr dabei findet, mit seiner Untergrundbahn durch die römische Kaiserzeit zu sausen oder an der Oberfläche vor Ampeln zu halten, die quer über einem Hintergrund von Römermauern hängen; aber wir haben dieses Erlebnis natürlich auch überall dort, wo sich Römisches erhalten hat: auf der pannonischen Heide bei Carnuntum, im sonnendurchglühten Gardon-Tal oder mitten in Orange, wo die Straßen auf die Rückwand des großen Theaters zulaufen.

In einem Teil Europas, und nur dort, hat sich allerdings zwischen Rom und uns eine optisch noch auffälligere fremdartige Zivilisation gedrängt: die Türkenbauten auf dem Balkan, der bis zu den Siegen der österreichischen Armeen unter dem Prinzen Eugen beinahe zur Gänze von diesen leidenschaftlichen Vorkämpfern für den Islam beherrscht war. Während sich die Bauten der Karolingerzeit, die romanischen Kirchen und erst recht natürlich die Architekur der Renaissance aus den imposanten Bauleistungen der Griechen und Römer herleiten lassen, stoßen wir auf dem Balkan immer wieder auf architektonische Erinnerungen an die Türkenherrschaft, die ja viel näher an unsere Gegenwart heraufreicht als die maurische Epoche Andalusiens, die vor einem halben Jahrtausend zu Ende ging.

Versetzen wir uns in die Römerzeit zurück, so müssen wir also einen vortürkischen Balkan heraufrufen, der ebensogut zum Römerreich gehörte wie Spanien: waren die Gestade des Schwarzen Meeres auch Verbannungsgebiet, wie wir vom größten aller Verbannten, von Ovid wissen, so gilt das gleiche schließlich auch von Korsika, den Liparischen Inseln und Spanien, ohne daß diese Gegenden darum für die Römer weniger wertvoll, weniger wichtig geblieben wären. Wir werden im Zusammenhang mit Pannonien sehen, daß diese ausgedehnten, fruchtbaren und von Ebenen beherrschten Gebiete von den Römern sehr klug genutzt und bald zu einer Drehscheibe für die Beherrschung des östlichen Mitteleuropa wurden. Auf dem Balkan stellte sich dem die bergige Landesnatur entgegen, Ketten karger Gebirge, die nicht etwa nur den Römern Schwierigkeiten bereiteten, sondern selbst den sogenannten barbarischen Völkern und in nicht geringem Maß sogar modernen Armeen. Dennoch war Rom seit frühesten Zeiten stark am Balkan interessiert. Es führte schon in der republikanischen Phase hartnäckige Kriege gegen die räuberischen Stämme der Dalmatienküste und verzeichnete später einen beträchtlichen Zustrom guter militärischer und verwaltungstechnischer Begabungen aus den Römerstädten in den Balkanprovinzen. Diese trugen Namen, die uns nicht mehr alle vertraut sind: An die Provinz Dalmatia zwischen Adria und Morava-Fluß schloß sich das zweigeteilte Moesien an und im Süden Macedonia im Raum des heutigen Griechenland, vermindert lediglich um die weitgehend entvölkerten Berge von Epirus am östlichen Ufer des Adria-Ausgangs.

Im Norden waren diese Provinzen in der glücklichen Lage, die Donau als leistungsfähigen Wasserweg, als Verbindungs- und Transportlinie nutzen zu können, die einzige schwierige Passage, die Stromschnellen beim sogenannten Eisernen Tor, wurden schon frühzeitig und mit einer – vor der Erfindung des Sprengstoffs – außerordentlich einfallsreichen Technik einigermaßen, wenn auch nicht vollständig entschärft: Noch im neunzehnten Jahrhundert mußte die Ungarische Regierung, durch Donau-Konventionen dazu genötigt, 45 Millionen Kronen aufwenden, um die ober- und unterhalb Orsova so heiklen Felsenpartien im Fluß teils zu sprengen, teils durch Aufstauen des Wassers und Verlangsamung der Strömung leichter passierbar zu machen. Auch beinahe zweitausend Jahre nach den römischen Ingenieuren hatte man noch keine anderen Möglichkeiten als den Bau von Umgehungskanälen in der Art jenes dem Kaiser Trajan zugeschriebenen und den Einsatz von starken Zugseilen aus Drahtgeflecht, wie die Römer sie noch nicht kannten.

Dennoch blieb die Donau während der ganzen Römerzeit und bis ins Eisenbahnzeitalter herauf für Ufernorikum, für Pannonien und für die römischen Balkanprovinzen der Hauptverkehrsweg, neben dem die Straßen nicht jene Bedeutung erlangen konnten, die sie etwa in Gallien oder Spanien hatten. Darum sind auch auf dem zivilisatorisch weitgehend durchdrungenen Festland nur zwei römische Straßenzüge von Bedeutung zu nennen: die große Heerstraße vom heutigen Belgrad über Nisch und Sofia nach Plovdiv und zur Meerenge des Bosporus, und die kürzere, aber berühmtere Via Egnatia von Apollonia auf dem Gebiet des heutigen Albanien quer über den schwierigen griechischen Landrücken am Nordufer des

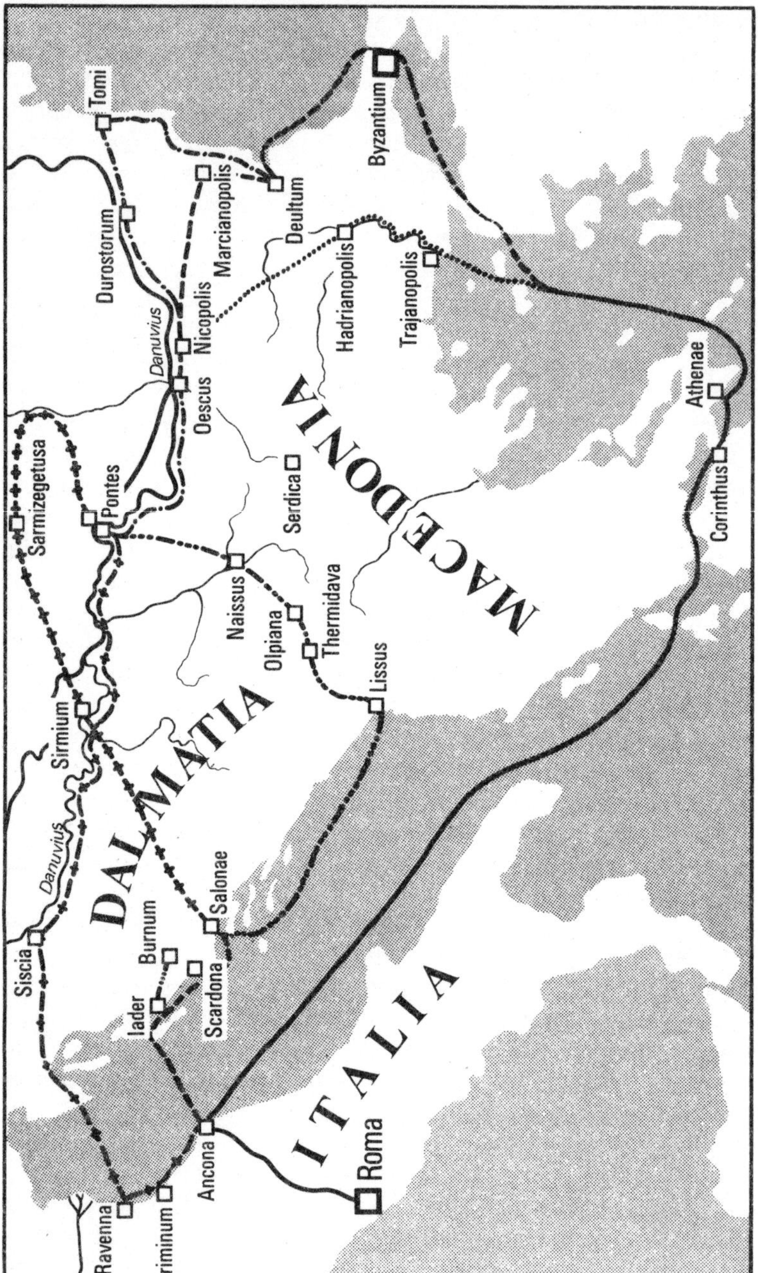
Tomi
Durostorum
Marcianopolis
Deultum
Byzantium
Danuvius
Nicopolis
Oescus
Hadrianopolis
Trajanopolis
Sarmizegetusa
Pontes
Serdica
MACEDONIA
Athenae
Naissus
Thermidava
Olpiana
Lissus
Corinthus
Sirmium
DALMATIA
Danuvius
Salonae
Siscia
Burnum
Scardona
Iader
ITALIA
Ravenna
Ariminum
Ancona
Roma

Ochridsees entlang nach Edessa und (Thes-) Saloniki. Eine bei Heraklea (im Raum des heutigen Bitola) abzweigende Straße führte über Stobi, das heute noch genau so heißt wie vor zweitausend Jahren. Sie brachte die südliche Via Egnatia mit der großen Heerstraße von Singidunum (Belgrad) über Serdica (Sofia) nach Byzanz in Verbindung.

Darüber hinaus gab es nur Nebenstraßen zu einzelnen Hafenorten oder zu Bergwerksgebieten; die Hauptadern jedoch wurden auf der sonst weitgehend unwegsamen Halbinsel so nützlich und so berühmt, daß bis heute eigentlich nur der große Autoput von Agram nach Nisch sich von diesen uralten Trassen souverän entfernt hat.

Als der westliche End- oder Anfangspunkt der Via Egnatia gilt im allgemeinen Apollonia, eine altgriechische Stadt an der Stelle des heutigen albanischen Dorfes Fieri. Dieser Anfang ist so rätselhaft wie der Name der Straße, denn es gibt keinen Egnatius, nach dem sie benannt worden sein könnte, und vielleicht ist das Egnatia nur eine Zusammenziehung aus Enigmatia, die Rätselhafte. Logisch wäre es, fänden wir bei den alten Geographen Dyrrhachium als Anfangspunkt genannt, das heutige Durazzo, eine in Römerzeiten bereits berühmte Stadt, Verbannungsort für vornehmste Persönlichkeiten, Ruhesitz einiger Kaiser, wichtigste Hafenstadt am ganzen östlichen Adria-Ufer. Tatsächlich windet sich von Dyrrhachium nach Süden genau so eine Straße wie von Apollonia nach Norden; diese Kurz-Straßen treffen einander bei Clodiana (beim albanischen Lushnje) und vereinigen sich zur eigentlichen Via Egnatia, die von hier aus nun östliche Richtung einschlägt.

Apollonia ist allerdings die ältere Stadt, kein Geringerer als Herodot widmet ihr drei Abschnitte seines neunten Buches, und welche Stadt kann das schon von sich sagen! Nach seinen Ausführungen reichte das Siedlungsgebiet der Griechen im fünften vorchristlichen Jahrhundert also relativ weit nach Norden; erst nach Herodot drückten illyrische Stämme aus Dalmatien auf diese vorgeschobenen Siedlungen und die Griechen wanderten ab. Im Tal des Semeni-Flusses (heute: Seman) verlief eine wichtige Straße der Griechen, die sich nach Osten zu ins Grammos-Gebirge hineinwand und dieses auf Pässen (wohl dem Zwezde-Sattel) überschritt. Auf dieser Straße wanderten kriegerische Griechenstämme ins nördliche Makedonien ein und unterwarfen die dortigen Bewohner, so daß sie fortan die Oberschicht bildeten, sich allerdings im Lauf der Zeit mit den Thrakern vermischten.

Man sieht, die Egnatia hat beinahe mythische Ursprünge, auch die schöne Geschichte, die Herodot von dem Schäfer Euenios zu erzählen weiß, ist mehr Sage als Anekdote: Als Euenios einmal einnickte, fielen Wölfe über die heilige Schafherde von Apollonia her und rissen sechzig Tiere. Die Stadtväter blendeten den Schäfer, doch die Götter fanden die Strafe zu hart. Das Orakel verlangte, daß die grausamen Apollonier den Blinden entschädigten. Damit er nicht zuviel verlange, verschwieg man ihm den Orakelspruch und kam mit zwei Grundstücken und einem schönen Haus davon; als Euenios dann aber erfuhr, daß er sehr viel mehr hätte verlangen können, wurde er zornig und – da ihm niemand das Augenlicht wiedergeben konnte – wurde ein großer Seher.

In der gegenüber der neuen Zeit verblüffenden Stabilität alter Kulturen ist Apollonia ein Beispiel für den örtlich gelegentlich doch sehr schnellen Wandel der Verhältnisse auch im Altertum. In mythischen Frühzeiten war dieser Nordwestrand im griechischen Allgemeinbewußtsein das Ende der Welt, ja hier »begann für den Griechen noch in der klassischen Zeit gar das Totenland mit seinem Grenzfluß Acheron« (Kirsten-Kraiker). Pausanias verfaßte seine Beschreibung Griechenlands bereits in römischer Zeit, im zweiten nachchristlichen Jahrhundert. Er erwähnt für Apollonia ein Standbild, zu dessen Füßen die Inschrift zu lesen war:

> Als Mal Apollonias stehen wir hier, das am Ionischen Meer
> Phoibos gründete, langwallenden Haares.
> Die die Enden der Erde eroberten, stellten es hier auf
> Mit Götterhilfe aus dem Zehnten des abantischen Thronion.

Auch für Pausanias ist die Gründung der Kolonie im Jahr 588 vor Christus noch ein mythisches Ereignis, an dem Phoibos Apollon, der Gott des Lichtes und der Künste mitgewirkt hat. Und Apollonia liegt an einem »Ende der Erde«, was zu dieser Zeit nur noch hieß: der Heimaterde, denn die Griechenkolonien zum Beispiel in Südfrankreich waren zweihundert Jahre älter. Teile der Statue haben sich übrigens gefunden, und zwar in einer Ruinenstätte beim Kloster Pojani, etwa 35 Kilometer nördlich von Valona in Albanien, also unweit Fieri. »Ein Teil der Basis mit der Inschrift ist bei den neuen Grabungen in eine spätantike Mauer südlich der Kladeosthermen verbaut gefunden worden« (Ernst Meyer).

Dreihundert Jahre vor Pausanias spricht Polybios bereits von einer Römerstraße, die Apollonia mit dem Bosporus verbindet, ohne allerdings ihren Namen zu nennen. Dieser findet sich zuerst bei Strabo, der spätestens 63 vor Christus geboren wurde. Strabo berichtet von den schweren Heimsuchungen des epirotischen Landes vor allem durch die Makedonierkriege des Aemilius Paulus. Nach seinem Sieg bei Pydna am 4. September 168 vor Christus zerstörte er siebzig Siedlungen der Epiroten, das mögen wohl alle gewesen sein, und führte 150 000 Menschen in die Sklaverei, gereizt offenbar durch den Umstand, daß die Makedonier die Römer zuvor in diesem schwierigen Gelände zweimal geschlagen hatten (171 und 170 v. Chr.).

»Die ersten Teile dieser Küste«, schreibt Strabo, »sind die um Epidamnus und Apollonia her. Von Apollonia nach Makedonien führt die egnatische Heerstraße gegen Morgen (d.h. nach Osten), welche bis Cypsela (Ipsala oder Chapsilar) und bis zum Flusse Hebrus (Maritza) nach Meilen vermessen und durch Meilensteine gekennzeichnet ist. Sie ist 535 Meilen lang.« Die Griechen nennen ihren Grenzfluß zur europäischen Türkei heute wieder Hebros. Die 535 Meilen entsprechen etwa 800 Kilometern, was angesichts der bergigen Landschaften, welche die Via Egnatia durchschnitt, nicht sehr falsch sein kann – Strabo rechnet nur, zum Unterschied von anderen Autoren, den Südostteil der römischen Heerstraße Singidunum-Byzanz zur Egnatia und läßt diese nicht in Saloniki enden. Bis zu dieser Stadt nennt Strabo Durchgangspunkte, die sich weitgehend mit jenen der modernen Straße decken: Lychnidus am Nordostende des Ochridsees, Heraklea (zwei Kilometer südlich des heutigen Bitola, das in der türkischen Zeit Monastir hieß), ferner Edessa, wo sich die Pässe der Küstengebirge ins obere Makedonien öffnen. Hier liegt die moderne Stadt genau über der antiken Siedlung, so daß sich nur geringfügige Funde ergeben haben (Slawisch heißt Edessa Vodan).

Strabo, der die Straße zu einer 800 Kilometer langen Hauptlinie des Reiches macht, nennt ihre Durchgangsorte dennoch nur bis Saloniki; man darf also mit Polybios und anderen Geographen und Historikern tatsächlich annehmen, daß nur dieses Stück als Via Egnatia zu bezeichnen war. Praktisch hatten die Römer freilich eine Verbindung in die heutige europäische Türkei geschaffen, die sich an den Küsten des Ägäischen Meeres entlangzog. Zweifellos bestanden auch hier bereits vorrömische Straßen, so wie im Westteil der Via Egnatia, denn wenn die Griechen auch ein Volk der Fußgänger und Läufer waren, so standen die größeren Siedlungen zwischen Saloniki, Kabala und Alexandrupolis doch zweifellos auch durch Landstraßen, nicht nur durch die Küstenschiffahrt miteinander in Verbindung.

Ein etwa neun Kilometer langes Stück der antiken Straße ist bei den Ausgrabungen im Raum Nea Chalkedon, unweit Edessa, zum Vorschein gekommen, und zwar zwischen noch ungeöffneten Grabhügeln altgriechischen Typs, genannt die Kegelhügel von Pella; einer der Hügel, zu denen die Straße hinaufführte, trägt seit frühchristlicher Zeit eine Apostelkirche. Pella war von Aemilius Paullus 168 vor Christus zerstört worden; die römische Nachfolge-Siedlung erlangte nie eine vergleichbare Bedeutung, trotz einer bereits im Altertum gefaßten ergiebigen Quelle an diesem Ort.

Die große Heerstraße von Singidunum, dem heutigen Belgrad, bis nach Byzanz an der Bosporus-Enge war erheblich länger als die Via Egnatia, die sich darum von ihr – wie zum Beispiel im Bericht des Strabon – einige hundert Meilen borgte. Ein sehr verläßlicher Reisender des Jahres 333 nach Christus hat uns Länge und Beschaffenheit der Straße geschildert, und zwar im Rahmen einer Pilgerfahrt von Bordeaux nach Jerusalem. Die Entfernungen, die er nennt, bilden die genauesten Angaben über Reisewege in dieser Gegend zwischen der römischen Eroberung und der zweiten Hälfte des neunzehnten (!) Jahrhunderts und ergeben eine Gesamtstraßenlänge von 670 römischen Meilen oder 1000 Kilometern. An dieser langen Straße waren 31 Mansiones verteilt, also Raststätten mit Nächtigungsmöglichkeiten, Ställen und Viehfutter-Depots, dazu 43 Mutationes, an denen keine Möglichkeit zum Nächtigen bestand, wo man aber die Reit- oder Zugtiere gegen frische austauschen konnte. Die Strecke wurde also in der Regel binnen einem Monat bewältigt (!), was uns die durch den Schnellverkehr unserer Tage bewirkte Veränderung der Lebens- und Reisegewohnheiten doch recht deutlich vor Augen führt, spult doch heute so mancher seine 1000 Autobahnkilometer in einem Tag

Reste eines römischen Kastells zum Schutz der Verbindungswege
bei Housesteads, England

Teilstück des Hadrians-Walls bei Cuddy's Crags, Schottland

Römerbrücke über den Ucero in der spanischen Provinz Soria

herunter. Die schnellste Bewältigung dieser Strecke vor der Eisenbahn hatte die österreichische Post zustandegebracht: die österreichischen Post-Tataren, zweifellos die abenteuerlichste Truppe des ganzen hochlöblichen k.u.k. Postbeamten-Apparats, legten bei häufigem Pferdewechsel und stets im Galopp reitend die Strecke Belgrad-Konstantinopel binnen fünf Tagen zurück.

Die Heerstraße hatte gegenüber anderen Römerstraßen also manche Besonderheit aufzuweisen. Sie war sehr lang, sie führte durch die zu beiden Seiten der Straße noch teilweise unerschlossenen Gebiete des inneren und des östlichen Balkans, und sie war kein Ergebnis der Durchdringung dieser Länder, sondern zog diese im Lauf der Jahrhunderte erst nach sich: Seit Beginn der Römerherrschaft auf dem Balkan waren immer wieder Wanderstämme an die Donaugrenze gelangt und hatten versucht, den Strom zu überschreiten und auf römisches Gebiet zu gelangen – in jenen Kernraum des Balkans, der auch nach der Kolonisierung von Dakien (Rumänien) für die Römer wichtiger blieb und als besser gesichert galt als die transdanubischen Kolonialgebiete. Waren es kleine, unbedeutende Stämme, so wiesen ihnen die Römer Siedelräume zu, so daß sich nach und nach der ganze Balkan mit den Resten unterworfener und mit Splittern neuankommender Stämme erfüllte, ein kaum noch zu entwirrendes Konglomerat der Völkerschaften, durch das sich die große Heerstraße wie eine Halteklammer hindurchzog. Sie war der Weg der Romanisierung; an ihr reihten sich die Sicherungsposten mit militärischen Stützpunkten, mit Legionären, Veteranen und deren Anhang auf, hier kamen zu den Beamten und ihren Familien der römische Pöbel, wie er alle Straßen des Reiches auf der Suche nach besseren Lebensbedingungen bevölkerte.

Daraus ergab sich eine Kette romanischer Siedlungsnamen mit Bevölkerungen, in denen das romanische Element deutlich überwog: Lupi Fontana, Spelunca, Vindemiola, Vico Novo, Iulio Valle, Mauro Valle, Ferraria u.a. Zwischen diesen Orten saßen jedoch die Unterworfenen, zu denen sich bald Bastarner, alle Schattierungen von Sarmaten und pontische Splittervölker gesellten. Seßhafte Griechen gab es an der Straße erst in ihrem südöstlichsten Teil, doch konnte man natürlich in den größeren Orten und Rastplätzen Kaufleuten aus der Levante und aus Griechenland begegnen. Priskos, oströmischer Diplomat auf dem Weg zu König Attila, erwähnt in seinem berühmten Reisebericht, daß in Viminacium an der Donau eine kleine Griechenkolonie vom Handel gelebt habe, also in dem heutigen Kostolac am Zusammenfluß von Donau und Morawa.

Nicht Viminacium war freilich der wichtigste römische Donauübergang, denn was für die Römer zählte, das waren die Bergwerke im heutigen Rumänien, und darum ließ Kaiser Trajan, einer der größten Bauherren der Antike überhaupt, in der Nähe des heutigen Donauhafens Turnu Severin eine Brücke über den mächtigen Strom schlagen, die ihrer Zeit, aber auch den folgenden Jahrhunderten beinahe als ein Weltwunder galt. Diese Brücke ermöglichte eine Verbindung von dem wichtigen Knoten Serdica (Sofia) mitten hinein in die Erzgrubenlandschaft Siebenbürgens, wo die Römer Eisen, Kupfer und Gold gewannen.

Der Chefingenieur dieser Brücke war Apollodorus von Damaskus, der Mann, dem wir die Trajansäule in Rom verdanken, und er hat über seine Donaubrücke in einem kleinen Werk berichtet, das uns leider nicht erhalten geblieben ist. Wir besitzen lediglich das Zeugnis des Cassius Dio (160-230): »Es sind zwanzig Pfeiler aus Quadersteinen; die Höhe derselben beträgt, die Fundamente nicht mitgerechnet, hundertfünfzig Fuß, die Breite über sechzig Fuß. Die Pfeiler selbst sind jeweils hundertundsiebzig Fuß voneinander entfernt und sind durch Bogen miteinander verbunden. Die Arbeiten mußten in dem durch Wirbel besonders gefährlichen Fluß und auf dem lehmigen Untergrund ausgeführt werden, denn man konnte die Donau hier nirgendshin ableiten.«

Dio Cassius hat vermutlich die Donau unterhalb des Eisernen Tores nie erblickt, sonst würde er wohl kaum von der Möglichkeit einer Umleitung des ganzen Flusses sprechen – der damals einzigen Technik, die eine solide Fundamentierung von Brücken gestattet, denn die Caisson-Tricks kannte man natürlich noch nicht. Da sich Reste einiger Brückenpfeiler bis heute erhalten haben, ist die lange Rätselei, ob es sich um eine hölzerne oder eine steinerne Brücke gehandelt habe, eigentlich unbegreiflich. Allenfalls könnte die oberste Ebene, die Fahrbahn, aus Holz gewesen sein. Als die Barbareneinfälle zunahmen, brachen die Römer selbst diesen Teil der Brücke ab.

Viminacium war der Ort, wo die große Heerstraße nach zwei Tagereisen das Donautal verließ, Naissus die Stadt, wo sie nach weiteren fünf Tagereisen aus dem Morava-Tal nach Osten weiterführte und Serdica zustrebte. Da dies einen Umweg bedeutete, führen die modernen Straßen schon von Belgrad aus nach Süden; an der Donau zu bleiben, war wohl nur so lange ein Vorteil für den Handel, als dieser Strom noch den Hauptverkehrsweg bildete und man, zu Schiff bis Viminacium reisend, die Gesamtdauer der Unternehmung verringern konnte. Dort, wo sich die Straße der Donau am engsten näherte, hatten die Römer in dem Ort Tricornium eine starke Garnison untergebracht; sie bestand aus rekrutierten Einheimischen als Fußsoldaten und einer Eingreiftruppe berittener Bogenschützen, die bei Überfällen an der Straße schnell zur Stelle war.

Die Römer müssen ihre militärischen Einrichtungen geschickt geheimgehalten haben, denn dieses Tricornium ist eine besonders geheimnisvolle Stadt, die weder Kiepert, der Klassiker der alten Geographie, kennt, noch die unschätzbare große Realencyclopädie von Pauly-Wissowa. Auch über Aureus Mons, die erste Erhebung, welche die Straße nun, nach dem Verlassen des Donautals erklimmt, herrschen noch Unklarheiten. Es scheint sich nämlich nicht um das heutige Städtchen Smederevo zu handeln, sondern eine Gegend, die den aufschlußreichen Namen Gradiste (Burgstätte) führt, »mit Rudimenten von Mauern, alten Ziegeln, Thonscherben und anderen Trümmern besäet«, wie sich Doktor Constantin Josef Jirecek poetisch ausdrückt, der Verfasser einer liebevoll-genauen Studie über die große Heerstraße aus dem Jahr 1877. In einer Stadt namens Margus, aber auch in Viminacium bestanden römische Flottenstationen, in Margus noch um 400, als die Stadt bereits Bischofssitz war; von dem Bischof wissen wir allerdings nur, daß er die als Umschlagplatz bedeutende Stadt im Jahr 442 den Hunnen übergab.

Durch den ständigen Druck der Hunnen und die zeitweise bedenkliche Schwäche des Oströmischen Reiches, das lieber Tribute bezahlte als kämpfte, verlagerte sich die Grenze zwischen Hunnen und Römerreich immer weiter nach Süden und verlief relativ lange Zeit bei der bis heute bedeutenden Handelsstadt Niš, dem alten Naissus, das allerdings nach den Hunnenvorstößen im wesentlichen nur noch eine besiedelte Ruinenstätte war. Sie blühte nach Friedenschlüssen jedoch stets wieder schnell auf, erstens, weil man offensichtlich in jenen unruhigen Zeiten sehr viel geringere Ansprüche an Wohnkomfort stellte und im Grunde froh war, am Leben zu sein, zweitens aber, weil die Hunnen mit den reichen Tributzahlungen in ihrem eigenen Herrschaftsbereich ja nichts anfangen konnten: Sie brachten also das Geld aus Byzanz wieder unter die Leute, und diese Leute waren griechische und jüdische Händler aus dem Süden und Südosten.

Das Morava-Tal weist zwischen der Donau und Niš nur noch geringes Gefälle auf und läßt den 316 Kilometer langen Fluß in vielen Windungen verweilen, wie es Tieflandflüsse gern tun. Nur an einer Stelle treten die Felsen noch zu einer längeren Schlucht an die Morava, den alten Margus, heran; das ist zwischen den heutigen Orten Bagrdan und Lapovo der Fall, etwa auf halbem Weg zwischen Belgrad und Niš. Diese Schluchtstelle, aber auch andere Talengen, umging die Römerstraße auf den Höhen, anders als die Eisenbahn, die wir heute stets dem Fluß selbst folgen sehen. Die Römer erwiesen sich also auch mit ihrer großen Heerstraße als geschickte Ingenieure, die den Straßenverlauf vor allem vor Hochwasser schützen wollten und, um dies zu erreichen, auch jähe Steigungen in Kauf nahmen. Niš war damals wie heute die große Wegegabel der Überlandstraßen: die eine führte durch die Wardarfurche nach Saloniki, die andere nach Osten weiter über Serdica-Sofia.

In diesem nördlichen Teil des Abschnitts zwischen den Städten Margus und Naissus hielt sich die Römerstraße somit weitgehend auf den Höhen zwischen dem Margus (Morava)- und dem östlich parallel dazu verlaufenden Mlavatal. Reste aus römischer Zeit haben sich zwar nicht erhalten, aber man weiß, daß bis 1820 auch die alte Karawanenstraße, also die vor der Eisenbahn genutzte Hauptverbindung in den Süden, hier oben verlief. Von den Siedlungen auf dem trockenen, für die Straße geeigneten Rücken sind denn auch zahlreiche Ziegel- und Münzfunde bekannt geworden, insbesondere um ein Kastell herum, das den slawischen Namen Gradac führt. Die Burg Kacan am linken Ufer des Flüßchens Resava gilt als Heidenburg, womit wohl nur die Römer gemeint sein können, da hunnische Burgenbauten nicht bekannt sind.

Bei dieser Burg lassen sich Spuren einer Altstraße erkennen, sie wandte sich südwärts und verschwindet heute im Wald. Mehr hat sich von einer aus schriftlichen Quellen belegbaren Römersiedlung namens Idimum nicht erhalten, die hier eine Margus-Furt schützte und von ihr lebte. Außer der Verzeichnung in den beiden wichtigsten Itinerarien ist von ihr seltsamerweise nichts bekannt.

Um so wichtiger war Horreum Margi, eine Stadt, bei der die große Heerstraße wieder das unmittelbare Flußufer berührte. Sie lag an der Stelle des heutigen Cuprija und wird von der modernen Autostraße in einem Ostbogen umgangen. Horreum Margi (soviel wie: Speicher am Margus) war etwa sechshundert Jahre lang eine Industriestadt der römischen Kolonie Moesien, soweit man unter jenen Verhältnissen von Industrien sprechen kann. Jedenfalls wurden hier die Waffen für die Garnisonen in Obermoesien hergestellt, auch andere Handwerksbetriebe und Zulieferer waren hier angesiedelt. Die Stadt muß demnach eine gewisse Ausdehnung besessen haben, was man auch bis etwa um 1820 noch gut an malerischen Ruinen erkennen konnte. Seither, aber wohl auch schon vorher, wurden die römischen Ruinen als willkommener Fundus an bereits behauenen Steinen verwendet, vor allem, wie es scheint, für zwei ehrwürdige Klöster, die in ihrer tiefen Waldeinsamkeit kaum anderes Baumaterial zur Verfügung hatten: Ravanica, 1381 von Zar Lazar errichtet, und das wenige Jahre später erbaute Kloster Manassia, vor dem Eingang der Gornjak-Schlucht ebenfalls nordnordöstlich von Cuprija gelegen.

Horreum scheint eine Brücke über die hier nur etwa hundertfünfzig Meter breite Morava besessen zu haben, was die Zufuhren aus den Rudniker Bergwerken erleichterte, und wie heute zweigte auch schon damals eine Stichstraße von hier aus in rein östlicher Richtung ab, welche die Donau-Nähe ausnützte: Der gewaltige Fluß beschreibt nämlich auf der Breite von Horreum seine große Westschleife mit dem heute bulgarischen Hafen Vidin. Im Altertum lag dort das römische Kastell Bodonia, bulgarisch Bdyn, woraus Vidin und Widin wurde, eine Stadt, die zeitweise bulgarische Zarenresidenz war und eine besondere Rolle zu spielen begann, als die Türken Belgrad an die Österreicher verloren hatten. Dieses Bodonia oder Bononia (wie es seine Einwohner angeblich noch weit herauf ins neunzehnte Jahrhundert nannten) wurde von Justinian, also in der späteren Kaiserzeit, noch neu befestigt, was wiederum den byzantinischen Geschichtsschreiber Prokopios von Caesarea dazu veranlaßte, die Stadt in sein Huldigungswerk *De Aedificiis* aufzunehmen.

Die Hauptroute setzte sich jedoch nach Naissus fort, und

zwar vorwiegend auf den Höhen, so daß man vor dem Eintreffen in dieser für damalige Verhältnisse großen und wichtigen Stadt zwei Tage lang ausschließlich im Gebirge reiste, den Fluß meist unsichtbar zur Rechten. Die Ruinen der Mutationes und Kastelle sind verschwunden, die Römerstraße selbst hingegen war noch sichtbar, als die Diplomaten Verantius und Zay 1553/55 diese Strecke auf dem Weg nach Konstantinopel und zurück berührten. Indessen müssen wir annehmen, daß die Zeit dazwischen, also das Mittelalter, so manches Stück der großen Heerstraße in arger Verwahrlosung sah, daß die einzige große Durchgangsstraße der Balkanländer oft durch Generationen ungepflegt blieb und nicht ausgebessert wurde – denn in den Berichten der Kreuzfahrer, die ja wiederholt diesen Weg nahmen, kommt gerade das Stück zwischen der Donau und Niš oft gar nicht gut weg. Es war im Jahr 1172, daß vornehme Reisende wie Herzog Truchsess und Graf Gunzelin in den Stromschnellen beim Eisernen Tor scheiterten, sich schwimmend ans Ufer retten mußten und die Weiterreise zu Land vorzogen. »Das vereinigte kleine Heer hatte bald den Bulgarenwald zwischen Belgrad und Nissa (=Niš) erreicht, allein auf den sumpfigen Wegen kam der Troß nur sehr langsam vorwärts, und oft mußte, wenn einer der Karren zerbrochen war, die ganze lange Reihe der folgenden so lange warten, bis jener wieder ausgebessert oder aus dem Weg geräumt war. Der Herzog fürchtete, daß dergleichen Schwierigkeiten und Unfälle die Begeisterung der Seinen abkühlen und schwächen würden und bestimmte, die Karren einfach ganz zurückzulassen und die Lebensmittel auf Pferden und Maultieren zu befördern; infolgedessen blieb alles übrige Gepäck mit den Wagen zurück.«

Nach dieser Schilderung aus Röhrichts Sammlung deutscher Pilger- und Kreuzfahrten war also nicht nur die Straße in schlechtestem Zustand, es gab auch links und rechts von ihr praktisch kaum eine Möglichkeit, schlechten Stellen auszuweichen. Vor Niš sammelte sich die aus 500 Rittern und 2000 Mann bestehende Truppe, die Heinrich den Löwen auf seiner Pilgerfahrt begleitete, weil die Serben feindselig waren und fortwährend kleine Überfälle versuchten. Was auf den Karren geblieben war – Lebensmittel, Wein und Mehlvorräte – ging also wohl verloren. Heinrich war am 7. Januar in Verden aufgebrochen und erreichte nach einer ab Niš dann erträglichen Reise am 14. April Byzanz.

Auch siebenhundert Jahre nach den Hunnen erweckte also Niš den Eindruck einer Grenzstadt, hier warteten die kaiserlich-byzantinischen Geleite auf die Reisenden aus Mittel- oder Westeuropa, hier begann der griechische Kultureinfluß nach einer langen Strecke, die durch das illyrisch-slawische Völkergemisch zu beiden Seiten der Straße, durch Raublust und Aberglauben unsicher zu nennen war (Jirecek erwähnt das Gräberfeld von Kraljevo beim heutigen Deligrad mit den sogenannten Vampyrgräbern, von denen aus sich im achtzehnten Jahrhundert eine Erneuerung dieses speziellen Aberglaubens über ganz Europa verbreitete).

Da Naissus zwar eine alte Thrakerstadt war, aber doch erst durch die Römer ihre günstige Verkehrslage an großen Überlandstraßen erhalten hatte, sind ihre früheren Schicksale so gut wie unbekannt. Ihr klassischer Ruhm beruht darauf, daß sie die Geburtsstadt von Konstantin I. war, der die Stadt darum auch mit einer Reihe eindrucksvoller Bauwerke versah; die exponierte Lage machte andererseits Naissus oft zum Kriegsschauplatz, schon in den Markomannenkriegen des Mark Aurel, in den Kämpfen gegen die Goten und die Hunnen. Ammianus Marcellinus, einer der letzten von Roms Größe rückhaltlos überzeugten Historiker, schreibt dazu: »Als hätte die Natur schon vorausgewußt, daß die umwohnenden Völkerschaften einstmals unter die Römerherrschaft kommen würden, sind die Gebirgszüge beinahe absichtlich so geformt und ließen zwischen engen Felsmauern vor Zeiten eine verborgene Schlucht gähnen, welche späterhin, als sich die Dinge großartig und glänzend entwickelten, für Fuhrwerke zugänglich gemacht wurde, aber auch zuweilen, wenn der Eingang gesperrt wurde, die Angriffe bedeutender Feldherren vereitelte« *Res gestae* (21,10), ein schönes Beispiel römischen Selbstgefühls und zugleich die Anerkennung für jene Generationen, die hier an der großen Heerstraße gebaut hatten, bevor Ammianus Marcellinus mit seinem Kaiser Julian hier durchzog.

Heute ist von der alten Herrlichkeit freilich nicht mehr viel zu sehen, es gab sogar Zweifel, auf welchem Ufer des Flusses Nišava die antike Stadt lag. Die genauere Erforschung des Priskos-Berichts hat nun Klarheit darüber geschaffen, daß das alte Naissus auf dem Nordufer des hier in die südliche Morava mündenden Flußes lag, ein Umstand, der eigentlich auch aus den Friedensverträgen mit den Hunnen hervorging, in denen sie sich den Besitz dieser auf ›ihrem‹ Flußufer liegenden Stadt ausbedangen und sie zu einem gleichsam neutralisierten Handelsplatz machten.

Die gute Verkehrslage und die anhaltende Unsicherheit hatten Naissus zu einem großen Waffenplatz werden lassen, was im Altertum bedeutete, daß ein Gutteil der benötigten Waffen hier auch hergestellt wurde. Bei jeder Befriedungsaktion auf dem Balkan war Naissus ein Angelpunkt, weswegen der Soldatenkaiser Marcus Aurelius Valerius Claudius (121-180) die vereinigten Goten und Heruler vor den Toren von Naissus vernichtend schlug, wonach er dann (auch zur besseren Unterscheidung) Claudius Gothicus genannt wurde.

Die spätere Zitadelle von Niš dürfte dort errichtet worden sein, wo auch die römischen Hauptbefestigungen lagen; die türkische Brücke, deren Fundamente noch bis Ende des vergangenen Jahrhunderts sichtbar waren, gründete sich auf die Basen einer Römerbrücke; am südlichen Zugang nach Niš, unweit dieser Brücke, war lange noch eine 500 Meter lange Strecke der Römerstraße Belgrad-Byzanz erkennbar mit einem marmornen Meilenstein, dessen Inschrift die Reisenden, die ihn im sechzehnten Jahrhundert noch sahen, leider nicht zu entziffern vermochten. Hingegen wurden reichlich römische Gewölbe und Fundamente unter der Festung und in ihren Kellern entdeckt, als die Österreicher während der Türkenkriege im Jahr 1689 bis hierher vordrangen.

Naissus-Niš ist der Ort, wo sich die deutlichsten Unterschiede zwischen antiker und moderner Verkehrsgeographie zeigen, denn heute führt die wichtigste und am meisten befahrene Straße von Niš aus in beinahe genau südlicher Richtung weiter durch das Morava-Tal, während in alten Zeiten die Querverbindungen wichtiger waren, nach Osten zu in Richtung Serdica (Sofia), nach Westen zur Adria durch die wichtige Garnisonsstadt Ulpianum auf dem Amselfeld, aus deren Steinen das Kloster Gračanica errichtet wurde. Angesichts der herrlichen Kuppelkirche dieses Klosters muß man allerdings sagen, daß hier die Römersteine so gut angewendet wurden wie kaum irgendwo sonst. Das Kloster wurde in der Blütezeit des serbischen Zarenreiches im vierzehnten Jahrhundert errichtet, eine kurze Epoche glückhaften Friedens selbst auf dem Amselfeld, wo sonst so oft die Armeen verschiedener Völker einander gegenüberstanden und so mancher heldische Stamm alter Balkankämpfer übermächtigen Eroberern erlag. Stephan Duschan als erster Zar des großserbischen Reiches muß in den Jahren bis 1355 sehr viel gebaut haben – und er hat dabei eben sehr oft auf die verstreuten römischen Ruinen zurückgegriffen...

Nach Südosten zu reiste man auf der nach Byzanz führenden Heerstraße nur noch zwei Stunden lang in der Ebene. Am Fuß der Berge, der Ausläufer der Suva Planina mit einem 1800 Meter hohen Gipfel, lag eine kleine Station für den Pferdewechsel, wo man auch Vorspann haben konnte; sie hieß Radices (von Wurzel, also Fuß des Berges). Die Römerstraße begleitete fortan das tief eingeschnittene Nišava-Tal im Süden, auf den trockenen Höhen und führte dabei auch durch ausgedehnte Wälder, die sich inzwischen freilich gelichtet haben. An der höchsten Stelle der Straße, einem Paß von 636 Metern, endete nach den römischen Verwaltungsgrenzen die Region von Naissus-Niš. Die anstoßende Region war nach der kleinen, in einem Kessel liegenden Stadt Remesiana benannt. Sie muß für Reisende sehr angenehm und damit wichtig gewesen sein, man erholte sich hier von den Bergstrecken: alle Itinerarien und Prokopios in seinem Buch *Von den Gebäuden* erwähnen sie. Die Türken benützten sie hemmungslos als Steinbruch und errichteten aus den Ruinen das Grenzfort Ak Palanka. Ehe es soweit kam, erlangte der kleine Ort auch für die Christen eine nicht unbeträchtliche Bedeutung: An der vielbegangenen Fernstraße entstand schon früh ein Bistum, und um 400, also noch innerhalb der römischen Kaiserzeit, lebte hier der geistliche Schriftsteller Nicetas als Bischof von Remesiana. Von seinen bis heute nachgedruckten Schriften ist die *Bußpredigt an eine verführte Nonne* am bekanntesten geworden. Er verfaßte auch eine schöne Predigt über den Nutzen des Kirchengesanges, die freilich im westlichen Römerreich nicht gebührend beachtet wurde: als sich aus dem Kiewer Rußland Gesandte aufmachten, um anhand der Gottesdienste in Rom und in Byzanz jene Form des Christentums zu ermitteln, zu der man sich (ohnedies ziemlich spät) bekennen wollte, wurden sie am Bosporus von ganzen Klangwolken herrlichster Melodien eingesponnen und kamen so begeistert nach Kiew zurück, daß seither das ganze Rußland der Ostkirche anhängt...

Von Singidunum (Belgrad) bis hierher brauchte man im allgemeinen neun Tage, dann hatte man den Kessel von Remesiana hinter sich und erklomm den Paß, der durch die Wechselstation Latina gekennzeichnet war und mit siebenhundert Metern Seehöhe manchem Kaufmannszug gewiß beschwerlich genug erschien. In der nächsten Senke hat die Nišava einen ausgedehnten Sumpf geschaffen; die Straße verlief offenbar an den Hängen der Weingärten von Pirot hin. Von Reisenden aus dem Mittelalter weiß man, daß die Senke mit dichtem Sumpfwald erfüllt war, oberhalb dessen Justinian eine kleine Festung namens Quimedava errichtet hatte. Sie ist uns allerdings nur aus Prokopios bekannt, doch wurden in der späteren Grenzfestung Pirot Römerziegel und farbige Mosaiksteinchen aus der gleichen Zeit gefunden, die auf anspruchsvollere Römerbauten an dieser Stelle schließen lassen.

Der Ort ist bis heute ein wenig unheimlich, und zum erstenmal empfindet man die diese sonst sehr stille Senke belebenden Automotoren als ein beinahe angenehmes Geräusch. Es gibt solche Orte, meistens sind es die Stätten großer Schlachten, wo man meint, die Seelen der Erschlagenen hätten noch keinen Weg anderswohin gefunden. Hier, an der Nišava, in der grenznahen kesselartigen Talmulde haben die Waffen oft geklirrt. Eine altrömische Station hier, vor Quimedava errichtet, soll Turres geheißen haben, war also wohl befestigt; es scheint keine Spur von ihr geblieben zu sein als ein wenig Römerpflaster zwischen den Weinstöcken. Der Name Turres spukt noch bei Edrisi, dem großen arabisch-sizilianischen Geographen; er nennt hier eine Stadt namens Atrunia, und im vierzehnten Jahrhundert, als sich das großserbische Reich weit nach Bulgarien hinein erstreckte, finden wir den Namen Pirot zum erstenmal verzeichnet.

1443 eroberte dann der serbische Gewaltherrscher Georg Brankovic die Stadt, später kamen die Türken und am 16. Dezember 1877 abermals die Serben – aber nur für acht Jahre: Ende November 1885 schlug sie hier der hessische Graf Hartenau vernichtend, ein Ereignis, an dem der Graf selbst das Interessanteste ist: Er war nämlich damals nach einigen Schwierigkeiten Fürst von Bulgarien geworden, tat mehr für das Land als alle anderen Fürsten vor ihm, mußte aber nach Querelen mit den Panslawisten nach Deutschland zurückkehren. Später ließ er sich durch eine Abfindung in der Höhe von zweieinhalb Millionen Goldfranken trösten und heiratete die schöne Darmstädter Hofsängerin Johanna Loisinger. Eine der letzten Romanfiguren aus dem verworrenen Feld deutscher Balkanpolitik, einer der verborgensten Schauplätze an einer uralten Straße...

An der Grenze liegt seltsamerweise das Städtchen Dimitrovgrad noch auf der jugoslawischen Seite, und während der endlosen Paßkontrollen hat man Muße, an Dimitrov selbst zu denken und an das geflügelte Wort, das er wie ein Menetekel Göring zurief, seinem Gegenspieler im Reichstagsbrandprozeß: *Wir* chaben Zait, Herr Ministerpräsident!

Wir müssen alle Zeit haben an dieser Grenze, ehe die alte Heerstraße, hier zur Europastraße 80 erhoben, uns auf bulgarisches Gebiet weiterführt. Der erste Ort jenseits der Grenze heißt Dragoman, was nichts anders bedeutet, als daß hier die Dolmetscher auf die Reisenden warteten. Das türkische Wort hat sich ins neue Bulgarien herübergerettet. Zwischen Pirot und Dragoman wurde die alte Römerstraße bis ins sechzehnte Jahrhundert noch begangen; gelegentlich erblickte man auch das Römerpflaster zur Linken und zur Rechten der Karawanenroute. Denn Karawanen waren es, die hier eingesetzt wurden, weil der Balkan eben doch ein besonderes Stück Europa ist und weil die Türken den Orient doch beträchtlich nach Nordwesten vorgeschoben hatten.

Die Römerstation bei Dragoman hieß Meldia, so benannt nach einem alten Volksstamm ungewisser Herkunft, woran in diesem Teil Europas ja kein Mangel herrscht. Die Nišava ist hier nur ein Bächlein; bei ihren Quellen überschritt die Römerstraße einen 726 Meter hohen Paß, östlich dessen sich die Ebene von Serdica-Sofia vor den erschöpften Reisenden ausbreitete. Hier, im schwierigen Gelände, gab es noch lange eine ganze Anzahl von Meilensteinen, aber die nichtislamische Schriftzeichen fürchtenden Türken hatten die Inschriften herausgeschlagen: »Under Weges im Feldt von ainander zue runden stainen seulen khommen, darauff die Buchstaben zerschlagen worden, ist unleslich« (aus dem Dornschwamm-Bericht über die Reise des Verantius).

Der alte Name Serdica lebt in Sreadetz weiter, wie die eingesessenen Familien ihre Stadt heute angeblich noch nennen; aber da Sofia im Jahr 1879, als es zur Hauptstadt des befreiten Bulgarien gewählt wurde, nur 20 000 Einwohner zählte, kann es sich dabei nicht um allzuviele Menschen handeln. Alle übrigen Bewohner der Hauptstadt sind seither zugezogen...

Zwischen 1879 und 1944, der Befreiung von vierhundert Jahren Türkenherrschaft und dem Einmarsch der Roten Armee in der Endphase des Zweiten Weltkriegs, hatte Sofia eine kurze europäische Phase, bekam elektrisches Licht, moderne Gebäude, Straßenbahnen, Gehsteige und wurde eine Metropole, die es wagen durfte, sich nach Budapest und Wien zu orientieren. Ihre *lange* europäische Phase begann im letzten vorchristlichen Jahrhundert, als sich die Römer unter Crassus auf dem Balkan bis an die Donau vorkämpften, was ziemlich mühsam gewesen sein muß. Cassius Dio schildert uns in seinem einundfünfzigsten Buch, wie Crassus die Bastarner – die von vielen Historikern für Germanen gehalten werden – in ihren Wäldern an der Donau und in ihren Wagenburgen verbrannte und ihren König Deldo mit eigener Hand tötete. Als die Unterworfenen einen Aufstand gegen die Nachhut der Römer wagten, wurden sie noch grausamer gezüchtigt und den Rebellen die Hände abgeschlagen.

So begann die Römerzeit in Bulgarien, und die ansehnlichste Stadt des ganzen Landes war von Anfang an das in einer kleinen Ebene von hohen Bergen umgebene Serdica, nach einem Bastarnerstamm, den die Römer Serder nannten. Die warmen Quellen waren den Römern besonders angenehm; die geschützte Lage zwischen engen Schluchten, aber an einer großen Straße ließ die Stadt schnell aufblühen. Kaiser Maximinianus wurde hier geboren, und in dem sehr frühen Jahr 344 versammelten sich hier nicht weniger als 356 Bischöfe (davon 76 aus dem Osten des Reiches), um in einem geschichtlich bedeutsamen Konzil die Spaltung der Kirche in Arianer und Katholiken beizulegen. Dies gelang freilich nicht, die Arianer entzogen sich dem Verhandlungsdruck auf der großen Heerstraße und hielten in Philippopel, der nächsten größeren Stadt, ein Gegenkonzil ab.

Die Reste der großen Römerstadt Serdica wurden am Nordrand der Innenstadt von Sofia, am sogenannten Bleitor, entdeckt, an der modernen Straße nach Berkovica. Nach diesen Funden war Serdica stark befestigt, mit Mauern von vier Metern Durchmesser und Rundtürmen, die zwischen sechs und sechzehn Meter dick waren. Die römischen Hauptbefestigungen werden unter der späteren Sophienkathedrale vermutet. All diese Mauern und Türme haben die Stadt freilich weder vor den Goten noch vor den Hunnen gerettet; aber sie bewies die Gunst ihrer Lage und ihre Lebensfähigkeit, indem sie nach solchen Zerstörungen stets schnell wieder aufblühte.

In Serdica stieß eine aus dem Südwesten über Stobi herankommende, nicht sehr bedeutende, aber abkürzende Straße zu der großen Heerstraße Singidunum-Byzanz und führte weiter nach Nordosten, wo sie die Donau auf der berühmten Brücke von Turnu Severin überschritt (der Turm des Kaisers Alexander Severin gab der Stadt ihren Namen).

Die große Heerstraße hatte zwischen Serdica und Philippopel, dem späteren Plovdiv, ihre schwierigste Strecke. Der reißende Oescus, heute Isker, mußte überschritten werden, und wenn man an die berühmte Römerbrücke über die Struma bei Köstendil denkt, nur einige hundert Kilometer von Sofia entfernt, so möchte man meinen, die Römer hätten auch für ihre wichtige Heerstraße eine Flußbrücke schaffen müssen. Die Wasserscheide zwischen Donau und Ägäis wurde auf dem 840 Meter hohen Paß der westlichen Sredna Gora überschritten, dem höchsten Punkt der ganzen Straße zwischen Belgrad und Bosporus. Das erste Nachtlager von Serdica aus nach Südosten zu heißt auf der Peutingerschen Tafel Sarto und auf der Wegekarte des Jerusalempilgers Sparata; es muß sich dabei um eine sehr alte Siedlung handeln, da die Natur hier von allen Reisenden eine Rast erzwang. Die von Südosten in Richtung auf Serdica marschierenden Kolonnen nächtigten hingegen in Egerica (heute Ichthiman, das von der neuen Autobahn nördlich umgangen wird), eine Mansio, die später ein Kastell erhielt. Dieses hieß Skupion und wurde noch tausend Jahre nach dem Untergang des Römerreiches so genannt. Die Römerstraße war hier, das heißt am Paß von Vakarel und in der Ebene von Ichthiman, bis ins sechzehnte Jahrhundert als breiter mit Platten belegter oder mit Steinen gepflasterter Weg gut sichtbar, doch konnte man sich nicht dauernd auf ihr fortbewegen, weil sie so schlecht unterhalten war, daß für die Achsen und die Zugtiere Gefahr bestand.

Vor Philippopel passierte die Straße den strategisch wichtigsten Punkt ihres ganzen Laufes, den Paß von Succi, von dem aus die Straße sich dann nach Südosten zu senkte, eine von verschiedenen römischen Feldherren und Kaisern als Schlüsselstellung besetzte Engstelle, die allein bei Ammianus Marcellinus, obwohl er doch nur wenige Jahrzehnte römischer Geschichte schildert, mindestens fünfmal erwähnt wird. »Wie es sich jetzt darstellt«, schreibt er im 27. Buch, »hat dieses Land die Form einer Mondsichel und das Aussehen eines prächtigen Theaters. An seiner höchsten Stelle im Westen tut sich der Paß von Succi auf, dicht umgeben von jähen Bergen. Dieser scheidet Thrakien von Dakien. Die gegen Norden zu liegende Seite umschließen die Höhenzüge des Hämusgebirges (Stara Planina) sowie die Donau, welche, soweit sie römisches Gebiet bespült, viele Städte, Lager und Kastelle berührt. Nach Süden zu dehnt sich das felsige Rhodopegebirge, und wo der Morgenstern sich erhebt, endet das Land an der Meerenge (des Bosporus).« Der Offizier und Chronist erkennt also genau, daß sich hier die Welten scheiden; der Paß von Succi trennte letztlich den Orient vom Okzident, wenn er verteidigt wurde, und verband die beiden Welten in friedlichen Zeiten der großen Heerstraße. Den Paß zierten, beinahe möchte man sagen: natürlich, zwei stets besetzte Kastelle. Zwischen ihnen sperrte eine Mauer den Weg, und die in sie eingelassene Toröffnung hieß auch noch im Mittelalter Trajanspforte. Jirecek berichtet 1877, er habe noch alte Männer gesprochen, die sich an die Pforte erinnerten; sie muß also bis zum Beginn des neunzehnten Jahrhunderts erkennbar gewesen sein. Die Römerstraße über den Succi-Paß bildete bis an die Schwelle der neuesten Zeit noch immer den Paßweg.

Als Kaiser Friedrich I. Barbarossa 1189 mit dem Kreuzheer gegen Konstantinopel zog, ließ Kaiser Isaak Angelos (1185-1195) den Paß durch allerlei Felstrümmer und Dornen sperren, doch die Kreuzfahrer zündeten das Gestrüpp an und brachen durch. Die Pforte mit ihren lateinischen und vielleicht auch griechischen Inschriften erlangte für jeden historisch interessierten Reisenden auf dieser Strecke beinahe die Bedeutung des berühmten Alexandertores auf dem Kaukasus, und es wurde allgemein bedauert, daß 1835 ein türkischer General (wer sonst) die Demolierung der ehrwürdigen Pforte befahl. Er hätte es eigentlich besser wissen müssen, denn er hieß Achmed Pascha und hatte als Gesandter des Sultans in Wien und in Paris Gelegenheit genug gehabt, etwas über die Römer und ihre großen Straßen auf dem Balkan zu erfahren.

Südöstlich der legendären Pforte war die Römerstraße strekkenweise in den Felsen gehauen, führte aber auch durch dichte Eichen- und Buchenwälder, ehe sich zu Füßen der Paßlandschaft die Ebene von Philippopel öffnet, rechts, also im Süden, von den Gipfeln des Rhodopegebirges begrenzt.

Hier waren die Römer nicht die ersten Kulturbringer. Philippopel ist nach Philipp II. von Makedonien benannt, der von 383 bis 336 vor Christus lebte, dem Vater des großen Alexander. Die auf drei Hügeln erbaute Stadt war für ihn eine Verbrecherkolonie, weil in den umliegenden Sümpfen schwierige Trockenlegungsarbeiten auszuführen waren, auch mußte viel gerodet werden. Gründete er die Stadt also auch aus wilder Wurzel, wie man dies zu nennen pflegt, so lagen auf den Bergen ringsum doch schon einzelne thrakische Burgen, und so manche mittelalterliche Burganlage hat darum uralte Fundamente.

Nicht gerade die Stadt, aber doch die Ebene genießt auch herodotische Ehren, denn er erwähnt die thrakischen Hügelgräber, und sie machten ja die Landschaft um Philippopel zum Land der hundert Hügel. Als man 1871 beim Eisenbahnbau eine Anzahl dieser Hügel öffnete, fand man aus Ziegeln aufgeführte Grabkammern, die allerdings zum Teil schon beraubt waren. Am westlichen Stadtrand von Plovdiv, wie Philippopel heute heißt, fand sich eine thrakische Nekropole, das Erbbegräbnis einer bedeutenden Familie aus dem vierten Jahrhundert. Selbst die geschichtlich nicht sonderlich interessierten Türken, die hier 400 Jahre lang herrschten, ließen einmal einen großen Hügel öffnen, weil sie Schätze zu finden glaubten. Christensklaven mußten sich hineingraben, doch stürzte die Decke ein und es gab so viele Tote, daß die Versuche nicht wiederholt wurden. Den Bericht über diesen Vorfall, der sich vor 1665 ereignet haben muß, verdanken wir dem französischen Reisenden Riccaut, doch wurden die rätselhaften Tumuli natürlich von vielen anderen Reisenden ebenfalls bemerkt.

Fortan, zwischen Plovdiv und dem Bosporus, werden die alten Berichte und die Funde gleichermaßen seltener, obwohl bis zur Stadt Edirne, dem 117 von Hadrian gegründeten Hadrianopolis, immerhin noch sechs Tagereisen anzusetzen sind.

Alte wie neue Straßen zwischen Plovdiv und Edirne bewegen sich im wesentlichen im Tal des Flusses Maritza, der bald nach Edirne nach Süden abschwenkt und dann die Grenze zwischen der Türkei und Griechenland bildet, und das bis zu den kleinen Lagunen seiner Mündung. Im Maritzatal hatten die Reisenden auf dem Weg nach Byzanz stets die Gipfel des Rhodopegebirges zur Rechten; die Raststätten und Pferdewechselstationen erlangten hier zwischen vielen Siedlungen in einem seit langem bewohnten Tal keine sonderliche Bedeutung und sind kaum noch zu erkennen. Da Europa sich hier verengt, haben seit urdenklichen Zeiten zahllose Stämme und Völker, von wandernden Jägern angefangen bis zu den Germanen und den Hunnen, so gut wie zwangsläufig das Maritzatal benützt. Zumindest die ersten Jahrtausende dieser Wanderungen sahen Züge ins Ungewisse, bei denen die Völker schließlich unversehens an drei Seiten vom Wasser umgeben waren und feststellen mußten, daß das Land, daß Europa hier zu Ende sei.

Steinzeitliche Funde sind hier also häufig, und von allen auffälligen Erhebungen im Tal und an seinen Rändern kann man mit Sicherheit sagen, daß sie Siedlungen, Burgen, Wohn-Nester trugen, was die Suche nach Überresten aus immerhin nur 400 Jahren Römerzeit in einer Fundspanne von 40 000 und mehr Jahren außerordentlich erschwert. Und daß sich auf so manchem Grabtumulus schließlich noch ein Derwisch bestatten ließ, verwirrt die Situation vollends. Die Vorgeschichtswissenschaft hat sich mit der Annahme einer Maritza-Kultur beholfen, die zwischen Jugoslawien und der Ägäis verschiedene Kernräume und Hauptfundorte hat und in die ägäische Bronzezeit überleitet; Vasen, Näpfe und bemalte Keramik mit charakteristischen Ornamenten beweisen uns, daß die am Ende der vorgeschichtlichen Phase hier siedelnden Völker den frühen Griechen nicht nennenswert nachstanden. Im Norden und Nordosten klangen die Grundzüge der Maritzakultur in offensichtlich anderen Volkselementen aus (Sava- und Varna-Gruppe), was auf Zuwanderungen im Pontischen Raum hindeutet.

Um all das aus einer sehr fernen Zeit heraufzurufen, haben wir nur Bodenfunde an der Hand, doch müssen die Völker dieser Phase, die etwa im zweiten vorchristlichen Jahrtausend liegt, auch irgendwo gewandert sein und haben vermutlich ihre Wege schon in den gangbaren Partien des Flußtales gesucht, Sümpfe auf den Höhen umgangen, vereinzelte Gruppen abgesetzt, die sich auf günstig gelegenen, die Verteidigung erleichternden Hügelkuppen und Vorgebirgen niederließen.

Dort, wo sich drei Ströme vereinigten, muß auch damals schon ein Zentrum für die Jäger und die Sammler gewesen sein, und Hadrian, der große Städtebauer, der Herrscher, der vielleicht am deutlichsten von allen gerade für dieses hohe Amt begabt war, er hat hier zweifellos nur alte Siedlungen erneuert, nennt doch sogar noch Ammianus Marcellinus zweihundert Jahre später den vormakedonischen Namen Uskudama von Hadrianopolis. Ammian reportiert uns auch das bemerkenswerteste geschichtliche Ereignis, mit dem sich der Name der Stadt verbindet, die große Gotenschlacht vom August 378. Nach einem geglückten Handstreich gegen eine kleine, unbesorgt schlafende Plündarertruppe der Goten hatte Kaiser Valens sich entschlossen, die aus Gallien heranrückenden Verstärkungen nicht abzuwarten, sondern die Goten allein anzugreifen. Das Ergebnis war ein Debakel, das uns Ammianus offensichtlich aus eigenem Erleben schildert, in einem der packendsten und verläßlichsten Schlachtenberichte der Weltgeschichte überhaupt. Kaiser Valens fiel und mit ihm 40 000 römische Soldaten, dort, wo die alte Heerstraße aus dem Defilé Jambol, 18 Kilometer nordwestlich der Stadt Edirne, in die Ebene hinausführt. »In den Annalen ist, außer der Schlacht von Cannae, an keiner Stelle eine so vernichtende Niederlage erwähnt«, schließt Ammianus und betont, in welch guter Ordnung die Goten angegriffen hätten und wie geschickt, ja mit Hilfe einer ganzen Reihe von Finten und Listen, der Gotenkönig Fritigern die vereinigten Stämme gegen die zahlenmäßig wohl etwa gleich starken Römer geführt habe.

Da vor den Goten schon Kaiser Konstantin bei Hadrianopolis siegte, da seither – von den Kreuzzügen bis zu den russisch-türkischen Auseinandersetzungen im neunzehnten Jahrhundert – an dieser Stelle immer wieder große Armeen einander gegenüberstanden, erweist sich uns die alte Römerstraße tatsächlich als eine Heerstraße im besonderen Sinn. Und obwohl Tausende hier marschierten und kämpften, sah man sie immer noch, diese alte Straße, mit Sicherheit bis ins sechzehnte Jahrhundert an der Südostausfahrt der Stadt, zwischen den Vororten Lüle Burgas und Karistiran sogar noch bis 1826: die großen Platten des alten Römerweges waren mit Gras überwachsen, das aus den Ritzen wucherte.

Bei Perinthos, einer Stadt, die später in Herakleia umbenannt wurde und damit zu der Verwirrung beitrug, welche die vielen Städte gleichen Namens schaffen, vereinigte sich die Große Heerstraße aus dem Nordwesten mit der Verlängerung der Via Egnatia und führte an den heute überbrückten Lagunen hin nach Byzanz, der Kaiserstadt am äußersten Südostende des europäischen Festlands. Die Reisenden der Antike hatten auf den vereinigten Straßen noch drei Tagereisen zurückzulegen. Die letzte Senke vor der großen Stadt hieß bezeichnend Haramidere, das Räubertal; die späteren Straßen überwinden es mit Serpentinen, die Römerstraße führte gerade hinab und gerade hinauf: im Angesicht des Ziels waren Menschen wie Tieren wohl noch letzte Anstrengungen zuzumuten, von denen man sich in Rhegion, dem letzten Rastplatz, erholen konnte, um nicht bei Nacht in Byzanz einziehen zu müssen.

Es gibt in der Schweiz ein Wort, das beinahe so geheim ist wie der Gegenstand, den es bezeichnet; dieses Wort heißt *Reduit*. Obwohl französisch, wird es von allen Schweizern verstanden, geachtet und mit einer gewissen Scheu gebraucht, während die bombastische deutsche Entsprechung *Alpenfestung* sich inzwischen auf ein paar schlammverkrustete Kisten im Toplitz- und im Hintersee im steirischen Salzkammergut reduziert hat.

Die Schweiz hätte, nach allem, was man von ihr heute halten muß, die Römer eigentlich nicht ins Land lassen dürfen und sie auch leicht abwehren können. Aber unberechenbar, wie auch Vor-Eidgenossen sind, haben sie trotz des gewaltigen Schutzes durch ihre Berge für die Römer ebenso eine Ausnahme gemacht wie später für Napoleon; und zwei Ausnahmen in zweitausend Jahren bestätigen zweifellos die Regel vom wehrhaften Alpenvolk.

Allerdings scheint es zwei solcher Alpenvölker gegeben zu haben, die Räter im Osten und die in verschiedene Stämme zerfallenen Helvetier im Westen. Von den Halbbrüdern der aufgeweckten norischen Räter in Kärnten lesen wir zu unserer Überraschung: »Schon bedingt durch die geographischen Verhältnisse erwiesen sie sich fremden Kultureinflüssen gegenüber (als) schwer zugänglich. Als kriegerisches Alpenvolk, das sich zum Schutze gegen irgendwelche Angriffe zahlreiche Fluchtburgen erbaut hatte, hielt es zähe an den bisherigen Lebensgewohnheiten fest und verharrte immer noch auf der primitiveren Stufe der Hallstattzeit... Es bedeutet dies, daß sie in recht bescheidenen Verhältnissen lebten, sich vorwiegend mit Jagd, Landwirtschaft und Viehzucht beschäftigten und gelegentlich jene Erzeugnisse, welche sie nicht unbedingt zu ihrer Selbstversorgung benötigten, gegen andere Produkte mit den Bewohnern des ebenen Landes austauschten... Wenn man nach den bisherigen Funden ein Urteil abgeben darf, so scheint ihr Kunstsinn nicht stark ausgeprägt gewesen zu sein.«

Diese vermutlich zutreffenden, aber nicht sehr höflichen Sätze finden sich in einer Inaugural-Dissertation über die wirtschaftlichen Grundlagen der Römerherrschaft in der Schweiz von Herrn Hans-Urs Schweizer von Steffingen, gedruckt 1949 in Bern und von der Universität mit dem vorsichtigen Vermerk versehen, daß die Juristische Fakultät diese Arbeit angenommen habe, »ohne damit zu den darin ausgesprochenen Auffassungen Stellung nehmen zu wollen«.

Da von den ersten griechischen Reisenden an nicht wenige frühe Besucher der Ostschweiz zu ähnlichen Urteilen gelangen wie Hans-Urs von Steffingen, dürfen wir in den Bündner Rätern ein ähnlich abwehrtüchtiges Bergvolk erblicken, wie es die Urtiroler waren, die Breonen, nur daß wir in der Ostschweiz sichere Hinweise auf jahrzehntelang gut funktionierenden Etruskerhandel haben. Irgend jemand also haben sie doch ins Land gelassen, wozu mindestens Saumpfade nötig waren.

Das ist bemerkenswert und verwunderlich zugleich, denn die Westschweiz war und blieb nun einmal durch das vom Mittelmeer geradewegs bis zum Genfer See führende Rhônetal ungleich leichter erreichbar als der von hohen Bergen gegen Italien abgeschirmte Ostteil der Schweiz. Aber es kann aufgrund der Funde bei Chur und bei Burwein, wo ein ganzes etruskisches Kaufmannsdepot zum Vorschein kam, keinem Zweifel unterliegen, daß die später von den Römern so großzügig ausgebauten Wege über den Splügen und über den Septimer bereits in vorrömischer Zeit begangen wurden, freilich auf schmalen Pfaden.

Als in den letzten Jahrhunderten vor Christi Geburt der Druck der Westalpen-Kelten sich ebenso bemerkbar machte wie der römische Gegensatz gegen die Etrusker südlich der Alpen, scheinen einige Schweizer Landschaften vom heutigen Tessin bis zum Rheintal den Etruskern als Reduit gedient zu haben. Es gibt aus den Bodenfunden Hinweise darauf, daß diese hochzivilisierten und kunstsinnigen Händler durch einige Generationen in jenen Gebieten seßhaft geworden waren, die sie bis dahin nur mit ihren Waren aufgesucht hatten. Schwer zugängliche, den Etruskern aber vertraute Gegenden nahmen das Volk auf, das uns bis heute noch immer unzureichend bekannt ist und das in der Antike, zwischen Griechen, Kelten und Römern, doch eine so große und eigenständige Rolle gespielt hat. In der Ostschweiz waren es vor allem die engen Paßwege wie die berühmt-berüchtigte Via Mala und andere Straßentäler, in denen sich die Etrusker nach jahrzehntelangem Handelsverkehr nicht mehr als Fremde fühlten. Vielleicht siedelten sie auf einem Hügel von Cazis bei Thusis, wo Dauerbesiedlung seit der Steinzeit vermutet wird und darüber hinaus in den inneren Tälern im Raum Bivio-Pontresina-Riom. Auch in Richtung auf Thun und Sitten sind etruskische Waffen gefunden worden.

Die ersten schweizerisch-römischen Berührungen waren kriegerischer Natur, es konnte kaum anders sein. Stämme aus der heutigen Schweiz hatten sich dem ersten großen Germaneneinfall angeschlossen; das waren die Tiguriner, die damals im schweizerisch-süddeutschen Grenzgebiet lebten, 107 vor Christus in Südwestfrankreich ein römisches Truppenkontingent vernichteten und 101 vor Christus durch einen für sie glücklichen Zufall der großen Schlacht von Vercellae entgingen, wo die Kimbern und die Teutonen aufgerieben und versklavt wurden. Weniger Glück hatten die Haeduer, die von Ariovist so furchtbar geschlagen wurden, daß sie einen Auszug aus ihren nordschweizerisch-burgundischen Wohngebieten vorbereiteten, gemeinsam mit Helvetiern und anderen Stämmen. Dabei trafen sie 58 vor Christus auf den bereits in Gallien siegreich kämpfenden Cäsar, der den Durchzug an die Garonnemündung nicht gestattete und den großen Pulk bei Bibracte vernichtend schlug. Nach seinem Bericht sollen von 368 000 Auswanderern nur 110 000 übrig geblieben sein, die zurückzukehren versprachen und in der alten Heimat die vor dem Auszug niedergebrannten Wohnstätten wieder aufbauen mußten.

Weniger glücklich war Cäsar im Jahr 57 vor Christus, als er versuchte, die Täler des Wallis zu erobern und damit den Großen Sankt Bernhard als kurzen Übergang aus Norditalien in die Schweiz zu sichern. Auch der große Gallieraufstand des Vercingetorix, dem sich 52 vor Christus auch die Helvetier und Rauriker anschlossen, nötigte die Römer zur Anspannung aller Kräfte.

Die Römer hatten also schon mit den Schweizern zu tun gehabt, aber die Kenntnisse von diesem nur über Hochpässe erreichbaren Land waren, sieht man vom Genfer See und seinem Umland ab, noch erstaunlich gering; zweiffellos viel enger waren die Beziehungen der Westschweiz zu Gallien, also zwischen den Alpenkelten und den damals noch nicht romanisierten keltischen Galliern.

Beeindruckend ist die kompromißlose Sachlichkeit der römischen Kolonialpolitik. Die gelegentlichen Aufstände der unterworfenen oder zwangsverbündeten Völker unterbrachen das Föderatenverhältnis in der Regel nur für die Dauer der Kampf-

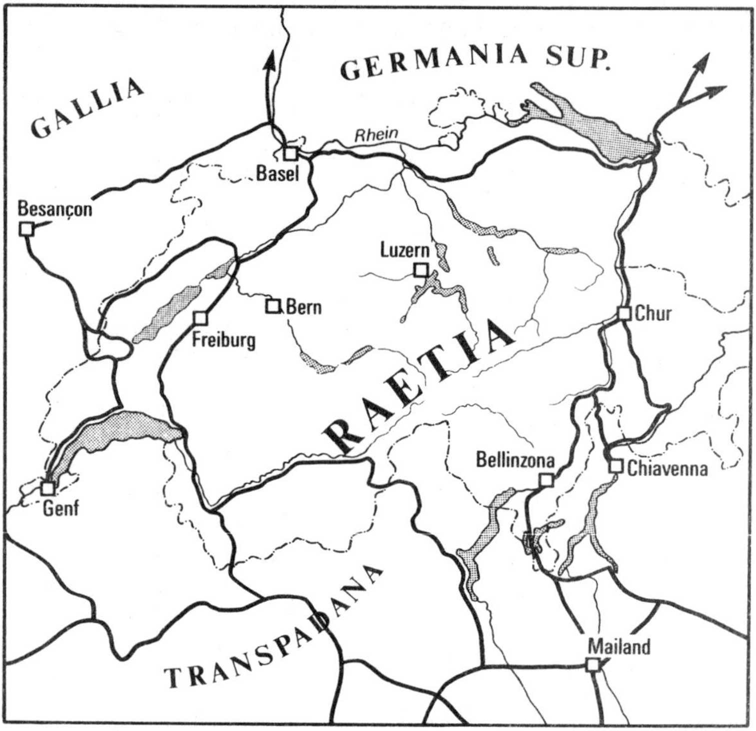

handlungen. Die Gesamttendenz aller römischen Aktionen war mehr auf Befriedung als auf Vernichtung oder Bestrafung gerichtet. Das änderte sich erst, als die Römer nicht mehr die Kraft hatten, selbst für Ruhe zu sorgen und Verbündete gegen Rebellen einsetzen mußte; dann kam es zu ausgesprochenen Vernichtungsfeldzügen wie dem der Hunnen (im Auftrag des Aëtius) gegen die rheinischen Burgunder oder der Hunnen und Heruler (im Auftrag Ostroms) gegen die nordafrikanischen Vandalen.

Neben den Helvetier-Scharmützeln ging auch die friedliche Erschließung der Schweiz unablässig voran, so daß dieses vom Terrain her so schwierige Land schließlich von einer ganzen Anzahl leistungsfähiger Straßen durchzogen war. Wir können uns nicht mit allen beschäftigen, aber sie seien zumindest aufgezählt in der Reihenfolge, die ihnen schon Raphael Reinhard im Jahr 1903 in seinem Beitrag zum Jahresbericht über die höheren Lehranstalten in Luzern gegeben hat:

1 Martigny-Vevey-Moudon-Avenches-Aarberg-Solothurn-Basel
2 Lausanne-Orbe-Col de Jougne-Pontarlier (Frankreich)
3 Vevey-Genf
4 Gex-Gingins-Aubonne-Cossonay-Payerne-Avenches
5 Petinisca bei Biel-Pierre Pertuis-Birstal
6 Augst bei Basel – Bözberg-Windisch-Baden bei Zürich – Winterthur-Pfyn-Arbon-Rheineck-Bregenz (Österreich)
7 Windisch-Zurzach
8 Windisch-Solothurn
9 Chur-Maienfeld-Vaduz-Feldkirch (Österreich)-Bregenz
10 Sankt Margarethen-linkes Rheinufer-Ragaz.

Alle diese Straßen sind durch die Niederungen und in den Tälern oder an deren Hängen hingezogen worden und man darf annehmen, daß dieses Talstraßennetz durch Nebenstraßen und Handelswege aus vorrömischer Zeit ergänzt wurde. Die zugängliche, die rund um ihre hohen Gipfel herum in wohnlichere Gefilde abfallende Schweiz wurde also von den Römern voll erschlossen, wobei sich Avenches und Windisch, aber auch Augst und Bregenz als Straßenknotenpunkte erkennen lassen: Avenches hieß Aventicum, Windisch nordwestlich von Zürich hieß Vindonissa, die Römerstadt bei Basel führte den Namen Augusta Rauracorum, woraus dann Augst wurde, und Brigantium/Bregenz gehört in den Zusammenhang der Zentralalpen.

Die auffällige Verdichtung der Siedlungen römischen Charakters an dem uralten Querweg Rhône-Aare-Rhein zeigt uns die Römer als Praktiker; sie hatten keinen Entdeckerehrgeiz und schon gar nicht die Absicht, Alpengipfel zu ersteigen. Deswegen blieb der Kernraum der Schweiz zwar nicht gerade römerfrei – sie schoben ihre Gutshöfe, die Villen mit der dazugehörigen Landwirtschaft, im Berner Oberland und im Seengebiet nördlich von Luzern ziemlich weit in Alpentäler vor – aber Wallis und Engadin und die ihnen nördlich vorgelagerten Bergregionen waren nur eingegrenzt. Sie wurden nicht von den Römern durchdrungen, was so manches Faktum erstaunlichen Kulturgefälles zwischen der Innerschweiz und den Randgebieten erklärt.

Zwei stark begangene Nordsüdverbindungen verkürzten den Weg aus Italien zu der Kolonisationszone zwischen Genf, Basel und Bregenz: eine westliche, die über den Großen Sankt Bernhard lief, und eine östliche, die sich aus dem Comersee-Gebiet und Bellinzona in die Graubündner Berge vorgeschoben hatte. Dabei verließen sich die Römer nicht darauf, einen einzigen Paß auszubauen, sondern suchten mit bewunderswertem Fleiß sichere Wege zu schaffen, mit Nebenlinien, auf die man bei Bergrutsch oder auch bei Aufständen ausweichen konnte.

Allerdings war auch in diesem Fall der Ehrgeiz der Römer auf praktikable Lösungen begrenzt. Man weiß heute, daß der vorgeschichtliche Verkehr in Zentraleuropa, vermutlich aber auf der ganzen Welt, viel stärker und intensiver war, als man es noch um die Jahrhundertwende angenommen hatte. Es scheint ein Gewerbe gegeben zu haben, das nicht nur noch älter war als das bisher als ältestes angesehene, sondern auch verbreiteter, was einiges heißen will: das Gewerbe der Tauschhändler. Hat man erst begonnen, ihren Routen nachzuspüren, dann gewinnt man ein völlig neues Bild von der Entdeckungsgeschichte. So gut wie überall konnte der Kaufmann in dem Augenblick, da die ersten Soldaten auftauchten, wie der Swinegel höhnisch sagen, er sei schon lange da, nur daß alles, was Soldaten vollbringen, sehr viel besser bezeugt ist als die oft anonyme Initiative des Kaufmanns.

»Die Römer haben«, sagt Raphael Reinhard, »überhaupt keine neuen Alpenpässe geöffnet, sondern die alten, die dem Nahverkehr dienten, nutzbarer gemacht.« Und Hermann Genthe nannte schon 1874, in seinem Standardwerk *Über den Etruskischen Tauschhandel nach dem Norden,* eine ganze Anzahl bekannter Paßstraßen als Dauerrouten etruskischer Händler: den leicht zu begehenden Kleinen Sankt Bernhard, den Großen Sankt Bernhard, ferner Splügen, Septimer und Julier in Richtung auf das Rheintal bei Chur.

Besonders zahlreich waren die Funde nordetruskischer Münzen auf dem Großen Sankt Bernhard bei Monthey und bei Port-Valais; zwischen Aigle und Bex fand man, unter einem großen Felsblock versteckt, den Warenvorrat eines Wanderhändlers, den zu beheben er aus irgendwelchen Gründen nicht mehr in der Lage war. Das ganze Wallis war stark etruskisch beeinflußt und hat sich vielleicht darum so herzhaft gegen die Römer gewehrt. Die reichen Etruskerfunde bei Zürich können allerdings auch über den West (Rhône-Aare)-Weg dorthin gelangt sein.

Diese und andere Funde, die sich bis nach Tirol hinein erstrecken, bestätigen die noch von Livius mit einer gewissen Vorsicht formulierte Überlieferung, daß die Etrusker nach dem Kelteneinfall feste Wohngebiete zwischen Po und den Alpen innehatten. »Die Macht der Tusker nämlich«, sagt er in Kapitel 33 seines 5. Buches, »erstreckte sich vor der römischen Oberherrschaft weit über Land und Meer... Auch die Alpenvölker haben unstreitig denselben Ursprung, vorzüglich aber die Räter, denen aber die Gegend selbst ihre Wildheit mitteilte und ihnen von allem Angeerbten nichts weiter übrig ließ, als den Klang der Sprache und auch den nicht einmal unverfälscht.«

Eine Reihe antiker Autoren erwähnt einen halb sagenhaften König Rätus, der Etrusker gewesen sein soll, und wenn auch inzwischen die von der älteren Forschung (bis etwa 1850) für etruskische Sprachreste gehaltenen Worte als rätoromanisch erkannt worden sind, so besteht doch Grund zu der Annahme, die Bergbevölkerung zwischen Comersee und Chur als verwilderte Etrusker aufzufassen.

Daß es sich hier, in der mittleren und westlichen Schweiz, um Bergvölker einer besonderen Art handelt, die mit den Tiroler Rätern wohl nur den Sammelnamen gemein haben, geht auch aus der Tatsache hervor, daß sich selbst in der Römerzeit in Tirol keine nennenswerten Siedlungen entwickelten, im Wallis und in Graubünden hingegen schon. Richard Heuberger, der von uns wiederholt zu zitierende Rätien-Spezialist, betont in seinem 1971 wieder aufgelegten Standardwerk, daß selbst der vielgenannte Straßenknotenpunkt Veldidena (Wilten) im Inntal nur eine unbedeutende Siedlung war, und daß auch Imst, obwohl zweifellos römische Straßenstation, erst im Mittelalter zur Bedeutung gelangte. Ganz anders stand es mit den westrätischen Knotenpunkten Chur und Martigny, früher auch Martinach genannt.

Die Lage von Chur an der Einmündung transalpiner Wege in das seit uralten Zeiten als Hauptverkehrsader dienende Rheintal mußte eine Stadt hervorbringen.

Chur in der glücklichen Schweiz, wo allenfalls ein Stadtbrand die alten Wohnviertel zerstört, nicht aber Bombenwürfe, ist eine der anregendsten und geheimnisvollsten Städte des ganzen zentralen Europa, wenn es auch in einer intakten, lebensvollen Stadt nicht ganz einfach ist, von der geschäftigen Gegenwart zu abstrahieren. Der Platz, auf dem Chur entstand, »war schon in vorgeschichtlicher Zeit besiedelt, und vermutlich waren es Kelten, die dem hier angelegten Wohnplatz seinen von den Römern beibehaltenen Namen gegeben haben. Diesen urzeitlichen Ort hat man sich nach allem, was man über derartige Siedlungen weiß, jedenfalls auf der beherrschenden Höhe des sogenannten Hofes zu denken.« (Heuberger)

Dauernd besiedelte Plätze bereiten der Bodenforschung naturgemäß Schwierigkeiten; man kann kein ehrwürdiges mittelalterliches Kloster abreißen, um nach heidnischen Tonscherben zu graben, und so ist denn in Chur wie in Wien, Prag und anderen Uralt-Zentren Europas die Archäologie auf die glückhaften Zufälle natürlicher Erneuerung, Neufundamentierungen und dergleichen angewiesen. Indes scheint festzustehen, daß die erste Siedlung tatsächlich auf jenem Hügel über dem Flüßchen Plessur lag, den später die Römer für ihr Kastell nutzten; die Römerstadt selbst breitete sich zu Füßen der Festung aus. Als im Mittelalter dann die Macht an die Bischöfe von Chur überging, die große Herren waren und beachtliche Einnahmen zu verbauen hatten, entstand auf dem Hof-Hügel eine Klerikerstadt mit Kathedrale, Türmen und bischöflichem Schloß.

Die Römerburg auf dem späteren Bischofshügel soll Martiola geheißen haben, was ein wenig unrömisch in unseren Ohren klingt, wenn auch die Erklärung, daß der Name vom Kriegsgott Mars abgeleitet sei, mit einer militärischen Einrichtung in Einklang zu bringen ist. Im allgemeinen nämlich zogen die Römer ihre Kaiser als Namenspatrone heran, und diese legten offensichtlich auch Wert darauf.

Die römische Zivilstadt breitete sich am linken Ufer der Plessur aus, in jenem Stadtteil, der heute noch Welschdörfli heißt. Die Münzfunde lassen erkennen, daß Burg und Stadt Curia schon in den ersten Jahren nach Christi Geburt eine große Rolle gespielt haben, also zu den ersten römischen Stützpunkten nördlich der Alpen überhaupt zu zählen sind. Die Zerstörung im vierten Jahrhundert erfolgte durch einen ausgedehnten Brand, der an den vielen Holzhäusern der Zivilstadt reiche Nahrung fand und nicht unbedingt mit einem Barbareneinfall zusammenhängen muß. Auch die erste Befestigung auf dem Hof-Hügel ging damals zugrunde, denn wir wissen, daß die

Römer hier in den letzten Jahrzehnten ihrer Herrschaft ein Dreieckskastell erbauten, von dem sogar die Bodenfläche bekannt ist – sie war mit mehr als 9000 Quadratmetern für eine so hochgelegene Zwingburg ziemlich beträchtlich. Das erklärt sich daraus, daß in diesen unsicheren Zeiten Fluchtburgen notwendig geworden waren. Im fünften Jahrhundert scheint Curia im wesentlichen auf dem Hof-Hügel existiert zu haben, ohne Dauersiedlung in den gefährdeten Talbereichen.

Dieses befestigte und auf einen Hektar zusammengeschrumpfte Curia war bereits christlich und Bischofssitz. Die erste Kirche, die wir uns somit in einer Fluchtburg denken dürfen, die Miniatur-Kathedrale des alten Chur, wurde in frühkarolingischer Zeit von Bischof Tello durch einen Neubau ersetzt.

Von den vielen Pässen, über die man heute ins Rheintal und nach Chur gelangen konnte, war zur Römerzeit der Septimer am besten ausgebaut und am meisten frequentiert. Er repräsentiert den seltenen Fall, daß ein Alpenhochpaß – nach sechzehnhundert Jahren immerwährender Nutzung – heute nur noch von Liebhabern und nur noch zu Fuß begangen wird, ein Paß, der in der Handels- und Wirtschaftsgeschichte Mitteleuropas eine besondere Rolle gespielt hat.

Grund seiner Beliebtheit war jedoch nicht nur der solide Ausbau durch die Römer, sondern der Umstand, daß er bedeutende Wasserwege miteinander verband, Transportwege also, die dem Landweg damals noch weit überlegen waren. Aus der norditalienischen Ebene bot der Comersee zwei solche Treidel- oder Ruderrouten nach Norden, die eine am Westrand des Sees von Como aus, die andere am Ostrand über Lecco. Am Nordende des den Comersee fortsetzenden kleinen Lago di Mezzola begann die Alpenstraße mit einer ersten Station in Clavenna (heute Chiavenna). Da die Splügenroute damals noch dem Lokalverkehr vorbehalten war – die Bewohner der Gegend kannten sie natürlich – ging der Hauptverkehr von Chiavenna ostwärts nach Plurium (heute Prosto-Piuro) ein Ort, der am 4. September 1618 durch den Absturz des Monte Conto verschüttet wurde. Das heutige Prosto-Piuro steht, wie der Name sagt, gleichsam auf den Schultern des begrabenen Dorfes.

Castasegna, die heutige Grenzstation zwischen der Schweiz und Italien, ist in den römischen Karten nicht eigens aufgeführt, doch ist das Schloß Castelmur bei Promontogno mit seinem alten Namen Murum im Itinerar des Antoninus zu finden. Wer heute zum Maloja hinauffährt, wird sich diese Engstelle unwillkürlich einprägen; hier sperrte eine Römermauer das enge Tal, und in ihr öffnete sich ein Tor, das Kontrollen ermöglichte. Es gab dem ersten Ort jenseits der Mauer den Namen, er hieß Porta.

Im weiteren Verlauf erinnern noch andere Talorte mit ihren Namen an die Römerzeit und an die römische Septimerstraße, so die Burg Castelaut (Ruinen oberhalb von Vicosoprano), zusammengezogen aus Castrum altum, und der Familienname des hier herrschenden Geschlechts, der Prevosti (von Praepositi). Von Casaccia aus zweigte die Paßstraße aus dem Maira-Tal, bekannter unter dem deutschen Namen Bergell, in rechtem Winkel nach Nordwesten und führte in vier Stunden hochalpinen Weges nach Bivio. Casaccia liegt 1460, Bivio 1760 Meter hoch, der Paß selbst 2300 Meter. Es waren also im An- und Abstieg Höhenunterschiede von zusammen an die 1500 Meter zu bewältigen, was nicht wenig ist, selbst auf einer festen Straße.

Die Römer haben aber auch den heute dem Septimer vorgezogenen Malojapaß schon benützt, wie wir unter anderem aus einem Kuriosum wissen: Tertius, der wohlhabende Freigelassene eines reichen Römers namens Valerius, stiftete drei oder vier kleine Altäre, die, kunstvoll aus Speckstein geschnitten, Gottheiten und Motive aus dem alten, noch dicht bewaldeten Engadin in Halbreliefs feierten. Leider waren die Schiffer, die diese Altäre über den Silser See bringen sollten, nicht so geschickt wie die Bildhauer oder Steinmetzen, die sie geschaffen hatten, denn das Boot kenterte, und die schweren Altäre versanken im Bodenschlamm des Sees. Drei von ihnen wurden geborgen und lassen erkennen, daß die Römer im Engadin eifrig jagten, aber auch des Gottes Merkur gedachten, ohne dessen Hilfe eine Bergstraße (und schon gar über den steilen Malojapaß) kaum begangen werden konnte.

Bivio müßte eigentlich Trivio benannt sein, denn neben dem Julier, über den die moderne Straße von Bivio nach Sankt Moritz führt, und den erwähnten Septimer gibt es noch den Paßweg über den Stallerberg. Die Römer nannten die winzige Siedlung am Fuß der Paßwege Stabulum Bivio, weil hier Stallungen für Saumtiere und Vorspanndienste den Paßverkehr erleichterten. Heute sind die schattenlosen Höhen einer der sogenannten Sonnenbalkone der Alpen, wo sich im Winter mehr Skifahrer tummeln, als die Hotels des Ortes aufnehmen können. Zu dieser Zeit sind dann auch die weniger frei und sonnig gelegenen anderen Orte des Oberhalbstein-Tales stark besucht: Marmorera am gleichnamigen kleinen See, mehr als 1600 Meter hoch und Sitz eines ebenfalls früher von der Straße lebenden Rittergeschlechts derer von Marmels, weiters Tinizong, 1289 Meter hoch gelegen, das Tinnetio der Römer, dem man heute einen Romantsch-Namen gegeben hat anstelle des deutschen Namens Tinzen. Ein römisches Kastell stand am Tälerzusammenfluß von Tiefencastel, einst Imum Castellum geheißen. Zwischen hier und Chur gibt es noch weitere lateinisch klingende oder aus lateinischen Wurzeln kommende Namen, aber sie können auch im Mönchslatein des Mittelalters ihren Ursprung haben, denn Churwalden war ein bedeutender Klosterort mit Häusern der Prämonstratenser und der Norbertiner. Das Dorf Malix, nahe bei Straßberg, das seinen Namen zweifellos ebenfalls vom Septimerweg hat, geht auf eine Römersiedlung namens Umbilicum zurück, die jedoch nur eine Straßenstation war und über das Personal der Ställe und Herbergen hinaus wohl keine Dauerbewohner hatte.

Nach der Tabula Peutingeriana betrug die ganze Strecke vom Nordende des Comersees bis nach Chur sechzig römische Meilen, also genau gerechnet 88,9 Kilometer. Wieviel von ihr noch zu sehen ist, kann man schwer sagen, denn wenn sich Römersteine aus einem modernen Straßenzug natürlich deutlich abheben oder neben ihm als Sehenswürdigkeit erkennbar bleiben, so ist die schon vor fünfhundert Jahren als sehr schadhaft bezeichnete Septimerstraße heute im Ganzen, in ihrem Verlauf von Bivio bis Casaccia, eigentlich ein museales Erlebnis. Immerhin läßt sich zwischen der Mairabrücke und der Mauer von Castelmur noch Römisches gewahren, und südlich von Piuro, wo zweieinhalbtausend Dorfbewohner seit dem Bergrutsch des Jahres 1618 unter Felstrümmern liegen, auf dem linken Maira-Ufer. Auf der Bergstrecke selbst lassen sich altrömische Stücke und Teile der seit 1387 im Auftrag des Bischofs von Chur gebauten Bergstraße für den Laien nicht unterscheiden. Der Bauherr dieser mittelalterlichen Septimerstraße, durch die das Abwandern der Kaufmannsgeleite zum San Bernardino verhindert werden sollte, war Jakob von Castelmur, Podestà des Tales. Er rettete mit dem Straßenbau, von dem nicht nur auf der Paßhöhe selbst noch Teilstücke sichtbar sind, seinem Herrn, dem Bischof Johannes von Chur nicht nur die Wegzölle, sondern auch die Zinsabgaben der Stallungen und Herbergen.

Der Paß war im Mittelalter nicht nur sehr populär, er war auch für so manchen eine Art höchster Punkt der begehbaren Welt, der menschlich erreichbaren Gefilde. Gottfried von Straßburg erwähnt ihn im *Tristan* in diesem Sinn, im Heldenbuch vom Drachenkämpfer Dietrich kommt der *Berg Septimunt* vor, in alten Passionsspielen und zahlreichen Chroniken, ohne daß darum wirklich klar würde, was der seltsame Name eigentlich bedeuten sollte. Die Wurzel *Sett* gilt als rätisch; bei den Anrainern wird er bis heute Sette oder Settmer genannt. Die naheliegende Vermutung, er gehe auf den großen Straßenbauer Septimius Severus zurück, läßt sich leider nicht halten: dieser energische Kaiser hat weder den Paß jemals überschritten noch ihm besonderes Interesse gewidmet.

Das Hospiz auf dem einst so stark begangenen Paß ist heute natürlich eine klägliche Ruine; es scheint schon den ersten christlichen Rompilgern gedient zu haben und stammt mit ältesten Zweckbauten wohl aus dem siebenten Jahrhundert. Im Jahr 831 erwähnt es eine Urkunde Kaiser Ludwigs des Frommen. Letzter Besitzer des Hospizes nach den Planta und den Marmels war die Gemeinde Bivio, die es 1778 letztmalig aufbaute.

Daß keineswegs nur christliche Handelsleute, sondern auch kühne Räuber den Septimer benutzten, geht aus der Chronikeintragung hervor, die besagt, daß die Sarazenen vor dem Jahr 951 (in dem Otto der Große die Ruinen sah) das Hospiz auf der Paßhöhe zerstörten.

Was uns die Straße selbst nicht mehr sagen kann, das verraten hier wie anderswo Münzfunde: die ältesten Münzen vom Septimerweg gehen auf Zeiten vor der römischen Eroberung zurück! Auch hier waren also die Kaufleute früher da als die Soldaten. Nach allen Anzeichen, die uns der Boden liefert, schob sich der Römerweg südlich von Tiefencastel aus dem Talgrund den Hang hinauf, wie es die Römer zur Vermeidung von Überflutungen ja so oft taten, und führte über Mon, Salouf und Riom nach Süden, westlich-oberhalb der modernen Straße. Man darf annehmen, daß die Kette sehr alter Dörfer der

Römerstraße ihre Entstehung verdankt. Erst bei Tinizong senkte sich die Römerstraße wieder ins Julia-Tal hinab, in dem die heutige Straße verläuft. Man kann sich also zwischen reizvoll-altertümlichen Bergdörfern bewegen und dabei ein relativ langes Stück der Römerstraße kennenlernen, eine nicht sehr oft gebotene Gelegenheit.

1191 wurde der Kardinallegat Cinthius auf der Reise über den Septimer von dem hier beheimateten Ritter Andreas von Marmels überfallen und ausgeplündert; das Geschlecht, dem zeitweise der Paßweg anvertraut war, hatte eben auch einige schwarze Schafe...

Für die Römer in der Schweiz lag der Große Sankt Bernhard günstiger als der Septimer. Zwar führten zu ihm von Süden her keine Wasserstraßen wie der Comersee und der Po, aber der Nordabfall des Passes mündete in das für die Römer leichter zu erschließende West- und Nordgebiet der Schweiz, in die klimatisch angenehme Gegend um den Genfer See und die wegsamen Talanschlüsse an diese Niederung, die Aare-Brücke hinüber ins Rheintal. Es hat daher im Fall dieses wichtigen Westalpenpasses eigentlich nie die Frage gegeben, ob er von den Römern genutzt wurde; der Paßweg drängte sich ihnen gleichsam auf, weil kein ähnlich günstiger Südnordweg in diesem Hochalpenbereich vorhanden war.

Diesen Umstand erkannten natürlich auch schon die ja keineswegs kulturlosen vorrömischen Völker dieses Gebietes. Die Funde von keltischen Münzen aus dem zweiten und ersten vorchristlichen Jahrhundert machen seine Benützung lange vor den Römern ebenso deutlich wie das Vorkommen griechischer und sogar punischer Münzen (ein Umstand, der gelegentlich zu der Annahme verführte, daß Hannibal seine Elefanten über diesen Paß getrieben habe, was freilich ein enormer Umweg gewesen wäre).

Da wir heute alle den Tunnel befahren und die eigentliche Paßhöhe des Sankt Bernhard als völlig verlassen gelten kann, ist es nicht mehr ganz leicht vorstellbar, wie sich der alte Verkehr hier abspielte – und doch sind es mindestens zweiundzwanzig Jahrhunderte, in denen nicht nur die Anwohner, sondern auch Fernhändler anderer Nationen sich in die beträchtliche Höhe von 2469 Metern wagten und auf einer hochalpinen Strecke von mindestens 16 Kilometern mit ihren Fuhrwerken nicht selten einen ganzen Tag zubrachten. Der an einer Wetterscheide liegende Paß war stets besonders schneereich und darum besonders gefährlich für Mensch und Tier.

Die Römer erkannten sehr schnell, daß sie diesen Paß brauchen würden. Die beiden großen Vorkämpfer der imperialen Politik, Cäsar und Augustus, nahmen sich gleichermaßen der Öffnung oder, genauer gesagt, der Verbesserung des Paßweges an. Denn eine Passagemöglichkeit bestand zweifellos schon, sie war nur für militärische Zwecke unzureichend, auch waren die an der Nord- wie an der Südrampe wohnenden Völker gewöhnt, vom Paßverkehr zu leben und gedachten nicht, diese Pfründe aus der Hand zu geben.

Im dritten Jahr seines *Gallischen Krieges* schreibt Cäsar: »Als ich (aus Gallien kommend) nach Italien unterwegs war, schickte ich Servius Galba mit der XII. Legion und einem Teil der Reiterei ins Gebiet der Nantuaten, Veragrer (Martigny) und Seduner, das sich vom Genfer See und der Rhône bis zu den Alpengipfeln erstreckt. Der Grund dafür war, daß ich wünschte, daß die Alpenstraße, welche die Kaufleute nur unter großer Gefahr und Abgabe hoher Zölle benutzen konnten, frei zugänglich werde. Ich überließ es seinem Ermessen, falls er es für notwendig halte, die Legion in dieser Gegend zur Überwinterung ins Quartier zu legen. Galba lieferte einige glückliche Gefechte, eroberte mehrere feste Plätze und beschloß, als ihm von allen Seiten Gesandte geschickt und Geiseln gestellt worden waren... zwei Kohorten bei den Nantuaten ins Quartier zu legen und selbst mit den restlichen Kohorten in einem Ort der Veragrer zu überwintern, der Octodurus hieß.«

Octodurus oder Octodurum war der keltische Name einer Siedlung an der wilden Drannca, einem Nebenfluß der Rhône. Das Keltenstädtchen beim heutigen Martigny hieß bei den Römern später Forum Claudii Vallensium. Cäsar spricht in dieser Stelle seines berühmten Geschichtswerkes von einem *iter per Alpes*, eine Bezeichnung, die sowohl für Wege wie auch Straßen gebraucht wird und keine Schlüsse auf den Ausbauzustand des Übergangs zuläßt. Die Aufgabe der Zwölften Legion erwies sich denn auch sehr bald als vorwiegend militärisch, denn Galba sah sich plötzlich von Bergkelten eingekreist und geriet in seinem kleinen, befestigten Lager in eine aussichtslose Situation. Erst ein tollkühner Ausfall, mit dem er einzelnen vorgepreschten Angreifern den Weg abschneiden konnte,

Die Römerbrücke und Kathedrale von Salamanca

Bronzekopf Kaiser Hadrians,
eines der großen römischen Straßenbauer

Saguntum an der großen ostspanischen Küstenstraße, dessen Theater und Zirkus in der Antike stark besucht wurden

Motiv von der Trajanssäule in Rom: Dankopfer bei der Vollendung der Donaubrücke unweit der heutigen Stadt Turnu Severin in Rumänien (Als sich der Druck auf die Grenzen des Reiches verstärkte, mußte die unter größten technischen Schwierigkeiten errichtete Brücke von den Römern selbst wieder zerstört werden.)

machte die anderen so unsicher, daß sie die Belagerung aufgaben.

Die Zahlen – 30 000 Angreifer, 10 000 vernichtete Kelten – sind zweifellos übertrieben, aber der schwere Sieg hatte die Römer gewarnt, und erst Kaiser Augustus vollendete von Süden her, was Cäsar vom Schweizer Paßanstieg her begonnen hatte: Terentius Varro Murena, wirtschaftlich ruinierter Feldherr aus einer berühmten Familie, sorgte sehr gründlich für die Befriedung der Südrampe: »Des Augustus Feldzug gegen Britannien... vereitelte die Empörung der Salasser... Jene wohnen am Fuß der Alpen... und Augustus... sandte den Terentius Varro gegen sie. Dieser rückte, damit sie sich nicht vereinigten und in diesem Fall schwieriger zu bezwingen seien, von mehreren Seiten in ihr Land, besiegte sie, da sie sich ihm nur in kleineren Haufen entgegenstellten, mit leichter Mühe und zwang sie zur Unterwerfung. Er verlangte nun – ganz so, als sollte ihnen darüber hinaus nichts zuleide geschehen – eine bestimmte Summe von ihnen. Hierauf jedoch schickte er, vorgeblich zur Eintreibung des Geldes, nach allen Seiten Soldaten aus und ließ die Mädchen und jungen Männer der Salasser aufgreifen. Er verkaufte sie unter der Bedingung, daß keiner und keine vor dem Ablauf von zwanzig Jahren die Freiheit erhalten dürfte. Den besten Teil des Landes gab er an verdiente Prätorianer, und diese gründeten die Stadt Augusta Praetorianorum.« (Cassius Dio)

Die Versteigerung von angeblich 36 000 Menschen, der ganzen Jugend des Salasservolkes, fand in Eporedia statt, dem heutigen Ivrea; Augusta Praetoria heißt heute Aosta und besitzt noch ein prächtig anzusehendes römisches Theater. Terentius Varro hatte sein Vermögen im Bürgerkrieg verloren, woraus man schließen darf, daß er ein Gegner Cäsars gewesen war. Die Gelegenheit, sich zu rehabilitieren und wieder zu Geld zu kommen, hat er rücksichtslos genützt, dann aber abermals auf das falsche Pferd gesetzt: Zwei Jahre nach seinem Sieg über die Salasser wurde er der Teilnahme an einer Verschwörung gegen Augustus beschuldigt und auf der Flucht getötet. Den aus ihrer Heimat vertriebenen, in die Fremde als Sklaven verkauften Salassern des Aostatales half das freilich nichts mehr.

Im Norden und im Süden des berühmten Paßweges floß also Blut, ehe er gefahrlos und regelmäßig begangen werden konnte; was Cäsar und Cassius Dio entweder nicht interessiert oder was sie als selbstverständlich voraussetzen – die technische Verbesserung des Weges selbst – das berichtet uns der griechische Geograph Strabo, wenn auch in sehr allgemeinen Formulierungen. Eine gewisse Sicherheit über größere Baumaßnahmen erhalten wir erst aus der Zeit des Claudius, der die Straße von Mailand über die Alpis Pennina (wie der Große Sankt Bernhard damals hieß) nach Basel-Augst bauen ließ und dies auch durch eine ganze Anzahl von Meilensteinen bekundet. Daß mit dieser Leistung selbst die Römer an die Grenzen des ihnen Möglichen gerieten, verraten uns einige Superlative: nach Vollendung des Paßweges errichteten die Römer auf der Paßhöhe ein Jupiterheiligtum, neben einer kleinen keltischen Weihestätte oder an ihrer statt. Diesem Tempel verdankt der Paß seinen bis weit herauf ins Mittelalter bewahrten Namen Mons Jovis, der fortan an die Stelle der aus dem Keltischen *pen* = Berg geschöpften alten Bezeichnung Mons Penninus trat und von den Bewohnern der Gegend bald verändert wurde (Mont Joux, Mont Dschaus). Diese Namen blieben im Gebrauch, bis Saint Bernard de Menton im elften Jahrhundert das berühmte Hospiz auf der Paßhöhe begründete.

Von dem Paß, den wir heute Großer Sankt Bernhard nennen, behauptet selbst das sonst keineswegs wagemutige Lexikon der Geographie aus dem Hause Westermann, daß er bereits in der Jungsteinzeit, also vor etwa fünftausend Jahren, begangen worden sei. Will man versuchen, das Gewicht solch einer Aussage nachzuempfinden, will man zumindest die Hänge, Felsen und Passagen aus der puren menschlichen Perspektive erleben, dann hat man sich mit vier Straßen auseinanderzusetzen, die freilich nur zum Teil diesen Namen verdienen.

Die erste hatte die längste Geltung, sie ermöglichte es dreitausend Jahre vor den Römern jenen kuriosesten aller Händler, nämlich den Tausch-Wanderern mit Steinwerkzeugen und anderem Kleinkram, sich durch eine Wildnis zu kämpfen, die wir uns heute gar nicht mehr vorstellen können, führte sie den dreisten Kaufmann in Fellkleidung oder Handwebe doch aus den heißen Niederungen am Po binnen weniger Stunden in eine völlig andere Klimazone, in die des Hochgebirges, ohne daß er, wie wir heute, die Zusammenhänge zwischen Höhenlage und Temperaturen kannte. Er und seine Gefährten, sie mußten wohl der Meinung sein, gegen Dämonen und böse Geister ihre Handelsware durch eine Zone des Todes und der Angriffe höherer Mächte zu transportieren, und gewiß erzählten sie am Genfer See, was sie alles auf sich genommen hatten, um ihre Kunden gut zu bedienen.

Die Römer hatten, als sie an den Sankt Bernhard gingen, schon einige Erfahrung im Straßenbau. Das zeigte sich in der Vermeidung der unruhigen Drance, die beinahe alljährlich für Hochwasser, Unterspülungen oder Erdrutsche gut war. Wir bewegen uns auf ihrer Trasse, wenn wir von Martigny aus die heute allerdings mit zusätzlichen Kehren versehene kleine Straße nach Chemin einschlagen, was soviel heißt wie *Weg* und damit auf die Existenz einer Altstraße hindeutet.

Bei Sembrancher senkte sich die Römerstraße wieder ins Drancetal hinab und folgte dem linken, westlichen Flußufer bis Orsières auf einer Trasse, die später teilweise von der Eisenbahn genutzt wurde. Die Straße blieb auf dem Hochufer der Drance, das zugleich der wettergeschützte Hang ist, wie ihn die Römer nach Möglichkeit bevorzugt haben, und hatte im heutigen Bourg Saint Pierre eine kleine Raststation für zusätzlichen Vorspann und Pferdewechsel mit Maultierställen und vielleicht auch einfachen Unterkünften. Von ihr hat sich allerdings nur der Meilenstein erhalten, den man um ihn zu bewahren in eine Mauer nahe der Pfarrkirche gesetzt hat. Kommen wir von Norden her in den kleinen, uralten Ort, so erkennen wir deutlich an der hinter der Kirche beginnenden kompakten Felspartie, daß alle Straßen auf den Paß hier eine Engstelle hatten – und daß es hier ernst wird. Solche Engstellen hatten stets militärische Bedeutung, was nicht einmal die neutrale Schweiz ignoriert. In früheren Jahrhunderten drohte über dem hier die Straße querenden Flüßchen Valsorey eine Festung, heute als Château du Quart bezeichnet; sie beherrschte die angeblich von Karl dem Großen erbaute Brücke. Dieser Pont St. Charles bezeichnet auch die Südausfahrt in Richtung der Römerstraße, während man vor der Kirche rechts weiterfahrend die Trasse der Straße von 1844 vor sich hat. Die moderne, zum Tunnel führende Autostraße umgeht das ganze Bourg Saint-Pierre östlich.

Die Herren von Quart stammten aus Aosta, also von der Südrampe des Passes, hatten aber im Val d'Entremont nördlich des Passes Besitzungen. Sie übernahmen durch einige Generationen den Schutz der Straße gegen jene einfallsreichen Räuber, die sich vor den Überfällen in Bären- und Wolfshäute gehüllt hatten (!). Dennoch hat das heute idyllisch wirkende Dorf Brand und Zerstörung erlebt, die Burg 1475 durch Raubscharen, die Kirche schon 972 durch die Sarazenen. Damit bleibt der über zwei Meter hohe Meilenstein tatsächlich das widerstandsfähigste Stück Vergangenheit, errichtet zwischen 308 und 312, als Martigny schon nicht mehr Octodurum hieß, sondern Forum Claudii Vallensium. Konstantin der Große, Sohn der später heilig gesprochenen Helena, hatte damals die Paßstraße in einigen Partien erneuern und ausbessern lassen. Von dieser Straße sind südlich der Karlsbrücke etwa 250 Meter zu erkennen.

Auf den Hochpaß, den heute nur noch sehr wenige Kraftfahrzeuge befahren, gelangen wir über eine kleine, spät erkennbare Ausfahrt mit dem Wegweiser *Col du Grand Saint Bernard*. Die mangelnde Frequenz bringt es mit sich, daß die Straße für schweizer Gewohnheiten nicht sehr gut unterhalten ist, aber die großartige Einsamkeit, die uns hier umgibt, hilft uns beim Ausstieg aus der Gegenwart. Auf engen Kehren erblickt man gelegentlich die alte Römerstraße als schmalen, grünen Streifen parallel geführt und auch einen alten Stein-Schutzdamm über dem Talbach, ehe wir zum Pont de Nudry gelangen, einer Monolithbrücke. Sie wirkt steinzeitlich, nur kann man sich nicht vorstellen, wie jemand damals ohne technisches Gerät den schweren Steinblock über die Wasserader legen konnte. Am Ende der sogenannten Combe des Morts (des Tales des Todes) führten die Römer die Straße in einer kunstvollen Rampe noch ein Steilstück hinauf. Die römische Paßstation erhob sich unmittelbar hinter dem heutigen italienischen Zollgebäude, noch vor dem Tempel des Jupiter Poeninus. Von hier aus läßt sich die Römerstraße am östlichen Talhang an die acht Kilometer weit verfolgen, unter der modernen Autostraße hindurch nach Saint Rhémy.

Das altersgraue Hospiz erhebt sich noch auf den Fundamenten des elften Jahrhunderts und zeigt uns ein kleines Museum zur Paßgeschichte, in dem auch römische Votivtafeln aufbewahrt werden. Die einst berühmte Leichenkammer ist abgemauert. Abenteuer, wie Dumas-Père eines erlebte – er glaubte, eine Schutzhütte zu betreten, entzündete ein Streichholz und fand sich zwischen lauter Leichen – bleiben dem Reisenden unserer Tage also auch dann erspart, wenn er den Weg über die Paßhöhe wählt.

Kaiser Theodosius der Große, so genannt wegen seiner Frömmigkeit, hat vor dem Jahr 450 den Tempel auf der Paßhöhe abreißen und die Trümmer in den See werfen lassen, wo man sie wenigstens wiederfinden konnte – andernfalls wären sie vermutlich zu Schafhürden oder anderen Zweckbauten verwendet worden. Insgesamt kamen etwa fünfzig Weihegaben zum Vorschein, verschiedene symbolische Kleinfiguren und Täfelchen, durch die sich die Paßwanderer für die Errettung aus den Gefahren des Hochgebirges bei Jupiter bedankten. Weiters fand man mehr als sechzehnhundert römische Münzen verschiedener Epochen, was auf eine erhebliche Frequenz schließen läßt, da es sich ja nicht um Hortfunde handelt, sondern um zufällig verlorengegangenes Geld. Allerdings stammen die meisten dieser Münzen aus dem ersten nachchristlichen Jahrhundert, woraus man schließen kann, daß sich später der transalpine Verkehr auf verschiedene Übergänge – Strabo kennt deren bereits neun – verteilt hat. Als die alte Götterwelt an Glanz verlor, scheinen statt der Votivgaben auch einfach Münzen gespendet worden zu sein, ein Opfer ohne Ziel, so wie es auch die moderne Gesellschaft noch kennt; aber auch diese Münzspenden kamen in christlichen Zeiten dann außer Gebrauch. Strabo war ein Zeitgenosse Cäsars, lebte also vor dem Ausbau des Passes durch Claudius. Er kennt den Weg noch als einen viel begangenen, aber für Saumtiere schwierigen oder gar ungeeigneten Paß. Man darf sicher sein, daß Claudius diesem Übelstand abgeholfen hat, doch ist es auffällig, daß sich in den höheren Regionen geschlossene Straßenstücke aus römischer Zeit nicht gefunden haben, wohl aber im Tal der Drance, also an der Nordrampe. Spätere mittelalterliche Straßenbauer scheinen den Römerweg nicht genutzt zu haben, vielleicht, weil er zu schmal war und an Stellen hinführte, die ihn für eine Verbreiterung ungeeignet machten. Um 960 jedenfalls hatte der Paß reichlichen Warenverkehr in beiden Richtungen, wie uns ein Zollregister des Bischofs Giso von Aosta beweist, dem diese Einnahmen zufielen. Das Verzeichnis transportierter Waren gibt ein kurioses Bild mittelalterlichen Handels vom Notwendigen bis zum Bizarren, wurden doch neben Panzern, Waffen und Jagdfalken auch kostbare Pferde über den Paß geschafft, ja sogar Affen. An der Nordrampe des Passes kämpften die Bischöfe von Sitten (heute auch Sion genannt) im Wallis hartnäckig, aber weitgehend erfolglos gegen die allzeit geldbedürftigen Fürsten von Savoyen um die Zollhoheit über den Großen Sankt Bernhard.

Wir wüßten mehr über diese frühen Zeiten, hätten nicht zwei furchtbare Brände das Hospiz auf der Paßhöhe mit allen Dokumenten und Archivmaterialien zerstört. Dort befand sich auch eine düstere Chronik der Bergunfälle, denn das Kloster hatte seit 1125 das sogenannte *Droit de chute*, das Recht auf den Besitz verlorengegangener Waren und auf die Habe der Verunglückten. Die Mönche, die mit ihren großen Hunden zahlreiche Verirrte und Erschöpfte aus Bergnot retteten, handelten dabei also gegen die finanziellen Interessen ihres Klosters. Um 1900 versorgten zwölf Augustinermönche mit einer Anzahl von Laienhelfern etwa 15 000 Reisende pro Jahr in ihrer unwirtlichen Klosterlandschaft. Die beiden Gebäude (eines nur für Frauen) mußten das ganze Jahr beheizt werden, wozu Maultiere das Brennholz aus dem Val Ferret heraufbrachten, während die Lebensmittel aus Aosta kamen, das stets billiger war als Martigny. Berühmt war auch die Morgue, das eigene Gebäude für die Toten, als düsteres Zeichen permanenter Gefahr und Todesnähe; es kennzeichnet den Paß als eine stetige Prüfung für alle, die ihn überschreiten mußten, und das waren im Lauf der Geschichte nicht wenige, wenn man sie auch lange noch zählen konnte, ja ihre Namen kannte, die wichtigsten festhielt. Heute passieren den 1964 eröffneten Gipfeltunnel alljährlich mehr als eine halbe Million Menschen in mehr als 150 000 Fahrzeugen.

Der erste uns namentlich bekannte Paßwanderer war der Keltenfürst Brennus, 391 vor Christus. Es folgten zu erschließende Paßüberquerungen durch kleine Armeen, das heißt Züge über den Großen Sankt Bernhard, die sich aus der örtlichen Lage und gesicherten historischen Daten ergeben; sie betreffen Bojer und Lingonen (388 vor Christus), keltische Völker, die schon früh mit den Römern in Berührung kamen, und die Gaesaten aus dem alpennahen Rhônegebiet, die 225 vor Christus in Norditalien einfielen. Im Bürgerkrieg zwischen Cäsar und Pompeius überschritten Truppen aus Britannien und dem westlichen Germanien den Paß, der zu diesem Zeitpunkt noch nicht ausgebaut war. Die erste gesicherte Winterüberquerung des Passes durch größere Truppenteile erfolgte erst 69 nach Christus, als der Feldherr Aulus Caecina Alienus aus der berühmten etruskischen Familie gegen die Helvetier marschiert war und sie mithilfe rätischer Truppen am Berg Vocetius (dem Bözberg) vernichtend geschlagen und ihre Hauptstadt Aventicum (Avenches) leergeplündert hatte (»Viele Tausende kamen um, viele Tausende verkaufte man in die Sklaverei« Tacitus, *Historien I*, 67). Caecina, der als Hitzkopf galt, wollte, berauscht von diesem Sieg, weitere Erfolge sammeln:

»Da er fürchtete, den Zusammenhang mit den bereits zu Fuß und zu Roß vorausgeschickten Hilfstruppen zu verlieren... führte er die unter Legionsfeldzeichen dienenden Truppen und die schwerfälligen Troßkolonnen (!) der Legionen auf der penninischen Heerstraße über die noch winterlichen Alpen.« (Tacitus, ebd.)

Bei dieser Gewaltleistung mögen wohl viele Gefangene aus dem Feldzug an Erschöpfung gestorben sein; nichts deutet darauf hin, daß die Römerstraße über den Großen Sankt Bernhard für schweres Fuhrwerk geeignet oder auch nur einigermaßen hinreichend ausgebaut war.

Eine besondere Rolle spielte die römische Sankt-Bernhard-Straße in einer lange als Legende aufgefaßten, inzwischen aber als historisch geltenden Geschichte: Der Hinrichtung christlicher Legionäre der sogenannten Thebaischen Legion, dem Martyrium des später heilig gesprochenen römischen Hauptmanns Mauritius und seiner Gefährten unter Diokletians Mitkaiser Maximian. Ort des Geschehens war Agaunum, das heutige Saint-Maurice-en-Valais an der Nordrampe der Paßstraße. Nach dem Bericht des Bischofs Eucherius von Lyon, der etwa hundert Jahre später lebte, sollte die aus Nordägypten stammende, weitgehend aus christlichen Soldaten bestehende Legion im Zug der Diokletianischen Verfolgungen gegen Christen eingesetzt werden, weigerte sich aber, gegen die Glaubensbrüder zu kämpfen. Es wurde nach dem schaurigen, auch in späteren Armeen beibehaltenen Brauch jeder zehnte der Meuterer hingerichtet und, als der Rest sich trotzdem noch immer weigerte, abermals jeder zehnte. Nehmen wir an, daß im dritten Jahrhundert eine Legion im Schnitt fünftausend Mann zählte, so wären nach der zweiten Dezimierung bereits tausend Soldaten getötet worden. Das ist bereits eine so große Zahl, daß die von der Legende behauptete völlige Vernichtung der christlichen Legion durch andere Truppen nicht mehr sehr glaubhaft ist. Der Kult des Mauritius und seiner vielen Gefährten breitete sich jedoch so schnell aus und erlangte so ungeheure Bedeutung, daß man an seinem geschichtlichen Kern, den 1000 Toten, keine Zweifel hegen kann.

Der römische Ortsname Agaunum kommt vom keltischen Acaunum, eines der vielen Keltenworte, die *Stein* bedeutet haben sollen. Der an einer sumpfigen Niederung unweit Martigny gelegene Ort war nur durch eine gute Quelle bekannt, die den Reisenden willkommen war und ein Nymphenheiligtum begründete; außerdem gab es einen Merkuraltar, an dem angeblich vorwiegend Straßenräuber um Beute beteten. Nach dem Martyrium des Hauptmanns Mauritius und seiner Gefährten wurde alles anders. Im Jahr 360 wurden die Gebeine der Märtyrer gehoben und (vermutlich) in Vérolliez beigesetzt. Eine christliche Kapelle aus dem vierten Jahrhundert ist durch Grabungen festgestellt worden und dürfte auf Theodor, den ersten Bischof von Martigny, zurückgehen. Im fünften Jahrhundert wurde eine erste Basilika erbaut, aber auch bereits ein Hospiz, denn die Pilgerfahrten nach Saint Maurice hatten inzwischen eingesetzt.

Ein reicher Ort weckt begehrliche Gedanken, selbst in Prälaten: Saint Maurice hatte durch Jahrhunderte gegen Sitten zu kämpfen, das den vielbesuchten Wallfahrtsort der Diözese einverleiben wollte; andererseits waren die Karolinger in ihren Auseinandersetzungen mit den Langobarden an einem sicheren und beruhigten Paßweg interessiert. Villicarius, Erzbischof von Sens und Bischof von Martigny, zugleich aber auch Ratgeber König Pippins und Papst Stephans II. (752-57), ist einer der fähigsten Beschützer der Weihestätte, und in Bischof Altheus (vermutlich ein Karolingersproß) erhielt er einen würdigen Nachfolger. Gemeinsam mit dem ortskundigen Altheus überschritt Karl der Große auch den Großen Sankt Bernhard. Altheus starb um 790 als Bischof von Sitten; auf ihn geht die Krypta zurück, die lange Zeit den Zugang zum Grab des heiligen Mauritius bildete. (Heutiger Zugang zu den Krypten durch einen gewölbten Korridor, auch Katakomben genannt, unter dem inzwischen erheblich erweiterten Kirchenschiff.)

Eine der ersten von vielen Wundertaten, die dem Leichnam des heiligen Mauritius zugeschrieben werden, war der Sieg der Walliser über eine langobardische Streifschar, die im Jahr 574 über den Paß gekommen war. Die Arianer wurden, ehe sie dem Heiligtum zu nahe kommen konnten, bei Bex geschlagen.

Nach der Niederwerfung der Langobarden durch Karl den Großen kam für den Mons-Jovi-Paß die beste Zeit. Die anderen Alpenübergänge westlich vom Brenner gerieten deutlich ins Hintertreffen, ein Umstand, der sich während der Völkerwanderung nicht so klar erwiesen hatte, weil damals der Handelsverkehr ja weitgehend ruhte. Die Stabilisierung Mitteleuropas durch die Politik der Karolinger brachte die Kaufmannszüge wieder in Bewegung, und mit den Siegen über die zeitweise unbotmäßigen Baiern und die einem anderen christlichen Bekenntnis anhängenden Langobarden traten im ganzen Alpenraum nun Verhältnisse ein, die diesen gewaltigen Gebirgszug auf eine erstaunliche Weise zur Brücke werden ließen. Die Rom-Züge über die Alpen wurden alltäglich, die Zahl der Berichte darüber nahm zu, und selbst wenn der eine oder andere Pilger, Gesandte oder Kaufmann schwere Stunden auf den Paßhöhen erlebt hatte, so schienen die Erzählungen darüber doch eher zur Nachahmung anzuregen als von ihr abzuschrecken.

Nicht selten wurde der Besuch von Saint Maurice, das in der Seeniederung leicht erreichbar ist, mit der ungleich schwierigeren Übersteigung des Großen Sankt Bernhard zu einer Pilgerfahrt nach Rom verbunden. Von einer sehr beschwerlichen Reise aus dem Jahr 753 wissen wir, weil sie kein Geringerer als Papst Stephan II. antrat, und zwar im Oktober. Es war schon Winter, als er den Paß überquerte, und er mußte völlig erschöpft in Saint Maurice einige Tage rasten, ehe er sich zu Pippin dem Kurzen nach Paris begeben konnte. Die Reise ist von besonderer geschichtlicher Bedeutung, denn die gefälschten Dokumente, die der Papst mit sich führte, veranlaßten Pippin im Zusammenhang mit den fränkisch-langobardischen Gegensätzen, das Papsttum mit wertvollen Städten und Ländereien auszustatten – dem Kerngebiet des Kirchenstaats (Pippinische Schenkung). Wenige Jahre später starb ein Prälat, der sich mit der Überschreitung des Passes offensichtlich zuviel zugemutet hatte, in Saint Maurice (Abt Austrulph von Saint Wandrille im Jahr 762). Weitere Päpste, die wegen der Bedeutung der Frankenherrscher die beschwerliche Reise auf sich nahmen, waren Leo III. im Jahr 803 und Gregor IV. im Jahr 833; die Prälaten hingegen sind schon nicht mehr zu zählen, hatten doch viele von ihnen Gründe, sich nach Rom zu begeben, wo die Ehren und Pfründen verteilt wurden. Dieser geistliche Hochtourismus ruhte nur im zehnten Jahrhundert, als die mohammedanischen Sarazenen den Paß wie auch andere Übergänge der Westalpen besetzt hielten und hohe Wegegelder verlangten. Abt Majolus des sehr angesehenen Klosters von Cluny vertraute auf seine Würde und wurde 972 von den Sarazenen gefangengenommen, nachdem er die Paßhöhe schon hinter sich und Orsières erreicht hatte; es geschah weder ihm noch seinem Gefolge etwas, die Räuber verlangten nur ein sehr hohes Lösegeld.

Diese düsterste Phase des Passes ging wenige Jahrzehnte später dann in jene neue Ära über, die den Paß weltberühmt machte und ihm den Namen gab, den wir alle kennen: Bernhard von Aosta, auch bekannt als Bernard de Menton, Archidiakon und Diplomat des großen Papstes Gregor VII., gründete um die Mitte des elften Jahrhunderts auf dem damals noch Mont Joux genannten Hochpaß sein Hospiz. Für die deutsche Geschichte wurde er eine bekannte Größe, als er am 15. April 1081 in Pavia mit dem vielgeprüften Kaiser Heinrich IV. zusammentraf, um ihn von dem Vorsatz abzubringen, Papst Gregor VII. abzusetzen. Zwei Monate später war Bernhard tot, drei Jahre später wurde Heinrich von Clemens III. zum Kaiser gekrönt. Die Unterredung mit dem harten Widersacher Gregors scheint Bernhard viel Kraft gekostet zu haben, weswegen er nicht nur heiliggesprochen, sondern 1681 auch noch ins Martyrologium (!) der römischen Kirche aufgenommen wurde. Ist dieser Ruhm auch verweht, so hat der Heilige doch viele neue Freunde und Verehrer gewonnen, weil er einen schwierigen Paß mit seiner segensreichen Gründung versah. Und darum, nicht wegen der Rededuelle mit Heinrich, hat ihm Pius XI. 1923 eine neue Aufgabe zuerkannt, die mit dem für alle Beteiligten ruinösen Investiturstreit nichts mehr zu tun hat und diesen folglich auch im Gedächtnis der Kirche begräbt: Sankt Bernhard ist seit 1923 der Schutzheilige der Bergsteiger, Paßwanderer und Gebirgsbewohner.

Hinsichtlich der Frühzeit dieses Hospizes, der ersten Gründung dieser Art an einer römischen Alpenstraße, waltet allerdings eine gewisse Unsicherheit. Der Bau war offenbar nicht oder nur zum geringsten Teil aus Steinen des alten Jupitertempels errichtet worden, denn dieser bestand über die Gründungsjahre des Hospizes hinaus weiter, wie uns ein Reisebericht aus dem Winter 1127/28 zeigt. Zwei belgische Prälaten, der Bischof von Lüttich und der Abt von Saint Trond, kehrten gegen Jahresende aus Rom zurück und erreichten am 1.1.1128 den Ort Etroubles. Die Saumtierführer geleiteten sie nach einigen Rasttagen weiter nach Saint Rhémy, dem Städtchen, wo die moderne Straße die große Westkehre beschreibt, während die alte über die Paßhöhe führende schmale Straße mit mehr als zwanzig Prozent Steigung die Höhen in Angriff nimmt. Die beiden geistlichen Herren berichteten später, daß sie nach dem Abmarsch aus Saint Rhémy in beständiger Lebensgefahr schwebten, weil sich ringsum so viele Lawinen und Steinschläge lösten. An ihrer Angst müssen die beiden das offenbar noch recht unscheinbare Hospiz übersehen haben und fanden Zuflucht in den Ruinen des Jupitertempels. Ein anderer Erlebnisbericht aus dieser Zeit, aus dem Januar 1188, ist uns in einem Brief erhalten, den ein britischer Mönch auf dem Romzug an seinen Subprior zu Hause schrieb: »Ich saß auf dem Sankt Bernhardsberg (die lateinische Briefstelle sagt noch: *in Monte Jovis positus*) bald auf die himmelhohen Berge blickend, bald vor den Abgründen der Täler zurückschaudernd, dem Himmel bereits ganz nahe, im Glauben, gehört zu werden, wenn ich rufe: ›Herr, gib mich meinen Brüdern wieder, daß ich ihnen bezeuge, auf daß sie nicht auch kommen an diesen Ort der Qualen‹. Von Orten der Qualen nämlich spreche ich nicht mit Unrecht, da das felsige Land Eisflächen bedecken, wo man nicht fest auftreten, ja nicht einmal ohne Gefahr den Fuß aufsetzen kann; das ist um so bedenklicher, als man auf dem schlüpfrigen Boden nicht nur nicht stehen kann, sondern beim Ausgleiten auch Gefahr läuft, zu Tode zu stürzen. Hier oben dann steckte ich die Hand in die Tasche, um für Euch wenigstens einige Silben aufzuzeichnen, und fand das an der Seite hängende Tintenfaß eingefroren. Aber nicht einmal die Finger hätte ich zum Schreiben bewegen können. Auch der Bart starrte von Frost, und vom Hauche des Mundes ragte das Eis weg!«

Die Herren aus dem Land, dessen höchster Gipfel der Mount Snowdon mit seinen 1094 Metern ist, waren also sehr beeindruckt und erheblich verängstigt, kamen aber heil zu Tal und vermitteln uns mit ihrem Bericht auch einen Eindruck von den damaligen Reisegeschwindigkeiten: Ein Bote, der allerdings weniger umständlich reiste als Personen von Stand und wohl auch jünger war, legte im Jahr 1188 die Strecke von Rom nach Canterbury in 29 Tagen zurück, als er eine vom 17. März datierte päpstliche Bulle am 15. April in Canterbury überreichte...

Im Sommer konnte man den Paß in erträglichen Zeiträumen bezwingen. Pater Cortinat, im Auftrag des Erzbischofs von Sens nach Rom entsandt, kehrte im Juni 1488 über den Großen Sankt Bernhard zurück, wobei er Aosta am 14. dieses Monats verließ und Saint Maurice schon am 16. erreichte. Er hatte also etwa 75 Kilometer in nur zwei Tagen zurückgelegt, was bei damaligen Verkehrsmitteln beinahe ein Rekord zu nennen ist, vor allem in Hinblick auf den zweimal zu bewältigenden Höhenunterschied. Vielleicht hat diese Reise eines französischen Paters den Ersten Konsul Napoleon ermutigt, im Mai 1800 nicht weniger als 30 000 Mann mit Geschützen und Pferden über diesen Paß nach Italien zu führen...

Es gibt in der übererschlossenen Schweiz natürlich eine ganze Anzahl von Möglichkeiten, auf Römerstraßen zu wandeln, römische Kastelle zu bestaunen oder sich an Ausgrabungsstätten einzugestehen, daß sie erst dann wirklich attraktiv wirken, wenn mehr ans Tageslicht gekommen ist als die Fundamente. Die Römer haben sich im Land der späteren Eidgenossen sichtlich wohl gefühlt, vor allem, als die kriegerischen Helvetier nach anfänglichen blutigen Auseinandersetzungen den besseren Teil erwählten und beschlossen, mit den Römern und von ihnen zu leben. Die wohlorganisierten Herren aus dem Süden bevorzugten dabei allerdings andere Gegenden als die heutigen Schweiz-Reisenden. Zwischen Chur und Martigny gab es nur einzelne römische Landgüter, und die durch viele Generationen blühenden römischen Pflanzstädte und Stützpunkte lagen auf einem flachen Bogen, der sich von Butae (Annecy) über Geneva (Genf) und Equestris (Nyon) nach Lusonna um den freundlichen See herumzog. Von Lausanne-Vidy und Viviscus (Vevey) strebten Römerstraßen vom See weg, die westliche über den Jura nach Vesontio (Besançon), die östliche in die wichtige Siedlung Aventicum (Avenches) und danach ins stark römisch durchdrungene Gebiet zwischen Petinesca (Biel oder Buren), Salodurum (Solothurn), Vindonissa (Windisch) und Augusta Rauracorum (Augst bei Basel). In dieses Römerbekken mündeten von Osten, aus Rätien her, die Straßen von Kempten über Bregenz und von Chur über Zürich (Turicum). Die eigentliche Zentralschweiz war, wie man sieht, ausgespart, die Ur-Kantone durften sich ihre eindrucksvolle Wildheit bewahren und ließen sich bekanntlich auch später, von den Österreichern, nur vorübergehend zähmen. In der Schweiz war es also nicht der Norden, wie bei den Germanen und den britischen Kelten, sondern ähnlich wie in freilich geringerem Maße in Gallien waren es die unzugänglichen oder nur mühsam zugänglichen Kernlande, die ohne Römereinflüsse und Straßen blieben. Anders als die späteren Italiener, die zwar keine militärischen Leistungen mehr vollbrachten, aber für Franzosen, Schweizer und Österreicher die herrlichsten Alpenstraßen bauten und die längsten Tunnels durch die Berge bohrten, mieden die Römer die Berge überall dort, wo sie diese nicht aus militärischen Gründen übersteigen mußten. Weder der Septimer noch der Große Sankt Bernhard erhielten Römerstraßen, die einen Vergleich mit den Heerstraßen in der Ebene aushalten würden; vermutlich beschränkten sich die Römer in beiden Fällen auf Stützbauten und die Gangbarmachung der schwierigsten Stellen und darüber hinaus auf jene organisatorischen Maßnahmen, die oft mehr als der Weg selbst bedeuteten: die Vorspanndienste, die Stallungen, die Herbergen, die Sicherung der Wege gegen die räuberischen Bergvölker, die ja durch Jahrhunderte kaum einem anderen Erwerb nachgingen als der Wegelagerei unter dem Kommando ihrer führenden Geschlechter.

Die eindrucksvollsten Römer-Reste kann man heute im mehrfach erwähnten Dorf Augst, zehn Kilometer östlich von Basel, sehen oder in Avenches an der Autostraße Lausanne-Bern, an der alten Straße Lausanne-Murten (ca. 50 km nordöstlich von Lausanne). In beiden Fällen schreiten die Ausgrabungen nach einer langen Zerstörungsphase im vorigen Jahrhundert heute merklich fort, wobei vor allem Avenches manche Überraschungen brachte. Das heutige Dorf nimmt nämlich nur einen kleinen Teil der Fläche ein, die einst von der Römerstadt, der größten der Schweiz, bedeckt war.

Römerstraßen sind für den Liebhaber nirgends außerhalb Italiens so leicht zu erreichen wie in den einst römischen Schweizer Landschaften. Im Raum Rheinau-Eglisau-Neunkirch, also in dem vertrackten Grenzgebiet westlich Schaffhausen, zwischen Rhein und Wutsch, ist die Suche ein wenig mühsam, weil die Römer sich wenig darum kümmerten, ob sie nun auf dem deutschen oder dem schweizerischen Ufer bauten. Eine alte Brücke tat hier 1800 Jahre lang Dienst, ist aber heute aus Römersteinen und Beton kombiniert (am Ende der Volkenbachschlucht, zwischen der Schlucht und der Einmündung in den Rhein). Die Römerstraßen in diesem für den ortsunkundigen Touristen schwierigen und riskanten Gebiet sind teils durch moderne Asphaltbahnen überdeckt, teils Kiesstraßen (Gächlingen, Siblingen, Schleitheim). Sehr genaue Karten sind erforderlich.

Ein Stück weiter südwestlich, bei Windisch, haben wir es wesentlich leichter. Der Ort am Zusammenfluß von Aare, Reuss und Limmat war für die Römer als Verkehrsknotenpunkt und Umschlagplatz der Binnenschiffahrt wichtig, und es scheinen Reisende, Kaufleute, Soldaten und Schiffer auch von außerhalb gewesen zu sein, die hier die zehntausend Plätze des großen Amphitheaters füllten; es gilt mit dem von Avenches als größtes der Schweiz. In dem Landzwickel zwischen Aare und Reuss liegt heute das Städtchen Windisch am nächsten an der Einmündung; das einstige Legionslager lag westlich davon und das Amphitheater (nur in Fundamenten zu sehen) noch weiter westlich. Unsere Straße, ein schönes Stück altrömischer, ja vielleicht vorrömischer Steinstraße über den Bözberg, erreichen wir über das kleine und altertümliche Brugg und den Weiler Alt-Stalden. Hier ist im Ortszentrum die Römerstraße gut angeschrieben, aber natürlich nur zu Fuß begehbar (zum Teil auch von der Höhe der Böschung aus unterhalb nur zu sehen). Die erkennbaren Gleise im Felsgestein waren zum Teil vorgearbeitet, um den Wagen eine gewisse Führung zu geben; sie entstanden vor allem beim Bergabfahren, wenn die Fuhrleute Ketten durch die Räder zogen, damit diese sich nicht drehten, sondern nur dahinrutschten (Mitteilung von Jerôme H. Farnum).

An die zehn Kilometer Römerstraße kann man – wenn auch nur im zweiten Gang – zwischen Sankt Wolfgang bei Balsthal und Langenbruck befahren, ein Teilstück wurde asphaltiert, etwa sieben Kilometer aber sind eine holprige, dünn beschotterte Straße in einer nur an wenigen Stellen die Römerstraße verlassenden Führung. (Das Straßenstück, in nächster Umgebung der bekannten Ruine Neu Falkenstein, ist für Nichtschweizer am leichtesten von der Autobahn nach Bern aus zu finden, Ausfahrt Oensingen.)

Auf einen interessanten Vergleich zwischen römischer und moderner Trassierung macht uns wieder Jerôme H. Farnum in seinem mit altbaedekerischer Fürsorglichkeit abgefaßten Hallwag-Buch über Schweizer Römerstätten und -ziele aufmerksam: Bei Vuiteboeuf im Großraum der Römerstadt Eburodunum (Yverdon) führen Römerstraße und moderne Straße von Vuiteboeuf hinauf nach Sainte Croix, auf dem gleichen Hang. Die moderne Straße mit ihren vielen Kehren braucht zur Überwindung der Höhe viereinhalb Kilometer, die Römerstraße 1300 Meter. Die Römerstraße löst sich, wie so oft, schon bei der ersten Haarnadelkurve oberhalb Vuiteboeuf von der modernen Trasse. Das, was nicht immer sehr gut lesbare Holzpfeile heute als *Route Romaine* bezeichnen, war ein Teil der alten Hauptstraße von Eburodunum nach Ariolica (Pontarlier) und weiter nach Vesontio (Besançon).

Das sieht alles heute ein wenig traulich-traurig aus, man hätte sich triumphale Plattenwege gewünscht, mit Merkurstatuen, Torbögen und malerischen, säulengeschmückten Rasthäusern und auf dem Großen Sankt Bernhard, gegenüber dem Hospiz, noch eine blitzblanke Rekonstruktion des Jupitertempels im Gedenken an die jahrhundertelange Arbeit römischer Legionäre und Hilfsvölker für diesen Alpenübergang. Aber Geschichte ist eben nicht Glamour, sondern Wirklichkeit; ihre Patina ist oft nur noch Blässe, und aus dem festen Straßengrund der steinernen Platten haben die zwei Jahrtausende eben schottriges Gebrösel gemacht...

Das glückliche Österreich hatte sich den Römern ohne nennenswerten Widerstand ergeben, so als hätten sich die Breonen, Räter, Vindelikier und wie sie alle hießen, stillschweigend auf jene neutrale Haltung geeinigt, die nur zu Gesten und Protesten verpflichtet, nicht aber zu blutigen Kriegen und Revolten. Das hatte seine Ursache wohl auch darin, daß man einander schon kannte. Um 180 vor Christus – also vor dem letzten Punischen Krieg, vor Marius, vor dem großen Sieg über Perseus von Makedonien – hatte sich schon die junge römische Macht eines Einfalls aus Österreich zu erwehren. Wetterunbilden und schlechte Ernten führten einen Keltenstamm aus dem Gebirge in die Gegend des späteren Friaul, wo die Römer die Eindringlinge am Weiterziehen hinderten. Noch vor den Kimbern und Teutonen und lange vor den großen germanischen Wanderzügen hatten also Alpenbewohner den Versuch gemacht, ihre unwirtliche Heimat mit südlicheren Wohngegenden zu vertauschen, und die Römer, die sich noch nicht einmal das etruskische Pisa unterworfen hatten, die Römer der Frühzeit also, hatten den Einfall abgewehrt. Und sie wären nicht die Römer gewesen, hätten sie es dabei bewenden lassen. Mit der Wachsamkeit des zur Weltherrschaft Berufenen, mit der Neugierde des großen Eroberers, gründeten sie im Bereich dieses Abwehrkampfes, zwischen Friaul und Oberitalien, die Hafenstadt und Festung Aquileia und machten sie zu einem Zentrum des Verkehrs nach Norden, zu einem Haupthandelsplatz mit den Zentral- und Ostalpen und den Ländern, die den Bergen vorgelagert waren.

Die Tatsache ist verblüffend, aber sie läßt sich anhand einiger Altstraßen beweisen, die schon in vorrömischer Zeit aus dem Raum nördlich des Adriatischen Meeres nach Kärnten hereinführten, und aus den politischen Folgen dieser Kontakte: Als die Römer zwischen 176 und 114 vor Christus langanhaltende Kriege gegen Küstenstämme im nördlichen und mittleren Dalmatien zu führen hatten, erwiesen sich die keltischen Taurisker im österreichischen Tauerngebiet als hilfreiche Römer-Freunde (Hospites Imperii Romani). Und gegen Ende jenes Jahrhunderts kam es zu der ersten Reichsbildung nördlich von Italien, einem keltischen Staatswesen mit dem Namen der illy-

Platte aus dem spätrömischen Silberschatz, der 1962 bei Kaiseraugst im Schweizer Kanton Aargau, einer ehemaligen römischen Siedlung, gefunden wurde (Als wichtiger Verkehrsknotenpunkt im Rheintal war Augusta Raurica eine der reichsten Römerstädte nördlich der Alpen. Diese Darstellung einer Stadt am Meer wurde wohl im 4. Jahrhundert vergraben, als die Siedlung Ziel germanischer Angriffe wurde.)

In den Fels gehauenes Teilstück des alten römischen Fahrwegs
über den Großen Sankt Bernhard

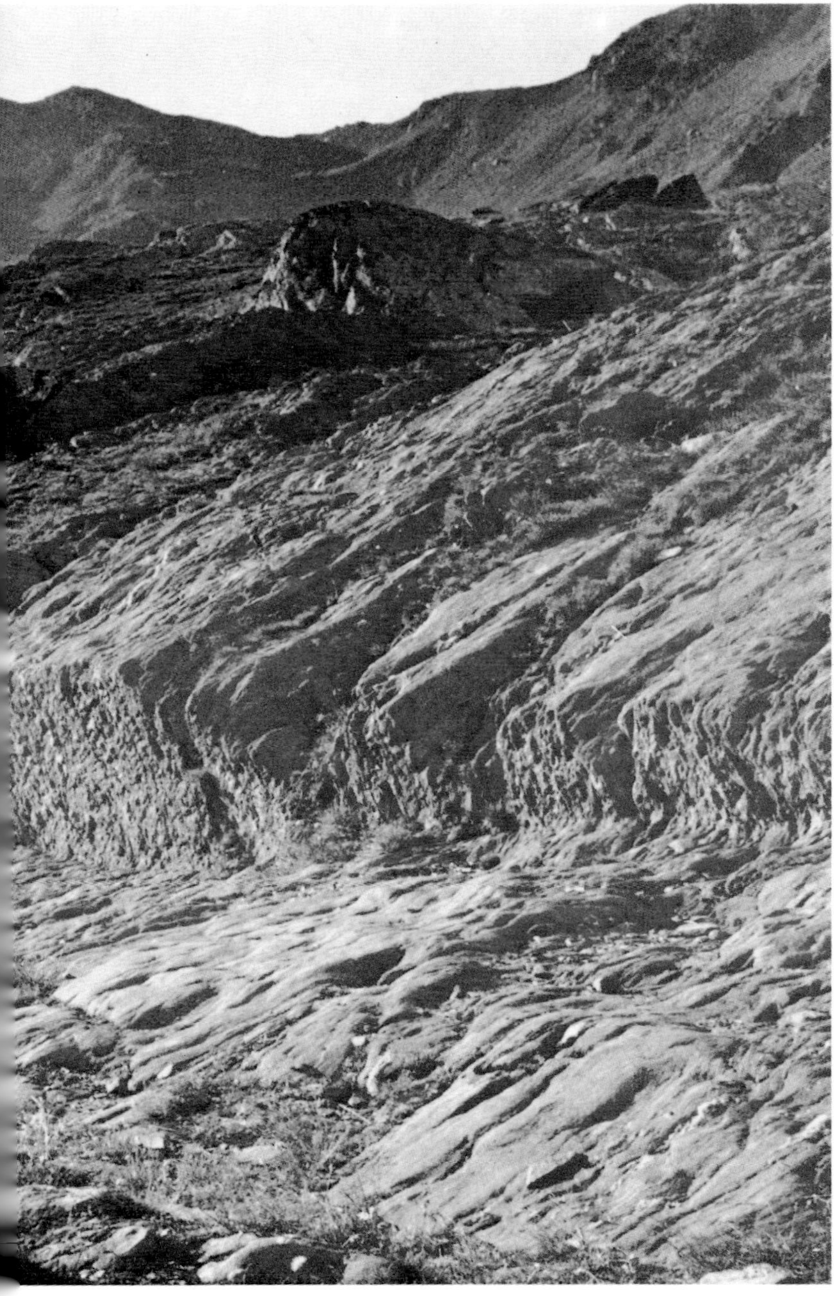

Gut erhaltener Abschnitt einer altrömischen Gleisstraße im Aosta-Tal, Norditalien

rischen Vorbevölkerung – es hieß Norikum, die Hauptstadt aber Noreia.

Wir kennen Münzen, wir kennen Könige, und wir wissen, daß das Verhältnis zu Rom von Anfang an ausgezeichnet war, so daß die Römer hier nicht als Eroberer auftraten, sondern nur als Schutzmacht, und nicht Legionen stationierten, sondern Hilfstruppen. Man hielt also schon damals viel von Nuancen, und in Österreich hatte man offenbar schon vor zweitausend Jahren dankbares Verständnis für diese Valeurs, auch wenn sie in der Sache kaum große Bedeutung erlangten. Gekämpft wurde jedenfalls nicht: So wie sich die Illyrer mit einer uns vage bekannten ansässigen Vorbevölkerung arrangiert und sich vor allem die Gebiete mit wertvollen Bodenschätzen gesichert hatten, so waren die Kelten zwischen die Illyrer eingerückt. Und als dann wieder Ruhe war, kamen die Römer...

Was in Gallien zu heldenhaften Kämpfen geführt hatte, zu Legenden wie jenen um Alesia und Vercingetorix, was in Spanien das unsterbliche Heldenlied von Numantia schuf, das vollzog sich im heutigen Österreich durchaus friedlich, ja sogar, wenn man die Formen jener Frühzeit richtig deutet, mit auffälliger Höflichkeit. Und da die Römer im allgemeinen keineswegs höflich, sondern eher herrisch auftraten, muß man das Verdienst dieser friedlichen Übereinkünfte doch wohl den Ur-Kärntnern zubilligen. Als im Jahr 45 nach Christus Norikum endlich römische Provinz wurde und zum Kernstück eines römischen Österreich, da war das nur noch eine juristische Formel und geschah gleichsam der Ordnung halber, um die Noriker nicht ins Hintertreffen zu bringen gegenüber etwa den Galliern, die zum Teil ja schon römische Bürger waren.

Von nun an waren die Alpen zwischen Genfer See und Inn Teil der Provinz Raetia; zwischen Inn und Leitha, der oberen Save und der Donau bildeten sie die Provinz Norikum, und östlich davon begann Pannonien mit Neusiedler- und Plattensee und über die Save nach Süden reichend. Von heute nicht mehr österreichischen Städten gehörten Cilli (Celeia) zu Norikum; Pettau (Poetovio) und Emona bei Laibach waren wichtige Römerstädte an den Grenzen Norikums, aber schon auf dem Boden Pannoniens. Die erst in der Kaiserzeit überschrittene Nordgrenze bildete der mächtige Donaustrom; er war zugleich die wichtigste Verkehrsader dieser Provinzen, da er Lastentransporte und Reisen ungleich einfacher gestaltete und

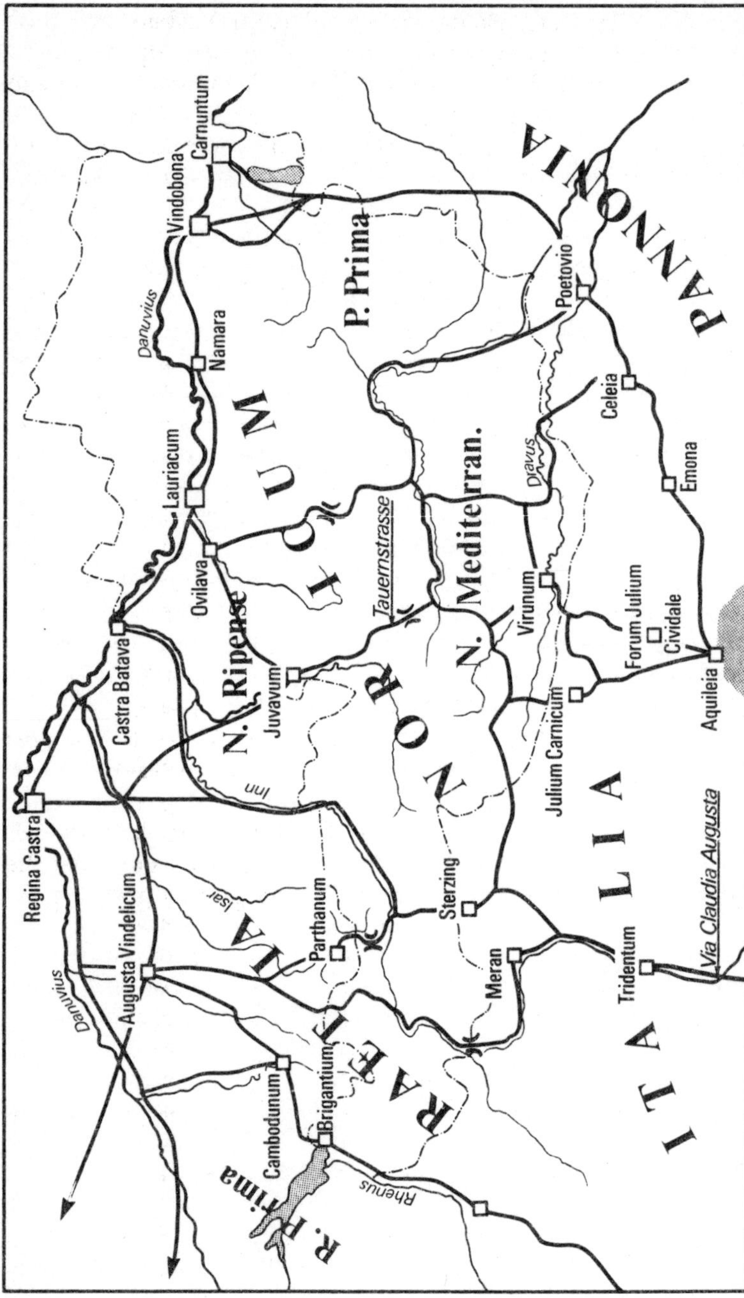

Carnuntum
Vindobona
Danuvius
Namara
Lauriacum
Ovilava
Castra Batava
Regina Castra
Augusta Vindelicum
Danuvius
Isar
Inn
Parthanum
Juvavum
Cambodunum
Brigantium
Rhenus
R. Prima
RAETIA
N. Ripense
NORICUM
N. Mediterran.
P. Prima
PANNONIA
ITALIA
Tauernstrasse
Sterzing
Meran
Tridentum
Via Claudia Augusta
Virunum
Dravus
Poetovio
Celeia
Emona
Julium Carnicum
Forum Julium
Cividale
Aquileia

schneller bewältigte als die auch nach dem Ausbau durch die Römer noch sehr schwierigen und gefährlichen Alpenpässe.

Während aber die Wellen der Donau keines der zahllosen Bilder festgehalten haben, die sie im Lauf der Jahrtausende spiegelten, nicht die Römer, nicht die Hunnen, nicht die Burgunder und nicht das Abbild des heiligen Severin, bewahrt der Fels der Alpen die Spuren der Römer, die Gleisrillen, die unendliche Mühe von Legionären und Sklaven bei der Bearbeitung des Gesteins ohne die Hilfen späterer Zeit, ohne Pulver, ohne Bohrgeräte, ohne genaue Messungen.

Was wir heute noch sehen, was unsere Väter und Großväter gefunden haben, ist viel, wenn man bedenkt, daß seit dem Abzug der Römer immerhin sechzehn Jahrhunderte verstrichen sind; aber es ist wenig, wenn man sich vergegenwärtigt, welche Rolle das Römische Reich und seine Zivilisation, die Legionen und der Verkehr der Kaiserzeit auch in den Alpen und nördlich von ihnen gespielt haben. Im Grunde ist eine ganze Welt versunken, und was uns von ihr geblieben ist an Sichtbarem, an Erbe zum Anfassen, das ist nicht mehr als eine Summe von Zeichen und Hinweisen. Sie würden unverständlich bleiben ohne die reiche schriftliche Überlieferung aus den sieben Jahrhunderten römischer Staatsmacht, ohne den Fleiß der großen und kleinen Historiker, die jedes Jahr dieser großen Zeit mit ihren Kommentaren und Berichten versehen haben und zum Schluß, als dann alles dastand, zu diesen Niederschriften auch noch die ungefügen Karten der Itinerarien gesellten.

Diese Itinerarien, die Wegweiser, brauchte der Mensch vor allem in den Alpen, wo der Winter länger dauerte, wo die Nacht früher hereinbrach und die Siedlungen nicht selten Tagereisen voneinander entfernt waren. Wer sich auf den beschwerlichen Weg über die Berge einließ, wagte eine Expedition. Das war so bis ins hohe Mittelalter und blieb im Grunde trotz der dankenswerten Gründungen von Hospizen so bis zu den ersten Alpenbahnen. Denn so lange man mit dem Saumtier unterwegs war, bedeutete auch eine gute Alpenstraße noch immer tagelangen Aufenthalt in den Bergen, eisige Nächte, unversehens einbrechende Schneestürme selbst im Sommer und Lawinengefahr noch, wenn im Tal schon alles blühte.

Es gibt keinen deutlicheren Beweis für das Selbstbewußtsein, für das Überlegenheitsgefühl der Römer als die Straßen, die sie aus dem milden Italien in die rauhe Bergnatur des Alpenbogens hineinbauten und über ihn hinwegzogen, als gelte es nur, Schnüre durch ein Beet zu spannen. Sie waren unbeirrbar, sie dachten gar nicht an die Möglichkeit von Mißerfolgen oder Niederlagen, und erst das Mittelalter wird das große Schrecknis der Bergwelt wieder kennen, den Dämonenglauben, die Berggeister, die Gnomen und Feen und Hexen. Der römische Legionär, woher immer er kommt, gehorcht seinem Befehl und setzt einen Fuß vor den anderen, legt einen Stein an den anderen, bis die Straße, schmal, aber fahrbar, schwindelerregend, aber nicht zu verfehlen, über Schluchten und Schründen hinzieht und den Berg bezwingt.

Daß sie nicht nur große Organisatoren und bewundernswerte Gesetzgeber waren, sondern auch ausgezeichnete Ingenieure, zeigen uns nicht nur Brücken, Gewölbe, Tempel und Badeanlagen, sondern auch die Römerstraßen in schwierigsten Gegenden. Wie gut sie ihre Sache gemacht haben, konnten natürlich jene Fachleute späterer Jahrhunderte beurteilen, die an den gleichen Hangstücken trassieren mußten; im Gebirge hat der Straßenbauer ja nur selten die Wahl, die Pässe sind selten und sie müssen genutzt werden.

»Ich beging... die Trasse zwischen der Franz Josephs-Höhe und dem Glocknerhaus«, schreibt Franz Wallack, der Erbauer der Großglockner-Hochalpenstraße in seinen Erinnerungen, »und suchte mir, so weit dies bei der herrschenden Schneelage möglich war, die günstigsten Punkte für die am Hang unterhalb der Freiwand erforderliche Kehrenentwicklung aus. Dann marschierte ich zum Kasereck zurück und besah mir den Hang zwischen Kasereck und Fleißtal, auf dem der obere Ast der neuen Straßenentwicklung verlaufen sollte.

Auf diesem Hang führte in fast gleichmäßigem Gefälle vom Kasereck bis zum Fleißtal ein etwa zwei Meter breiter Almweg, in dem ich an einzelnen Stellen unschwer die Überreste der alten Römerstraße erkennen konnte. Diese Weglinie eignete sich ganz vorzüglich auch für den zu planenden Straßenzug.«

Und an einer anderen Stelle schreibt Wallack zum gleichen Sachverhalt:

»Damit erreichte ich die Mellitzenwand, den Westabbruch des Lacknerberges. Am Fuße dieser Wand weitertrassierend, gelangte ich mühelos auf den Fallbichl. Bei dieser Trassierung erlebte ich etwas Merkwürdiges. Als ich, wenige hundert Meter von der Kasereck-Kapelle entfernt, die erste Kehre in die Straßenlinie einlegen mußte, entdeckte ich, daß hier schon einmal eine Wegkehre gelegen hatte. Ihre Spuren waren zwar schon stark verwischt, aber das geübte Auge des Straßenbauers konnte sie ohne weiteres als solche erkennen. Als ich dann in südöstlicher Richtung weitertrassierte, arbeitete ich haargenau auf den Überresten einer alten Wegeanlage, die in der gleichen Steigung führte. Und die zweite Kehre, die ich schließlich anlegen mußte, lag wieder genau auf den Überresten einer alten Wegkehre... Vor vielen Jahrhunderten, vielleicht sogar vor Jahrtausenden, hatte schon ein anderer vom Kasereck zum Fallbichl trassiert, hatte sich dabei von den gleichen Überzeugungen leiten lassen wie ich und mit primitiven Instrumenten die Aufgabe in derselben Weise gelöst. Diesem anderen bin ich dann in den folgenden Wochen noch oftmals in den sichtbaren Überresten seiner bewundernswerten Arbeit begegnet... Bewundernswert war die Arbeit in Bezug auf den großen Gedanken der Linienführung, die in groben Zügen der heutigen Scheitelstrecke der Großglockner-Hochalpenstraße entspricht.«

Das Erlebnis, das für einen gebildeten Ingenieur mindestens ebenso erregend sein muß wie für den Historiker, wiederholte sich für Wallack noch einige Male; wir lesen nicht selten Bemerkungen wie: »Ich wählte eine Linie, die zuerst der Römerstraße folgte...« oder »außerordentlich vorsichtig war hier die alte Römerstraße trassiert, die allen Schneelöchern auswich« (die auf dem Oberen Naßfeld tatsächlich häufig sind).

Der Sachverhalt, der sich daraus ergibt, ist beinahe sensationell, denn die Großglocknerstraße ist mit ihren achtzig Kilometern bis heute die schönste, abwechslungsreichste und damit für den Benützer dankbarste Hochalpenstraße geblieben. Sollten wir in der Straßenbaukunst in zweitausend Jahren nur technische Fortschritte erzielt haben? Sollten wir nur durch die Decke und das Raffinement des Unterbaus über die alten Römer hinausgelangt sein, im ersten schöpferischen Entwurf einer Straßenanlage aber neben ihnen stehen?

Es ist heute nicht ganz leicht, sich zu Straßen in alpinen Gefilden zu bekennen; fährt man die einst beinahe paradiesische, ruhige und großzügige Hochtalstraße zum Julier hinauf, so dehnen sich links und rechts der Straße erschreckend große Flecken toten Nadelwaldes fern jeden Industriebetriebes. Um so besser aber vermag man sich vorzustellen, welche echte und wichtige Funktion die ersten Straßen in das Gebirge, durch das Gebirge gehabt hatten, und sie waren fast alle Römerstraßen: Vorher hatte es nur Saumpfade oder Almwege für Mensch und Vieh gegeben.

In der Begeisterung über diese unbestreitbare Leistung der Römer, eine Reihe von Großtaten, die nicht kriegerisch, grausam, tyrannisch zu nennen waren, sondern über die man sich freuen durfte, in jener Phase erster Hochstimmungen sah man zunächst überall Römerstraßen, wo das Gebirge begehbar gemacht worden war. Dann kam der große Rückschlag durch die zur Skepsis verpflichteten Gelehrten, und die Zahl der Römerstraßen nahm wieder ab: Mancher Weg wurde den Kelten oder den Illyrern zugewiesen, mancher andere dem Mittelalter. Große Fachforscher wie Richard Heuberger, der das Glück hatte, sein Leben dem alten Rätien widmen zu dürfen, verlangten volle und letzte Gewißheit, ehe sie eine Römerstraße in ihre Karten eintrugen. Professor Heuberger schrieb mir einmal in seiner apodiktischen Altherren-Freundlichkeit, »über den Glockner hat niemals eine Römerstraße geführt«. Vielleicht war sie ebensowenig befestigt wie die erste Glocknerstraße des Hofrats Wallack, der beim Trassieren ja auch keine Straßen- und keine Meilensteine gefunden hat, sondern nur die Schlingen und Kehren eines römischen Straßenbauers.

Man sieht, der Unsicherheiten sind viele, und doch halte ich es für das erregendste Erlebnis der ganzen Römerstraßen-Suche, wenn man ihnen in den Bergen nachspürt. Es gibt sie ja noch *un peu partout*, unauffällig, wie Altstraßen sind, andererseits aber auch unsterblich, weil sie dem Schicksal wenig Angriffsflächen bieten. Man muß schon über sie hinbauen, sie mit Asphalt überziehen oder Fabrikhallen auf ihnen querstellen, um sie zum Verschwinden zu bringen. Und all das geschieht in den Bergen eben nicht...

Beginnen wir, um nach diesem Vorspruch ein wenig Ordnung ins Kapitel zu bringen, im Osten und mit jenem Aquileia, mit dem die Römer ihre Alpenerschließung begannen. Die Stadt war der Nordendpunkt der Adria-Schiffahrt und dadurch ein Umschlagplatz ersten Ranges. Venedig existierte noch nicht, die Städte an der heute jugoslawischen Küste hatten wegen der istrischen und norddalmatinischen Hügel nicht jene mühelose Verbindung hinaus in die Ebenen wie Aquileia. Die Stadt, die heute bedeutungslos geworden ist, hatte zwischen 180 vor Christus und jenem Jahr 452, als Attila ihre Einwohner in die Lagune hinaus und ins künftige Venedig trieb, ihre sechs großen Jahrhunderte. Was seither kam, wurde nicht einmal mehr ein Abglanz.

In der Zeit jedoch, als die Römer ihre Fernstraßen durch Europa zogen, als hätte ihnen irgend jemand die siebenhundert Jahre ihrer Herrschaft im voraus verbrieft, da erwies sich die Gunst der Lage als schicksalhaft für diese Stadt. Was von den Schiffen kam, fand viele Wege. Der beste führte nach Westen, in die Po-Ebene, ins längst erschlossene Italien. Kaum minder gut aber war die Straße nach Osten oder genauer Ostnordost: Sie führte über den niedrigsten aller Alpenpässe, die heutigen Iulischen Alpen, über Nauportus und Emona (Laibach) auf die Save zu und weiter über Celaia (Cilli) nach Poetovio (Pettau), endlich am Alpenostrand nach Norden. Diese nun im flachen Pannonien verlaufende Straße war bis zur Donau, die sie bei Carnuntum erreichte, als römische Überlandroute ausgebaut und stark begangen – sie führte aber viel weiter und erlangte besonderen Ruf als die sogenannte Bernsteinstraße.

Im milden Kärnten hat man die Römerstraßen und ihre Führung besser studiert und genauer erfaßt als irgendwo sonst auf deutschem Boden. Solange das alte Österreich noch existierte, war ja der gesamte Raum von Laibach und Aquileia im Süden bis über die einstigen römischen Provinzen Pannonien und Norikum hinaus zur Donaugrenze ohnedies in einem einzigen Staatsgebiet vereint und damit so überschaubar wie einst zu Römerzeiten. Damals arbeiteten emsige Heimatforscher mit der Ruhe, die eine lange Friedenszeit gewährte und der Bedächtigkeit, wie sie Kaiser Franz Joseph I. ihnen allen vorlebte, ganze Menschenalter lang hingebungsvoll an ihrem Thema. Die neuere Forschung ist darum nur noch zufallsweise, durch den einen oder anderen glücklichen Fund, über das hinausgelangt, was in den Jahren 1843-70 erarbeitet wurde und wir somit heute in einem ehrwürdigen Band in Händen halten: *Kärntens römische Alterthümer* vom K.K. Oberlandesgerichtsrathe Mich. F. von Jabornegg-Altenfels, Herausgegeben mit Unterstützung der Kaiserlichen Academie der Wissenschaften in Wien.

Der kostbare Band setzt naturgemäß ebenfalls mit Aquileia

ein und ergänzt die Mitteilungen, wie sie die Peutingersche Tafel und das Itinerar des Antoninus in der Kargheit der Landkarten enthalten, durch den eigenen Augenschein. Die erste, östliche Straße verlief, wie oben bereits skizziert, in Richtung auf Laibach und hatte zur Bequemlichkeit der Reisenden und ihrer Sicherheit auch zwischen den städtischen Rastpunkten kleine Stationen, die in den verschiedenen Epochen des Römerreiches bald Vicus, bald Mansio heißen. Die erste, von Aquileia an gerechnet, lag an der Isonzobrücke bei Görz, dort, wo die Römerstraße diesen Fluß überschritt, die zweite ebenfalls an einem Fluß, und zwar bei der Wippach. Die dritte war schon eine Paß-Herberge, das Posthaus auf der Planina-Alpe. Es ging weiter nach Loitsch, dem heutigen Hauptort der Gegend, wobei die Wegstrecken im Gebirge erheblich kürzer angesetzt waren als die in der Ebene. Erst von Loitsch nach Oberlaibach, dem römischen Nauportus, mußten wieder zwölf römische Meilen zurückgelegt werden, also rund achtzehn Kilometer. Die erste wirkliche Stadt auf dieser Straße war Emona bei Laibach, sie gewann ihre Bedeutung aus dem Save-Übergang elf Meilen weiter, weil sich hier die Kaufmannszüge sammelten, aber auch die Truppen mit ihrem Material, ehe der bedeutende Fluß durchquert wurde.

Kleinen Flußtälern folgend, die immerhin leichter zu begehen waren als die Gebirgsrücken, wand sich die Straße dann nach Norden von Krain nach Kärnten hinein. Der Punkt der Nordwendung hieß Upellum, später Weitenstein, heute Vitanje. Zwischen den Tälern der Paka und der Mislinja mußte der niedrige Paß, eher Sattel, von Huda Lukna überwunden werden, dann gewann die Römerstraße die Richtung auf Windischgräz, in römischer Zeit kurz Collatio genannt, und nach Juenna beim heutigen Globasnitz, einem slowenischen Dorf im südlichen Kärnten. Die letzte Wegstrecke ins norische Handels- und Verwaltungszentrum Virunum war vergleichsweise einfach zu trassieren, sie führte schließlich auf das sogenannte Zollfeld und bis zum heutigen Maria Saal.

Da diese Straße nur ausnahmsweise von berühmten Persönlichkeiten benützt wurde – Mark Aurel scheint einmal auf ihr gereist zu sein und Jahrhunderte nach ihm der heilige Martin – geben die Reiseberichte, wie wir sie so ausgiebig von anderen Straßen besitzen, vergleichsweise wenig Auskunft. Auch heute liegen die Straßen rund um die Petzenalpe und Eisenkappel im Windschatten des großen Verkehrs. Man kämpft sich die Höhen hinan, stellt fest, daß hier ein alter Alpenübergang neben dem anderen lag, trifft aber nur auf Forstfahrzeuge.

Da das Fremdenvölkchen vom Klopeinersee lieber in der Sonne liegt als Exkursionen macht, ist man in den Altertümern von Globasnitz völlig allein, in dem Pfarrdorf an der Stelle des römischen Straßenrastpunktes Juenna. Im Mies (Mislinja)-Tal stößt man da und dort auf uralte Fundamente, das Flüßchen netzt die Reste eines alten Rundbaues, und vor der kleinen Kirche Sankt Barbara bei Prävali hat man vor mehr als hundert Jahren ein ziemlich großes römisches Denkmal aus Sandstein ans Licht gefördert, die Darstellung eines Mannes in vorderasiatischer Tracht, der einen geflügelten Genius mit einem Kästchen bei sich hatte. Ähnlich geheimnisvoll waren auch die Darstellungen auf Stein, die sich in Globasnitz fanden: eine weibliche Figur mit rundem Schild und Stab und ein verschleierter Mann, der Blumengehänge trug, in beiden Fällen also wohl Gottheiten. Zahlreicher sind die in Globasnitz gefundenen Gedenk- und Gelübdesteine für Männer und Frauen mit römischen Namen, aber auch keltische Namen (Boniata, Disocn) kommen hier vor, zum Teil mit römischen Endungen, die den Besatzern die Aussprache erleichterten. Es scheint sicher zu sein, daß in jenem südostkärtnerischen Winkel, der heute lediglich strategische Straßen aufweist, vor zweitausend Jahren echtes Leben mit lebhaftem Südnordverkehr herrschte.

In einem Maß, wie es sich nördlich der Alpen nur an ganz wenigen Punkten ergeben hat, leben die Kärntner Bauern und Grundbesitzer heute mit ihrer römischen Vergangenheit. Wenn die Römerstraße von Globasnitz aus auf das Schloß Drauhofen zuführte (das damals natürlich noch nicht existierte), dort die Drau überquerte und in nordwestlicher Richtung weiter auf die Gurk zuhält, dann durchschneidet sie heute dicht besiedeltes Gebiet im östlichen Vorfeld der Landeshauptstadt Klagenfurt. Die Funde, die Herrn von Jabornigg vor mehr als hundert Jahren gelangen und gemeldet wurden, sind heute damit rarer geworden, aber darum nicht völlig versiegt. Die Gurk wurde bei der Sillebrücke überquert; die heutigen Pfarrdörfer Sankt Thomas am Zeiselberg und Timenitz lagen links und rechts der Straße, das Dorf Stuttern oberhalb.

Dann mündet die Römerstraße in die Zollfeldebene, in der mit Virunum die römische Hauptstadt der alten Keltenherrschaft Norikum lag.

Erst im vorigen Jahrhundert gelang es, diese im Jahr 50 gegründete Stadt einwandfrei zu lokalisieren. Der bekanntlich mit einem soliden Verstand ausgestattete Kaiser Claudius hatte es nämlich als überflüssig erkannt, die alte norische Hauptstadt auf dem Magdalensberg beizubehalten, garantierten doch die Legionen die Sicherheit von Land und Verkehr, so daß Städte durchaus auch in der Ebene liegen konnten. Ausgrabungen, die vor allem nach dem Ersten Weltkrieg gefördert wurden, zeigten uns eine Römerstadt auf dem Westhang des Töltschacherberges und auf der untersten Uferterrasse des Flusses Glan, der das sogenannte Zollfeld von Norden nach Süden in Richtung auf Klagenfurt durchströmt.

Die Stadt wurde mit dem von Rudolf Egger freigelegten römischen Theater und etwa vierhundert Inschriftensteinen eine der reichsten Fundstellen römischer Altertümer im Alpenraum und erwies sich dadurch als ein Verkehrsknotenpunkt mit halbindustriellen Betrieben. Der interessanteste, der für nicht wenige Schwertransporte auf den Straßen sorgte, war eine Steinmetzwerkstatt mit offenbar sehr zahlreichen Kopieraufträgen. Sind auch die Römer nicht, wie man gelegentlich lesen kann, lediglich Nachäffer der griechischen Kunst gewesen, so bestand doch angesichts des kulturellen Anspruchs der wohlhabenden Villenbesitzer und durch die zahlreichen öffentlichen Bauten ein Dauerbedarf an Bildwerken. Norikum brachte nun zwar keinen Praxiteles hervor, der diesen Aufträgen nachgekommen wäre, aber immerhin einen unbekannten, jedoch begabten Ober-Kopisten, der als Meister von Virunum in die Kunstgeschichte eingegangen ist. Er konnte nicht, wie seine römischen Kollegen, nach Originalen kopieren, sondern mußte sich an vorhandene Kopien halten. Andererseits aber zeigte er deutlich die Tendenz, diese klassischen Vorbilder der kärntnerischen Mode jener Zeit anzunähern: »Eine schöne Frauengestalt nach dem Vorbild einer Artemisstatue des großen griechischen Künstlers Praxiteles erhielt statt des griechischen Chitons ein norisches Ärmelhemd und einen typisch einheimischen Gürtel, Brustschmuck und mantelartigen Umhang und wurde somit zur Göttin Noreia« (P.S. Laber). Diese Tendenzen legen die Vermutung nahe, daß der Meister ein begabter Kelte war oder daß seine Auftraggeber – die ja zum Teil Kelten waren, wie uns viele Namenstafeln verraten – ausdrücklich den Wunsch geäußert hatten, Statuen mit heimisch aussehenden Göttern auf ihren Besitzungen aufstellen oder in ihren Villen verehren zu können.

Im kunstsinnigen Virunum fand sich übrigens auch eine Grabplatte mit der bildlichen Darstellung des ›Guten Hirten‹; sie gilt als die älteste Schöpfung christlicher Kunst auf österreichischem Boden. Auf dem nahen Grazerkogel fanden sich Reste einer frühchristlichen Kirche, aus der man geschlossen hat, daß Virunum in spätrömischer Zeit bereits Bischofssitz war. Andererseits kamen 1967 und 1968 aus den Äckern zwischen Virunum und der Drau immer wieder heidnische Altäre zum Vorschein, und die Hinweise auf eigene lokale Kulte stammen aus allen römischen Jahrhunderten Kärntens.

Das Haupttransportgut auf den Römerstraßen war zumindest in der Nordsüdrichtung das, was aus den Bergwerken Norikums gefördert wurde. Man hat auf dem Magdalensberg nordöstlich des Zollfelds, in der alten Norikerhauptstadt, deutliche Hinweise auf intensiven grenzüberschreitenden Handel, also auf Ferntransporte, gefunden und Namen wie Paraphen orientalischer und nordafrikanischer Händler, ja einer ganzen offensichtlich sehr erfolgreichen Sippe. Dieser Handel reichte zweifellos in die Zeit vor der Angliederung Norikums, also ins letzte vorchristliche Jahrhundert zurück, sonst wäre ja nicht der Magdalensberg mit seiner auf dem Hügel geschützt liegenden alten Siedlung der Zielort gewesen, sondern die am Kreuzungspunkt der Römerstraßen bequemer gelegene neue Stadt Virunum. An der erwähnten Sillebrücke über die Gurk fanden sich neben Gegenständen aus Erz auch zahlreiche Münzen und in dem Dorf Wutschein eine stark verstümmelte römische Kolossalstatue, liebten es doch die Römer, vor allem an ihren Straßen den Schutz der Götter anzurufen.

Die Römer konnten auf ihren schmalen Bergstraßen stärkere Steigungen in Kauf nehmen, als dies heute der Fall ist, denn wenn auch unsere modernen Kraftfahrzeuge im ersten Gang ausgesprochene Steilstrecken bewältigen, so sind sie doch gegen Eis und Schnee auf der Fahrbahn ungleich anfälliger als die Saumtiere und die Gespanne, mit denen sich der Frachtverkehr der Römerzeit über die Pässe quälte. Dennoch fällt auf, daß die Römer Steigungen von mehr als fünfzehn Prozent vermeiden und eigentlich nur in einem Punkt ziemlich radikal trassieren – sie suchen auch im Bergland stets die kürzeste, die möglichst direkte Strecke. Das mag seinen Grund darin haben, daß die topographische Aufnahme der zu durchquerenden Landschaften doch noch zu wünschen übrig ließ. Kunstvoll ausgreifende Schleifen, wie sie etwa die Kärntner Mölltalstraße so prächtig zeigt, eine Straße, auf der man beinahe die Hände vom Steuer nehmen kann, weil sie sich so natürlich ins Tal einbettet, die waren also nicht die Sache der Römer: Die Ingenieur-Offiziere, die für die Legionen die Richtschnüre spannten, waren von dem Bewußtsein durchdrungen, daß Rom sich nicht nur die Völker, sondern auch deren Boden unterworfen habe.

Die Straßensuche der Archäologen und Heimatkundler geht daher in der Regel von der möglichst geraden Verbindung zwischen zweien jener Orte aus, welche die Römer offensichtlich in ihr Straßennetz einbeziehen wollten. Der Ausgangspunkt Aquileia ist zweifelsfrei festzustellen, das junge Virunum im Zollfeld war der natürliche Nordpunkt und Verteilerkopf für das Norikum mit dem Römerreich verbindende Straßensystem. Die nicht nach Osten, sondern nach Norden aus Aquileia hinausführende Straße steuerte darum aller Wahrscheinlichkeit nach den niedrigen Predilpaß an, eine nur 1165 Meter hohe Einsattelung in den Julischen Alpen, an der heute die italienisch-jugoslawische Grenzabfertigung stattfindet. Von dort ging es technisch problemlos über das heutige Tarvis und Villach in die Kärntner Seenniederung. Neben dieser offenbar wichtigen Straße begingen Händler mit Saumtieren aber auch eine weiter östlich verlaufende, die Karawanken überquerende Route, deren Nordendpunkt das heute so freundlich und harmlos in der Ebene liegende Eberndorf war: Römerfunde waren jedenfalls auch hier, im Jauntal, häufig.

Die Hauptstraße nach Norden überschritt die Drau bei einem heute blühenden und selbstbewußten Gemeinwesen, der Stadt Villach. Für die Römer war sie, wohl des Flußübergangs wegen, eine kleine Straßenstation und hieß Santicum. Die Meilensteine weisen aus, daß die Entfernung von hier nach Virunum dreißig Millien oder 45 Kilometer betrug.

In dem seit alters dicht besiedelten Seengebiet ist es schwierig, die Straßen aus römischer Zeit zu verfolgen. An Flußufern und Seen war wegen des leichteren Verkehrs und wegen der

Nahrung aus dem Wasser die Bevölkerungsdichte schon in vorgeschichtlicher Zeit stets viel höher als im Umland, und zwischen Villach und dem Zollfeld gab es auch schon im Mittelalter die verschiedensten Wege. Hier muß die mündliche Überlieferung helfen, das Gedächtnis der Ansässigen, und es erweist sich oft als verblüffend verläßlich. Namen wie Heidenweg oder oberer Heidenweg deuten naturgemäß auf eine vorchristliche Straße hin, und wenn im sogenannten windischen Bereich, also dort, so Slowenen wohnen, eine Straße *rimska cesta* (römische Straße) heißt, dann weiß man auch, daß sie von den Römern erbaut, aber noch lange nach dem Ende der Römerherrschaft benützt wurde und sich darum der Erinnerung der slawischen Bauern und Händler einprägte, die im sechsten Jahrhundert hierher kamen.

Die durch hohe Gebirge vom übrigen Österreich und der Millionenstadt Wien getrennten Kärntner haben sich aus den verschiedensten Gründen (und nicht zuletzt wohl wegen des Anteils fremder Völker an der Kärntner Geschichte) über die eigene Vergangenheit gebeugt und den Heimatboden beinahe Meter für Meter erforscht. Die Ermittlung des Römerstraßenverlaufs zwischen Villach und dem Zollfeld, wie sie Paul Siegfried Leber in siebzehnjährigen Bemühungen gelungen ist, kann als kennzeichnend für die Intensität dieser Bemühungen gelten, sagt uns aber auch, daß man darüber wohl nicht mehr hinauskommen wird. Was Leber zwischen der auf römischer Trasse verlaufenden Villacher Italienerstraße und der Einmündung ins Zollfeld über den Straßenverlauf ermittelt hat, sind Feststellungen in letzter Stunde. Die neue Autobahn am Wörthersee-Nordufer mit ihren gewaltigen Erdbewegungen hat hier uralte Spuren für immer verwischt. Zwischen dem großen Autobahnknoten östlich von Villach, der Burg Landskron und dem nördlichen Vorfeld der Autobahnraststätte Wernberg befinden wir uns jedoch in einer noch locker bebauten Gegend mit kleinen Waldstücken, Wiesen, vereinzelten Gehöften und Erhebungen. Hier bietet sich – dank Lebers verdienstlichen Detailermittlungen – die Möglichkeit einer Fußwanderung tatsächlich auf den Spuren der alten Römer, denn man findet den Ausgangspunkt verhältnismäßig leicht an der Ostseite der neuen Hauptschule von Landskron (Theodor-Körner-Straße). Die alte Römerstraße »setzt sich jenseits der Theodor-Körner-Straße als geradliniger Feldweg fort, der durch den ehemaligen

Seebacher Wald ging«. Von diesem Wald ist leider nur noch ein Gehölz erhalten, durch das die einstige Römerstraße als Waldweg führt und die Zufahrtstraße zur Burg Landskron überquert. Im weiteren Verlauf durchquerte die Römerstraße die heutigen Felder beim Dorf Sankt Michael, wobei das Haus Sankt Michael 1 mit dem Hofnamen Marx der eine Orientierungspunkt ist, die Wegkapelle zum heiligen Michael der zweite, ein alter Hof mit dem Hausnamen Mente der dritte – er steht nach der Überlieferung noch auf Fundamenten aus römischer Zeit.

Die bedeutendsten Funde aus dieser Gegend sind wiederum zwei Volcanus-Altäre, was sich aus der Bedeutung der Bergwerke und der Erztransporte erklärt, ein Grabstein aus Sankt Michael und Römersteine in der Pfarrkirche Gratschach. An einer schwierigen Stelle der Straße nahe Villach, beim Kirchlein von Sankt Leonhard, sind noch Wagengleise (Spurrillen) zu sehen. Es ist allerdings nicht mit Sicherheit zu sagen, ob sie – wie Leber vermutet – durch langjährige Benützung in den dort weichen Fels eingegraben wurden oder ob man sie, zur Erleichterung der Passage und um das Abrutschen der Wagen zu vermeiden, in den Stein eingearbeitet hat. In Sankt Michael fand sich ein Gedenkstein, der dem Caius Crispinius Rufus und seiner Gemahlin Barbia Bonia von deren Kindern errichtet wurde, das Dokument einer römisch-keltischen Familiengründung auf Kärntner Boden, wenige hundert Meter von der heutigen Seeufer-Autobahn...

Nördlich der Autobahn, etwa zwischen Oberjeserz und dem großen Dorf Techelsberg, läßt sich erkennen, daß die Römer erhebliche Schwierigkeiten mit dem sumpfigen Grund hatten; und was ihnen Umwege und Neubauten aufnötigte, das erschwert natürlich auch uns die Auffindung der Straße. Es gibt hier Felder, wo in trockenen Sommern die Steine der Römerstraße erkennbar werden; es gibt felsige Strecken, auf denen man den Abrieb durch die Räder und die Gleisrillen erkennen kann, und es gibt weite Strecken, wo die Römer in den vierhundert Jahren ihrer Anwesenheit in Kärnten bisweilen drei oder vier Straßen für die gleiche Distanz hinterließen, weil die Bodenbeschaffenheit im Sumpfgrund zu immer neuen Trassierungen nötigte. Hier sind Dämme und Stützmauern in den weichen Boden versenkt, und manchmal hat der Altstraßenforscher von heute die Qual der Wahl zwischen drei oder vier nebeneinander durch einen Wald führenden Römerwegen.

Die je nach der Witterung in ihrer Ausdehnung wechselnden Sumpfwiesen zwangen die Römer zum Beispiel im Raum Trabenig-Hadanig, hoch oben an einem ziemlich steilen Hang, am heutigen Waldsaum zu bauen; wegen der Schwierigkeiten, die Fahrzeuge hier vorfanden, wurden auch hier Gleise vorgearbeitet. An anderen Stellen finden sich von Rädern abgeschliffene Felspartien. Der Weg führt nach Schwarzendorf und heißt heute noch Römerweg; einige der alten Stützmauern gegen rutschendes Erdreich haben sich erhalten.

Daß die Römer in solchen Gebieten ihre Straßen pflastern mußten, ja daß zu beiden Seiten Stützmauern aufgeführt oder zumindest die Hänge gegen das Abrutschen vermauert wurden, das erleichtert heute zwar die Auffindung der alten Straße, aber die Bauern schlagen sich seit vielen Jahrhunderten mit all diesen Steinen herum, die man in den nassen Wiesen ja nicht so ohne weiteres vermutet.

Häufig finden sich an sonst kaum mehr zu erkennenden Römerstraßen-Spuren hochaufragende Wegkreuze aus späterer Zeit. Das heißt: der Römerweg war da, er wurde benützt, in vielen Fällen bis vor hundert Jahren. Und selbst dann, wenn Hohlwege zugeschüttet wurden und die alten Wege in Vergessenheit gerieten, weil moderne und leistungsfähige Straßen entstanden sind, wissen die Bauern zumindest in der näheren Umgebung noch, welche Feldwege seit alters als Römerstraßen oder Römerwege bezeichnet werden. Die Wegkreuze stehen dann an alten Kreuzungen, die heute ihre Verkehrsbedeutung verloren haben, als Erinnerung an einen jener Kreuzwege, die auf dem Land auch im Volksglauben, ja im Aberglauben keine geringe Rolle spielen. Eines dieser Wegzeichen ist das Zimmermeisterkreuz am Ortseingang von Karnburg, zwei weitere finden sich im Raum Kanig-Gradenegg. Aber auch der Umstand, daß häufig Kirchen (Großbuch) oder Kapellen (Moarhoferkapelle in der gleichen Gegend) an alten Römerwegen liegen, beweist die Fortdauer des Verkehrs auf diesen uralten Wegen über das Mittelalter hinweg und erklärt wiederum die Häufigkeit von Gasthäusern scheinbar im freien Feld, aber eben an alten Wegkreuzen und an den seit Jahrhunderten begangenen Nachbarschaftswegen.

Wer jemals am Golf von Neapel abseits der gebahnten Wege herumgewandert ist, kennt das besondere Leben der dortigen Hangbewohner, kennt die kleinen Gaststätten, deren Keller Römermauern haben und die Weinbauern, die für die Lagerung mit dem auskommen, was die Römer an Stollen in die Hänge getrieben haben. Aber auch die Kärntner Bauern haben es nicht verlernt, mit den Römern zu leben, auch wenn sie sich nicht wissenschaftlich mit ihnen beschäftigen: Sie kennen ihren Grund und die Dörfer, und es ist erstaunlich, mit welcher Genauigkeit der eine oder andere, der den Hof schon seit Generationen in der Familie hat, das alte Straßennetz kennt.

Es waren vor allem Auskünfte aus diesen Quellen, die Paul Siegfried Leber zur Annahme einer römischen Zweigstraße am Wörthersee-Ufer bewogen haben, einer Römerstraße, die bei Wernberg von der eben geschilderten Hauptstraße über den Techelsberg abzweigte und ohne nennenswerte Steigungen am Seeufer dahinlief. Sie ist durch eine Reihe von Einzeldenkmälern belegt, wie zum Beispiel durch die Auffindung eines Meilensteins aus dem Jahr 213 am Seeufer. Aber es bleibt doch bemerkenswert, mit welcher Sicherheit manche Bauern erklären, die alte Straße führe über die Höhen und habe, wenn auch nicht ausgebaut, schon vor den Römern existiert, während die jüngere Seeufer-Straße etwa hundert Jahre nach der Römerstraße über den Techelsberg angelegt worden sei. Solche Überlieferungen, ob sie nun auf das Jahr genau stimmen oder nicht, sind hilfreich in einer Gegend, wo die dichte Besiedlung auf wertvollem Ufergrund schon vor Jahrzehnten alle Römerspuren völlig getilgt hat. Zwischen Töschling und Saag am Seeufer wurde ein Stück alter Gleisstraße gefunden und in Lendorf, einer großen, locker verbauten Ortschaft nördlich von Klagenfurt, Reste einer Römerbrücke und vier Reliefs, die heute in der Kirche zu sehen sind. Das interessanteste ist außen an der Kirche angebracht, die kreisrunde Darstellung einer jungen Frau mit keltischer oder genauer norischer Haartracht, die man auch für eine Mütze halten kann. In der ganzen Gegend an der Wölfnitz – dem Bach mit der Pferdeschwemme, der vor einigen Jahrzehnten reguliert wurde – ist man noch heute der Meinung, daß überall dort, wo man in den Wiesen nicht versinkt, römische Steine und Römerstraßen liegen...

Die dritte von Aquileia über Villach ins alte Norikum führende Straße war vielleicht die wichtigste, weil sie in die Bergbauzonen hineinreichte und für den Abtransport des gewonnenen Erzes ebenso genutzt wurde wie für andere Güter, die man in Rom schätzte: die Wollstoffe und den Speik.

Vom Süden her führte die Straße durch das Tal des Flusses Tagliamento und durch schwierige Engpässe bis hinauf nach Pontafel und über Malborghetto und das Canal-Tal nach Villach; sie nützte also ebenfalls die Pforte von Tarvis. Nördlich von Villach wandte sich die Erzstraße jedoch dem Ossiachersee zu, den sie nahe am Ufer begleitete, ehe sie ins weite Glantal und damit in den Großraum Virunum mündete. Sie berührte aber nicht Virunum, sondern umging das Zollfeld im Norden und vereinigte sich bei Matucaium, dem heutigen Althofen, mit der aus Virunum nach Norden führenden Straße (die Kreuzung lag südlich von Althofen bei dem Weiler Rain; die Römerstraße Matucaium-Virunum folgte dem noch heute ganz gerade verlaufenden Feldweg Rain-Lind-Passering).

Althofen ist bis heute als die Talmündungs-Siedlung zu erkennen, wo die in den Bergen gefundenen Erze verladen und für den Ferntransport eingeteilt wurden, und die Orte der Umgebung, ob sie nun Silberegg oder Sankt Martin am Silberberg oder Hüttenberg heißen, verraten in ihren Namen den bis heute nicht völlig geschwundenen Erzreichtum dieser Landschaft. Wenige Kilometer nordnordwestlich von Sankt Martin am Silberberg liegen hart an der Bundesstraße 92 Ausgrabungsstätten des alten Noreia Tauriscorum, der Tauriskerstadt in den Bergen, die von diesem Keltenstamm ihren Namen haben. Es waren die Taurisker, die mit Marmor, Gold, Kupfer und Eisen, aber auch mit Silber und Halbedelsteinen die Römer an einer Partnerschaft zu interessieren verstanden. Und es waren diese Güter der Berge, die vermutlich schon in republikanischer Zeit, also vor Augustus, die Römer immer wieder nach Norden lockten: den Legionen voran zogen Händler in die Berge, und das, was sie berichteten, veranlaßte schließlich die friedliche Inbesitznahme. Begehbare, für Saumtiere geeignete Pfade zwischen dem Zollfeld und dem Tal der Mur müssen demnach schon vor Christi Geburt existiert haben. Später wurde der Gütertransport zeitweise sehr intensiv, weil zu den Erzen noch Holz und Vieh hinzukamen; daraus erklärt sich vermutlich die Anlage einer Entlastungsstraße am südlichen Ufer des Ossiachersees, die ebenfalls auf Villach zuhielt.

In der Zeit, da die Römer Norikum bereits als Provinz verwalteten, lagen an dieser Straße durch das Glantal vor allem thrakische Truppen, wie wir aus schriftlichen Quellen wissen. Die Straßen zu den eigentlichen Bergbaugebieten in den Hochtälern sind heute nur noch stellenweise zu erkennen, weil dort die moderne Straßenführung ja kaum Ausweichmöglichkeiten hatte und die Römerstraßen somit verdeckt. Eine Ausnahme bildet der sogenannte Hemmaweg, eine christliche Umbenennung der früher üblichen Bezeichnung Römerweg, zwischen Obermühlbach, Kraig und entlang des Wimitzbaches zum Gurktal. In Obermühlbach lag vermutlich auch eine römische Poststation, eben wegen der Abzweigung zum Gurktal. In Hohenstein im Glantal stand ein Noreia-Tempel, in dem die Bergleute Opfergaben niederlegten, um die Hilfe und den Schutz der Göttin bei ihrer gefährlichen Arbeit zu erbitten.

Noch nicht völlig geklärt, aber um so reizvoller sind die Zusammenhänge zwischen alten Straßenführungen und religiösen Entwicklungen, ein sehr komplexes Problem, zu dem hier nur ein Steinchen beigetragen werden kann. Verschiedene Heimatforscher haben berichtet, daß mit dem Übergang zum Christentum Römerwege nicht mehr benützt, also aufgegeben wurden und andere, neuere Straßen den Vorzug erhielten. Da wir alle wissen, welche Rolle der Aberglaube im Volksleben spielt, wie leicht ein Weg, eine Kreuzung, eine bestimmte Wegstelle oder Passage als unheimlich, verhext oder verrufen gelten, kann es durchaus sein, daß der Römerweg als Heidenwerk in Mißkredit geriet, doch sind natürlich rein rationale Gründe ebenso denkbar, weil ja neuere Straßenbauten in der Regel den aktuellen Bedürfnissen besser entsprechen.

Auffällig ist, daß die Römerstraße so manchen winzigen Ort für Jahrhunderte, ja Jahrtausende aus seinem Individualschicksal heraushebt und ihm eine Bedeutung gibt. Dies ist sehr schön zu erkennen an dem Dorf Tiffen, dem antiken Tibinum, einige Kilometer östlich des Ossiachersees im Gemeindegebiet von Steindorf gelegen. Tibinum, an der Römerstraße von Aquileia zu den norischen Bergbaugebieten, stand in besonders intensivem Kontakt mit Aquileia, und während in anderen Kärntner Römerorten sehr oft einheimische keltische Gottheiten bis weit in die Römerzeit herein verehrt wurden, ist in Tibinum – wie Paul Siegfried Leber ausführt – der Kult des Herkules und des Jupiter durch Generationen nachweisbar und in einem Tempel dokumentiert. Und nicht das nahe und größere Steindorf setzte diesem heidnischen Kult eine ähnlich wichtige christliche Kirche entgegen, sondern das kleine, alte Tiffen (das mit dieser Bezeichnung zu seinem vorrömischen Namen zurückgekehrt ist). Die Kirche steht auf dem Platz des Jupitertempels, sie wirkt noch heute sehr altertümlich und schließt frühromanische Bauteile ein. Vermutlich seit 1163 lebte die alte Beziehung zu Aquileia wieder auf: die Pfarrkirche gehörte zum Patriarchat dieser Adriastadt, das ja mit seinen Missionsbemühungen an der Christianisierung der Alpenländer hervorragenden Anteil hat. Die alte Verkehrsbedeutung des ehemaligen Tibinum an der einstigen Römerstraße bekundete sich neu darin, daß im fünfzehnten Jahrhundert hier eine herzogliche Mautstelle arbeitete.

Tigring an der weiter südlich und nahe am Wörthersee dahinführenden Römerstraße erhielt ebenfalls schon früh eine künstlerisch bedeutende, mit aller Sorgfalt aufgeführte Pfarrkirche, in der sich romanische Bauteile trotz späterer Barockisierung erhalten haben. Die Tendenz, gegen starke heidnische Traditionen eindrucksvolle Gotteshäuser des neuen, christlichen Glaubens zu setzen, ist in diesen beiden und vielen anderen Fällen deutlich.

Sie wird auch verständlich, wenn man bedenkt, daß diese Straße von den Bergwerken, aus dem Gurktal nach Süden über Feldkirchen und zur Ossiachersee-Römerstraße, die wirtschaftliche Hauptader Kärntens in Römerzeiten war und zweifellos mehr Verkehr hatte als die militärischen Entlastungsstraßen. Die Funddichte ist im Raum Feldkirchen und Tiffen beträchtlich und sehr interessant: Grabinschriften, weil sich die Römer ja wie einst die Griechen mit Vorliebe an Überlandstraßen beisetzen ließen, inschriftliche Hinweise auf die ausgebreitete Handelsherren-Sippe der Barbii, aber auch auf Soldaten, keltische Einwohner der Gegend und Freigelassene. Gedenksteine aus Tiffen, die sich heute im Schloß Lang bei Feldkirchen befinden, nennen uns sogar die Namen von römischen Militärbeamten (Zahlmeistern), denen die Bergwerksbetriebe unterstellt waren. Die Funde sind so zahlreich, daß sie in Tiffen auf Kirche, Pfarrhof, Friedhofsmauer und andere Baulichkeiten zur Einmauerung verteilt wurden.

Man wüßte gerne, in welcher Weise die Römer die Gegenden erkundeten, durch die dann die Straßen gebaut werden sollten. Der Vorgang war wichtig, weil der Straßenbau unter damaligen technischen Verhältnissen ja besonders zeit- und kräfteraubend gewesen sein muß; Fehldispositionen hatten nicht nur wirtschaftliche Folgen, sondern brachten unter Umständen auch beträchtliche militärische Nachteile, zeigten sich doch schon im zweiten nachchristlichen Jahrhundert kriegerische Germanenstämme in Kärnten, denen schnell entgegengetreten werden mußte. Man muß wohl annehmen, daß die Hauptinformationsquelle für zusätzliche und vor allem militärische Straßenbauten die Einheimischen waren, die sich im ganzen Norikum mit den Römern ja gut vertrugen. Seit die Randzonen des Reiches gefährdet erschienen, hatten die Noriker durchaus identische Interessen mit den römischen Landesherren.

Eine der Straßen, die zweifellos schon in vorrömischer Zeit existierte und auch nach der Angliederung von Norikum noch nicht gleich ausgebaut wurde, verband den Draudurchbruch zwischen den heutigen Orten Lavamünd und Dravograd (Unterdrauburg), also eine der südöstlichen Pforten Kärntens, mit dem niedrigen Obdachersattel, einem der bequemsten Übergänge über den Alpenhauptkamm. Jenseits des Obdacher Sattels senkte sich die Straße der keltischen Einwohner sehr schnell in das die Alpen querende Murtal ab; südlich der Wasserscheide aber, also vom Obdacher Sattel bis zum heutigen Lavamünd, hatte die vorgeschichtliche Straße zahlreiche starke Steigungen zu überwinden, weswegen die Römer sich mit dem Ausbau auch Zeit ließen.

Er wurde nötig, als sich zeigte, daß die Garnisonen aus Pettau und dem an der Save gelegenen Sirmium einen sicheren und geraden Weg nach Norden brauchten, ohne den Umweg über den Raum Villach-Zollfeld. Die alte Straße hatte, verbessert durch vereinzelte römische Zweckbauten und Stützmauern, dem Bergwerksverkehr zu den Steinbrüchen und nach dem heutigen Sankt Gertraud bei Wolfsberg einigermaßen genügt. Für die Legionen und deren Gerät wurden im ersten Jahrhundert, gewiß aber nicht später als in der Regierungszeit des Vespasian, teils zusätzliche Straßen geschaffen, teils vorhandene ältere Güterwege zu Römerstraßen ausgebaut. Dennoch blieb die Leistungsfähigkeit dieser Straße begrenzt, weil die starken Steigungen zwischen den heutigen Orten Wolfsberg und Bad Sankt Leonhard an verschiedenen Stellen zusätzliche Gespanne erforderten. Die Bevölkerung war verpflichtet, solche Vorspanndienste zu leisten, die in der Regel auch nicht bezahlt wurden: sie waren die Gegenleistung des Landes für die Existenz einer Verkehrsader, und es scheint, daß den Bauern aus dem Lavanttal diese Frondienste oft recht schwer fielen.

Die Organisation solcher Hilfsdienste, aber auch die Überwachung des Straßenzustandes oblagen dem *Praefectus vehiculorum*, er muß ein mächtiger Mann gewesen sein, denn ihm unterstanden keineswegs einzelne Abschnitte oder gar bestimmte Wege, sondern außer Rätien und Norikum auch das Land zwischen dem Po und den Bergen. Dieser Umstand erklärt, daß sich zwei gleichlautende Weihesteine für den Gott Mithras, die beide einen solchen *Praefectus vehiculorum* als Stifter haben, in Mailand und auf dem Zollfeld gefunden haben. Er hieß Ulbius Gaianus und wurde 167, sieben Jahre nach der Stiftung der beiden Weihetafeln, als rechtskundiger Beamter in den Stab des Statthalters von Ägypten versetzt. Paul Siegfried Leber nimmt sogar an, daß die bekannte Halbreliefdarstellung eines römischen Post- oder Reisewagens an der Kirche in Maria Saal nichts anderes ist als ein Grabmal für einen jener Männer, die für die Alpengegenden zweifellos mehr waren als nur Wegeminister: arbeiteten sie gut, dann war auch die Verbindung nach Rom ungefährdet und funktionierte...

Für die Gesamtplanung der Straßenbauten war nicht der Präfekt zuständig, die hatte sich der Kaiser vorbehalten, was uns zeigt, mit welchem hohen Stellenwert die Straßen in der römischen Politik figurierten. Die größten unter den Kaisern, Vespasian und Hadrian, waren auch die größten und eifrigsten Straßenbauer, und wenn uns manches an ihren Maßnahmen heute nicht mehr ohne weiteres verständlich ist, so müssen wir bedenken, daß sie – zum Unterschied von uns heute – Straßen für ein praktisch vereintes Europa bauten. Es hatte für Rom wenig Sinn, die eben besprochene Römerstraße durch das Lavanttal über den Obdacher Sattel nach Osten weiter zu bauen, das Murtal hinab, weil diese heute viel befahrene Talstrecke für die Römer, die Pannonien beherrschten, überflüssig war.

Die große römische Nordsüdstraße über den Brenner blieb lange Zeit ohne Konkurrenz. Sie war mit ihrer niedrigen Scheitelhöhe außerordentlich günstig, und es ist verständlich, wenn eben deswegen die Existenz einer Römerstraße über den Glockner und das Hochtor – beinahe doppelt so hoch wie der Brenner – lange bezweifelt wurde. Aber schließlich bestand ja vor allem im Sommer kein Grund, alle Lasten und den gesamten Militärverkehr einer einzigen Route aufzubürden, und darum entstand im Tauerngebiet eine vielfach nachgewiesene Nordsüdverbindung durch das Hochgebirge, die man heute als eine der am besten bekannten und belegten Römerstraßen außerhalb Italiens bezeichnen muß – die Straße über den Radstädter Tauernpaß, die nach der heutigen Kenntnis der Straßenführung bis in 1739 Meter Seehöhe reichte.

In der Tauernstraße dürfen wir die wichtigste Verbindung aus dem Verkehrssammelplatz Zollfeld zur Salzach und damit zur Inn-Donau-Wasserstraße sehen, eine Verkehrsader von so großer Bedeutung, daß die Alpenkelten nicht bis in die Römerzeit warteten, um sie begehbar zu machen. Wir haben im Gegenteil hier eine von den kunstfertigen Tauriskern angelegte Alpenstraße vor uns, die diese geschickten Bergleute und Erzförderer für den Abtransport ihrer Ausbeute seit langem benützten. Wer Stollen gräbt, Adern aus dem Gestein schlägt und Fernhandel treibt, ist gewiß auch imstande, eine Straße zu bauen, und sie gelang den Tauriskern immerhin so gut, daß die Römer sich erst an der Wende vom zweiten zum dritten nachchristlichen Jahrhundert entschlossen, die lange hochalpine Passage mit einer ihrer berühmten Legionärsstraßen zu versehen.

Zu diesem Zeitpunkt, in den Regierungsjahren des Septimius Severus (193-211), war die lange Straße allerdings an vielen Stellen schon so verfallen, daß ihre Benützung lebensgefährlich erschien und der Erztransport beinahe zum Erliegen kam. Septimius Severus, der als Statthalter von Pannonien auch die Ostalpen gut kannte und einer der großen Bauherren unter den Kaisern war, nahm die bedeutende Aufgabe um die Jahrhundertwende in Angriff. Es scheint, daß die Römer schon vorher an der alten Straße herumgebessert hatten, aber nun wurde nicht nur entschlossen neu gebaut, sondern zum Teil auch neu trassiert und eine neue, kürzere Verbindung von Mauterndorf über Moosham, Sankt Margarethen und Sankt Peter in Holz gebaut, der eindrucksvollen Ausgrabungsstätte der Römerstadt Teurnia bei Spittal an der Drau. Die heute wichtigen Verkehrsknotenpunkte Villach, Klagenfurt (Zollfeld), Spittal und Orte wie Mauterndorf oder Althofen besaßen also schon vor zweitausend Jahren ihre Verkehrsbedeutung, weil in den Bergen eben nicht so viele Wege zur Verfügung stehen.

Die von den Römern gebaute Abkürzungsstraße ist nur neun Kilometer lang, aber aus verschiedenen Gründen interessanter als der ganze lange Tauernweg, an dem seit den Kelten wohl in jedem Jahr irgend etwas verändert, verbessert, verbaut oder ergänzt wurde. Diese neun Kilometer wurden nämlich nach dem Abzug der Römer kaum noch benützt und haben sich uns als ein großes Straßenfundstück wie in einem Freilichtmuseum erhalten. Wie schon Wallack an der Glocknerstraße feststellte, haben die Römer auch hier geschickte Kehren angelegt und eine Höhendifferenz von immerhin 725 Metern mit einer Steigung von nur 8,25% im Durchschnitt bezwungen. Franz Narobe, der wie einige andere Spezialforscher die Straße wiederholt abgegangen und genau erkundet hat, sieht in ihr wegen der geringen Breite von meist nur 250 Zentimetern einen Saumweg, doch möchte ich nach den römischen Gewohnheiten annehmen, daß sie auch mit Karren befahren wurde, worauf die Ausweichstellen hinweisen. Für einen Saumweg hätten die Römer sich auch kaum soviel Mühe gemacht, denn Saumpfade gab es auf einer ganzen Reihe von Alpenpässen, zum Beispiel auf dem später vergessenen Felbertauern, der nie eine Fahrstraße trug.

Die Römer hatten jene neun Kilometer liebevoll ausgebaut, hohe Begrenzungssteine gesetzt, schöne große Platten verwendet und durch eine Fahrbahnneigung für Wasserabfluß gesorgt. Natürlich waren auch die Meilensteine mit der üblichen altrömischen Präzision gesetzt, und zwar – da die ganze lange Tauernpaßstraße sowohl von Salzburg als auch von Teurnia aus betreut wurde – in einer Zählung von Norden nach Süden und einer anderen von Süden nach Norden. Von Salzburg bis zur Paßhöhe, die bei den Römern In Alpe hieß, maß man 64 Meilen oder 95 km; von Teurnia nach Norden waren es bis zum gleichen Punkt 45 Meilen oder 68 Kilometer; die ganze Bergstrecke hatte also die respektable Länge von 163 Kilometern, und es ist sehr bezeichnend für das Ausmaß der Veränderungen, der Einwirkungen, kurz des lokalgeschichtlichen Geschehens, daß von den mehr als hundert römischen Meilensteinen – wie Franz Narobe ermittelt hat – nur noch zwei an ihrem Platz stehen und nur noch siebzehn überhaupt im Bereich der Straße verblieben sind, zum Teil in den absurdesten Verwendungen.

Einer der imposantesten ist mit einer Höhe von 136 Zentimetern der einst an der 61. Meile von Salzburg ab aufgestellte; er steht heute an der von Touristen viel begangenen Nebenstraße zum Johannesfall und ist aus Schaidberger Marmor. Ein anderer, 150 Zentimeter hoch und aus Radstädter Quarzit, erhebt sich an der sogenannten Ahornlahn, etwa einen Kilometer nordwestlich von Tweng. Am leichtesten zugänglich sind freilich vier Meilensteine im Museum von Salzburg, und ihre Inschriften sind auch noch vergleichsweise gut lesbar, während die im Freien gebliebenen Steine naturgemäß starke Verwitterungsschäden aufweisen. Ein Meilenstein, der sich heute im Gerichtssaal des aus den verschiedensten Gründen sehenswerten Schlosses Moosham befindet, ist noch nicht eindeutig abgelesen, weil er bis vor hundert Jahren in einer Wand des Schlosses saß...

Ein halbes Dutzend emsiger Heimatforscher haben an diesen Meilensteinen herumgedeutet und die Distanzen gemessen, was nicht ganz müßig ist. Erstens konnte man aus den erhaltenen Teilen der Inschriften die Aufstellungsdaten ermitteln und sehen, wann größere Reparaturen an der Straße nötig wurden: das war nach dem Großbaujahr 200/201 wieder 247/248 der Fall. Distanzmessungen zwischen den Steinen ergaben Unregelmäßigkeiten, die sich durch eine teilweise Verlegung der Straßenführung erklärten: Da die obere Mur und der Leisnitzbach bis heute beträchtliche Vermurungen und Überschwemmungen verursachten und mit kostspieligen Wildwasserbauten gezähmt werden mußten, wurde die Römerstraße, die auf langen Strecken genau wie die heutige Bundesstraße 99 Radstadt-Mauterndorf verläuft, nach Unwetterschäden, die immer wieder dieselben Stellen trafen, schließlich auf den Schuttkegel des Leisnitzbaches verlegt – wodurch die Entfernung zwischen bestimmten Meilensteinen dann eben nicht mehr stimmte.

Weniger gut als an der Hauptstrecke mit ihrer meist durch die Talform erzwungenen Straßenführung hat sich der Straßenverlauf dort rekonstruieren lassen, wo Wasserläufe wie die Mur die Landschaft im Lauf von achtzehn Jahrhunderten erheblich verändert haben, so daß die moderne Straße völlig andere Trassen nützen mußte. Das ist am deutlichsten zwischen dem Schloß Moosham und dem Murfluß bei Unterbairdorf der Fall. Hier beschreibt die moderne Straße eine scharfe Westkurve in Richtung auf Sankt Michael im Lungau, und die von Tamsweg heranführende Bundesstraße Nr. 96 folgt ihr darin. Die alte Römerstraße hingegen scheint im sogenannten Schindergraben direkter in Südrichtung verlaufen zu sein und südlich von Unterbairdorf eine Spitzkehre nach Osten beschrieben zu haben, ehe sie am sogenannten Grainwald wieder in die Hauptrichtung südsüdost einschwenkte. Im Grain- oder Groanwald stehen auch noch zwei Meilensteine, so daß man an diesem Verlauf der Römerstraße kaum zweifeln kann. Sie hat sich, ein immerhin interessantes Faktum, für den Übergang über die Wasserscheide zwischen Salzburg und Kärnten eine eigene Möglichkeit gesucht: nicht den Katschberg, den die moderne Bundesstraße bezwingt und durch den der Autobahntunnel fünfeinhalb Kilometer lang führt, sondern östlich davon eine Einsattelung zwischen Schöngelitzhöhe (1811 m) und Hafner-Alm. Von Norden her führt der Wanderweg von Sankt Margarethen im Lungau über die Esser-Alm auf diese Paßhöhe zu und senkt sich als schlecht zu befahrender Güterweg dann nach Rennweg ab, wo Bundesstraße und Autobahn sich in einer engen Talpassage verknoten.

Da Wegestationen und Unterkünfte im Gebirge ungleich wichtiger sind als in der Ebene, darf man mit Sicherheit annehmen, daß diese lange Bergstrecke im Lauf der Zeit mit zahlreichen kleineren und größeren Gebäuden dieser Art versehen wurde. Während aber für die Straße und für die Meilensteine die soliden Materialien aus den nahen Steinbrüchen verwendet wurden, bedienten sich Taurisker wie Römer für Brücken und Häuser des in den Bergen damals noch überreich vorhandenen Holzes. Man hat bis heute die größte Mühe, eindeutige Standorte für mindestens zwei Dutzend absolut notwendiger Brücken zu ermitteln, und mit den Wegstationen steht es ähnlich. Hier aber kam noch hinzu, daß solche Rastplätze sich einbürgern und daß bestimmte günstige Stellen eben immer wieder bevorzugt werden, wenn es um die Errichtung von Gaststätten oder Unterkünften geht. Darum erhebt sich heute so manches Hotel über zu vermutenden Fundstellen. Nur dort, wo – wie erwähnt – die neueren Straßen sich von der alten Römerstraße entfernen und damit der Anreiz für den Hotel- oder

Tankstellenbau fehlt, haben sich bedeutendere Römerbauten ermitteln lassen.

Eine dieser Stellen liegt wiederum nahe bei Schloß Moosham, weil dort die wilde Mur gelegentlich zu tagelangen Rasten zwang; es entstanden also nördlich und südlich der Mur kleine Siedlungen und angesichts der sichtbaren Gefahren durch das Wildwasser auch ein kleiner Tempel, bei dem die Reisenden dem orientalischen Mithraskult nachgingen. »Auf halber Höhe des Abhangs, auf der Ostseite des (Schinder-)Grabens wurden 1950-52 beim Bau eines Wasserreservoirs für ein Lehrlingsheim größere Reste eines Mithrastempels aufgedeckt. Die schönen Architekturstücke und Inschriftsteine sind aus Schaidberger Marmor, es sind aber auch Plastiken aus grobkristallinischem weißen Marmor unbekannter Herkunft darunter. Beim Ausschachten des Heizungskellers für das neuerbaute Lehrlingsheim wurde in zirka drei Meter Tiefe unter Schwemm-Material eine Kulturschicht mit Sigillaten und Scherben von grauem Gebrauchsgeschirr durchschnitten. Es handelt sich scheinbar um Abschwemmungen vom Berghang, die durch Überschwemmungsmaterial der Mur überdeckt sind. Auf der Westseite des Schindergrabens sind oberhalb der Römerstraße die Felder des Bauerngutes Ötzengraber. Diese Felder waren bis vor hundert Jahren noch eine steinige Ötz. Sie wurden nur durch Ausklauben der Steine in Felder mit dünner Humusschicht verwandelt. (Vielleicht von dieser Tätigkeit, die sicher schon Jahrhunderte zurückgeht, der Hofname Ötzengraber.) Vor vierzig Jahren waren noch die riesigen Klaubhaufen zu sehen. An der oberen Grenze dieses Feldes ist ein aufgelassener Kalkofen, von dem die Sage geht, daß darunter ein Schatz liege. In diesen Feldern habe ich mit meinem Bruder, Oberst Alexander Narobe, in den Jahren 1925 und 1930 eine größere Anzahl von teilweise zerstörten römischen Brandgräbern, die alle mit faust- bis kopfgroßen Steinen abgedeckt waren, mehrere römische Mauerreste und ein völlig zerstörtes römisches Haus mit einem primitiven Hypocaustum (Heizanlage) festgestellt. In einem noch intakten Brandgrab lagen zwei verkohlte Räder mit Eisenreifen (70 cm Durchmesser) und verschiedene Eisenbeschläge.« (Narobe)

Man sieht: die Berge zeigen uns die römische Bauleistung, den römischen Verwaltungs- und Unterhaltsaufwand deutlicher als die Ebene; alle Vorzüge und Schwächen eines im Süden beheimateten Volkes, werden hier, in der Bewährung am Fels und in den endlosen Alpenwintern, besonders klar erkennbar. Man sieht aber auch, daß eine lebenslange Vertrautheit mit einer Landschaft die Voraussetzung für die wirklich fruchtbare Altstraßenforschung ist, denn anders als das Hoch-Bauwerk wird die Straße ein Teil der Landschaft und lebt mit ihr in guten und bösen Zeiten. Ja an ihr, an diesem Kunstbau, der sich durch die Täler auf die Pässe und Hochjoche zuschlängelt, wird oft erst deutlich, welches Eigenleben sich Tal, Hang und Berg, Talbach und Paß bewahren, auch wenn der Mensch schon jahrtausendelang mit Tieren, Lasten und Fahrzeugen an diesem Leben teilzunehmen versucht und sich in immer neuen Anläufen gegen die Unbilden der Bergnatur durchsetzt. In den Hochtälern braucht man nach versunkenen Ortschaften, nach verschwundenen Bauwerken nicht lange zu suchen; viele Orte stehen heute auf dem Geröllkegel früherer Siedlungen, die durch Erdlawinen bis zur Kirchturmhöhe zugeschüttet wurden.

Niemand hat sich diesen beinahe alljährlichen Katastrophen so unerschrocken entgegengestellt wie der römische Straßenbauer, und man könnte eine Philosophie des ganzen Imperiums daraus ablesen, wie er dies tat, immer wieder, viele Hunderte von Jahren lang. Und dort, wo dann die Römer gleichsam aufatmend an den Straßenfußpunkt eine Siedlung mit Tempeln und Kirchen setzten als Knotenpunkt und Ort des Dankes für die Errettung aus Bergnot, dort verschlingen sich auch heute wieder die aufwendigen modernen Verkehrsadern, schieben sich die Kunstbauten übereinander: auf dem seit frühesten Zeiten besiedelten Lurnfeld, wo die Tauriskerstraße auf den Draufluß trifft. Heute heißt das Geflecht der Verkehrswege Knoten Lieserhofen, in der dürren Sprache der Gendarmerie und der Autobahnmeistereien. Vor zweitausend Jahren lag und blühte hier Teurnia, erst eine Siedlung der Illyrer, dann der keltischen Noriker, endlich der Römer.

Teurnia lag auf einem Hochflächenstück über der Drau, nach heutigen Begriffen nur ein Städtchen, das der Ort Sankt Peter in Holz weitgehend zugedeckt hat, in jenen frühen Zeiten einer dünnen Bevölkerung jedoch ein Zentrum für weite Bereiche Kärntens und bald auch ein Bischofssitz, denn das Christentum kam ja zuerst mit den Legionen, nicht mit den Glaubensboten aus England oder Irland.

Teurnia bildete als Bistum den nördlichsten Distrikt von Aquileia, zu dessen Kirchenprovinz es noch lange gehörte. Ostgoten und Langobarden verschonten die Stadt, heidnische Slawen eroberten sie an der Wende zum siebenten Jahrhundert. Die Ausgrabungen, die erst 1910 systematisch einsetzten, legten starke römische Befestigungen frei, ja das Plateau war im Ganzen von Mauern und Türmen umschlossen und scheint dem Umland als Fluchtburg gedient zu haben, spätestens seit dem Zunehmen der Gefahren durch germanische Wanderstämme.

Die Flurnamenforschung hat in Teurnia das Überleben keltoromanischer Bevölkerungsreste festgestellt, was ja in sehr vielen Orten des römischen Randgebietes der Fall war, wissen wir doch, daß manche Germanenstämme wie zum Beispiel die Alamannen, sich in Städten gar nicht wohl fühlten. Zeitweise aber war Teurnia gewiß von Germanen beherrscht, wie uns einer der wichtigsten und wertvollsten Funde beweist, ein 26 Quadratmeter großes Mosaik in einer Kapelle der Friedhofskirche: Seine Stifter sind nämlich Ursus, der vermutlich germanische Statthalter von Binnen-Noricum, und seine Frau Ursina, ein gebildetes Paar, das dem Mosaikentwurf offenbar gewisse germanische Symbole hinzuzufügen befahl.

Teurnia ist ein heute wohleingefriedeter, durch ein 1962 neuerbautes Museum besonders besuchenswerter Ausgrabungsbezirk, wo wir uns von der Mühe der Straßen-Spuren-Suche in den Bergen erholen können. Die Kirche neben dem berühmten Mosaik war zweifellos eines der wichtigsten Bauwerke des frühen Christentums überhaupt, und manche Quellen bezeichnen sie als Basilika. Rudolf Egger hat sie rekonstruiert, und man kann ihre klaren und doch schon italienisch-eloquenten Linien bewundern, weil in ihnen der beinahe bruchlose Übergang der antiken Baukunst in den christlichen Baugedanken so schön sichtbar wird wie in wenigen anderen Zeugnissen aus jenen unruhigen Zeiten.

Das frühchristliche Teurnia wurde nach der Zerstörung durch die Slawen und dem Wiederbeginn des bürgerlichen Lebens auch das Zentrum der Rechristianisierung Kärntens, die nun nicht mehr von Aquileia ausging, sondern unter der Oberhoheit der Karantanenherzöge von Salzburg, wo Bischof Virgil 748-84 energisch und eigenwillig regierte.

Nach den Straßen, die von Aquileia herauf nach Kärnten geführt hatten, gewannen nun die Alpenübergänge verstärkte Bedeutung und ermöglichten und bestätigten die Anbindung dieses romanisierten, von Germanen und Slawen überfluteten Raumes an die christlich und deutsch gewordenen Zentren im nördlichen Alpenvorland. Die Straße, neutral wie stets und doch ein Stück Leben, diente ihnen allen, den Legionen, den Germanen, den Patriarchen aus dem Süden und den Bischöfen im Norden.

Michael Franz Jabornegg von Altenfels, wie er in altösterreichischer Namenspracht hieß, hatte, als er 1874 starb, den Grundstein zu einer seither mit Liebe und Fleiß weitergetriebenen archäologischen Heimatkunde gelegt, für die Kärnten allerdings ein besonders geeigneter Boden ist. Das friedlich und sehr früh ins Römerreich eingebundene illyrische Staatswesen des späteren Noricum hat dem ganzen, klimatisch begünstigten Raum zwischen Alpenhauptkamm und Save eine durch Jahrhunderte erstaunlich ruhige und stetige Entwicklung beschert, mit der Hilfe eines zwar übermächtigen, seinen Druck aber weise dosierenden Nachbarn. Das römische Kärnten ist ein Paradebeispiel für überlegten Kolonialismus im Altertum: die Römer bewiesen ihre politische Reife und ihr Selbstvertrauen nirgends deutlicher als hier, wo sie vermutlich ohne nennenswerte Widerstände auch als Fronherren hätten auftreten, die Bergwerke rücksichtslos ausbeuten, die Bevölkerung versklaven können. Anders als die im Zeichen des Kreuzes zur Eroberung der Neuen Welt antretenden Spanier brachten die Römer nach Noricum keine offiziellen Ideologien, missionierten maßvoll und unter Schonung lokaler Kulttradition und begnügten sich mit jenem Abbau der Bodenschätze, der nach den technischen Möglichkeiten und dem Vorhandensein der Arbeitskräfte ohne erkennbare Härten zu realisieren war. Es gab nicht die Entvölkerung wie auf den Großen Antillen, es gab keinen Import fremder, billiger oder besonders widerstandsfähiger Arbeitskräfte, es gab keine Revolten, und das durch Jahrhunderte.

Allerdings zeigt uns auch das Netz zumindest der wichtigsten Straßen, daß die Römer trotz starken Verkehrsaufkommens und bedeutender Transporte vor jenen Gewaltleistungen des Alpenstraßenbaues zurückschreckten, wie sie in späteren Jahrhunderten auch in Europa viele Menschenleben fordern werden. Der Heimatforscher Paul Siegfried Leber und eine kleine Gruppe hochqualifizierter Archäologen und Inschriftensammler haben das Netz der Sekundärstraßen beinahe Schritt für Schritt ausgekundschaftet, und das mit einer Akribie und Vollständigkeit, wie es nirgends sonst in Europa geschehen ist, so daß wir in diesem Kapitel ein kaum wiederholbares Paradebeispiel der Altstraßen-Ermittlung geben konnten.

Norikum präsentiert sich uns dank dieser reichen Fülle von Details und im ganzen abschließenden Erkenntnissen als eine grobgesprochen rechteckige Provinz, die im Westen vom Inn, im Norden aber von der Donau begrenzt wird und nach Osten zu bis vor Wien und Pettau reicht, zwei Römerstädten am Westrand Pannoniens. Da dieses Norikum durch den Alpenhauptkamm quergeteilt ist, unterschieden die Römer ein *Noricum Mediterraneum* südlich und südöstlich dieser Gipfelkette und das jenseitig gelegene *Noricum Ripense*. Zum Unterschied vom Gipfelvorland im Kärntner Seengebiet erweist sich der Straßenbau der Römer hier, im Bereich der höchsten Erhebungen der Ostalpen, als zurückhaltend und weniger auf Bequemlichkeit denn auf Notwendigkeit gerichtet. Stets zu begehende, befestigte Straßen wurden nur auf jenen natürlichen Übergängen angelegt, auf denen sich die Bergnatur als vergleichsweise menschenfreundlich erwies: auf dem Neumarkter Sattel, der mit nur 888 Metern Seehöhe den Übergang vom Mur- ins Gurktal gestattet und sich darum später auch für den Eisenbahnbau angeboten hat; auf dem Rottenmanner-Tauernpaß (1265m), der diese Verbindung nach Norden fortsetzte und dem Pyhrnpaß (945m), über den diese östlichste der römischen Hochalpenstraßen ins nördliche Alpenvorland niedersteigen und bei Ovilava (Wels) den Donauraum erreichen konnte. Weiter westlich führte die ausführlich dargestellte Katschbergroute über den Radstädter Tauernpaß nach Norden, ins Salzachtal mit den Römerstädten Cucullae (Kuchl) und Iuvavum (Salzburg), während der Glocknerpaß (Hochtor 2575m) wohl nur als Karrenweg trassiert war und nur in den eigentlichen Sommermonaten von Saumtieren begangen wurde. Daß die Römer ihn kannten, ist durch Funde von Votivgaben und Altstraßenspuren indes eindeutig erwiesen.

Die geringe Zahl der Alpenübergänge mit wetterfesten Straßen gab den Querstraßen in den Kärntner Haupttälern eine besondere Bedeutung, und sie hatten naturgemäß mehr Verkehr als die transalpinen Hochgebirgsstraßen. Die südlichere dieser Querverbindungen berührte im Kärntner Raum Cilli, Iuvena im Drautal, das zentrale Gebiet von Virunum (Zollfeld) und vereinigte sich in Teurnia mit der großen nördlicheren Querstraße, die den Verkehr der Hochalpenpässe durchgängig sammelnde Römerstraße des Murtals. Vereint führten die beiden Querstraßen über Lienz (Aguntum) und durch das Pustertal hinaus ins Eisacktal, zur Brennerstrecke; diese aber gehört schon zu Rätien.

Die besondere Situation Kärntens mit seinen nach Süden zu vergleichsweise niedrigen Pässen oder gar in Tälern zu führenden Verkehrswegen und der klimatisch vorteilhaften Abschirmung gegen das Nordwetter erleichterte den Römern den Aufenthalt in einer Bergregion und gestattete ihnen, Erfahrungen für die Eroberung weniger wirtlicher Gebirgslandschaften zu sammeln. Kärnten erweist sich damit nicht nur als eine Pforte, sondern modern gesprochen als ein riesiges Übungsgelände, in dem die Römer, begünstigt durch die Friedfertigkeit der Bevölkerung, so gut wie alles lernen und erproben konnten, was ihnen den Weg ins transalpine Europa öffnen sollte, also den Weg aus der Enge der Apenninenhalbinsel hinaus in unseren damals noch halbleeren Kontinent.

Man kann es bis heute als ein negatives, aber auch als ein positives Vorurteil nehmen: Die Tiroler gelten spätestens seit Andreas Hofer als einer der Stämme, die sich ihrer Haut besonders gut zu wehren wissen. Und von den Schweizern weiß man schließlich seit sechshundert Jahren, daß sie, um ihrer kargen Heimat zu entrinnen und ihre Familien dennoch zu erhalten, in ganz Europa Kriegsdienste nahmen und sich für ihre Arbeitgeber überall, vom Ärmelkanal bis nach Süditalien, abschlachten ließen. Beschäftigen wir uns ein wenig mit den Völkerschaften, auf die schon die Römer stießen, so erkennen wir, daß diese kriegerischen Tugenden nicht erst mit den bajuvarischen Einwanderern des frühen Mittelalters ins Land kamen. Die Römer fanden, als sie über die Zentral- und Westalpen nach Norden vordringen wollten, ungleich zähere Gegner vor als im milden Kärnten, wo man sie vielleicht nicht gerade mit offenen Armen, aber doch ziemlich friedlich empfangen hatte.

Die Bezeichnung *alpes* scheinen die Römer von den Ansässigen übernommen zu haben, denn *alb* ist keltisch und bedeutet hoch. Eine andere Deutung gründet sich auf den sabinischen Wortstamm *alb*, der weiß bedeutet und die Berge mit schneeigen Gipfeln meinen konnte. Schon im Althochdeutschen findet sich *alpâ* nicht nur für die Berge, sondern auch für die Matten, die Hochweiden, und bei den Schweizern wird *Alpe* schließlich zu einem allerdings etwas vagen Flächenmaß für Weideflächen in den Bergen. Wir haben es also mit europäischen Urworten zu tun, mit Bezeichnungen, die uns zeigen, daß das durch Jahrtausende als unwirtlich und menschenfeindlich bezeichnete, angeblich von Dämonen bevölkerte Kranzgebirge der italienischen Hochkulturzone von den dort wohnenden Stämmen keineswegs abgelehnt, sondern als adäquater Lebensraum empfunden wurde, den es zu verteidigen galt, wenn Fremde aus den Ebenen kamen.

Da wir von Straßen sprechen wollen und nicht von Kriegen, fassen wir zusammen, daß Kaufleute aus Italien auch die hohen Zentralalpen schon in vorrömischer Zeit bezwangen, ja daß im Jahr 387 vor Christus die Kelten den Römern einen Gegenbesuch machten, auf den diese zweifellos gerne verzichtet hätten. Nach einem Sieg am Allia (390 v. Chr.) war Brennus mit seinen vermutlich gallischen Kelten bis Rom vorgedrungen und hatte

Das berühmte Relief eines römischen Reisewagens aus dem Zollfeld westlich von Maria-Saal, Kärnten, wo in der Antike wichtige Handelswege aus dem Süden zur Alpenüberquerung zusammenliefen. Da das Schmuckmotiv an der Seitenwand des Wagens auf kuriose Weise an einen Brief erinnert, ist die Darstellung auch in die Geschichte des Postwesens eingegangen.

Kolonnaden und Reste einer Prozessionsstraße von Aquileia bei Udine

Das sogenannte Heidentor bei Carnuntum östlich von Wien (Die Bernsteinstraße, die von Aquileia bis zur Ostsee führte, überschritt hier die Barbarengrenze.)

die Stadt zwar zerstört, das Kapitol selbst aber nicht erobern können und es darum vorgezogen, mit reichlichem Lösegeld wieder abzuziehen. Die von Livius erzählte Sage hat heute nicht mehr den Bekanntheitsgrad wie in den großen Zeiten des humanistischen Gymnasiums, aber sie beweist eine früh anhebende und nicht mehr unterbrochene Beschäftigung der damals noch auf Italien beschränkten Römer mit ihren Nachbarvölkern, und sie beweist, daß diese Völker sich nicht scheuten, Alpenpässe zu benützen, wenn es sich zu lohnen schien.

Die römischen Vorstellungen von der Beschaffenheit der zentralalpinen Gegenden waren noch ziemlich abenteuerlich, vor allem wohl, weil die noch wenig zahlreichen, aber um so wagemutigeren Kaufleute sich bemühten, durch Gerüchte und Übertreibungen die Konkurrenz von den jungfräulichen Absatzgebieten fernzuhalten. Sie bedienten sich dabei jener Argumente, die bei den Römern besonderen Eindruck machen mußten, schilderten das westliche und nördliche Alpenvorland als fürchterlich kalt und richteten vor ihren Mitbürgern die Entsetzen erregenden Bilder von Ländern auf, in denen es weder Wein noch Öl gebe.

Die Eroberung des Alpenraumes durch die Römer ist auch heute noch Schulstoff, und wenn die römischen Panegyriker auch gewiß die eine oder andere militärische Operation in ihrer Bedeutung übertrieben haben, so scheint doch festzustehen, daß Völkerschaften, die sich zur Wehr setzten, sehr viel härter behandelt wurden als die Verbündeten. Die Kelten von Norikum konnten nicht wissen, was ihnen durch die Klugheit ihrer Könige erspart blieb, weil die Niederwerfung der Vindeliker und Räter erst nach der friedlichen Durchdringung Norikums erfolgte; aber sowohl der archäologische Befund als auch die römischen Geschichtsschreiber lassen erkennen, daß die Legionen zwischen Eisack und Bodensee keine Rücksicht walten ließen.

Getreu dem militärischen Grundsatz, im Rücken der Armeen kein Risiko bestehen zu lassen, werden die Stämme vor allem südlich des Brennerpasses weitgehend dezimiert, ja nach Strabo zum Teil völlig ausgerottet; man kann darunter wohl verstehen, daß sie, zumindest die Männer, aus den Wohngebieten des Stammes weggeführt und anderswo in die Sklaverei verkauft wurden. Starke Kontingente keltischer Alpenvölker kamen damals in den Raum Brescia, andere tauchen für Jahrhunderte unter und sind im Übergang von der Antike zum Mittelalter dann wieder präsent, zumindest dem Namen nach. Wieviel vom ursprünglichen Stammesbestand noch existiert, läßt sich in kaum einem Fall sagen. Die verschonten Noriker wandern aus dem Pustertal ins Eisacktal ein und füllen den in den Kriegen der Jahre 16 und 15 vor Christus entvölkerten Landstrich im Bereich der beiden Hauptübergänge, des Brennerpasses und des Weges über das Reschenscheidegg. Das dazwischen liegende Timmelsjoch wurde nur von Hirten und Herden begangen.

Das römische Interesse ist in den Spätzeiten der Republik und unter Augustus also nicht mehr auf die bloße Abwehr der ungeordnet einsickernden keltischen Stämme gerichtet, sondern kehrt den Spieß um. Hannibal war über die Alpen gekommen, Brennus ebenso, und die kriegerischen Vorfahren der Schweizer und der Tiroler hatten offensichtlich nicht auf die römischen Straßenbauten gewartet, um aus dem Tessin oder über den niedrigen Brenner kommend in Norditalien nach Beute zu suchen. Wieweit sie blieben, wieweit sie nach den unvermeidlichen Niederlagen gegen die überlegenen Römer in die norditalienische, voralpine Bevölkerung eingeschmolzen wurden, ist nie hinreichend untersucht worden. Sicher aber ist, daß die Römer auf diese Weise nun zusätzliche Informationen über die transalpinen Gebiete erhielten. Zu dem, was die Kaufleute mehr oder minder wahrheitsgemäß berichtet hatten, kam nun die unmittelbare Bekanntschaft mit Völkern aus jenen Gegenden, die von den römischen Geographen und Historikern zunächst ziemlich unterschiedslos als nördlich, im Norden, gegen Mitternacht gelegen bezeichnet werden. Diese Bekanntschaft ist, ehe die Römer zur Offensive übergingen, ziemlich unerfreulich gewesen. Wir wissen, daß die Kimbern, seit 113 vor Christus wegen einer verheerenden Sturmflut auf der Wanderschaft, ihre dänische Heimat mit angenehmeren Landstrichen zu vertauschen wünschten und in einem zehn Jahre währenden Kreuzundquerzug, gelegentlich gemeinsam mit Teutonen und Tigurinern, endlich 103 vor Christus Tirol erreichten und von Norden her ins Etschtal einfielen. Sie benützten dabei die Paßfurche des Reschen-Scheideggs, das somit früher geschichtlich greifbar wird als der heute ungleich bekanntere Brennerpaß. Da der wilde Etsch-Fluß aber damals noch nicht von Brücken überspannt war – zumindest nicht in seinem Oberlauf – brachte das mit sich, daß die Kimbern am rechten, westlichen Flußufer nach Süden zogen. Der bessere Weg scheint aber am östlichen Ufer verlaufen zu sein, denn hier finden wir die alte Handels- und Heerstraße Verona-Brenner, die Straße, die bis zu der sehr späten Erbauung der Autobahn den ganzen ungeheuren Verkehr über den niedrigen, auch im Winter stets offenen Paß zu bewältigen hatte.

Die Römer bauten, um sich frei auf beiden Flußufern bewegen zu können, eine Etschbrücke, die wir uns wohl als eine Pionierbrücke in Schnellbauweise denken müssen, denn die findigen Kimbern machten den ernsthaften Versuch, die Etsch aufzustauen und durch eine Art künstlichen Dammbruchs die Brücke von den Wassermassen wegreißen zu lassen. Der römische Feldherr Catulus zog es denn auch vor, den offenbar überlegenen Germanen auszuweichen, setzte beim heutigen Boara Polesine am Etsch-Unterlauf über den Fluß und zog sich nach Süden zurück, womit Venetien den Kimbern preisgegeben war.

Mit diesen Ereignissen treten zwei Alpenpässe ins Licht der Geschichte, denen die Römer bis dahin offensichtlich wenig Beachtung geschenkt hatten. Sie schienen ihnen auch nach den Kimbernkämpfen noch wenig Bedeutung beizumessen, denn die gegen die Barbaren ausgeschickten Truppen machen keinen Versuch, die Salurner Klause zu besetzen oder Trient – ebenfalls eine Pfortenlandschaft – dauernd zu halten. Die Römer suchen eilig die vertraute Ebene auf; erst ein Menschenalter später, im Jahr 43 vor Christus, unternimmt L. Munatius Plancus einen Streifzug gegen die Räter im Tal des Etschflusses.

Der Vorgang ist um so erstaunlicher, als die Übergänge durch das Etsch- und durch das Eisacktal mit Sicherheit seit der Jüngeren Steinzeit bekannt waren. In der Bronzezeit erstreckte sich der Verkehr dann auch auf den Jaufen, das Penser Joch, den Mendel-Paß und sogar auf das selbst heute noch ein wenig beschwerliche Stilfser Joch. Die Intensität des Verkehrs, die sich so viele Möglichkeiten schuf, ist den emsigen Etruskern zu danken, die ihre Erzeugnisse ein Halbjahrtausend vor den Römern über die Alpenkette nach Norden schafften, ohne daß man recht zu sagen wüßte, warum – denn in Tirol gab es da mals noch gar kein Salz, und die Bergwerke von Schwaz arbeiteten noch mit sehr geringer Ausbeute.

Vermutlich hätten sich die Römer, wie auch anderswo, in den Etruskerhandel eingeschaltet, wäre er nicht durch die Kelteninvasion der Alpenländer ziemlich plötzlich zum Erliegen gekommen. Dennoch braucht der Keltenstamm, der Tirol und die anschließenden Gebiete des heutigen Vorarlberg eroberte, nicht als weniger zivilisiert angesehen zu werden, nur weil er sich, anders als die Bewohner Norikums, gegen die Römer wehrte. Das Gegenteil scheint der Fall gewesen zu sein. Während Norikum Abnehmer für seine Erze suchte und also am Handel interessiert war, erweisen sich die rätischen Kelten als geschickte Hersteller jener Fertigwaren und Gerätschaften, wie sie die Breonen und andere Alpenbewohner vordem von den Etruskern importiert hatten. Auf einmal tauchen im oberen Etschtal keltische Waffen, Schmuckstücke und auch Münzen (!) auf, ja wir können sogar eine spezifisch keltische Alpenkunst erkennen, die aus illyrischen und venetischen Werkstätten bis zum Pustertal hinaufdringt und aus diesem ins Etschtal. Sie ist uns in den Funden von Gurina oberhalb Dellach im kärntner Gailtal und aus anderen Funden greifbar geworden, wobei freilich den teilweise verzierten und beschriebenen Bronzeblechen besondere Bedeutung zukommt: Man fand sie westlich von Gurina im Raum der sogenannten Würmlacher Wiesen, hart an einem vorgeschichtlichen Straßenzug. Die Inschriften verweisen die Bleche ins vierte vorchristliche Jahrhundert, ihre Sprache ist alt-venetisch. Am gleichen Fundort festgestellte Tongefäße aus der Hallstattzeit sagen uns, daß dieser Hügel (886m) schon etwa 1000 Jahre vor den Römern besiedelt war und daß dort alte Handelswege verliefen. (Diese vor etwa hundert Jahren gemachten Funde sind bis heute nicht näher untersucht worden.)

Alle Welt läßt sich also Zeit mit den Alpen, und erst Drusus, der Vater des unscheinbaren und doch so tüchtigen Claudius, riskiert es, eine Armee durch Eis und Schnee nach Norden zu entsenden. Claudius ist schon 56 Jahre alt, als er in den Jahren 64 und 47 nach Christus den Bau der Paßstraße befiehlt, die als Via Claudia Augusta seinen Namen gleich zweifach über die Alpen trägt, denn sie teilt sich dort, wo die Täler sich teilen, Etsch im Westen, Eisack im Osten. Das Etschtal führte auf den

Reschenpaß zu, das Eisacktal auf den Brenner. Der Reschen war in alten Zeiten ungleich wichtiger, was nicht zuletzt durch einen uralte, zweifellos vorrömische Festungsanlage bei Mais (Großraum Meran) bewiesen wird. Die Wälle und Verteidigungsanlagen, die hier das Tal sperren sollten, lassen erkennen, daß der Reschen bereits seit geraumer Zeit begangen wurde, aber Mais spielte bis herauf in karolingische Zeiten noch seine wichtige Rolle. Immerhin gab die Existenz zweier gangbarer Pässe den Feldherren Drusus und Tiberius die Möglichkeit, ihre Armeen getrennt über die Alpen zu führen. Der Brenner, für den sich Drusus entschied, muß also im Jahr 15 vor Christus schon gut bekannt gewesen sein und soweit ausgebaut, daß eine ganze Armee mit Pferden und Gerätschaften ihn zu benutzen wagen konnte. Es scheint,daß die Räter an der Stelle der späteren Burg Sigmundskron eine Bergfestung besetzt hielten, die von den Römern erstürmt werden mußte, um den Weg nach Norden freizumachen. Ähnlich harte Kämpfe mußte Tiberius den Rätern liefern, die das Tal der Venosten (heute, davon abgeleitet: Vintschgau) verteidigten. Der Widerstand der keltischen Bergvölker war so hartnäckig, daß die sonst stets um den größeren Ruhm der Römer besorgten Schriftsteller und Dichter ihn ausdrücklich hervorhoben, Cassius Dio ebenso wie Horaz: »Und weil diese Völkerschaften so zahlreich waren, daß neue Empörungen gefährlich geworden wären, führte man den größten und kräftigsten Teil der jungen Männer aus dem Lande und ließ nur so viele zurück, daß zwar die Felder bebaut, aber keine Unruhen angezettelt werden konnten.« (Cassius Dio LIV//22)

Diese Berichte sind zwar alle nicht sehr eingehend und lassen sich mit den großen Schlachtenschilderungen etwa bei Ammianus Marcellinus nicht vergleichen; sie bieten aber doch eine Erklärung dafür, warum der siegreiche Drusus nicht zunächst den heute ungleich stärker befahrenen Brennerpaß ausbauen ließ, sondern den Umweg über den Reschen in Kauf nahm, einen Umweg, der beim Saumtier- und Karrenverkehr einen ganzen Tag ausmachte.

Einmal hatten sich die Brenner-Kelten, ob man sie nun Breonen oder allgemein Räter nennen will, mit unerwarteter Hartnäckigkeit gewehrt. Obwohl die Römer erst am Anfang ihrer großen Auseinandersetzung mit den Völkern Mitteleuropas standen, besaßen sie Erfahrung genug, um so unbeugsamen

Völkern lieber aus dem Weg zu gehen, hatte doch auch das niedergeworfene Karthago sich wie ein Phönix aus der Asche erhoben und den Römern bittere Krisen bereitet. Aber auch die Landschaft selbst bot auf der direkten Brennerlinie Schwierigkeiten von jener Art, die man ohne Felsensprengungen nur unzureichend meistern konnte. Wir sehen heute, auf dem breiten Band der Autostrada del Sole dahinrollend, kaum noch, wie tief eingeschnitten das Eisacktal ist; die alte Brennerstraße ließ dies noch sehr gut erkennen. Talengen widersetzten sich immer wieder dem Straßenbau und der zweckmäßigsten Trassierung. Dazu kam, daß der – als Händlerpfad natürlich bekannte und im Zuge der Kämpfe hinreichend erforschte – Scheitel des Brennerpasses jene landschaftlichen Besonderheiten aufwies, die gerade die Römer am meisten fürchteten, nämlich ausgedehnte Sumpfzonen und Waldgebiete. Selbst als die Römer sich später entschlossen, den militärischen Brennerpfad zu einer Straße auszubauen, scheinen sie auf der Brennerhöhe eine andere Trasse als die der heutigen Straße gewählt zu haben, wie Cartellieri aus der Fundarmut auf der Brennerhöhe schließt. Was wir von der späteren Geschichte des Brennerweges wissen, bestätigt dies: Es ist eine zwar in einem Zug ansteigende und abfallende, aber eben sehr enge und schwierige Paßstraße. Die kostspieligen und technisch aufwendigen Kunstbauten selbst schon für den Vor-Eisenbahn-Verkehr geben uns die Erklärungen dafür, daß die Römer ihre Südnord-Hauptstraße über den Reschen und den Fernpaß führten, nicht über Brenner und Seefeld.

Von Strabo, der vieles bringt, wenn auch oft ohne es präzisieren zu können, von Strabo also wissen wir, daß Drusus gleich nach der Eroberung der Alpengegenden damit begann, die bereits vorhandenen Wege zu sichern und soweit zu verbessern, wie dies mit kleinen Mitteln möglich war. Vor allem aber scheint er bei diesen Arbeiten einen Überblick über die Lage und die Leistungsfähigkeit der alten Händlerpfade angestrebt zu haben, schon aus Sicherheitsgründen: Jeder dem Eroberer unbekannt gebliebene Paßweg kann eine ganze Armee gefährden, weil der Gegner damit Umgehungsmöglichkeiten erhält. Überall, wo dies außer Acht gelassen wurde, in Roncevaux ebenso wie am Berg Isel, hatte das selbst für überlegene Kräfte ortsunkundiger Heerführer die bittersten Folgen.

Drusus also hat sich gewiß nicht leichthin zum Reschen-Ausbau entschlossen, und sein kluger Sohn Claudius bekannte sich zu diesem Entschluß, der ja noch zu korrigieren gewesen wäre, durch den Bau der Via Claudia Augusta: »Eine Kunststraße von 350 römischen Meilen Länge (518 km) wurde über die Alpen gebaut, um Po und Donau miteinander zu verbinden« (Cartellieri).

Der hochgebildete Kaiser Claudius, ein bekannter Bücherwurm und Nachrichtensammler im Stil des Plinius, war sich wohl auch klar darüber, daß der Reschen-Übergang aus dem Etsch- ins Inntal nicht nur für die Südnordverbindung eine praktikable Lösung bot, sondern auch für die Ostwest-Querung der Hochalpenregionen, also eine Verbindung vom Inn- zum Rheintal schuf. Wir kennen sie heute, die Route Landquart-Klosters-Davos-Flüela-Schuls-Martina, als eine der meistbefahrenen Wintersportstrecken. Der Flüela trug zwar keine Römerstraße, weil er mit beinahe 2400 Metern in Regionen aufragte, die von den Legionären aus guten Gründen gemieden wurden. Aber der Saumverkehr in der Ostschweiz war seit etruskischen Zeiten sehr intensiv, und Kaiser Claudius wollte zweifellos aus dem ihm gut bekannten rätisch-norischen Raum der Ostalpen ins alpine Zentrum der schweizerischen Hochregionen ausgreifen.

Das gewaltige Werk wurde eindrucksvoll begonnen, und zwar mit einer eher für Prozessionsstraßen geeigneten Breite von zwanzig Metern, als ob die Römer schon an eine Autobahn über die Alpen gedacht hätten. Solche Fahrbahnen ließen sich freilich im bergigen Gelände nicht mehr anlegen, sie erklären sich aus dem Beginn der Via Claudia Augusta, deren westlicher Ast sich auf die stark frequentierte Fährstelle Hostilia (heute Ostiglia) am Po stützte, etwa fünfzig Kilometer von Verona. Hier strömte neben dem Verkehr aus den südlich vom Po liegenden Teilen der Halbinsel auch adriatischer Verkehr auf die Via Claudia zu, weil Hostilia ein wichtiger Umschlagplatz für Waren aus Ravenna war.

Diesem westlichen Zubringer zu den Alpenübergängen wurde später ein zweiter, etwas weiter östlich geführter Straßenast zugesellt, dessen Verlauf vermutlich weitgehend mit der heutigen italienischen Staatsstraße Treviso-Postioma-Montebello-Fenér übereinstimmt. Nördlich der Enge von Fenér, durch die sich Straße und Piave-Fluß einträchtig zwängen, wird der Verlauf der Römerstraße jedoch schwer erkennbar. Wir besitzen als Anhaltspunkt hier lediglich einen römischen Meilenstein, der bei Cesio, östlich der Stadt Feltre, gefunden wurde. Er rechnet die Meilen *ab Altino* und bemißt die Gesamtentfernung von der Adriaküste bis zur Donau mit (umgerechnet) jenen 518 Kilometern, die wir schon kennen, die aber für diese Strecke doch wohl nicht ganz zutreffen. Offenbar ging der Verfasser der Inschrift von der bekannten Gesamtlänge der Via Claudia Augusta aus, ohne zu bedenken, daß der neue Anfangsort, das winzige Altino, wo der Ostzubringer begann, doch weiter von den Alpenpässen entfernt war als der Po-Übergang bei Hostilia.

Die Benennung von Altino freilich ist sehr interessant. Da an der Aussage des Steins nicht zu zweifeln ist, stehen wir der Tatsache gegenüber, daß eine der wichtigsten und kunstvollsten römischen Straßen in einem heute höchst unscheinbaren, inzwischen längst verlandeten Dorf an der Lagunenküste von Venedig ihren Ausgang genommen hat. Es ist heute nur dann auffindbar, wenn wir uns klar machen, daß es mit dem Flughafen Marco Polo und mit der Insel Torcello ein etwa gleichseitiges Dreieck bildet. Aus diesem alten Ruhm, aus dem Hafencharakter, dem Warenumschlag, dem Beginn der großen, die erste Via Claudia Augusta ergänzenden Straße, wird dann freilich klar, wieso Altino noch im frühen Mittelalter eine relativ bedeutende Rolle spielen konnte. Vor der Gründung der Stadt Venedig auf ihren Inseln und Fundamenten gehörte der ganze Nordteil der Lagune zu Altino, der südliche Teil hingegen zu Padua. Dies scheint ein römischer Grenzstein der Tribus Fabia zu beweisen, der in Venedig selbst zum Vorschein kam (!). Die Grenze zwischen den Bereichen verlief durch den heutigen Stadt-Bezirk Rialto.

Die uralte Stadt der illyrischen Veneter empfing vermutlich schon im sechsten Jahrhundert den Besuch griechischer Handelsfahrer aus Phokaia, hatte also die Chance, ein adriatisches Marseille zu werden. Der griechische Einfluß konnte sich hier jedoch nicht durchsetzen, jedenfalls sind sprachliche Hinweise auf ihn so gut wie gar nicht vorhanden. Die im Schnittpunkt etruskischer und griechischer Handelsinteressen liegende Stadt galt als Umschlagplatz für den aus dem Nord- und Ostseeraum hier ankommenden Bernstein, teilte sich also mit Spina und Atria in den Ruhm, der Südendpunkt der legendären Bernsteinstraße zu sein, die unter den römischen Kaisern dann durch befestigte, nicht nur für Händler und ihre Saumtiere gangbare Straßenstücke historisch greifbar wurde.

Altinum hatte eine bevorzugte, ja beinahe einzigartig zu nennende Lage, denn der Adriahandel aus Ravenna und Spina konnte im Schutz der Sandbänke und Inseln so gut wie frei von Seeräuberbedrohung bis hin nach Aquileia gehen; die verschiedenen Kanäle zum Po verstärkten noch dieses eigenartige Wasserstraßennetz, dem auch die Eigenart von Altinum entsprach. Die schnell wachsende Stadt stand nämlich, wie das spätere Venedig, auf Pfählen und gestützten Fundamenten, an die sich freilich bald ein ganzer Kranz von Villen auf festerem Untergrund anschloß. Denn Altinum kam in Mode, so sehr, daß selbst der römische Boulevard-Satiriker Martial sie eines Epigramms würdigt und mit dem berühmten Kurort Bajae bei Neapel vergleicht.

Reichtum ruft Feinde. 452 durch Attila zum erstenmal zerstört, erholte sich die Stadt, vor allem durch Zuzug aus Istrien und Dalmatien (was die Herkunft so mancher venezianischen Patrizierfamilie aus diesen Gegenden erklärt). Die Bischöfe von Altinum hatten Schwierigkeiten mit den arianischen Langobarden, was darauf schließen läßt, daß die Stadt auch in der Gotenzeit keine Fremden aufgenommen, sondern ihr römisches Bürgertum behalten hatte. Bischof Maurus von Altino floh vor König Rothari, nahm aber die Schätze seiner Kirche, Reliquien und kostbares Gerät mit nach Torcello. Das war im Jahr 640, und seither verödete Altino-Altinum. Daß es mit Aquileia die wichtigste Mutterstadt für die Neugründungen in der Lagune gewesen ist, erhellt aus der Tatsache, daß die einzelnen Stadtviertel und Stadttore von Altinum die Namen für die nun besiedelten Inseln liefern: das Boreana-Tor für Burano, nach dem Haupttor Maioribus das später wieder aufgegebene Mazzorbo; ferner erhielt neben einigen überfluteten, heute nicht mehr erkennbaren Inseln, auch das berühmte Murano seinen Namen nach den versunkenen Mauern von Altinum.

Der geschützte Seeweg in der Lagune wurde in durchaus modernem Sinn für Rüstungstransporte genützt, wenn wir in dem kleinen Ort Concordia, dem Plinius und andere Autoren völlige Bedeutungslosigkeit bescheinigen, immerhin eine Pfeilfabrik finden. Sie bringt dem Ort mit dem friedfertigen Namen das Attribut Concordia Sagittaria ein und machte ihn zu einem Begriff für alle Legionäre, die sich natürlich ihre Pfeile nicht selbst schnitzten, wie die Barbaren, gegen die sie kämpften, sondern gleichsam von Staats wegen mit industriell gefertigter Munition versorgt wurden.

Sind die Verhältnisse schon in der Lagune undurchsichtig, wo Inseln auftauchen, sich aus Sandbänken bilden, wo Inseln erstürmt und ihrer Siedlungen beraubt werden oder in der schlammigen Lagune versinken, so schafft der launische Fluß Piave weitere Unsicherheiten über den Südnord-Verlauf dieses Astes der Via Claudia. Denn wenn auch vieles dafür spricht, daß wir in der imposant geradlinigen Strecke Treviso-Montebelluna den Römerweg zur Enge von Fenér vor uns haben, so gibt es inzwischen eine Forschergruppe, die auf den bekannten Hang der Römer hinweist, mit größter Unbefangenheit der kürzesten Linie zu folgen – und von der wäre mit der Benützung der Enge von Fenér tatsächlich westwärts abgewichen. Anhand von Kleinfunden, wie es sie in Venetien freilich überall gibt, vertreten diese Lokalhistoriker die Meinung, die aus Altino nach Norden führende Römerstraße habe die Venetischen Alpen auf dem Passo di San Boldo überquert. Dieser ist mit seinen 706 Metern für alpengewohnte Reisende heute keineswegs furchterregend, aber immerhin fünfhundert Meter höher als der Fenér-Durchlaß ins Piavetal. Noch die moderne Straße über diesen Miniaturpaß weist bis zu 15 Prozent Steigung auf, was bespannte Fahrzeuge allerdings weniger störte, denn der Vorspann war relativ leicht zu organisieren. Etwa auf halbem Weg zwischen Feltre im Westen und Belluno im Osten habe die Römerstraße das Piavetal erreicht und sei ihm nach Norden gefolgt, bis sie über den Monte Croce di Comelico (Kreuzbergpaß 1636 m) und das heutige Sexten ins Pustertal und damit auch zur Drau niedersteigen konnte. Solch eine Trassierung hätte tatsächlich eine direkte Verbindung von den Lagunenhäfen zu einem Knotenpunkt zwischen Norikum und Rätien geschaffen, weswegen es nicht auszuschließen ist, daß die Römer sie irgendwann gebaut haben. Zu Zeiten des großen Claudius war dies jedoch kaum der Fall.

Befahren wir heute den Passo di San Boldo, der selbst in unseren Tagen noch für den Anhängerverkehr gesperrt ist, oder schlängeln wir uns über Lozzo und Auronzo aus dem Piavetal nach Norden, dann wird uns schnell klar, daß der Wegebau in diesen Landschaften das Werk von Generationen sein mußte. Offensichtlich ist hier, wie auch in Kärnten, eine Alternativroute aus zunächst vereinzelten Nebenstrecken zusammengewachsen.

Gerhard Radke verweist in seinem fundamentalen Artikel *Viae Publicae Romanae* in Paulys Realenzyklopädie der Klassischen Altertumswissenschaft auf die Tatsache, daß sich bei Feltre die Flußsysteme von Piave und Brenta dicht annähern; die beiden Täler erscheinen hier nur noch durch den Monte Aurin getrennt, und man kann in einer guten Stunde Fußwegs vom einen zum andern gelangen. Das Brentatal aber führt nach Süden zu nach Padua und nach Westen, hier Val Sugana genannt, über Levico zum Caldonazzo-See zehn Kilometer oberhalb Trient. Der bei Feltre gefundene Meilenstein könnte demnach nicht einfach einen Straßenlauf bezeichnet haben, sondern eine der wichtigsten Kreuzungen: nach Norden ging es über die breite, unsichere, aber doch immer gangbare Piavestrecke ins Gebirge und nach Norikum, während der Westweg durchs Val Sugana ins Etschtal und zu den Hauptalpenpässen Brenner und Reschen führte.

Das alte Feltre kann uns die Frage nicht mehr beantworten, doch lebt die Stadt zweifellos von diesem Schnittpunkt uralter Wege, seit es sie überhaupt gibt. Plinius vermerkt, daß die Räter, als sie noch Venetien besetzt hielten, hier eine Festung errichtet hatten; die wäre frühestens um 600 vor Christus anzusetzen. Aber auch bei den Römern machte Feltre Karriere und war seit 172 vor Christus eine Stadt der römischen Republik. Sie blieb, dank der Via Claudia Augusta, bedeutend, bis sie von ihren Bischöfen und vier großen Familien regiert wurde. 1404 unterwarf sich Feltre der Republik Venedig, womit die uralte Anbindung an die von der Lagune heraufführenden Handelswege bestätigt erscheint. Auch die größte Kostbarkeit unter Feltres Kirchenschätzen, ein aus Buchsbaumholz geschnitztes Kreuz mit 52 Szenen aus dem Neuen Testament, kam auf dem Adriaweg in die Stadt: es ist eine byzantinische Arbeit des späten fünften Jahrhunderts, vielleicht Fluchtgut aus der Hunnenzeit.

In dem schönsten aller Südtirolbücher hat uns Franz Tumler, kein Historiker, sondern ein Dichter, seine Ansicht über die Entstehung der germanisch-romanischen Sprachgrenze bei der Salurner Klause vorgetragen und dabei dargelegt, wie Straßen, Pässe und Kastelle hier mitten in den Bergen zu entscheidenden Faktoren der Geschichte und der Völkerbegegnung wurden:

»Für unser Gebiet ist die Straße wichtig, die Kaiser Claudius 46 nach Christus zur Via Claudia Augusta ausgebaut hat. Sie führte vom Po durch das Val Sugana nach Trient und von da durch das Etschtal über den Reschenpaß nach Norden. An ihr wurde nahe der rätisch-italischen Grenze ein Zollamt errichtet. Es war das Zollamt auf dem Boden Merans, von dessen Inhaber Aetetus wir das Stück seines Diana-Altars haben. Es hieß *statio Maiensi quadragesimo Galliarum.* Es wurde später befestigt und bekam den Namen Castrum Maiense. In dieser Gestalt als befestigter Platz bestand es nach dem Zeugnis des Bischofs Arbeo von Freising noch im achten Jahrhundert. Es lag hart am felsigen Ufer der Passer und hatte ein Tor, also auch eine Ummauerung. Der Name Castrum Maiense lebt in dem Namen Obermais, das ein Vorort Merans ist, weiter... Die Römer hatten eine Regio Tridentina als Verwaltungseinheit gegründet. Die Langobarden übernahmen diese Regio und machten sie zu einem Herzogtum. Das war die Lage im Jahr 575. In diesem Jahr nun stieß ein fränkischer Herzog mit Namen Chramnichis mit seinem Heer aus der alpinen Stellung oberhalb Merans nach Süden vor. Wie man sich das anschaulich vorzustellen hat, läßt sich schwer sagen. Vermutlich war es ein Feldzug ähnlich den Plünderungszügen, die früher die Venosten gemacht hatten. Dem Chramnichis jedenfalls gelang es, bis vor Trient zu kommen; er besetzte auch das Val Sugana. Fünfzehn Jahre später, 590, folgte ihm ein fränkisches Hauptheer; und nun schien es, daß die Besetzung des trentiner Gebietes durch die Franken von Dauer sein würde. Da gab es eine plötzliche Wende. Noch ehe das fränkische Hauptheer da war, kam es zu einem Zusammenstoß zwischen Chramnichis und den Langobarden.«

Die Schlacht fand bei Salurnis statt, dem Talengenort, und die Franken wurden vernichtend geschlagen. Es muß wohl so gewesen sein, daß die Langobarden Trient freikämpfen und nach Norden stoßen wollten, daß ihnen die zurückweichenden Franken aber an der Klause den Weg verlegten, die Via Claudia Augusta sperrten. Die Angreifer siegten über die Franken, ohne doch selbst nach Norden vorzustoßen. Denn Franz Tumler fährt fort: »Ich möchte nun sagen, daß diese bis heute bei geringfügiger Verschiebung immer feste Sprachgrenze mit dem Zug des Chramnichis und seiner Niederlage an diesem Ort zu tun hat. Denn nach diesem Ereignis trat dort Ruhe ein.«

Tumler nimmt den Vorgang zum Anlaß einer kleinen, aber nicht unbedeutenden Überlegung, war doch der Vorstoß des Chramnichis allem Anschein nach das, was man modern ein Kommandounternehmen nennen würde, eine Initiative auf Häuptlingsebene, nicht mehr. Und doch drückte sie die Sprachgrenze nach Süden bis zu einem Punkt, an dem die Heerstraße, der Marschweg der Franken, verhältnismäßig leicht zu sperren war. Heute zieht sich hier eine Reihe von drei kleinen Orten quer über den uralten Talweg, über die Völkerstraße, den Weg der Armeen. Die Orte heißen Mezzolombardo, worin jeder die Langobarden zu erkennen vermag, weiters Salurn nach dem alten Salurnis und dazwischen Mezzocorona, eine der vielen ungeschickten Italianisierungen aus der faschistischen Epoche. In Salurn tragen die zu eindrucksvollen Fassadenreihen versammelten Stadtpalazzi stark lombardischen Charakter, und die Häuser reichen bis in die Felsen hinein, in denen hoch droben die Haderburg als Straßen-Sperrfort aus dem dreizehnten Jahrhundert hängt. Auch die Pfarrkirche ist ein typisch lombardischer Bau, doch die Sphären begegnen einander: So wie an manchem Haus ein deutscher Giebel aus der Spätgotik sitzt, so sehen wir an einem Seitenaltar von Sankt Andreas eine Rosenkranzmadonna mit dem Bildnis des Habsburgerkaisers Leopold I.

Die Straßen also, sonderlich jene, die in Tälern verlaufen, führen zusammen und sammeln Kräfte wie Einflüsse von fernher. Es gibt für uns, bei der Altstraßenforschung, nichts Wichtigeres als die Wegmarken, die von den Erbauern angebracht wurden. Sie mußten dauerhaft sein, darum bestanden sie anders als heute aus jenem schweren Stein, der einem ausbrechenden Auto zum Verhängnis würde. Die Römersteine an den Straßen knickten nicht gnädig ab, wenn man ihnen unsanft nahekam, sie waren solide und wohlbehauene Trümmer, unvergänglich und nur in ihren Inschriften durch Wetter und Unverstand gefährdet.

Der wichtige Stein von Feltre kam in dem mit alten Zeiten wohlvertrauten Venetien einigermaßen heil auf die Nachwelt. Ein zweiter Via-Claudia-Stein fand sich bei Rabland im oberen

Vinschgau, also im lange Zeit noch ziemlich wilden Venostenland, in das erst dank römischer Bewässerungskunst friedliche Landwirtschaft ihren Einzug hielt. Ein schweres Gewitter, das den hier trockenen Boden abtrug, hatte den Stein freigelegt, ein Landedelmann fand ihn und berichtete darüber in seiner treuherzigen Sprache: »Tiberius Clauden wardt nach Christi Geburt 43 iar der finfft römisch Kaiser im Leben diser Gestaldt hat disen Stein gesetzt, welchen im 1552 iar zu Rablant im Pfinschgau ain wassergus abdeckht, den ich Hans Jocob Romer zu Maretsch riter hiher bracht und sambt dise zwai Abgeter, die in ain alten gemeir gefunden zu sainer gedächtnus verordnedt 1570.«

Der Brave hatte sich also durch die ›Abgötter‹ nicht abhalten lassen, seinen Fund zu bewahren und verband mit ihm die nicht unberechtigte Hoffnung, daß er ihm ein gewisses Überleben sichern werde – ein Römerstein und ein Vintschgauer Ritter in bescheidener Fortexistenz vereint. Anders ein Unbekannter geringerer Herkunft, der zwischen Laas und Eiers ebenfalls einen Meilenstein auffand, sich diesen aber von einem Meraner Steinmetzen abschwatzen ließ. Das war 1849, wenige Jahre, ehe das Interesse für die Altertümer wiedererwachte, in der gefährlichsten Zeit für solche Funde überall in Europa. Der Steinmetz, manche nennen ihn auch einen Bildhauer, entfernte zunächst fein säuberlich alle Verunreinigungen, dann glättete er den Stein, so daß von seinen Inschriften auch nicht ein Buchstabe erhalten blieb und man einen Grabstein aus ihm machen konnte. Als Oskar Wanka Edler von Rodlow 1899 sein Buch über die Brennerstraße schrieb, dem ich diese Information verdanke, gab es den Stein noch…

Damit kann nun zwar kein Zweifel mehr bestehen, daß die Römer die Reschenstraße durch den Vintschgau bevorzugt ausbauten, aus geographischen und militärischen Gründen und vielleicht auch, weil sie auf diesem Weg schneller Truppen ins westliche Germanien zu bringen hofften, wo die Chatten sich 41 und 50 als unruhig erwiesen hatten. Die Römer gaben militärischen Überlegungen beim Straßenbau so deutlich den Vorrang vor dem wirtschaftlichen Gesichtspunkt, daß es Autoren gibt, die spezifische Handelsstraßen-Initiativen der Römer überhaupt leugnen.

Eine neben der Militärstraße durch den Vintschgau längst florierende Handelsstraße war der von den Römern zunächst nur verbesserte Brennerweg. Der Versuch, ihn mit Legionen zu begehen und den Übergang zu erkämpfen, hatte zwar Erfolg, aber unter so hohen Opfern, daß die Römer einen erklärlichen Widerwillen gegen den Brennerpaß behielten, wo soviel Blut geflossen war, daß es den Eisack dunkel färbte (*sanguine nigro decolor infecta testis Isarcus aqua,* wie uns C. Albinovanus Pedo versichert). Der Dichter, Schüler, Freund und Briefpartner des verbannten Ovid war auch Offizier und schrieb diese Zeilen in einer Ode zum Trost der Livia über den Tod des Drusus. Noch dicker trägt der Historiker Florus auf, der siebzig Jahre nach den Ereignissen auf dem Brenner eine bis tief ins Mittelalter hinein vielgelesene, poetisch-schwungvolle und an Irrtümern reiche Römische Geschichte verfaßte. Ihm zufolge haben die Frauen der Breonen und Genaunen in den Kampf auf der Paßhöhe eingegriffen und, als sie keine Steine mehr fanden, um sie gegen die Römer zu schleudern, diesen ihre eigenen Kinder ins Gesicht geworfen *(infantes ipsos afflictos humo in ora militum adversa miserunt).*

Drusus, der auch das Bombardement mit Jung-Tirolern überstand, ließ bald nach den Kämpfen im Alpenvorland jene Stadt begründen, die – weniger militärisch als wirtschaftlich – für die gesamte römische Expansion Süddeutschlands entscheidende Bedeutung erlangte, nämlich Augusta Vindelicum (gelegentlich auch Vindelicorum genannt), das spätere Augsburg. Die Stadt war zwar auch über die Nordfortsetzung der Reschenroute, über den Fern-Paß, gut zu erreichen, aber sie zog bald soviel Handel aus dem ganzen südgermanischen Raum an sich, daß dieser schon vor dem vollen Ausbau der Brennerstraße auch auf dem alten Saumweg für starke Frequenz sorgte. Ja Strabo behauptet sogar, es habe trotz der Wegeschwierigkeiten regelmäßigen Saumtierhandel, also eine feste, zu bekannten Zeiten funktionierende Transportorganisation gegeben.

Es brauchte jedoch noch Jahrzehnte, ehe sich unter den Nachfolgern des Claudius das wirtschaftliche Denken neben den militärischen Überlegungen durchsetzen konnte. Erst der große, immer wieder als besonders weitblickend erkennbare Kaiser Hadrian, verlieh der Drusus-Gründung Augusta im Vindelikerland das Stadtrecht, zu einer Zeit, da man dort schon wohlhabend geworden war und fröhlich versuchte, römisches Leben nachzuahmen.

Derlei ist in kleineren provinziellen Zentren nicht überraschend und bis heute so geblieben, mit kuriosen Höhepunkten, wenn etwa deutsche Duodezfürsten Versailles nachzuahmen versuchten. Ernsthafter und erstaunlicher aber wirkte, was von der Straße selbst ins Umland an Einflüssen strömte, war das Gebirge doch damals noch ein wilder Bereich, als menschenfeindlich, ja als lebensfeindlich empfunden und durch die natürlichen Schwierigkeiten für Wanderer und Reisende oft einödhaft abgeschieden. Die Römerstraßen brachten hier einen Wandel, der in seinem Ausmaß nur schwer abzuschätzen ist, vor allem aber nicht unterschätzt werden sollte. Für beinahe alle Orte zwischen Trient und Veldidena, wo die Brennerstraße ins Inntal mündete, bedeutete der Ausbau des Brennerwegs zu einer Handels- und Heerstraße von transalpiner Bedeutung die Begegnung mit einer völlig anderen Welt. Der Römer reiste, da diese Reisen monatelang dauerten, auf eine merkwürdige Weise kompromißlos, das heißt, er war in der Regel nicht bereit, seinen Lebenszuschnitt zu verändern, nur weil er auf Reisen ging. So wälzten sich denn vor den Augen der verblüfften Breonen in ihrer kargen Kleidung und im Angesicht ihrer primitiven Hütten wahre Geleitzüge des Reichtums und der hauptstädtischen Pracht die Straße hinauf und wieder hinab. Die Herren ritten, umgeben von Dienern zu Pferd und zu Fuß, die Damen ließen sich in Sänften tragen; zog eine dieser Tiber-Schönheiten die Vorhänge beiseite, so stach dem Breonenaug Frauenhaut von nie gesehener Weiße ins Blickfeld, kostbare Stoffe gleißten in der Sonne, ein Frauenarm wurde sichtbar und griff zur kunstvoll aufgetürmten Frisur, in der Geschmeide glänzte. Unmengen persönlichen Gepäcks und absurde Teile eines als unentbehrlich empfundenen Mobiliars reisten mit, so oft ein Würdenträger einen Dienstort jenseits der Alpen beziehen oder verlassen mußte. Vergnügungsreisen in alpine Regionen scheint es hingegen noch nicht gegeben zu haben, allenfalls in den letzten, aber dann eben nicht mehr so ruhigen Jahrhunderten des großen Reiches. Der bildungshungrige Römer lenkte seine Schritte – sofern er privatim reiste – lieber nach Athen, das auch die Römer als den Hauptort der antiken Geisteskultur empfanden, oder nach Alexandria, dem Las Vegas der alten Welt, wo es über die reinen und die unreinen Vergnügungen hinaus auch noch ein paar gescheite Leute gab.

Der Brenner aber war, ebenso wie andere Alpenpässe, für den Römer eine Fron, eine Pflicht, der er sich unterzog, weil in Kempten, Augsburg, Regensburg und an manchem anderen Ort inzwischen wirtschaftliche Zentren und Verwaltungs-Mittelpunkte entstanden waren, die von der mächtigen römischen Bürokratie vereinnahmt werden mußten. Die Spur all der Herren, aber auch der Kaufleute, ist aus den Münzen zu erkennen, aus dem Geld, das sie alle im Land ließen, denn die Tiroler gaben auch damals nichts umsonst. In imposanter Dichte und Häufigkeit begleiten die Münzfunde die Via Claudia Augusta mit allen ihren Verzweigungen. Die Fundlinie führt das Etschtal herauf und das Pustertal herab und begleitet dann beim Brenneranstieg die Straße so lückenlos, daß wir nur die bekanntesten Orte nennen, nämlich Bozen, Waidbruck, Klausen, Säben, Brixen, Franzensfeste, Gossensaß und Brennerbad, wozu Römergräber im Raum Sterzing kommen. Daß die Straße als eine gewinnbringende Neuerung auch manchen anzog, der gar nicht so nahe wohnte, geht aus Münzfunden in Kastelruth und Lajen hervor, dort nämlich lagen die Fundorte gut siebenhundert Meter über der Talsohle. Nördlich von Wilten teilte sich – wie uns die Münzen bezeugen – die Straße in drei Stränge über den Fernpaß, über die Klause bei Seefeld und durchs Inntal, die heutige Kufsteiner Pfortenlandschaft hinaus nach Oberbayern bis zu der im Jahr 201 erbauten Querstraße Salzburg-Augsburg.

Freilich war den römischen Einflüssen, so begierig sie aufgenommen wurden, nach Art und Ausmaß eine Grenze gesetzt, denn die Gebirge selbst boten für Pflanzkulturen keinen so fruchtbaren Nährboden wie etwa das wohlvorbereitet auf die Römer wartende norische Kärnten. Zwar sehen wir an der Brennerstraße überall Gräber mit römischen Inschriften, auch Gräber, aus denen hervorgeht, daß Einheimische, die es sich leisten konnten, sich alsbald nach römischer Sitte beisetzen ließen. Aber es blieb naturgemäß eine aufgesetzte, eine importierte Fremdkultur, die am tiefsten dort eindrang, wo sie mit den suggestiven Religionen aus dem Südosten einherging. Wir kennen Inschriften bei Klausen, die einen Stützpunkt des Isiskultes an der Via Claudia Augusta erweisen, und bei Mauls in der Nähe von Sterzing fand sich eine Steinplatte mit einem

Mithras-Motiv, also ein Beweis dafür, daß dieser iranische Kult mitten in Südtirol eine Stätte gefunden hatte. Das in Wien aufbewahrte schöne Relief zeigt uns einen jungen, orientalisch gewandeten Mann, der gerade einen Stier tötet; zu seiner Rechten wie zur Linken stehen je ein Fackelträger, der eine hält die Fackel hoch, was den Tag symbolisiert, der andere senkt sie zur Erde.

Überraschend ist, daß wir auf Unterkünfte und Gaststätten an der römischen Brennerstraße keine sicheren Hinweise besitzen. Dabei machten doch gerade die Höhenlage und das rauhere Alpenwetter eine Einkehr oft notwendig und den Gebrauch der Zelte, die reiche Römer auf Reisen mitführten, beinahe unmöglich. So verständlich es war, daß man lieber im eigenen Zelt schlief als mit allerlei Gesindel und fahrenden Leuten in einer unsauberen Herberge, so wenig widerstanden solche Konstruktionen aus dem warmen Italien einem richtigen Berggewitter. Immerhin darf man annehmen, daß sich bei der Zollstation von Sublavio (Klausen) auch Unterkünfte befanden und Gaststätten, in denen Wartende verpflegt wurden.

Denn mit Wartezeiten mußte auf dem Brenner schon damals gerechnet werden, hatten die Zöllner doch das Recht, auch verschnürte Packen aufzumachen, ja sogar Briefschaften einzusehen, wenn aus ihnen Aufschlüsse über Art und Wert der Waren zu gewinnen war. Allerdings war der Zoll selbst mit zweieinhalb Prozent nicht hoch, bewegte man sich doch zwischen Assuan und dem Hadrianswall stets auf römischem Boden.

Trotz dieser geringen Zölle scheint das Verfahren einträglich gewesen zu sein, was sich eigentlich nur erklären läßt, wenn man Schmiergelder oder überhöhte Zollforderungen annimmt. In Klausen im Eisacktal jedenfalls versahen Sklaven den Zolldienst, die einem Zollpächter gehörten. Von einem kennen wir sogar den Namen, T. Iulius Saturninus, und wissen, daß er auch die Zollstation auf dem Plöckenpaß mit seinen Leuten besetzen durfte. Die Römer hatten also ähnlich wie später die bequemen französischen Könige das System der Abgaben-Untervermietung eingeführt. Sie sparten damit an Beamten und an Apparat und nahmen es in Kauf, daß die wenigen Pächter von Zöllen und anderen Abgaben sich unmäßig bereicherten, war es doch eine Bereicherung, die in der Regel zu Lasten der Reisenden und Kaufleute ging. Die Haupteinnahmequelle der Pächter war aber wohl die Beschlagnahme des gesamten Warentransports, wenn Schmuggelversuche aufflogen.

Waren auch die Dinge, die aus Italien nach dem Norden gingen, im einzelnen gewiß hübscher und wertvoller, so rollten über den Brenner doch auch schon zur römischen Kaiserzeit hoch geschätzte Güter in den Süden. Bienenhonig aus den Bergen war sehr beliebt, und am Käse aus dem Allgäu überfraß sich Kaiser Antoninus Pius bekanntlich dermaßen, daß ihn im Jahr 161 nach Koliken der Tod ereilte; er stand damals aber schon im fünfundsiebzigsten Lebensjahr, so daß es nicht unbedingt der Käse gewesen sein muß...

Sogar der Wein aus Südtirol war selbst im Weinland Italien bekannt und beliebt, und das Holz aus den Wäldern der Alpen wurde auf der Etsch abgeflößt, man transportierte es vorwiegend auf dem Wasser bis in die schnell wachsende Stadt Rom. Auch im Norden ergänzte natürlich ein Wasserweg, wie er im Inn zur Verfügung stand, die Alpenstraßen, so wie die Salzach den Tauernpässen erst ihren vollen Verkehrswert gegeben hat.

Diese einträgliche Idylle, in der die Brennerstraße zwar noch im Schatten des Reschenpasses stand, aber zweifellos schon von zahlreichen Kaufleuten begangen wurde, nahm ihr Ende, als mit den nach 165 stattfindenden Markomannenkriegen das römische Rätien plötzlich bedroht erschien. Ein germanischer Völkerbund, dem vermutlich auch aggressive sarmatische Reitervölker zuströmten, drückte unter der Führung des Markomannenkönigs Ballomar gegen die Donaugrenze des Römerreichs in Pannonien und im Noricum Ripense. In den Wechselfällen der Markomannenkriege, die sich im ganzen über fünfzig Jahre hinzogen, wurden wesentliche Punkte der Adria-Alpen-Verbindung zeitweise erobert, wie zum Beispiel Oderzo oder sogar Aquileia, und diese kritischen Situationen waren es wohl, die einen Vollausbau der Brennerstraße zur militärischen Nachschublinie erzwangen. Er erfolgte in den Jahren 195-215, muß aber im Jahr 201 einen gewissen provisorischen Abschluß erreicht haben, weil aus diesem Jahr besonders viele Meilensteine bekannt sind, die auf eine Inbetriebnahme ausgebauter Straßenstücke zu diesem Zeitpunkt schließen lassen.

Auf einem von ihnen, der bei Innsbruck gefunden wurde, sind Septimius Severus (Kaiser von 193-211) und sein Sohn und Mitregent Caracalla genannt, die Entfernung nach Augsburg ist mit (umgerechnet) 165 Kilometern etwa richtig angegeben. Ein weiterer, ähnlich beschrifteter Meilenstein fand sich an der Einmündung des Stubaitals in das von der Sill durchflossene Haupttal, in dem die Brennerstraße von der Paßhöhe nach Wilten bei Innsbruck niederstieg. Ein dritter Meilenstein, den man unweit Partenkirchen fand, beweist die frühe Benützung des Hochgebirgsweges über Seefeld und hinaus ins Loisachtal, womit auch die Scharnitzer Klause als Durchgangspunkt wahrscheinlich wird. Die beiden berühmtesten römischen Straßenkarten nennen fortan den Brennerweg mit seinen Nordfortsetzungen als Militär-und Handelsstraße erster Ordnung und führen Verona, Trient, Ponte Drusi (bei Bozen), Klausen und Sterzing als wichtigste Orte an der Straße auf; nördlich der Paßhöhe kommen Wilten bei Innsbruck und Partenkirchen hinzu, ehe Augusta Vindelicorum erreicht wird. In ihrer ersten Trassierung war diese bayerische Brennerstraßen-Fortsetzung noch ziemlich umständlich über den Kienberg und die heutigen Orte Oberammergau, Peiting, Schongau, Öpfach (Avodiaco) und Spötting bei Landsberg am Lech geführt, weil das Murnauer Moos noch nicht durchquert werden konnte. Als dies den römischen Pionieren und Ingenieuren endlich gelungen war, führte die neue Route von Partano (Partenkirchen) zum Staffelsee und weiter über ein heute Bruck heißendes Ambrae nach Augsburg.

Damit war der so lange mißachtete Brennerweg zweihundert Jahre nach Drusus zur Hauptader des Reiches geworden, ja er lief schnurgerade wie ein auf die Zwölf gerichteter Zeiger durch die Mitte des für Rom nun so wichtig gewordenen rätisch-germanischen Gebietes und stieß auf Augusta-Augsburg, die Stadt in der einmalig zentralen Lage, von den entscheidenden Limes-Punkten und Hauptfestungen etwa gleichweit entfernt. Um so verblüffender ist der spätere Aufstieg Münchens, der die durch Jahrtausende dominierende Lechstadt in die Provinzialität hinabdrückte.

Diese enorme militärische Bedeutung der neuen Hauptader geht auch aus den vielen Festungsbauten hervor, die uns in ihrem Verlauf von Süden nach Norden begegnen, wobei natürlich nicht alles, was wir heute auf Felsvorsprüngen und zu beiden Seiten des Weges sehen, auch tatsächlich römischen Ursprungs ist: die Fortifikationstechnik ist eine sehr alte Wissenschaft, in der die Römer wie in der zivilen Architektur wichtige Prinzipien zuerst erkannt und zuerst formuliert haben. Wo die Römer befestigten, mußten spätere Festungsbauer es auch tun, so daß wir bei Verona, bei Salurn, bei Gries am Brenner und bei Scharnitz Mauern und Stellungen verschiedener Herkunft erkennen. Den Römern war, sobald die Bedeutung einer Straße feststand, auch keine Trassierung zu mühsam. Da sie es nicht riskieren konnten, daß dieser Hauptnachschubweg für die Limesbesatzungen durch Muren oder durch Hochwasser womöglich wochenlang bedroht wurde, führten sie die Via Claudia Augusta in zäher, jahrelanger Arbeit bei Bozen nicht im Eisacktal selbst, sondern in siebenhundert Metern Seehöhe auf dem Hang des Rittenplateaus dahin, ähnlich wie heute die Bahn nach Klobenstein verläuft; erst bei Waidbruck senkte sich die Trasse wieder ins Tal.

Der offenkundige Umstand, daß jede Straße nach beiden Richtungen benützt werden kann, hat schon so manchem Strategen Kopfzerbrechen bereitet, wenn er die Straßen zur Grenze großzügig ausgebaut hatte, um seine Truppen schnell in die gefährdeten Gebiete bringen zu können, und wenn dann der Gegner auf ebendiesen gut ausgebauten Straßen ins Landesinnere vordrang. Diese Neutralität oder Komplizität der neuen Brennerstraße mußte Rom stets dann schmerzlich erfahren, wenn schwache Herrscher oder gar chaotische Parteienkämpfe die Zentrale des großen Reiches am Tiber lähmten.

Hatten die Angreifer aus dem Norden und Nordosten bis dahin in solchen Krisenzeiten nur die Grenzbefestigungen durchbrochen und das grenznahe Hinterland leergeplündert, so kamen die Germanen schon während der Markomannenkriege über das norisch-pannonische Straßennetz mit Angriffsspitzen bis an die Adria, was ihnen sonst gewiß nicht gelungen wäre. Und als um 260 Rom praktisch ohne tatkräftige Regierung war, drangen germanische Raubscharen auf der Brennerstraße blitzschnell bis nach Norditalien vor. Zehn Jahre später konnte ein ähnlicher Vorstoß am Gardasee abgefangen werden, ein Scharmützel, in dem die Alamannen Gegner der römischen Truppen waren und es fortan beinahe zweihundert Jahre lang bleiben sollten. Es brauchte starke Kaiser wie Aurelian und Probus, ehe im letzten Viertel des dritten Jahrhunderts die Grenzen wieder gesichert und damit auch die Hauptstraßen ihrer Bestimmung zurückgegeben werden konnten, den Römern zu dienen und nicht den Feinden.

An der Wende zum vierten Jahrhundert war es dann Diokletian, eine der stärksten Persönlichkeiten der ganzen römischen Kaiserzeit, unter dem der innere Frieden des Reiches auch in entlegenen Gebieten Pannoniens und Rätiens wieder einkehrte. Unter dem Eindruck der Katastrophen, von denen er in seinen jungen Jahren ja gehört haben mußte, verließ er sich nicht mehr auf Straßenbefestigungen, die zu leicht umgangen werden konnten, sondern zog durch das für die Brennerlinie so wichtige Inntal eine Art zweiten Limes, Befestigungslinien zweiter Ordnung, die von der Forschung Zwischen-Limites genannt werden. Damals erhielt die Innpforte bei Kufstein, über der noch heute eine imposante Burg thront, ihre ersten größeren Befestigungsbauten im Verein mit einem Alarmsystem etwa nach Art der Indianer: Es arbeitete drahtlos mit Hilfe von Rauchsignalen und in der Nacht mit Feuern auf den Höhen; die Festungen vereinten sich damit zu einer zweiten Schutzlinie.

All diese Überlegungen und Berechnungen wurden freilich zunichte gemacht, als im fünften nachchristlichen Jahrhundert schließlich der ganze Osten und die Mitte Europas in Bewegung gerieten und auch jene Völker zerschlagen wurden, mit denen sich die geschwächten, aber immer noch ausgezeichnet organisierten Römer inzwischen zu Zweckbündnissen zusammengefunden hatten. Die Wanderstämme, die kriegerisch gegen das Römerreich zogen, konnten in der Regel erst in Norditalien selbst aufgefangen werden, wie zum Beispiel der Großangriff des wilden Fürsten Radagaisus, der unter den Augen der Frauen und Kinder seines Volkes von dem Vandalen Stilicho und seinen römisch-hunnischen Truppen vernichtet wurde. Wanka von Rodlow nimmt an, daß die Scharen des Radagaisus über den Brennerweg nach Italien einströmten. Indessen war Radagaisus selbst Ostgote und sein Kampfverband im wesentlichen aus pannonischen Stämmen gebildet, aus Goten, Kleingoten und Splitterstämmen als Reste zerschlagener Völker aus dem unteren Donauraum, der den ersten Hunnenstoß auszuhalten gehabt hatte. Es ist unwahrscheinlich, daß eine so große und so wenig geordnete Streitmacht den Umweg über die Hochalpen machte, statt die niedrigen Mittelgebirgsübergänge im heutigen Friaul zu benützen. Sie drangen bis Florenz vor und wurden bei Fiesole vernichtet.

Es ist aber wahrscheinlich, daß diese Vorgänge aus dem Jahr 405 und andere, kleinere Überfälle der Jahre danach wieder eine Rolle spielten, als in der zweiten Hälfte dieses Jahrhunderts Italien unter Theoderich wieder eine geordnete Verwaltung erhielt und die gotischen Krieger dieses großen Königs Schutzpositionen an allen Zugängen der Halbinsel bezogen. Damals erhielten auch die Pässe im ganzen Alpenbogen von den Seealpen bis in die Ostalpen gotische Besatzungen, wie wir nicht nur von Cassiodor wissen, dem Kanzler und Sekretär Theoderichs, sondern auch von Prokopius, der Belisars Feldzug in Italien schildert. »In den Alpen aber«, berichtet er im Kapitel II/28 seines großen Buchs von den Gotenkriegen, »liegen viele Burgen. Dort wohnten seit langem schon zahlreiche edle Goten mit ihren Weibern und Kindern und versahen die Grenzwacht.«

Fern vom bedrohten Ravenna waren diese Männer mit ihren Familien weitgehend auf sich gestellt, und als Belisar die Oberhand zu gewinnen schien, verließen sie gegen gewisse Zusicherungen ihre Festungen und übergaben sie den oströmischen Angreifern. Zweifellos gab es am Brennerweg starke Kontingente dieser Gotenbesatzungen, denn allein auf den ligurischen Übergängen im südlichsten Teil der Seealpen waren, wie wir ebenfalls von Prokopius wissen, nicht weniger als viertausend Krieger stationiert. Theoderich, selbst zumindest vom Vater her Gote, schätzte also die Bedeutung der Alpenübergänge um so höher ein, je unruhiger die Zeiten waren. Es ist nicht unmöglich, daß der Ort Gossensaß von den Goten, die dort saßen, seinen Namen hat, und vor allem ist es ja bekannt, daß Theoderich so lange in Verona residierte, daß ihn die deutsche Sage als Dietrich von Bern aufgenommen hat. Der Brennerweg von Verona durchs Eisacktal nach Norden war demnach auch unter der Ostgotenherrschaft in Italien die wichtigste Straße, die Hauptader des Reiches und das Verkehrszentrum, das verteidigt werden mußte.

Das Vordringen der arianischen Ostgoten bis in die höchsten Paßregionen der Alpen und ihre Niederlassung dort mit ihren Familien sind Vorgänge, die auf ein bislang ungeklärtes Rätsel der frühchristlichen Kultur in den Alpen neues Licht werfen.

Im ganzen Alpenraum Rätiens, wie ihn Theoderich beherrschte, waren im fünften und sechsten Jahrhundert die Valentinskirchen häufig, Gotteshäuser für jenen wohl nie wirklich inthronisierten Bischof beider Rätien, von dem man mit Sicherheit weiß, daß er wiederholt aus dem (katholischen) Passau vertrieben wurde. Theoderich selbst, der große König, hing der arianischen Spielart des christlichen Glaubens an, die damals bei fast allen germanischen Völkern sehr verbreitet war. Valens-Valentin, der rätselhafte Heilige Rätiens, hatte offenbar unter den gotischen Paß-Garnisonen und in den gotisch besetzten Bergfestungen zahlreiche Anhänger, und auch daß er in der Kirche der Zenoburg in Mais bei Meran beigesetzt wurde, beweist seine Verbindung zur wichtigen Nordsüdstraße, an deren westlichem Zweig, mit großer Wahrscheinlichkeit schon seit etruskischen Zeiten, die Straßenfestung von Mais lag. Die heutige katholische Hagiographie begegnet dem einst so beliebten Heiligen mit deutlicher Zurückhaltung, bestreitet seine Klostergründungen und seine Abtswürde und zeigt sich jedenfalls weniger tolerant gegenüber diesem Alpenapostel als Herzog Tassilo III. von Bayern, der Valentins Gebeine aus Meran in jenes Passau holen ließ, das den lebendigen Heiligen nicht hatte haben wollen. Die Straße, die so vielen heidnischen Göttern und Kulten den Weg über die Alpen gebahnt hatte, ließ den Arianismus nur bis auf die Paßhöhe gelangen, denn jenseits, aus dem Norden, zogen bereits die Baiern heran. Zwar gibt es Anzeichen dafür, daß auf den Höhen selbst noch die tapferen Breonen saßen, mehr durchsetzt als vermischt mit den gotischen Straßensicherungs-Truppen. Aber in Dingen der Religion galten fortan eben strengere Regeln. Bei den Legionen, die aus allen Teilen des Reiches kamen, wurden auch Götter aller Art und jeder Herkunft verehrt, von den römischen Gottkaisern bis zum Jünglingskult der persischen Mithrasreligion; damals war die Straße noch das neutrale Begegnungsfeld auch für die verschiedenen Kulte gewesen. Das schien nun anders zu werden. Das Niemandsland der Straße mußte sich den neuen Herren unterwerfen, die in Säben, Brixen, Wilten und Kempten saßen und auf die alten Römerwege ihre schlicht gekleideten Kleriker schickten, die Mönche auf ihren Maultieren.

Die Menschen des Mittelalters reisten in einem Gutteil Europas auf den nur langsam verfallenden Römerstraßen, und auch wir könnten sie zumindest in ihrem Verlauf noch recht gut erkennen, würde unser kleiner Erdteil nicht so intensiv genutzt, gäbe es nicht so wenig Raum in den einst römischen Zonen von Kultureuropa. Und da die Römer, wie man überall bemerken kann, ja einen recht guten und durchaus zukunftstauglichen Blick für Verkehrslinien und Verkehrsnotwendigkeiten hatten, sind es oft unsere neuen und ausgreifenden Verkehrsbauten, die das Römererbe oder noch ältere Denkmale frühen Verkehrsgeschehens überdecken – gelegentlich aber auch zum Vorschein bringen.

Stellen wir uns nach der Erzählung von Reschen- und Brennerstraße die Frage, wo man der Vergangenheit dieser Verkehrswege noch begegnen könnte, dann weist uns das eindrucksvollste und modernste Großbauwerk an ihrem Verlauf, nämlich die Europabrücke an der Nordrampe der Brennerautobahn, den Weg zu überraschenden Funden. Der erste gelang, wie bestellt, in dem Augenblick, da am 25. April 1959 der erste Spatenstich zum Bau der Europabrücke feierlich vorgenommen wurde. Eine junge Tirolerin, ein Fräulein Dora Innerebner, fand auf dem kleinen Plateau einer Föhnlößkuppe bei Patsch im Wipp (oder Sill)-Tal einige Keramikbruchstücke, die sich als frühbronzezeitlich erwiesen. Grabungen, die in den nächsten Wochen vorgenommen wurden und für die sogar die Arbeitsgemeinschaft Europabrücke Arbeiter abstellte, ergaben, daß hier schon im zweiten vorchristlichen Jahrtausend Menschen die Natur verändert, Wohnterrassen aufgeschüttet und Schutzbauten errichtet hatten. Die gefundene Keramik stammt teils aus den Werkstätten von Straubing, teils aber aus dem Pustertal, was ergibt: der Brennerweg wurde auch ohne Europabrücke bereits vor viertausend Jahren begangen. Nach einem Bestehen von etwa tausend bis zwölfhundert Jahren ging die Siedlung ohne Feindeinwirkung zugrunde, das heißt wohl: sie wurde verlassen.

Nach jenen bronzezeitlichen Siedlern an der Nordrampe des Brennerpasses, der damals schon irgendeine Passagemöglichkeit geboten haben muß, kommen die Kelten und werden für tausend Jahre in Tirol seßhaft, denn auch am Ausgang der Römerzeit sind zumindest die Gebirgshöhen noch von keltischen Bergstämmen besiedelt. Die Karte der Keltenfunde in Tirol, vor allem aber die Übersicht über die keltischen Ortsnamen sieht aus wie eine moderne Straßenkarte dieses Durchzugslandes *par excellence.* Ich folge einem Aufsatz von Hermann L. Ölberg in der Festschrift für Leonhard C. Franz, wenn ich die mit Sicherheit keltischen Ortsnamen von West nach Ost wie folgt aufzähle: Jamtal, Trisana, Ladis, Cirkaffe (Kronburg), Axams, Ampaß, Fritzens, Krovenz, Glaner, Brixen, Treins, Ebbs und Albe, wozu noch der Inn-Fluß selbst kommt. Mit großer Wahrscheinlichkeit keltisch sind zudem Ladis, Kanzing, Götzens, Geploder und Matrei an der Brennerstraße, Navis und Lafanz, Terfens, Lofer. Diese Namen liegen weit überwiegend an Durchgangsstraßen, die auch in keltischer Zeit schon begangen wurden, teils im Inntal, teils im senkrecht dahin führenden Wipptal, in dem der Brennerweg zum Inn vorstößt, aber auch in den Durchgangstälern hinüber ins Salzburgische. Auch für die der einheimischen Bevölkerung mit Sicherheit auch geistig überlegenen Kelten waren die alten Verkehrswege bereits lebenswichtig, und als die Römer ihre Straßen durch Tirol zogen, hielten sich die keltischen Siedlungen an diesen Straßen länger und deutlicher als in den kleinen Tälern oder auf den Höhen. In Orten mit besonders intensivem Verkehr, in Gegenden mit besonders günstiger Verkehrslage, bildeten sich und hielten sich keltoromanische Siedlungen: dort, wo die Römerstraße aus dem Engadin auf jene traf, die vom Reschen herunterkam, und dort, wo das Inntal sich die Pforte hinaus nach Bayern geschaffen hatte. Erst, wenn die vorwiegend agrarisch interessierten Baiern einrücken, werden Hänge, Wiesen und Almen wichtiger sein als die Straßen, ja mancherorts werden sich die katholischen Baiern des Mittelalters gegen die Straße zu sogar abschließen und ihre kleinen Gemeinwesen von allem Fremden fernzuhalten versuchen, das auf den alten Römerstraßen heranzieht (denn andere gibt es noch lange nicht).

Die keltoromanische Restbevölkerung wird in die Höhen abgedrängt; in den Tälern und überall dort, wo man Landwirtschaft treiben kann, herrschen die Baiern, und viele bairische Namen beginnen auch in Südtirol die romanischen zu überlagern, selbst auf dem Ritten bei Bozen, über den doch die Römerstraße führte. Die Breonen selbst haben ein zäheres Leben als ihre Ortsnamen; sie tauchen in Urkunden bis ins zehnte Jahrhundert auf, auch noch im lateinischen Urtext der *Vita Corbiniani* des Bischofs Arbeo. Untergehen heißt für so starke

Stämme freilich aufgehen, und einiges Breonische mag in die Tiroler schon eingegangen und wieder erwacht sein, als sie sich tausend Jahre später so gegen die Bayern wehrten.

Im Etsch- wie im Eisacktal läßt sich in verschiedenen Ansitzen und Burgen verfolgen, wie die neuen Herren aus Baiern auf alten Fundamenten ihre Adelssitze errichteten. Als die Baiernherzöge begannen, über den Brenner zu reisen, sich mit den Langobarden zu verbinden, über die Alpen hinweg Ehebünde schlossen und so weiter, da waren die Römerstraßen, vor allem aber die Wegstationen und Zollburgen der alten Ordnung, in einem kläglichen Zustand. Dafür traten nun zahlreiche neue Edelsitze ein, von denen vor allem jene im Raum Meran, Kastelruth und Trient oft antike Fundamente nutzen konnten. Die Wegzölle und Mautabgaben verschiedener Provenienz wurden bald zu einer Haupteinnahmequelle für die hier lebenden Geschlechter, und diesem Umstand ist es wohl zu verdanken, daß der Brennerweg und auch die ›Obere Straße‹ über das Reschen-Scheidegg immer wieder zumindest notdürftig instandgesetzt wurden.

Während sich die römischen Straßenbefestigungen bei Wilten und auf dem Martinsbühel bei Zirl nicht erhalten haben und auch nicht in späteren Ritterburgen aufgegangen sind, besitzen wir in der Festung Castelfeder (Südtirol, bei Auer) das kostbare Beispiel eines beinahe bruchlosen Übergangs römischer in ritterliche Befestigungskunst. »Darüber, daß die ausgedehnten, auf dem talbeherrschenden Felshügel südlich von Auer verlaufenden Mauerzüge von einer Wehrburg von großer strategischer Bedeutung herrühren, kann kein Zweifel sein«, schreibt Magdalena Hörmann-Weingartner in ihrem großen Burgenbuch. »Zu unterscheiden sind hier auf der höchsten Hügelkuppe die Reste einer ausgedehnten Ringmauer... und die Mauern eines Viereckturms. Für sie steht ein spätrömischer Ursprung wohl außer Frage«. Der Wehrgang auf Rundbögen und Viereckpfeilern erinnert die Bearbeiterin des alten Standardwerkes an eine Wehrmauer aus dem fünften Jahrhundert in Konstantinopel. Demnach hätten diese Festung Castelfeder vielleicht nicht die Römer errichtet, sondern die nach ihrem Sieg über die Goten lange Zeit über Italien herrschenden Byzantiner: Das ist keine phantastische Annahme, denn längst verbanden die Straßen eines großen und nun sterbenden Reiches den Alpenraum mit dem Bosporus.

Beschäftigen wir uns mit vergangenen Zeiten, so werden wir immer wieder auf die Tatsache stoßen, daß uns die Eifrigen, die Sammler, die Wißbegierigen oft wertvoller sind als die zu ihrer Zeit hochverehrten Originalgenies. Mancher, der sein Leben lang nur kopierte und kompilierte ist unsterblich geworden, während die gefeierten Dichter zum Teil in kaum gelesenen Anthologien verstauben. Der durch seine Vielwisserei ebenso wie seine kuriosen Irrtümer berühmte Plinius (23-79), zum Unterschied von seinem Neffen auch ›der Ältere‹ genannt, hat uns in seiner Naturgeschichte einen Überblick über das Wissen seiner Zeit und über seine eigene stupende Weltkenntnis gegeben. Obwohl nicht eigentlich Geograph, vermittelt er uns in seiner *Naturalis Historia* die erstaunliche Geschichte von einem Warentransportweg von der Ost- und Nordseeküste zur Adria. Sein Gewährsmann war ein Augenzeuge, denn Plinius schreibt:

»Noch heute lebt der römische Ritter, der zur Untersuchung der Sachverhalte von Julianus ins Samland gesandt wurde, als dieser für ein Gladiatorenspiel des Kaisers Nero die Anschaffungen zu besorgen hatte, und der bei dieser Gelegenheit die dortigen Faktoreien *(commercia)* und Küsten durchwandert und eine solche Menge Bernsteins mitgebracht hat, daß die Netze und die Schutzwehren des Podiums gegen die wilden Tiere mit Bernstein verknotet (d.h. wohl durch eingebundenen Bernstein geschmückt) waren, ebenso aber auch der Streusand, die Totenbahren und der ganze Festapparat des einen Tages überall von Bernstein strotzten. Das größte von ihm mitgebrachte (Einzel-)Stück wog dreizehn Pfund.«

Das war der Bericht über den Anlaß der Reise, die wohl nicht auf gut Glück erfolgte, sondern weil Nero ja oft ausgefallene Wünsche hegte und diese nicht immer leicht zu erfüllen waren. Man mußte am Hof in Rom also wohl schon von der Existenz einer Gegend gewußt haben, in der Bernstein gefischt und verarbeitet und als wertvolles Exportgut für Händler aus dem Süden bereitgestellt wurde. Dieses nach der Reise von jenem Ritter vermutlich präzisierte Wissen von der Bernsteinstraße faßt Plinius dann in folgende Sätze:

»Die Germanen bringen den Bernstein hauptsächlich nach Pannonien. Von dort haben ihn zuerst die Veneter geholt, da sie Pannonien zunächst benachbart sind, und haben ihn dann rings (an den Küsten) am Adriatischen Meer verbreitet ... Der Meerbusen bis zum Kymbrischen Vorgebirge (=Kap Skagen) ist erfüllt von Inseln, unter denen Scatinavia (Skandinavien) von noch unerforschter Größe, aber am berühmtesten ist.«

In seinem weiteren Bericht erwähnt Plinius noch die Weichsel und nennt auch den Namen *Aesten,* die lateinische Bezeichnung für die alten Pruzzen, jenes baltische Volk mit eigener, nicht germanischer und nicht slawischer Sprache, das sich – trotz der andauernden germanischen Südwanderungen aus Skandinavien – an der Weichselmündung hatte erhalten können, bis zu den Vernichtungskriegen durch den Deutschen Orden im dreizehnten Jahrhundert. Die kunstfertigen Pruzzen, von denen Seefahrer berichteten, daß sie die Sprache ihrer Nachbarn nicht verständen (!), waren ein Altvolk von großer Kraft und Zähigkeit ähnlich den Basken und zogen durch Jahrhunderte Gewinn aus einer Gabe des Meeres, die heute selten geworden ist: aus dem Bernstein.

Daß es ihn früher in ungleich größeren Mengen gab, beweist uns unter anderem das Bernsteinzimmer von Königsberg; daß er aber einen Nero verlockte, eine seiner blutigen Großveranstaltungen mit Bernstein zu garnieren, ja selbst den Streusand für die Blutlachen mit Bernsteinkörnchen zu vermengen, das ist – so ganz nebenbei – natürlich auch sehr aufschlußreich hinsichtlich der kranken Psyche dieses Pracht und Tod so gerne kombinierenden Gewaltherrschers.

Daß die Veneter im Bernsteinhandel eine besondere Rolle spielten, überrascht uns nicht mehr nach allem, was wir von der Verkehrsbedeutung des nördlichsten Adriawinkels wissen. Dieses heute stille Meer mit nostalgischen Hafenszenerien à la Triest war vor Columbus eine Wasserstraße von größter Bedeutung, und die diesen Transportweg gefährdenden dalmatinischen Piraten waren die hartnäckigsten Gegner der Römer im ganzen europäischen Bereich. Selbst bei der großen Piratentreibjagd des Pompeius waren gegen sie, die in tiefen Schlupfwinkeln wie etwa der Narentamündung hausten, keine durchgreifenden Erfolge erzielt worden, sie waren es auch gewesen, die Gaius Julius Caesar gekidnappt hatten.

Trotz dieser Fährnisse blieb die Adria, das enge und langgestreckte Nebenmeer, intensiv befahren, und der Güterumschlag in den Lagunenhäfen übertraf oft jenen der Orte an der

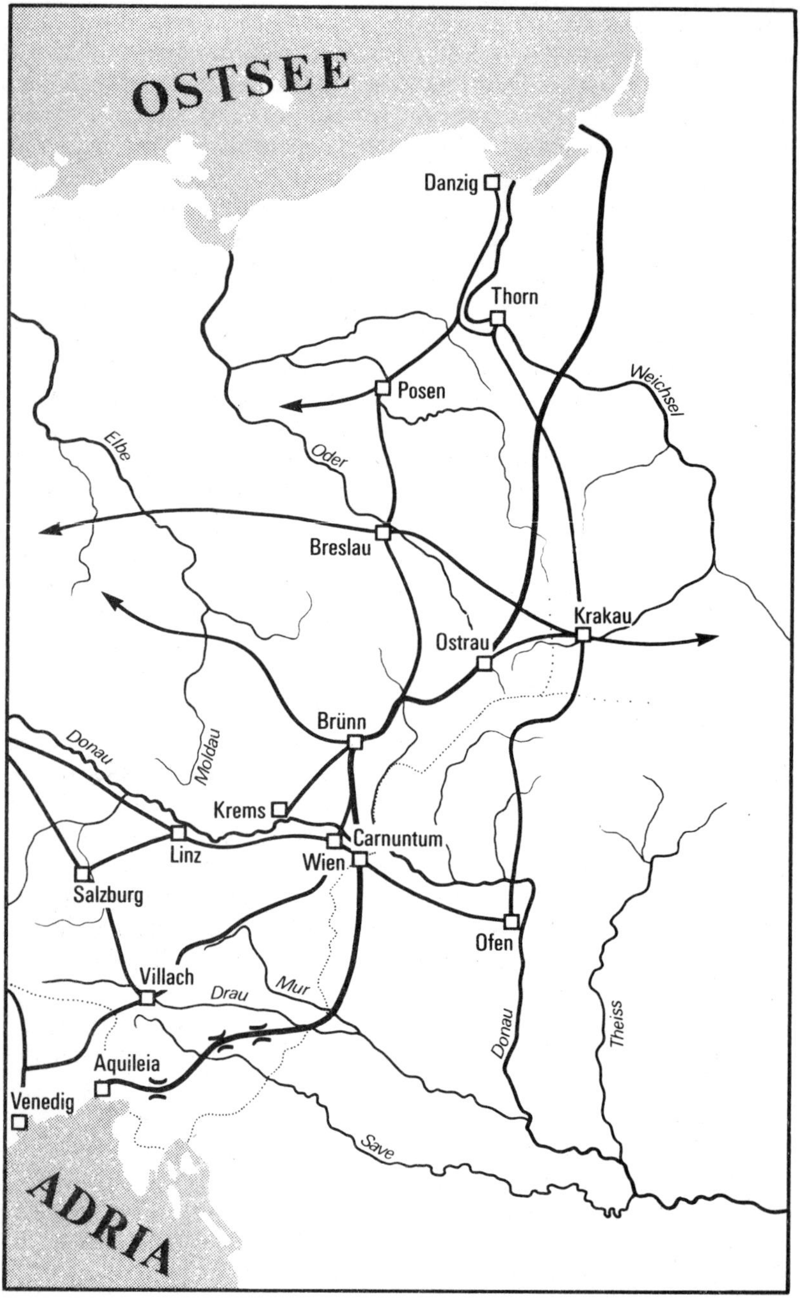
OSTSEE
Danzig
Thorn
Posen
Weichsel
Elbe
Oder
Breslau
Krakau
Ostrau
Brünn
Donau
Moldau
Krems
Linz
Carnuntum
Wien
Salzburg
Ofen
Villach
Drau
Mur
Aquileia
Venedig
Donau
Theiss
Save
ADRIA

tyrrhenischen Küste. Dies war freilich der Fall, weil das ganze weite Pannonien damals keinen anderen brauchbaren Ausgang zum Meer hatte, als die durch erträgliche Steigungen nicht nennenswert erschwerte Straße von der Küste über Emona (bei Laibach) nach Celeia (Cilli), Poetovio (Pettau) und über die Mur. Nach dem Überschreiten dieses Flusses auf einer Fähre bog die Römerstraße nach Norden und erreichte die uns heute noch wohlbekannten Orte Sabaria (Steinamanger), Scarabantia (Ödenburg) und teilte sich nun, im Hinterland der Donaugrenze, in drei vielbefahrene Äste: der westlichste wies nach Aquae, das heutige Baden bei Wien. Es war einer jener Orte mit warmen Quellen, die von den Römern besonders geschätzt wurden, weil die an warme Gegenden gewohnten Legionäre mit allerlei rheumatischen Beschwerden zu kämpfen hatten, wenn sie nördlich der Alpen Dienst tun mußten. Der mittlere Straßenast zielte auf Vindobona, der östlichste aber auf Carnuntum.

Diese Straße zählt zwar nicht zu den prominenten Kaiserstraßen mit ihren wohlklingenden Namen, aber sie hatte eine enorme praktische Bedeutung für das ganze östliche Reichsgebiet. Die Karstgebirge machten das Innere des heutigen Jugoslawien schwer passierbar; seine wilden Bergketten mit nicht sehr heimeligen Völkerschaften lagen quer vor dem Raum der großen Ebenen, die ihrerseits leicht passierbar und gut zu nutzen waren. Diese besaßen aber nur einen großen natürlichen Transportweg, die Donau, und der führte von Italien weg in den Osten. Von einem mühsamen Talweg über Naissus-Niš abgesehen, der noch heute der Schrecken aller Griechenlandfahrer ist, war die Bernsteinstraße zur Adria weit über den Bernstein hinaus ungeheuer wichtig und wurde vor allem im Winter auch eine Ersatz- oder Umgehungsstraße für die bei Schneefall unpassierbaren Alpenpässe.

Nördlich der Donau wohl nicht mehr als Römerstraße zu bezeichnen, existierte die Bernsteinstraße gleichwohl als Handelsweg, und damit wir uns nicht den Vorwurf einhandeln, retrospektive Phantastik zu betreiben (so populär diese derzeit ist), verweisen wir auf die emsigen Forschungen des polnischen Archäologen Sadowski, wie sie im Jahr 1877 in Jena auch auf deutsch erschienen sind. Sadowski spürte in den Flußgebieten der Weichsel, des Dnjepr und des Njemen vor allem den alten Übergangsstellen nach, den Furten und Fährorten, und gewann aus diesen Punkten und den inzwischen bekannt gewordenen Bernstein-Depots der Händler einen Überblick über den Verlauf dieser Handelswege, die man freilich noch nicht Straßen nennen konnte. Immerhin aber gibt es Wegstrecken, auf denen die Händler, vielleicht von den Ortsbewohnern unterstützt, Hindernisse gemeinschaftlich beseitigten. Hindernisse, das waren in dieser Weltgegend in erster Linie Sümpfe; sie wurden durch Faschinen gangbar gemacht, sie wurden durch lange Stangen längs der festen Pfade weniger gefährlich. Südlich vom heutigen Elbing, damals der wichtige Pruzzenhafen Truso, wurde ein nicht weniger als zwölfhundert Meter langer Damm aus Eichenbohlen entdeckt; kreuz und quer gelegt, nahmen sie dem Moorgrund seinen Schrecken.

Besonders aufschlußreich waren natürlich jene Fundorte, wo nicht nur Eichenbohlen zum Vorschein kamen, sondern Bernstein, und da er sich zum Beispiel bei Breslau, in dem Weiler Hartlieb, ja gewiß nicht gebildet haben kann, müssen die dort gefundenen 1300 Kilo Bernstein einem Händler gehört haben, der das Versteck seiner kostbaren Ware nicht mehr aufsuchen und wohl auch nicht mehr bekanntgeben konnte, als ihn irgendwo auf seiner abenteuerlichen Wegstrecke der Tod ereilte. Bei Hartlieb fand man übrigens nicht nur den Rohbernstein, sondern auch Bearbeitungsmaschinen zum Schleifen und zum Bohren, aber auch Formen für den Bronzeguß. Der wendige Mann, der dieses Depot anlegte, hatte sich also nicht mit dem reinen Transport der Ware begnügt, sondern hatte sie unterwegs auch noch bearbeitet. Das ist einer der seltenen Fälle, in dem uns eine Fertigwareneinfuhr nach Rom begegnet. Die Bernsteinlieferanten verkauften nicht nur das Material, sondern zogen es oft vor, Schmuck daraus herzustellen und diesen über die Donau nach Süden zu verkaufen. Dieser Umstand deutet darauf hin, daß die Römer andere Importgewohnheiten hatten als die Etrusker. Diese hatten ebenso wie die Griechen längst den Bernstein gekannt und ihn bezogen, aber die hochqualifizierte etruskische Schmuckindustrie bediente sich seiner nur als Rohmaterial, ganz ähnlich wie auch die Griechen – die von Olbia am Schwarzen Meer kurze und einfache Wege an die Ostsee hatten – in erster Linie Rohbernstein einführten. Erst bei den Römern kamen die Pruzzen, die geschickte Bernstein-Schneider waren, und die pruzzischen Zwischenhändler auch mit der Verarbeitung zum Zug.

Der älteste bekannte Bernstein im Bereich der alten Kulturen sind die vierhundert Schmuckperlen, die Heinrich Schliemann in einer Troja-Schicht entdeckte. Sie wird auf 1850 vor Christus datiert und scheint uns zu sagen, daß der Weg von der Ostsee zum Schwarzen Meer schon früher begangen wurde als unsere Bernsteinstraße durch Mähren und das heutige Niederösterreich zum römischen Donaukastell Carnuntum. Um etwa 350 vor Christus stießen die griechischen Händler dann auf den Narew-Bernstein, wie er sich in den Wäldern von Prasnysz und Ostroleka gebildet hatte und fortan ausgegraben wurde. Er war ebenso schön und ebenso gut zu bearbeiten wie der Ostseebernstein und lag den Schwarzmeerhäfen sehr viel näher, so daß die Pruzzen seither nur noch die Römer als Abnehmer für ihren Bernstein hatten. Wenn dann ein Kaiser gleich eine ganze Arena mit Bernstein auskleiden und schmücken ließ, war der Ausfall der griechischen Abnehmer freilich mehr als wettgemacht.

Nach den Hafenorten war Emona beim heutigen Laibach die erste Stadt, der die Bernsteinstraße im Verein mit dem übrigen Pannonienhandel Reichtum brachte. Zuerst war sie von Illyrern besiedelt, dann kamen, wohl schon im Zug der Handelsbeziehungen, Taurisker aus Norikum in die Stadt, also Bergkelten, die den Umgang mit wertvollen Gütern, mit Edelmetallen und mit dem Fernhandel gewöhnt waren. Erst im Jahr 5 nach Christus setzten sich die Römer in größerer Zahl in Emona fest, und zwar mit Veteranen der XV. Legion, aber auch Bauern aus dem enggewordenen Italien, die dort kein Land zu bebauen fanden. Beide Maßnahmen beweisen, daß die Römer damals am Fernhandel noch nicht selbst interessiert waren und ihn jenen Völkern überließen, die mit den Straßen nach Osten und Norden vertraut waren.

Die Römer, die ja keine großen Seefahrer waren, verstanden sich seit alters als Bauern und als Soldaten. Sie erkannten durchaus und ohne daß dies zu Komplexen geführt hätte an, daß die Geschicklichkeit der Juden und der Griechen beim Handel, der Kelten im Bergbau, der pannonischen Barbaren im Warentransport durch Wälder, Sümpfe und Flußniederungen größer war. Der Römer blieb gleichwohl der Herr, für Rom und die vielen Abnehmer in Italien geschah dies alles, ohne daß man davon ein Aufhebens machen mußte.

Erst besondere Ereignisse, wie etwa der pannonisch-dalmatinische Aufstand, weckten das Interesse der Römer für reine Handelsplätze wie Emona, und als die Stadt durch die Kreuzungslage an der Straße nach Virunum in Norikum und an der pannonischen Bernsteinstraße zu echtem Reichtum gelangte, da bauten sich auch die ersten Römer ihre Villen, ja sie begründeten hier eine Fachschule für Binnenschiffahrt, verehrten den Neptun und bauten Wasserleitungen.

Die nördlich der neuen Autobahn verlaufende alte Straße Laibach-Cilli berührt mehrfach die einstige römische Staatsstraße, so in dem kleinen Römerbad an der Sann, siebzehn Kilometer vor Cilli.

Die Colonia Claudia Celeia konnte es mit Emona an Bedeutung nicht aufnehmen, es fehlte eben die Flußschiffahrt, die Umschlage-Aktivität zwischen Straße und Boot. Immerhin war auch Celeia ein Knotenpunkt, zweigte doch hier die freilich schwierige und nur zeitweise häufiger begangene Römerstraße über die Karawanken ins mittlere Drautal und ebenfalls nach Virunum ab. Auch vom Süden her gesehen, erkennen wir also Norikum mit seinem Verkehrsmittelpunkt, dem Zollfeld bei Sankt Veit, als eine wirtschaftlich wie militärisch außerordentlich wichtige Kernzone des römisch beherrschten Alpenraums.

Cilli selbst ist heute nicht mehr das »freundliche Städtchen mit 6700 meist deutschen Einwohnern«, wie es der Baedeker von 1910 beschreibt, und wie Celeia aussah, wissen wir auch nicht, denn die spätere Stadt hat sich breit auf ihre römischen Fundamente gesetzt, so daß nur zufallsweise Scherben, Mauern, Gegenstände und andere Hinweise auf die Topographie von Celeia zum Vorschein kommen. Die Römerstraße durchschnitt die Stadt und hieß in Cillis österreichischer Zeit entsprechend feierlich-umständlich *Triester Commerzial-Hauptstraße* (Der Commerz hat Cilli immerhin von 1700 Einwohnern 1850 zu den erwähnten 6700 Einwohnern sechzig Jahre später ansteigen lassen; heute sind es noch 20 000 mehr). Die Römerstadt lag im Südteil des modernen Cilli, die mittelalterlichen Mauern erhoben sich noch auf den Fundamenten jener Befestigungen, die Marc Aurel im zweiten Jahrhundert so dringend brauchte. Auch die römische Garnison wurde immer stärker, je mehr Gefahr auf den Ostteil des Reiches zukam, und die in Cilli liegenden Taurisker galten als eine der besten Reitertruppen des ganzen Reiches.

Die zahlreichen Altertümer aus dem Boden in und um Cilli haben ihren Weg in die Welt hinaus angetreten: An der Treppe der Wiener Nationalbibliothek finden sich Inschriftensteine aus Cilli, ebenso im Grazer Ioanneum, und vor dem furchtbaren Stadtbrand von 1798 fanden sich Grabsteine, Votivtafeln, Säulen und andere Antiken in Hauswänden, ja sogar an Kirchen zur Zierde eingemauert, auch im südöstlichen Eckturm der Ringmauer. »Und wenn man so bemerkt, wie manches Dagewesene so nach und nach verschwindet«, schreibt der Dichter Johann Gabriel Seidl (1804-75) aus Cilli in seinem vor hundertunddreißig Jahren erschienenen Wander- und Reiseführer, »so verwundert man sich fast, wie es der Boden nicht müde wird, so geringer Empfänglichkeit doch jährlich neue Spenden aufzudringen.«

Selbst die Kanalisierungsbauten hatten die Römer den späteren Einwohnern von Cilli erheblich erleichtert, denn diese brauchten unter gewissen Stadtteilen lediglich die ausgedehnten römischen Kloaken miteinander zu verbinden.

Die Hauptstraße von Emona über Celeia nach Aquincum (Budapest) verließ Cilli im Norden, wie wir aus der Lage ausgedehnter Friedhöfe und aus einer alten Legende entnehmen können. In dem Friedhof rechts der Straße soll Maximilian, Bischof im Pongau, am 12. Oktober des Jahres 283 enthauptet worden sein, weil er sich weigerte, vor dem Mars-Heiligtum an der Straße Cilli-Pettau ein Opfer darzubringen und damit den römischen Kriegsgott anzuerkennen. Haben Legenden auch meist einen historischen Kern, so scheint dieser sich im vorliegenden Fall doch auf die Existenz eines Tempels zu begrenzen, denn im dritten Jahrhundert konnte es im damals noch kaum begehbaren Pongau einfach keinen Bischof geben. In Lorch aber, wo Maximilian ebenfalls Bischof gewesen sein sollte, ist die Überlieferung wiederum so sicher, daß wir von ihm wissen müßten. Nehmen wir ihn also als den unbekannten Märtyrer von der Bernsteinstraße, dem der Besuch der Römerbäder an der Sann zum Verhängnis geworden ist. Immerhin wird er, zum Unterschied von anderen Missionsbischöfen, stets mit einem Schwert dargestellt: die Straßen waren eben auch für Bischöfe unsicher...

Von Celeia-Cilli nach Poetovio-Pettau führte die Bernsteinstraße an der von den Römern gezogenen Grenze zwischen Norikum und Pannonien hin, einer angesichts der alles überdeckenden Römerherrschaft ohnedies nur ideellen Linie zwischen Verwaltungsbezirken.

Dazu stimmt es, daß Poetovio, für das ein Dutzend antiker Schreibungen überliefert ist, auch von den Römern bald Norikum, bald Pannonien zugesprochen und zeitweise auch direkt verwaltet wird. Die große Bedeutung der Draustadt an der uralten Straße war ja schon offensichtlich, als sich etwa dreißig Jahre vor Christus die Römer ernsthafter für die Illyrersiedlung interessierten. Die vorrömische Stadt lag am linken Drau-Ufer, und es ist möglich, daß der Fluß hier schon von einer Straßenbrücke überspannt war, noch ehe die Römer kamen. Hadrian hat das alte und wohl ziemlich primitive Bauwerk dann erneuern lassen, denn die Römerstadt lag der Händlerstadt gegenüber auf dem rechten Drau-Ufer und bestand vor allem aus einem befestigten Lager. Die Bewohner blieben jedoch ihren Gewohnheiten treu, so daß in nachrömischer Zeit und als Attila 452 die Befestigungen zerstört hatte, das linke Flußufer wieder zum eigentlichen Mittelpunkt wurde.

In dem weiten und flachen Pettauer Feld trennen sich die Römerstraßen in die Richtungen Budapest (ostnordost) und Scarabantia (Ödenburg), das genau nördlich von Pettau liegt. An die römische Vergangenheit der Stadt erinnerte ein mächtiges Grabdenkmal, für einen Decurio errichtet, also für ein vermutlich hervorragendes Mitglied des Stadtrates im alten Poetovio. Die Pettauer bezeichneten das die Stadtmitte schmückende Monument freilich als ein Orpheus-Denkmal, was ihrer Kunstliebe ein besseres Zeugnis ausstellt als ihren althistorischen Kenntnissen. Dabei zählt Pettau zu jenen pannonischen Städten (und es sind nicht wenige), aus denen bemerkenswerte Persönlichkeiten des Reiches hervorgingen. Hier wurde als Tochter eines Comes, also eines hohen Provinzialbeamten, vielleicht sogar kaiserlichen Beraters, jene Barberina geboren, die als Mutter des letzten weströmischen Kaisers in die Geschichte einging. Sie weilte als Gemahlin des Patricius Orestes am Hof Attilas, dessen Geheimschreiber und vertrauter Sekretär der gebildete Römer war, und sie war es, die nach langer verehrungsvoller Freundschaft das kostbare Mausoleum für den heiligen Severin in einem Kloster bei Neapel stiftete – aus dem Hunnengold ihres zu diesem Zeitpunkt schon verstorbenen Mannes.

Wir sehen die pannonischen Beziehungen sich verdichten; die östlich von Pettau in die Steppe hinaus zweigende Straße führt am Westufer des Plattensees entlang und wird in der spätrömischen Epoche von niemandem häufiger benützt werden als von den im Raum südlich Budapest residierenden Königshunnen. Zahllose Hufe und Karrenräder haben dafür gesorgt, daß der Straßenkörper der Via nach Aquincum unauffindbar ist, so häufig sie auch begangen wurde. Immerhin haben die Reisenden der langen Wasserfläche, die sie passierten, einen Namen gegeben oder ihren alten Namen zur Kenntnis genommen und uns überliefert: Der Balaton hieß damals Pelso Lacus, während der Neusiedler See, an dessen Westufer die Bernsteinstraße nach Norden führte, nur als Deserta Boiorum, die Einöde der Boier, bezeichnet wird.

Die Boier, die noch immer als einer der Ahnenstämme der Bayern gelten, lebten unterworfen und meist friedlich im ganzen pannonisch-norischen Grenzgebiet vom Fluß Raab im Osten bis zum Hochschwab, und ihr Gebiet durchschnitt, es etwa in der Mitte teilend, die wichtige Römerstraße von der Adria in den Wiener Raum. Die Händlerorte hatten im Lauf der Jahrzehnte alle auch römische Garnisonen erhalten und vor allem reichlichen Zuzug an Veteranen, die offensichtlich damals die klassischen Pensionistenorte dieses geographischen Raumes – die Städte Graz, Bruck an der Mur oder Bad Ischl – wegen der Lage in den Bergen noch nicht so sehr schätzten. Die Alt-Legionäre brauchten nämlich Platz, sie brauchten Land, von dem sie leben konnten, und das war in der Ebene leichter zu haben und zu bebauen.

Die Vielfalt der Funde in Pettau, das Nebeneinander von Weihesteinen für Jupiter und Isis, für Serapis und Mithras ist durch den Brauch erklärt, Veteranen aus allen Teilen des Reiches nach Möglichkeit dort ihren Lebensabend verbringen zu lassen, wo diese sich am wohlsten gefühlt hatten. Die Toleranz zwischen den verschiedenen importierten Religionen erklärt auch die Nonchalance, mit der das schöne altarförmige Heiligtum jenes unbekannten Decurio mit seinen Halbreliefs zeitweise als mittelalterlicher Pranger benützt wurde: Man stellte Sünder oder Sünderinnen dann eben an diesem bekanntesten und zentralsten Punkt des kleinen Gemeinwesens zur Schau. Und in Zeiten großer Trockenheit, wenn der Wasserspiegel des Drauflusses besonders tief absank, kamen – wie zuletzt im

Jahr 1840 – auf dem schlammigen Bettgrund des Flusses Sarkophage, Grabsteine und andere antike Trümmer zum Vorschein.

Pettau war schon 377 Bistum, allerdings zu jener Zeit natürlich von einem arianischen Oberhirten geführt und von den Goten beherrscht. Neben der Bernsteinstraße, die sich aus Pettau auf die Mur zu nach Ostnordost zieht, führte auch eine Heerstraße in den Raum der heutigen Stadt Graz, die bei dem Städtchen Leibnitz auf die Mur traf, also westlich des Übergangs, den die Bernsteinstraße nutzte. Leibnitz ist einer der nicht zahlreichen Orte, der sich seiner römischen Vergangenheit auch heute noch voll bewußt ist, vielleicht, weil sich seither nicht allzuviel dort ereignet hat. Die Fußballmannschaft des Städtchens, die in der zweiten österreichischen Division spielt, nennt sich jedenfalls stolz *Flavia Solva.*

Die alte Heerstraße in die innerste Steiermark verlief am rechten, also südlichen Ufer der Mur in einer jener beschwerlichen Trassierungen, welche die Römer nur dann in Kauf nahmen, wenn sie auf diese Weise mit Sicherheit trockenen Grund vorfanden. Erst um die Mitte des neunzehnten Jahrhunderts wurde auf dem anderen, nördlichen Murufer eine leistungsfähige Straße angelegt, weil das Pettauer Feld ein beliebtes Manövergebiet der K.u.K. Armee war...

Die Murtalstraße blieb neben dem Fluß bis zum Pyhrn-Paß und traf erst bei Ovilava (Wels) auf das eigentliche Limesgebiet. Die Bernsteinstraße hingegen querte die Mur nur und hatte ihre nächsten Rastpunkte in Steinamanger und Ödenburg, den Städten mit den wohlklingenden Römernamen Sabaria und Scar(a) bantia. Zwischen ihnen allen, von Laibach bis Ödenburg, ist es schwer, eine Rang- und Reihenfolge aufzustellen, weil ihre Bedeutung zwar gleichermaßen durch die Straßen bestimmt war, aber eben darum wechselte, je nachdem, wie diese Straßen frequentiert waren. Auch dürften örtliche Initiativen eine gewisse Rolle gespielt haben, wenn wir bei dem kleinen Flavia Solva immerhin auf die Reste eines Amphitheaters treffen, also einer Anlage für Tierhetzen und Gladiatorenspiele, die gewisse Ansprüche der Garnison und der ansässigen Kaufmannsfamilien erkennen läßt, während das verkehrsmäßig besser gelegene Poetovio ohne solche Vergnügungsstätten auskam.

Auf dem Kalvarienberg bei Steinamanger fanden sich ebenfalls Spuren eines einstigen Amphitheaters, es nützte ja meist einen Hang oder eine Mulde aus, um die gewaltigen Stützbauten für die ansteigenden Sitzreihen zu sparen. Es gab bis 1910 sogar ein Restaurant *Sabaria* in Steinamanger, also gewisse Erinnerungen an die großen Zeiten der Stadt, und im bischöflichen Palast neben dem Dom nicht wenige Altertümer, darunter einen Meilenstein und Grabmäler vom Straßenrand (Kisfaludy-Straße Nr. 9). Ein Iseum, also das Isis-Heiligtum, ist inzwischen ausgegraben worden, und es gibt sogar, spät, aber doch, ein Periodikum über die römische Vergangenheit der Stadt unter dem Titel *Savaria Museum Köszlemenyei*...

Von Szombathely lief die Römerstraße beinahe schnurgerade, mit einer kaum merklichen Ausbuchtung nach Westen, auf Ödenburg zu, jene Stadt, die als eigentliche Hauptstadt von Westungarn und dem Burgenland 1921 durch eine geschobene Volksabstimmung mit eiligst herangefahrenen Binnenungarn aus dem Burgenland herausgelöst wurde und darum heute mit einem schmalen Landzacken nach Österreich hineinragt. Auch unter den Römern war sie schon Grenzstadt. Die Grenze vom Jahr 180 nach Christus beließ das alte Scarabantia in Pannonia Superior, während die Zielorte der hier nun dreigeteilten Straße – Baden, Wien und Carnuntum – allesamt in Noricum Ripense lagen.

Die Nähe der freundlichen Donauufer scheint den beiden Straßenstädten Sabaria und Scarabantia manches von ihrer Bedeutung genommen zu haben. Ammianus Marcellinus, der stets gut unterrichtete Offizier des vierten Jahrhunderts, berichtet, daß er im Gefolge Kaiser Valentinians, von Aquincum kommend, Sabaria erreicht habe. Man hatte eine Strafexpedition gegen die Quaden unternommen, die mit räuberischen Übergriffen die Donaugrenze beunruhigt hatten. »Wiederum nahm der Kaiser in Aquincum (Budapest) Aufenthalt und sah sich, da es schnell Herbst geworden war, in den gewöhnlich bald von Eis und Schnee bedeckten Gebieten nach passenden Winterquartieren um, konnte aber keinen geeigneten Platz ausfindig machen außer Sabaria, einen freilich zu damaliger Zeit in seinem Besitzstand geschwächten und von Unglücksfällen dauernd heimgesuchten Ort. Daher brach Valentinian auch von dort, obschon Ruhe sehr vonnöten gewesen wäre, alsbald wieder auf, setzte unverdrossen den Marsch dem Fluß-

(=Donau)-ufer entlang fort, und erreichte, nachdem er Lage und Festungen mit hinreichender Besatzung versehen hatte, endlich Brigetio« (Stark ausgebauter Stützpunkt am rechten Donauufer unweit der heutigen österreichisch-ungarischen Grenze).

Hier erlitt der Kaiser nach einer Auseinandersetzung mit einer Quaden-Delegation, die alle Übergriffe auf Räuberbanden geschoben hatte, einen Schlag- oder Schwächeanfall und starb (am 17. November 375). Ammianus erzählt, daß kein Arzt zur Stelle war, weil sie alle die von einer Seuche befallenen Soldaten pflegten, und auch die Andeutungen über die Unglücksfälle der Stadt Sabaria lassen vermuten, daß dieser Teil der Bernsteinstraße, im Einzugsbereich der großen Schilfwildnis des Neusiedlersees, damals eine ungesunde, von Sumpffiebern und Seuchen heimgesuchte Gegend war. Daß der Kaiser von Sabaria an die Donau und danach flußabwärts nach Brigetio, dem Ort seines Todes zog, vorher aber von Aquincum aus Sabaria als Ort für Winterquartiere zum Marschziel gewählt hatte, dies läßt vermuten, daß die Donauuferstraße Vindobona-Carnuntum-Arrabona in ihrem östlichen Teil bis Aquincum noch nicht fertiggestellt oder durch die Quaden gesperrt war.

Der feste Kern der Römerherrschaft in diesem, wie wir sehen, noch häufig gefährdeten Gebiet war die Ebene, die sich östlich von Wien bis zur Pforte von Hainburg ausdehnt, ein Stück Pannonien, das gegen jene Ausläufer der Alpen vorstößt, die im Wienerwald ihre letzten Erhebungen haben. Unter dem heutigen Kahlenberg und beim heutigen Hainburg selbst durch geringe Truppenkontingente zu sperren, war die Donau hier für die Römer besonders wertvoll. Von den Wienerwaldhöhen konnte man tief ins Barbarenland hineinblicken und etwaige Angriffsvorbereitungen erkennen, und im Schutz dieser Beobachtungsposten hatten sich Vindobona und Carnuntum zu blühenden Städten entwickelt, Aquae jedoch, das Schwefelbad, zu einem Lieblingsaufenthalt der Legionäre und Veteranen.

Es wird heute oft vergessen, daß auch die Millionenstadt Budapest ein uralt-berühmtes Thermalbad ist, und wenn auch das berühmte Gellerthotel mit seinen Thermen dem Kaiser Valentinian noch nicht zur Verfügung stand, so ist es doch auffällig, daß diese von der Natur begünstigten Badeorte bald auch als Stützpunkte der römischen Ansiedlung im Limesraum Bedeutung erlangten. Die Veteranen und Legionäre, die in Aquae, in Baden bei Wien, ihre Gicht, ihr Rheuma und ihren Ischias behandelten, erlagen bald auch einer zweiten Attraktion dieses Gebietes, dem durch Kaiser Probus im Wiener Bekken eingeführten Weinbau.

Wieviel das alles mit den Siedlungen und Straßen zu tun hatte, enthüllen uns zahlreiche Ausgrabungen und Zufallsfunde zwischen Donau und Steinfeld, zwischen Wien als westlichster pannonischer und zugleich wohl auch östlichster ufernorischer Stadt auf der einen, Scarabantia-Ödenburg auf der anderen Seite. Die Römer führten ihre Straße auch hier, wo eine große Ebene zur Verfügung stand, auf den heute so bekannten Hügeln von Soß über Baden und Mödling nach Wien hinein, eine Straße, die sich heute noch gut erkennen läßt und deren uralte Anlage trotz der stellenweise allzuengen Verbauung klar wird. Sie führt heute zwischen Weinhängen hin, tat dies aber mindestens zum Teil auch schon in der Römerzeit, denn auf dem Soßer Berg, auch Römerberg geheißen, kam kurz nach dem Zweiten Weltkrieg gelegentlich einer Hausfundamentierung ein gut erhaltenes Römergrab zum Vorschein, in dem sich neben dem Skelett ein Rebmesser fand. Die Bevölkerung entdeckte auch so viele Steinplatten auf ihrem Weg durch die berühmten Rebenhügel, daß die Straße Plätten- und später dann Blätterstraße genannt wurde, weil man sich der ursprünglichen Bedeutung dieser Bezeichnung nicht mehr entsann. Zahllose neue Verkehrslinien überdecken heute ihren einstigen Verlauf, weswegen wir nur einige Durchgangspunkte mit Sicherheit kennen. Wir müssen den Straßenverlauf oft aus Gräbern rekonstruieren, die ja so gut wie stets in Straßennähe lagen; der eigentliche alte Steinplattenbelag wurde nur an wenigen Stellen aufgefunden (im östlichen Wien, im Zug der heutigen Hauptader Landstraße, und südlich von Wien unter der Bundesstraße 17). Mein Bruder hat in seinem Buch über *Die Römer in Österreich* das Bekannte wie folgt zusammengefaßt: »Vom Süden her führte eine römische Wasserleitung nach Vindobona. Ihre Spuren sind bei Brunn am Gebirge, Liesing, Atzgersdorf, Mauer und auf dem Rosenhügel bis nach Hetzendorf nachweisbar. Ihr folgte eine Landstraße durch das Tal des Wienflusses über Gumpendorf zu den warmen Quellen nach Meidling und dann – ohne daß der genaue

Verlauf bekannt wäre – über Hetzendorf, Atzgersdorf, Liesing, Mödling, Baden, also dem Abhang des Wienerwaldes und den Thermen entlang, die den Römern wertvoll waren.«

Noch weiter südlich verzweigte sich die Straße in einen nach Ödenburg führenden, zweifellos besser ausgebauten Teil und eine Nebenstraße, der wir auf dem Soßer Berg schon begegnet sind. Sie scheint über Hirtenberg, Berndorf und Grillenberg ins Piestingtal geführt zu haben, was in gewissem Sinn erstaunlich ist: Dazu mußte sie nämlich einen niedrigen Paß benutzen, den sogenannten Hals, und wenn man auch annehmen darf, daß sich die Römer hier mit dem Wegebahnen begnügten und keine feste Decke aufbrachten, so setzt eine so schwierige Straßenbauleistung doch zwingend voraus, daß im Piestingtal für die Römer irgend etwas wichtig war. Der Wein war es nicht, den hatten sie draußen im Wiener Becken. Thermen gab es an der Linie Meidling-Baden-Vöslau-Bad Fischau ebenfalls genug; es kann sich also nur um das Erz gehandelt haben, das im Piestingtal und seinen Nebentälern gefördert und in handwerklichen, mit Wasserkraft betriebenen Hämmern verarbeitet wurde. Sicheres ist darüber aus so früher Zeit nicht bekannt; im Mittelalter freilich hatten Sensen und Waffen aus dem Piestingtal einen so guten Ruf, daß sie über Wiener Neustadt im ganzen Raum der späteren Monarchie vertrieben wurden und die Fernhändler reich machten. Römischer Erzabbau in diesem Gebiet würde auch erklären, warum die späteren slawischen Siedler keine abbauwürdigen Lagerstätten mehr vorfanden, sondern ihr Roheisen durch Auslese gewannen. »Mißglückte ein Schmelzversuch, was wohl nicht selten vorkam, so sammelte sich im Ofensumpf als Rückstand ein Gemenge von halbgeschmolzenem Erz, Holzkohle und unschmelzbaren Gesteinsbestandteilen. Um Gutenstein fanden sich bisher an vier verschiedenen Stellen solche Schmelzrelikte, denen eine spätere Zeit den treffenden Namen ›Ofensau‹ zulegte.« (Ast-Katzer, *Holzkohle und Eisen,* Linz 1970)

Diese ganze noch viel zu wenig bekannte produktive und gewerbliche Tätigkeit zeigt die Römer in gutem Einvernehmen mit den Azalii, wie sie die Einwohner dieses Gebietes südlich von Wien nannten, aber auch – was mehr bedeutet – mit einer Enklave von Quaden, den im übrigen nördlich der Donau lebenden und oft so unbequemen germanischen Nachbarn. Gegen gelegentliche Unruhen in diesem Völkergemisch sicherten sich die Römer durch Überwachungstürme, deren Fundamente mit mehr oder weniger Sicherheit an einigen erhöhten Punkten des Wienerwaldgebirges festgestellt wurden (Eichkogel, Rauhenecker Berg im Helenental, Pfaffstätten, bei Leobersdorf).

Zeigt die materielle Kultur eine überraschend enge Zusammenarbeit zwischen den neuen Herren und den alten Siedlern, so dürfen wir sicher sein, daß die Straßen auch in dieser Weltgegend mit den Reisenden und den Nachschubtruppen deren Ideen und Religionen an die Limesgrenze bei Wien brachten. In den Untersuchungen über das Frühchristentum an der Donau spielt die große und alte Bernsteinstraße eine zentrale Rolle, weil sie das westliche Oberpannonien, also den Raum Carnuntum-Wien, in eine leistungsfähige Verbindung zu dem Strahlungszentrum Sirmium (Sremska Mitrovica) an der Save brachte.

Noch fehlt es an Materialien und Vergleichen, noch gibt es keine Untersuchung, die größere geographische Räume unter dem Gesichtspunkt der Ideenwanderung erforscht hätte; aber so wie die Seidenstraßen dank buddhistischer Pilger zwischen Indien und China zu den Straßen der Mönche, der Klöster und der Mission wurden, quer durch Wüsten und Hochgebirge, so brach sich auch das junge Christentum Bahn, als die Legionäre ihre militärischen Zwecken dienenden Straßen durch die Alpen und durch die Steppen bauten. Die altrömische und vorchristliche Bernsteinstraße wurde ein Ideen-Weg ganz besonderer Art, weil er nämlich besonders gut funktionierte, weil er den Anrainervölkern so vertraut war, daß es vermutlich schon im ersten Jahrhundert der neuen Zeitrechnung Christen an der Donau gab, ja sogar Kunde vom Christentum und erste Echos auf die neue Lehre bei den Quaden nördlich des Donaustroms.

Die für diese Frage entscheidenden Untersuchungen sind vor mehr als dreißig Jahren angestellt worden: Der Kunsthistoriker Karl Oettinger wies mit den Methoden seines Faches 1950/51 nach, daß Alt-Sankt Peter, die spätrömische Basilika der Stadt Vindobona, siebenhundert Jahre lang bestanden habe und daß die Stadt Wien seit ihrer Begründung durch die Kelten über Römerzeit, Völkerwanderung, Ungarneinbrüche hinweg bis zur Aufrichtung der karolingischen Ostmark – also bis zum Beginn ihrer Hauptstadtrolle – unablässig besiedelt gewesen sei. Zu den kunstgeschichtlichen und städtebaulichen Argumenten gesellte vier Jahre später Ernst Karl Winter (1895-1959), der bedeutende Wirtschaftshistoriker und Severin-Spezialist, seinen Versuch über das *Wiener Frühchristentum* im Band 12 des Jahrbuchs des Vereines für die Geschichte der Stadt Wien. Er wies aus der Lage und dem Verlauf der römischen Fernstraßen von Aquileia und von Sirmium an die Donau nach, daß römisches und byzantinisches Christentum in ihrem Vordringen nach Norden nirgends enger als im Wiener Raum zusammentrafen und kulminierten, eine Situation, die sehr frühes Christentum an der Donau in der Generation der Apostelschüler möglich machte:

»Wenn wir von dem durchaus glaubwürdigen apostolischen Christentum auf dem Boden der allein denkbaren historischen Vororte der Donau- und Alpenländer, Sirmium und Aquileia... ausgehen, wenn wir ferner an die Verschiebung römischer Truppenkörper zwischen Orient und Okzident denken... wenn wir schließlich noch den militärischen und kommerziellen Donauverkehr zwischen den beiden Grenzstädten Pannoniens, zwischen Vindobona und Sirmium beachten, dann ist es zumindest möglich, daß es auf Wiener Boden bereits im 1. Jahrhundert Christen gegeben hat.«

Eine Station auf diesem Weg ist nachweislich Pettau-Poetovio, wo bereits in Vorkonstantinischer Zeit der theologische Schriftsteller Victorinus von Poetovio wirkte. Als er 302 oder 303 als Märtyrer hingerichtet wurde, hatte er bereits viele Jahre als Bischof von Pettau gewirkt; seine Schriften und die Kunde von seiner Bedeutung hatten sich längs der ganzen Bernsteinstraße und im Raum des heutigen Ungarn verbreitet. Ein weiterer Beweis für die behauptete Ideenwanderung darf darin erblickt werden, daß die Heiligen Gervasius und Protasius – wie Severin feststellte – bei den Markomannen bereits zu einer Zeit verehrt wurden, als von einer Bekehrung dieses germanischen Stammes noch keine Rede sein konnte. Die Straße tritt damit neben die großen ostmitteleuropäischen Ströme, an denen es bekanntlich Nikolauskirchen und -heiligtümer gab, noch ehe ihre Ufer zu christlichen Reichen gehörten: Die Händler hatten zu allen Zeiten eigene, grenzüberschreitende religiöse Vorstellungen entwickelt, die den Missionaren und ihrem Wirken nicht selten vorauseilten.

Im Wettbewerb von Land- und Wasserweg hat, nach Winter, die Donau den Sieg davongetragen: »Das Christentum war offenbar früher von Sirmium aus die Donau aufwärts durch Matrosen und Händler, Soldaten und Beamte in die Wiener Donaulandschaft verpflanzt worden als von Aquileia aus quer über die Alpen auf den Römerstraßen, obwohl alles dafür spricht, daß bereits sehr früh die Einfallslinien beider Vororte sich an der mittleren Donau getroffen haben müssen.«

Diese Vor-Orte an der großen Straße haben in keiner Hinsicht größere Bedeutung erlangt als in der Frühgeschichte des Christentums. Ein von Severin erwähnter Bischof Constantius von Lauriacum hat seinen Grabstein in Wien, stammte aber aus Steinamanger. Und der größte und beliebteste Heilige des Mittelalters überhaupt – der sogenannte Mantel-Martin – wurde im Jahr 316, vielleicht auch erst 317 in Sabaria an der Bernsteinstraße als Sohn eines römischen Tribunen geboren, der aus Pavia stammte. Seine relativ gut bekannte Lebensgeschichte gibt Hinweise auch auf die gut funktionierende Anbindung Pannoniens an die westlichen Teile des Römerreiches, denn Martin ging, nachdem er seine geistliche Bildung bei Bischof Hilarius von Poitiers empfangen hatte, quer durch Mitteleuropa zurück ins heutige Steinamanger, um seine Eltern zu bekehren und um unter den Arianern der Gegend zu missionieren, das heißt aus arianischen Christen katholische zu machen, was ja mit der Heidenmission nicht gleichzusetzen war. Martin scheint aber wenig Erfolg gehabt zu haben, denn die Arianer bereiteten auch hundert Jahre später einem so energischen Mann wie dem heiligen Severin erhebliches Kopfzerbrechen. Martin ging darum wieder nach dem Westen und bereiste vor allem Mittelfrankreich, wo er an der Loire seine berühmten Klöster und Kirchen, den Kernraum seines Gedenkens, geschaffen hat.

Martin ist einer der ersten Heiligen ohne Martyrium; er konnte sich weitgehend frei bewegen in einem Römerreich, dessen großer Christenverfolger bei Martins Geburt schon zwölf Jahre tot war; die Märtyrer jener Zeit schufen nun schon die Katholiken selbst, indem sie Irrlehrer und Arianer hinrichten ließen. Zwischen den Jahren 80 und 300, sehr ungefähr angesetzt, scheinen die Alpengaue und Ufernorikum Zufluchtsstätten der Christen gewesen zu sein, weil natürlich nirgends so strenge beobachtet und so eifrig gegen das Christentum vorgegangen wurde wie in der Kaiserstadt Rom selbst. »Die Zersprengung der römischen Gemeinde nach dem Martyrium ihrer beiden Dioskuren (gemeint sind Petrus und Paulus) mußte der Ausbreitung (des Christentums) längs der Heerstraßen neue Impulse geben« (Winter). Eine zweite Fluchtbewegung, kürzer und dramatischer als die Wanderung der Christen, setzte vom Ende des vierten Jahrhunderts an ein und wird uns durch den Severin-Biographen Eugippius geschildert: Die Außenbastionen der Römer waren gegen die Germanen nicht mehr zu halten; die wenigen sicheren Städte wie Lauriacum und Vindobona nahmen all jene auf, die nicht überhaupt nach Italien zurückkehrten. Eine gewaltige Volksbewegung setzte ein, auf den Straßen am Donauufer, auf der Bernsteinstraße und auf der Donau. Die Legionäre und die Hilfstruppen kehrten wohl überwiegend nach Italien oder in ihre anderen Heimatländer zurück, die romanisierten Einwohner aber oder der Anhang der Garnisonen, die Kaufleute und das Gesinde, suchten nur Sicherheit, um im Land bleiben zu können: »Wenn man vom Ende Carnuntums, nunmehr besser als planvolle Räumung zu deuten, ausgeht (395), wird man annehmen dürfen, daß im Zuge dieser Reorganisation der Donaulinie die militärischen, politischen und kirchlichen Behörden von Carnuntum nach Vindobona verlegt worden sind, was die *Notitia dignitatum* bestätigt« (Winter).

Die *Notitia dignitatum utriusque imperii* ist eine im fünften Jahrhundert vermutlich in Byzanz entstandene ungeheure Fleißarbeit von größtem Nutzen, eine Art Staatshandbuch und Adreßbuch des Römerreichs, aus dem natürlich die Verlegung von Behörden und Kommandostellen hervorging. Ein zweites wichtiges Dokument für den Wiener Raum ist der Teilungsvertrag, den die Kaiser Theodosius II. und Valentinian III. im Jahr 427 abschlossen und der den Kahlenberg als Grenzpunkt zwischen Ost- und Westrom ansetzt. Wien und die Bernsteinstraße zwischen der Save und Mähren gerieten damit unter byzantinische Verwaltung, und da Byzanz zunächst schwach war und mit den Hunnen demütigende Verträge schließen mußte, wurde Vindobona die Verwaltungs-Hauptstadt einer ostgotisch-hunnischen Föderation auf römischem Boden (434-454). In der Folge waren es die Ostgoten, die nach Attilas Tod und immer noch unter der nominellen Oberhoheit Ostroms im Wiener Raum herrschten. Da Theoderich, am Neusiedlersee geboren, ja aus der Gegend stammte und sie kannte, darf angenommen werden, daß dieser große Arianer an der Donau seine

Auffassung vom Christentum durchsetzte. »In allen diesen Veränderungen an der Donau muß sich die kirchliche Organisation gerade Vindobonas behauptet haben, wie die Nichtzerstörung, ja offenbare Betreuung der Basilika Alt-Sankt Peter durch ihre Gemeinde beweist« (Winter).

Die Stadt, die von dem gotischen Historiker Jordanes nun Vindomina genannt wird, schiebt gegen Westen, woher die Angriffe der Alamannen drohen, ein ganzes System von Wachtürmen vor, dessen Kern im heutigen Villenbezirk Döbling zu suchen ist. Damit war auch die Donaufurt bei Nußdorf geschützt und die Straßengabelung zwischen der Uferstraße und Limes(Etappen)-straße, die über den heutigen Raum von Sievering durch die Wienerwaldhügel führte. Das sichere Wien an seiner Donaufurt hatte zu diesem Zeitpunkt die Funktion des älteren Carnuntum an der Bernsteinstraße übernommen und hat sie in gewissem Sinn bis heute gehalten. Allein drei Wachtürme beherrschten die Limesstraße bei Wien; sie erhoben sich auf den Kirchenhügeln von Sankt Jakob in Heiligenstadt, einer Kirche, die vielleicht vom heiligen Severin begründet wurde und unter der 1952 seine erste Grabstätte, jedenfalls aber ein spätrömisches Heiligengrab, zum Vorschein kam. Weitere Standorte von Straßenbewachungstürmen waren die Kirchenhügel von Sankt Severin und Sankt Paul in Döbling; auch dort, wo heute die Pfarrkirche zum Heiligen Kreuz von Döbling steht, scheint sich solch ein Beobachtungsturm erhoben zu haben. Trotz dieser Anstrengungen, Straßen und Flußübergänge zu sichern, blieb die Donau selbst natürlich der Hauptgüterweg, auf dem zum Beispiel Marmor aus den Alpen nach Byzanz verschifft und dort für den Bau der Hagia Sophia verwendet wurde.

Europa kennt Lagen, an denen Städte entstehen *mußten*. Große Gemeinwesen fanden eine besondere Gunst aller Voraussetzungen auf den sieben Hügeln am Tiber, zwischen dem Montmartre und dem Montparnasse im Seine-Tal, an der Themsemündung und an der Pforte der Donau hinaus ins pannonische Flachland. In solchen Lagen können Städte erobert und zerstört werden, aber sie werden immer wieder entstehen, was freilich auch bedeutet, daß sich eine Zivilisationsschicht über die andere legen und die darunterliegenden unzugänglich machen, oft auch als Steinbrüche verwerten wird.

Wien wanderte wie Paris zunächst von seinem Hügel auf Leopolds- und Kahlenberg hinunter, an die Furt und in die Ebene, welche die Straße heranführen konnte. Es gab in nachkeltischer Zeit zunächst ein flüchtig befestigtes Römerlager, dann drei Epochen römischer Befestigungen mit Steinbauten, Mauern und Türmen. Nach der endlichen Auflassung des Militärlagers zu Beginn des fünften Jahrhunderts begann dann die Zivilstadt, alle Mauern der Festung zu nutzen, nistete sich in ihnen ein und brach Steine aus ihnen. Es wurde nicht so wie in Nîmes (Nemausus), wo die mittelalterliche Stadt in das große Amphitheater Einzug hielt und in ihm ihren Kern fand; es wurde auch nicht so wie in Split, wo die ganze Stadt in einen Kaiserpalast hineinpaßte. Wien grub sich in den Römergrund ein und wuchs mit mittelalterlichen Hochhäusern aus ihm wieder heraus, die schon das Staunen des Aeneas Sylvius Piccolomini erregten, als er in kaiserlichem Dienst in Wiener Neustadt tätig war.

Das römische Wien liegt also tief unter dem heutigen, und es brauchte Zufälle, um seine Häuser und Straßen wieder zum Vorschein zu bringen. Wie glücklich und fruchtbar sie sein mußten, zeigt uns schon die Tatsache, daß wir das Römerlager dem Orte nach ja kennen: Es lag unter den dichtest verbauten Flächen der Inneren Stadt, zwischen dem Salzgries und dem Graben, zwischen dem Tiefen Graben und dem Stephansplatz. Die beiden Straßen, in deren Namen der Graben noch vorkommt, verlaufen wie die den Mauern vorgelagerten und ausgehobenen Gräben, die zum Teil natürliche Vertiefungen wie den Ottakringer Bach nützten.

Im Jahr 1900 stieß man bei Ausschachtungen auf Mauerwerk des nach Westen gerichteten Haupttores, das andere wandte sich, am Ostende der *Via Principalis* (Hauptstraße) nach Pannonien. Die Blickrichtung der Römer war freilich der Norden, die Donau, das Barbarenland, weswegen die Westpforte *Porta principalis sinistra* (links), die Ostpforte *Porta principalis dextra* (rechts) hieß. Die *Porta Decumana* war nach Süden gerichtet und ist an der Stelle zu suchen, wo heute die Tuchlauben in den Graben einmünden. Sankt Peter lag somit innerhalb, Sankt Stephan knapp außerhalb der vom Lager bedeckten Fläche. In der Nähe der Kirche Maria am Gestade, heute in einem stillen Winkel der Inneren Stadt gelegen und wenig besucht, müssen wir uns ein weiteres Tor denken, von dem aus eine kurze Straße zum Hafen des Lagers führte. Es war ein Flußhafen am Ottakringer Bach, dicht an der offenen, jederzeit einsehbaren und schwer zu schützenden Uferzone des Donaustroms selbst.

Bei einem Kanalbau stieß man im Jahr 1951 auf die *Via Praetoria* des Römerlagers, eine Straße, die senkrecht zur Hauptstraße genau nach Norden zielte. »Sie lag unter einer Schuttschicht von zwei Metern Stärke aus nachrömischer Zeit und einem Meter römischen Schuttes, zeigte eine Breite von neun Metern und gemauerte Abzugskanäle an beiden Seiten« (Georg Schreiber). Beide Hauptstraßen waren von Kolonnaden eingefaßt, was die Via principalis immerhin zwanzig Meter breit machte. Mitten in einem engen Lager zeigt dies, welchen Wert die Römer auf ihre Hauptverkehrsadern legten.

Außerhalb der Lagermauern gab es das Lagerdorf, Canabae genannt, ein Wort, das sich in der berühmten Cannebière von Marseille erhalten hat, und es gab die von Wien nach verschiedenen Richtungen ausstrahlenden Nahwege und Fernstraßen, an denen sich in beträchtlicher Zahl die Gräber von Offizieren und Beamten fanden. Gräber der Bewohner des Dorfes, also von Menschen aus dem Troß an Händlern und Huren, wurden im Bereich der Wiener Votivkirche freigelegt. Die Heerstraße umging das Lager selbst, dem sie zuviel Unruhe gebracht hätte, ist aber auf der Landstraße im heutigen dritten Bezirk und in Klosterneuburg, dem schon in der *Vita Severini* erwähnten alten Klosterort an der Donau, und an vielen anderen Stellen nachweisbar. Die erwähnte Umgehung des Lagers führte, im Osten beginnend, über den Rennweg nach Wien hinein, durch die Augustinergasse zum Josefsplatz, an dem sich heute die Nationalbibliothek erhebt, und über die Herrengasse hinaus zur Votivkirche. Dieser Straßenzug wurde im Mittelalter noch stark benützt, die Häuserreihen des mittelalterlichen Wien standen etwa an der Linie der Römerstraße. Hier kann man also dem Straßenverlauf genauer folgen als etwa auf dem Hohen Markt, mitten im einstigen Römerlager, wo vier oder fünf Bauschichten über dem antiken Wien liegen.

Wie ausgedehnt die Zivilstadt, der dritte Teil von Vindobona, war, ergibt sich daraus, daß Hinweise auf ihr Zentrum im heutigen dritten Wiener Gemeindebezirk beim Aspangbahnhof gefunden wurden. Hier hatten sich Veteranen, aber wohl auch eingesickerte Germanen, romanisierte Kelten und

Kaufleute des Donau-Fernhandels niedergelassen und lebten im ganzen friedlich miteinander. Im Mittelalter kamen noch andere Nationen wie etwa die Holländer hinzu, weil der Donauhafen ja ein buntes Völkergemisch anzog und absetzte und den Charakter Wiens als einer Stadt der Begegnung und Vermischungen in gewissem Sinn schon vorwegnahm. Reiche Quaden sollen schon im antiken Wien nicht schlechter als die Römer gelebt haben...

Straßen können Städte entstehen lassen; fast immer aber sind solche Städte dann auch mit der Straße zugrundegegangen. Malerische Ruinen der einst von Leben erfüllten Amphitheater, Marktplätze, Stadttore stehen dann auf einsamer Heide, als habe ein überirdisches Strafgericht alle Bewohner heimgesucht und das einstige städtische Leben verscheucht. Dabei ist nichts anderes passiert, als daß jene Straße, die Menschen, Wagen und Waren in diese Stadt brachte und aus ihr fortholte, in Kriegsläuften unbenutzbar wurde oder ihre Bedeutung verlor wegen anderer, günstiger gelegener und besser ausgebauter Handelswege. So wie wir heute vor allem wegen der großen niederösterreichischen Westautobahn einst lebhafte Orte entschlummern sehen, weil die alte Bundesstraße 1 nicht mehr so stark frequentiert wird, die Autobahn aber autonom und ohne Abzweig durchs Land zieht, so war Carnuntum jahrhundertelang doppelt so groß wie das zu seinem Schutz begründete Vindobona; es war die Grenzstadt, wo die Bernsteinstraße über die Donau hinaus ins Barbarenland führte, war die Kaiserstadt eines Mark Aurel. Das Hauptquartier des großen Kaisers während langer Kriege, Abfassungsort der wichtigsten Teile von Mark Aurels Selbstbetrachtungen, Briefen und Gesprächen stoischer Philosophie und Geisteshaltung, ist eine Ruinenstätte. Die Kriege, in deren schwersten Stunden dieser große Kaiser Hilfe in der Reflexion suchte und fand, wurden zur Schicksalsstunde für ganz Pannonien. Die aufgeblühte Provinz, die vordem besser dastand als das von Krisen geschüttelte Mutterland, hatte sich als ernsthaft gefährdet erwiesen. Die Germanen waren in mörderischen Angriffen auf dem Balkan und bis an die Adria vorgestoßen, und Mark Aurel hatte im Kampf gegen sie tief ins Quadenland marschieren müssen, schwere Stunden erlebt und einige seiner besten Feldherren verloren.

In so unruhigen Zeiten kam zum Erliegen, was der Bernsteinstraße ihre uralte Bedeutung gegeben hatte: der Bernsteinhandel, die Verbindung zur Ostsee und zu dem weiten Einzugsbereich der Flüsse Weichsel und Oder, von woher die Römer ja auch andere Güter bezogen und in die sie viele Fertigwaren geliefert hatten. Der in Friedenszeiten auch für Rom durchaus interessante Germanenhandel ruhte auf Jahre, wenn nicht auf Jahrzehnte, für die innerrömischen Bedürfnisse jedoch waren die eigentlichen Alpenstraßen sicherer und inzwischen auch hinreichend ausgebaut. Der Niedergang setzte ein, und zwar mit einer erstaunlichen Schnelligkeit, mit jener unbarmherzigen Unaufhaltsamkeit, wie sie wohl nur in Kolonialländern und bei Pflanzstädten denkbar ist – binnen eines einzigen Menschenalters.

Der Zivilort Carnuntum neben dem Militärlager hatte in seiner Glanzzeit mehr als 40 000 Einwohner gezählt, wozu noch die Garnison mit ihrem Troß gerechnet werden muß; Carnuntum war also nach damaligen Bevölkerungszahlen eine Großstadt. Sie hatte ihr Stadtrecht von Kaiser Hadrian erhalten und 307 oder 308 noch eine Reichskonferenz gesehen, die Diokletian einberufen hatte. Etwa sechzig Jahre später kam Kaiser Valentinian in die Stadt, in seinem Gefolge der Historiker und Kriegsberichter Ammianus Marcellinus: »Sodann hielt der Kaiser seinen Einzug in die illyrische Stadt Carnuntum, die heutzutage zwar verlassen und verfallen ist (!), für einen Heerführer aber eine sehr günstige Lage besaß: Er konnte von diesem grenznahen Punkte aus, wenn Zufall oder Überlegung es geboten erscheinen ließen, die Angriffe von Barbaren zurückschlagen.« Valentinian blieb drei Monate lang in der Stadt Carnuntum, so daß man annehmen muß, daß sie in den siebziger Jahren des Jahrhunderts noch nicht ›verlassen und verfallen‹ war, wie Ammianus sagt, sondern daß sich seine Bemerkung über den Zustand der Stadt auf die Abfassungszeit seines Werkes, also die Jahre nach 391, bezieht. Immerhin: Ein kurzes Leben für eine große Stadt, ein überraschendes Schicksal für eine aus grauer Vorzeit heranführende, berühmte Straße.

Ich weiß nicht, wie weit man heute noch Ruinen bedichtet und wer ein Gefühl für sie hat; Victor Hugo und Gustave Flaubert taten es auf ihren Reisen, Byron versank an der Brenta in Schwermut und Grillparzer zog sich mit seinen Überlegungen auf dem Campo Vaccino zu Rom die allerhöchste Ungnade seines Monarchen zu. Carnuntum, die einstige Hauptstadt des oberen Pannonien, sein Heidentor am Rand der unendlichen Ebene, die Donau im Norden und die verstreuten Reste einer seit eineinhalb Jahrtausenden schlafenden Ruinenstadt, das ist in seiner Art poetischer als so manche wohlaufbereitete, hinter Vitrinen und Geländern eingesargte Erinnerung an die Straßen und Städte der Römer. »Wir halten hier«, schreibt Herbert Eisenreich in dem schönsten aller Bücher, die Österreichs Römerzeit gewidmet wurden, »in dem tief eingekerbten Kreuz der uralten Ost-West- und Nord-Südverbindung von Donau und Bernsteinstraße; in dem zu mütterlichem Schoße vertieften, zur Wiege ausgeweiteten, zur Muschel versteinerten Schnittpunkt zweier Welt-Achsen und Angelpunkt zweier Welt-Grenzen«.

Drei meiner Freunde haben dieses Buch über Carnuntum geschaffen, aber wie das so ist, wenn man alt wird: zwei von ihnen sind nicht mehr am Leben. Der Lyriker Ernst Jirgal, der das Buch anregte, starb 1956 wenige Wochen nach unserer gemeinsamen Provencereise; der Zeichner Kurt Absolon kam im April 1958 bei einem Autounfall ums Leben; nur Herbert Eisenreich erlebte noch die bibliophile Neuausgabe des Werkes im Frühjahr 1978 bei Styria.

Straßen, Steine, Mauern sind nichts ohne unsere Phantasie, und diese wieder entzündet sich an dem, was wir wissen. Vielen, allzuvielen wird das Heidentor nichts mehr sagen, vielen sind die zersprungenen Steinplatten in der Heidelandschaft nichts als Zeichen der Verwahrlosung. Aber die Menschen, die dort leben, scheinen doch noch eine Ahnung zu haben von all dem Völkerschicksal, das sich hier ereignete. Und was sie nur ahnen, das weiß der Dichter. »O welch ein Ort hier«, hebt Herbert Eisenreich an, »wo weither gewachsene Landschaften einander überschneiden, in ihren Ausläufern und Verästelungen einander überspringen, sich ineinander verschränken; wo die Bernsteinstraße auf ihrem Weg von der Ostsee zur Adria die ins Schwarze Meer eilende Donau kreuzt; wo ein den Westen deckender Limes den älteren, zum Schutze des Südens gezogenen rechtwinkelig schneidet... da halten wir jetzt und blikken rundum und doch immer nur hinunter in diesen Boden, in den so unsagbar viel gesunken ist, Dinge und Menschen und Zeit, daß man wähnt, hier könne jahrtausendelang gegraben werden, und dann sei noch immer nicht alles Gewesene ans

Licht befördert, noch immer nicht der ganze Schatz gehoben. So gleicht dieses Wühlen in der Asche längst verbrannter Zeiten dem stochernd-forschenden Blick in sich selber, in die eigene, im Bewußtsein nur fragmentarisch aufgezeichnete Geschichte, wobei ein jeder Fund in fernere Tiefen weist und die Ahnung von tiefer Verborgenem bestärkt. Wie in uns selber leben wir in dieser Landschaft, über deren harte, von Einsamkeit klirrende Fläche wir gehen wie auf der Unterseite der belebten Welt.«

Im Gebirge waren es die Talfurchen, die Wasserläufe und die gangbaren Wasserscheiden, die den Weg auch für die Reisenden vorzeichneten und Gelegenheit zum Straßenbau boten. In der Ebene ergaben sich viele Möglichkeiten, mitunter so viele, daß in den weiten pannonischen Tiefländern die Spuren der Straßen sich überhaupt verlieren. Die überlegte römische Verkehrs-Organisation kannte sie freilich noch alle, die Nordsüd- und die Ostweststraßen, die Paßwege, die Talstraßen und die wichtigen Querverbindungen, und eine der wichtigsten verband die heutigen Städte Wels und Salzburg miteinander. Die Straße verlief also im Alpenvorland, am Fuß der Gebirge und begleitete ein Stück den großen Donaustrom, den schon die Griechen und die Kelten als den Hauptverkehrsweg zwischen Schwarzem Meer und Oberrhein gekannt und benützt hatten.

Die lange Querstraße zwischen Alpen und Donau schloß ein Dreieck, das den Verkehr im östlichen Raum Österreichs bestimmte. Südlichster Punkt dieses Dreiecks war der Adriahafen Aquileia, östlichster Carnuntum und die Nordwestecke des Dreiecks bildete die Stadt Salzburg, damals Iuvavum genannt, wo Land- und Binnenschiffsverkehr einen Knotenpunkt hatten.

Dank dieser alten Verkehrsadern hatte sich zwischen der Donau und den Bergen schon früh städtisches Leben ausgebildet, kleine, befestigte Gemeinwesen, die von ihrer bäuerlichen Umgebung versorgt wurden und vom Handel, von den Eisenhämmern und von den römischen Garnisonen lebten. Salzach und Inn ergänzten die Verkehrsmöglichkeiten, die Salzproduktionen von Hallstatt und Hallein verstärkten das Frachtaufkommen zwischen Passau im Norden, Salzburg und Wien.

Die Grundverhältnisse zwischen dem großen Strom und den Bergen haben sich natürlich nicht geändert; auch die modernen Schnellstraßen ziehen heute von Passau und von Salzburg nach Südosten beziehungsweise nach Osten und treffen sich im Raum Linz, von wo an sie dann die Donau begleiten. Der Verlauf der Römerstraße folgt eher der österreichischen Bundesstraße 1 als der neuen Autobahn, die – so lange es auch währte, bis sie durchgehend befahrbar war – so neu auch wiederum nicht ist. Jedenfalls hatte man lange genug Gelegenheit, sich unweit der alten, von Legionären und Gefangenen erbauten Straße zu bewegen, denn Wels, Schwanenstadt, Vöcklabruck, Timelkam, Frankenmarkt und Straßwalchen sind allen älteren Autofahrern noch in leidvoller Erinnerung als Durchgangspunkte einer überlasteten Hauptader, die wohl schon zur Römerzeit sehr starken Verkehr hatte aufnehmen müssen. Denn daß sie große Bedeutung hatte, geht schon daraus hervor, daß unsere wertvollsten Quellen über den Verlauf der Römerstraßen, die Tabula Peutingeriana und das Itinerar des Antoninus, beide diese Straße und ihre wichtigsten Stationen kennen und auch in der Angabe der Distanzen übereinstimmen: Sie war eine Hauptroute, wo es keine Zweifel und Ungenauigkeiten gab.

Freilich bleibt in einem so dicht besiedelten, ununterbrochen bewohnten und durch Bauten aller Art veränderten Landstrich nicht allzuviel vom ehrwürdigen römischen Straßenbau übrig. Wo eine Stadt oder ein Kastell standen oder wenigstens eine Poststation, haben wir Glück und haben einen sicheren Durchgangsort für die alte Straße gefunden; das ist, wenn wir bei der Donau beginnen, zunächst das reizvoll gelegene Dorf Aschbach mit seiner Fährverbindung. Von hier aus bleiben wir der Römerstraße am nächsten, wenn wir uns an die heutige Bezirksstraße Aschbach-Öhling halten. Die Römer hatten das Tal der Url genutzt, aber die Straße über der Hochwassergrenze geführt und den Abzugsgraben neben der Straße bergseitig gezogen, um ein Abrutschen des Straßenkörpers in die Url zu vermeiden. Daß die Straße hier – wie eine Grabungsstelle zeigt – nicht weniger als neun Meter breit war, erklärt sich aus einem offenbar beträchtlichen Verkehrsaufkommen, aber auch aus der relativ günstigen Gesamtsituation; in den Bergen finden wir oft nicht einmal die Hälfte dieser Fahrbahnbreite.

Auch hier war es ein pensionierter Oberst, der sich mit seinem in Feldzügen geschärften Blick auf die Suche nach der Römerstraße machte, die nicht immer aufzufinden war. Für spätere Straßenbauten hatte man ihre Schotterbestände geplündert, im verkehrsreichen Ennstal verlor sich ihre Spur überhaupt, andere Strecken bei Windfelden oder beim Weiler Schaching wiederum (Raum Aschbach) wurden bis etwa 1850 etwa so benützt, wie die Römer sie gebaut hatten. Befährt man die heutige Bezirksstraße Haag-Strengberg langsam und aufmerksam, so erkennt man zwischen Dorf und Oberndorf eine kreuzende Altstraße. Andere Hinweise sind ein kleiner Ort mit dem Namen Straß an der Erla-Brücke der Bundesstraße 1, ein Heidenfeld und das Römergrab bei der Eisenbahnhaltestelle Ennsdorf. Der Oberst, er hieß Max von Groller, zollt den unbekannten römischen Straßenbauern ein ähnlich hohes Lob wie Hofrat Wallack, der auf ihren Spuren die Glocknerstraße trassierte: »Meisterhafte Führung hinsichtlich der Anpassung an das Terrain im Gegensatz zur Führung der heutigen Reichsstraße (d.h. der Straße vor dem Ersten Weltkrieg). Es kommt keine Steigung vor, die irgendwie vermieden werden konnte. Unvermeidliche Steigungen sind durch bedeutende Aufdämmungen oder Einschnitte reduziert.«

Weitere Spuren der Römerstraße fand man, als eines der letzten Teilstücke der österreichischen Westautobahn in Angriff genommen wurde, die schwierige Strecke über die Strengberge. Wegen der Eisenbahngabelungen Sankt Valentin-Linz bzw. Sankt Valentin-Mauthausen mußte man tief graben und stieß auf die Fundamente und die feste Decke der Römerstraße, die über die Enns weiter nach Lauriacum (heute Lorch) führte, eine Kleinstadt mit starker römischer Garnison.

Ein anderer Glücksfall war der Bau einer Wasserleitung für die Stadt Enns an der Grenze zwischen Nieder- und Oberösterreich im Jahr 1931. Man fand unter der Stadlgasse von Enns, an der sich schon früher Römergräber gefunden hatten, in einer Tiefe von etwa 120 cm den römischen Straßenkörper, eine Decke von 30 Zentimetern Dicke auf einem frostsicheren Unterbau aus Geröll und grobem Schotter. Lauriacum hatte in der römischen Kaiserzeit seine größte Bedeutung; mehrfach weilten Kaiser hier (Constantius II., Valentinian I. und Gratian) und im vierten Jahrhundert wurde das sichere Lauriacum Bischofssitz und Zufluchtsort für die vor germanischen Raubscharen flüchtende, romanisierte Stadtbevölkerung der ganzen Enns-Donau-Niederung. Trotz zahlreicher Zerstörungen vor allem durch den Eisenbahnbau im vorigen Jahrhundert ließ sich noch erkennen, daß eines der Römertore zwei Fahrspuren von jeweils fünfeinhalb Metern durchließ, also verhältnismäßig großzügig angelegt war, zumindest im Vergleich mit dem mittelalterlichen Städtebau.

Die zwischen Amstetten und Sankt Valentin liegenden Strengberge sind eine Hügellandschaft mit für Österreich geringfügigen Höhen von 300 bis 400 Metern. Da die Eisenbahn diese mit ihren vielen kleinen Erhebungen für den Streckenbau schwierige Landschaft im Süden umging, blieb der ganze Bereich bis zu den gewaltigen Erdbewegungen des Autobahnbaues gegenüber frühen Zeiten weitgehend unverändert; eine Zone sehr alter Besiedlung wurde nach Jahrtausenden erstmals angeschnitten. Die zahllosen kleinen Hügel boten Einzelgehöften aussichtsreiche und darum relativ sichere Lagen; durchziehende Armeen umgingen das Gelände meist an den Donauufern, zu denen die Strengberge steil abfallen. Selbst die Kaiserliche Postlinie von Wien nach Salzburg erhielt erst um 1580 eine Botenstation auf den Strengbergen. Die Römer, die hier ihren Ostwestverkehrsweg von Pannonien bis an die Salzach durchzogen, leisteten somit geradezu Entdeckerarbeit.

Im Raum Linz mußte sich diese Hauptstraße von der Donau lösen, denn wenn auch Passau, das Boiodurum der Römer, durch die Einmündung des Inns in die Donau besondere Verkehrsbedeutung hatte, so ging die Frequenz doch den südlicheren Weg nach Salzburg. Wir haben in Hörsching (dem Linzer Flugplatz südlich des heutigen Großstadtweichbildes), in Wels (Ovilava) und bei Straßwalchen (Tarantone oder Tarnantone) sichere Fundhinweise und Schriftquellen für die Existenz von Städten oder Kastellen, in Tergolape, nahe Schwanenstadt, lag vermutlich eine weitere Straßenstation mit Rastmöglichkeiten. Römergräber und Meilensteine können uns als zusätzliche Beweise für eine Straßenführung im Großraum der heutigen Bundesstraße 1 dienen. Die vom Pyhrnpaß nach Norden führende transalpine Römerstraße erreichte die Ostweststraße unweit der heutigen Autobahn-Raststätte Ansfelden, einem Dorf, das von manchen Autoren mit der alten Straßenstation Ovilatus gleichgesetzt wird.

Die breiten Straßentore, die dicht beisammen liegenden größeren und kleineren Siedlungen, die sich verzweigenden Straßen, obwohl doch in der mächtigen Donau ein einzigartiger Transportweg für Menschen und Güter zur Verfügung steht, dies alles deutet auf intensives wirtschaftliches Leben, auf einen gewissen Wohlstand trotz der Tatsache, daß hier die äußerste Grenze eines großen, von Jahrhundert zu Jahrhundert deutlicher bedrohten Reiches verläuft.

Der Erste und der Zweite Weltkrieg haben gezeigt, daß selbst moderne Pioniertruppen mit wohlausgeklügelten Gerätschaften mitunter ihre Mühe haben, einen großen Strom zu bezwingen. Die Donau des Altertums war in ihrem Charakter ganz etwas anderes als Rhône oder Rhein, sie ähnelte mit ihren Auen, mit den toten Armen und den gewaltigen Wassermassen eher den osteuropäischen Strömen, der Weichsel oder dem Dnjepr und wurde nicht nur als Demarkationslinie empfunden, sondern als Trennung zweier Welten. In ihrem Oberlauf unbedeutend, blieb sie doch in dieser Rolle, so leicht man auch das schmale Wässerchen etwa bei Günzburg überschreiten konnte. Die Römer schoben nur einen breiten Brückenkopf über die schwäbische Donau hinaus, legten den Limes vor den Donau-Oberlauf und den Neckar, bis die Befestigungslinie sich auf den Main stützen konnte. Anders die Donau in Norikum: An ihr lagen die römischen Soldaten tatsächlich der barbarischen Welt gegenüber, und das vierhundert Jahre lang.

Als Julia, die mehr berüchtigte als berühmte Tochter des Kaisers Augustus, Norikum besuchte, wurde dieses Ereignis allen Stämmen des neuen Verbündeten mitgeteilt und die Kaisertochter, ein Wesen aus einer anderen Welt, betrat den soeben zivilisierten Boden des heutigen Kärnten vielleicht mit leisem Schaudern ob soviel kaum gezügelter Barbarei. Nun war das südliche Norikum die wohleingefriedete Etappe, durch die auf festen Straßen der Nachschub an Soldaten, Waffen, Waren und Beamten nach Noricum Ripense gekarrt wurde, nach Ufer-Norikum, und dieses Ufer war die Front.

Die Donau allein war bald nicht mehr stark genug für eine Abwehr dieser kaum bekannten, aus den böhmischen Wäldern nach Süden drängenden Völker. Schon Kaiser Mark Aurel hatte seine Mühe mit ihnen gehabt und mußte letztlich wegen der langwierigen Markomannenkriege hier an der Donau sterben, nicht etwa in Rom, wo ihm große Ärzte beigestanden hätten. Wenig zu beneiden waren die Besatzungen der ins Barbarengebiet vorgeschobenen römischen Forts, waffenstarrende Inseln am Rand der Wälder, aus denen die Beobachter unablässig das Land nach Anzeichen von Truppenansammlungen absuchten. Die Legionäre in den Brückenköpfen hatten es schon besser: selbst wenn man in voller Rüstung den Strom durchschwimmen mußte, war dies der Umzingelung vorzuziehen.

Im allgemeinen aber vertrug man sich, zog der Strom doch eine klare Grenze. Auf den großen Märkten, die vorsichtshalber meist am Nordufer der Donau abgehalten wurden, trafen sich Römer, romanisierte Landesbewohner und Barbaren. Der Handel ruhte nur während der heißesten Kämpfe und darum waren die Kaufleute die wichtigsten Späher; hatten sie schlechte Geschäfte gemacht, waren sie am weiteren Vordringen nach Norden oder Nordosten gehindert worden, dann bereitete sich etwas vor, von dem sie nichts sehen und vor allem nichts erzählen sollten.

Je mehr die Gefahr stieg, desto dichter wurde die Reihe der Militärposten am südlichen Donauufer. Zu den Kastellen gesellten sich bald die Burgi. Solch ein Burgus war rundum befestigt, aber klein, eine Widerstandsinsel in dem zu erwartenden Barbarenstrom. Denn daß hier die Angreifer in der Überzahl sein würden, das stand für alle Kundigen fest.

Die Germanen taten sich oft zusammen, ehe sie angriffen; sie suchten Verbündete und fanden sie, aber der Stamm selbst war in der Regel homogen, unvermischt, eine alte Einheit mit beträchtlicher Stoßkraft. Bei den Römern hingegen kamen landfremde Legionen zu den Landesbewohnern, oder, um es genau zu sagen, nicht Legionen, die für die simple Besatzungsaufgabe oft als zu kostbar erschienen und auch an den Unruheherden des großen Reiches unentbehrlich waren. Es handelte sich um sogenannte Auxiliae, also Hilfstruppen, die nicht aus Italien selbst stammten, sondern aus anderen Gegenden des Römerreiches, und die man natürlich nicht in ihrer Heimat einsetzte, wo sie eines Tages – gut bewaffnet und gut ausgebildet – vielleicht gemeinsame Sache mit den Einheimischen gemacht hätten. Sie wurden vielmehr nach einem ebenso kühnen wie rücksichtslosen System querverschoben, und darum konnte es geschehen, daß an der Donau maurische Reitertruppen standen, aber auch aus Reitern und Fußvolk gemischte Hilfstruppenkontingente aus Britannien (!), dazu Westgermanen und Iberer, bunte Völkermischungen, denen vielleicht der eine oder andere norische Knabe, unverdächtig in Enns, Lorch oder Wels zur Welt gekommen, seinen exotischen Gesichtsschnitt verdankte. Die Grabsteine geben von zahllosen solchen Schicksalen Kunde, von Männern, die auf fremder Erde starben, ohne die ferne Heimat wiedergesehen zu haben, von ihren Frauen, die sie mitgebracht hatten oder die sie im Land an der Donau gefunden und bei einer Versetzung dann fortgeführt hatten.

Was diese Menschen einigte, war die nicht immer akute, aber doch stets vorhandene Bedrohung von jenseits des Stromes, und es war vielleicht diese Nähe der Gefahr, dieses Leben im Angesicht des Krieges und des Todes, die hier zwischen den Bergen und dem großen Strom schon sehr früh christliche Gemeinden entstehen ließen. Es läßt sich in der ganzen römischen Welt sehr genau verfolgen, daß das Christentum sich längs der Straßen ausbreitet, und daß dort, wo sie größere Landschaftsräume unerschlossen lassen, das Heidentum überlebt. Die Straßen aber verbinden Städte, und so werden diese Städte zu den Keimzellen der neuen Frömmigkeit für fünfzehnhundert Jahre, ehe sich die Verhältnisse umkehren, ehe – in unseren Tagen – das Land die Frömmigkeit bewahrt und die neuen Lehren sich wiederum zuerst die Städte erobern.

An den Römerstraßen zwischen Wien, Passau und Salzburg besitzen wir für diesen Vorgang ein einzigartiges Zeugnis, wozu man sagen muß, daß diese Singularität zwar ein Vorzug, zugleich aber bedauerlich ist. Denn wenn wir heute die Lebensgeschichte des heiligen Severin mit allem, was sie absichtlich und gleichsam nebenher an Informationen vermittelt, als ein Dokument von größtem Reichtum der Fakten schätzen, so mischt sich in die Begeisterung, die wir bei dieser Lektüre empfinden, doch auch das Bedauern, daß wir von den anderen Glaubensboten, von den Männern, die am Rhein, am Neckar, am Main, an der Seine und so weiter missionierten, vergleichbare Zeugnisse leider nicht besitzen. Es müssen eben sehr viele günstige Umstände zusammentreffen, damit eine Heiligenvita aus so früher Zeit sich erhält – und nicht jede von diesen Lebensbeschreibungen ist über den rein religiösen Gehalt hinaus so interessant, so wichtig und so wahrheitsgetreu wie das, was ein Mönch namens Eugippius in einem Kloster bei Neapel im Gedenken an seinen großen Lehrer niedergeschrieben hat.

Severin ist als Person bis heute durchaus rätselhaft und hat Fragen nach seiner Herkunft und Vergangenheit teils mit Scherzen, teils unwillig überspielt. Wäre er im Jahr 461 noch Konsul gewesen wie jener Flavius Severinus, den Friedrich Löffler in einer faszinierenden Konstruktion mit unserem Heiligen gleichsetzen möchte, er hätte wohl keinen Grund gehabt, seine Herkunft zu verschweigen, wiederholt und in auffälliger Weise. Auch die da und dort zu lesende Vermutung, er sei ein entlaufener Sklave, stößt ins Leere angesichts der Tatsache, daß Severin das Latein der Oberschicht sprach, offensichtlich

Latein als Muttersprache hatte und aus seiner Natur heraus mit größter Autorität auftrat, ja sichtlich gewohnt war, Befehle zu geben.

Erst als Severin bereits an seiner Wirkungsstätte, den Straßenkastellen und Festungen zwischen Wien, Passau und Salzburg eingetroffen ist und dort eine ebenso erstaunliche wie segensreiche Tätigkeit entfaltet, wird klar, daß er auch germanische Sprachen beherrscht und daß die nördlich der Donau stehenden Germanen ihn längst als Autorität kennen, ja fürchten, während der inzwischen in Italien zur Herrschaft gelangte Odoaker ihm freundschaftlich-vertraute Briefe schreibt. Severin war bereits eine bekannte Persönlichkeit in Pannonien gewesen, ehe er sich nach Westen, donauaufwärts begab, und da wir den Zeitpunkt seines Eintreffens kennen, da Eugippius sagt, dies sei kurz nach dem Tod des Hunnenkönigs Attila erfolgt, bietet sich eine Theorie an, die alles erklären würde, was bislang unerklärt geblieben ist: Severin ist ein Christ gewordener römischer Offizier pannonischer Herkunft, aber aus ritterlicher römischer Familie. Er wirkte in der religiös völlig neutralen und toleranten Tafelrunde des Hunnenkönigs als Berater, eine Runde, in der ihn nicht nur die Germanenfürsten kennenlernen mußten und sein Urteil zu schätzen gelernt hatten, sondern in der er auch jene Verbindungen aufnahm, die sein weiteres Leben so deutlich beeinflussen: die zu Attilas Außenminister, dem Hunnen Edeco, der mit einer adeligen Germanin den späteren König Odoaker zeugte, und die mit dem Patricius Orestes und dessen Gemahlin Barberia oder Barberina, den Eltern des von Odoaker besiegten Kaisers Romulus Augustulus.

Daß diese Personengruppe freundschaftlich-vertrauten Umgang nur dank der Vermittlung Severins pflegen konnte, ist klar: Orestes und Odoaker wurden ja Gegner, aber der Sieger schonte den Romulus und suchte wiederholt den Rat Severins. Und Barberina, die Witwe des Orestes und Verwalterin seines großen, in Diensten Attilas erworbenen Vermögens, blieb Severin ein Leben lang dankbar und erbaute ihm ein Mausoleum. Ist Orestes als Geheimschreiber des Hunnenkönigs auch eine umstrittene Figur und der Bestechung verdächtig – Byzanz scheint ihm goldene Brücken gebaut zu haben –, so strahlt das Bild des Heiligen um so heller in der Untergangsstunde zweier großer Reiche, des Weströmischen mit den Mittelpunkten Rom und Ravenna und des Hunnischen, das in einer noch nicht lokalisierten Residenz an der ungarischen Donau, vielleicht im Raum Budapest, seinen Machtmittelpunkt hatte.

Severin aber kam mit Sicherheit aus Pannonien, donauaufwärts, andernfalls hätte er ja die Alpenpässe überschritten und dies gewiß irgendwann erwähnt. Aus Norditalien über die Julischen Alpen nach Pannonien zu kommen, war damals unmöglich, weil die Goten diese Paßwege zwischen Ungarn und der Adria gesperrt hielten. Nach einiger Zeit, als Severin bereits an der oberösterreichischen Donau heimisch geworden war, erhielt er noch einmal Kunde aus Pannonien: ein Diener brachte ihm Teile seiner Habe nach, die Severin am Hunnenhof zurückgelassen hatte, darunter wertvolle Reliquien aus dem Nahen Osten, vermutlich Teile der Hunnenbeute, die Severin sich um so leichter hatte ausbitten können, als die Hunnen selbst an den Knöchelchen christlicher Heiliger gewiß nicht interessiert gewesen waren.

Der ganze Vorgang, die Reise des Severin, das Nachbringen von Gepäck, Severins auffällige Beweglichkeit in einem Raum von mehr als 300 km Westosterstreckung, beweist uns die Existenz eines Fernverkehrsnetzes von ganzjährig befahrbaren Straßen, ergaben sich doch gerade im Winter damals oft Schwierigkeiten mit dem Donauverkehr. Die *Vita Severini* des Eugippius zeigt uns den Heiligen bei jedem Wetter, bei Tag und bei Nacht und zu jeder Jahreszeit im Einsatz, bis ihn das Alter nötigt, sich in sein Stammkloster bei Wien zurückzuziehen. Als es soweit ist, hat er die vorhandenen Verkehrswege genutzt, um Hilfslieferungen für ausgeplünderte Ortschaften zu organisieren; seine Winterhilfe funktioniert so ausgezeichnet, daß die Germanen nördlich der Donau, die weder Versorgungswege noch eine vergleichbare Organisation besitzen, sich an Severin mit der Bitte wenden, von den gespendeten warmen Kleidern auch etwas zu erhalten.

Da die beiden Paßstraßen ins südliche Norikum im Winter nicht benützbar sind, ist Ufernorikum deutlicher und enger mit Pannonien verbunden und über Pannonien mit Italien. Die Alpenkette teilt Norikum trotz der Straßen so nachhaltig, daß sich die in Rom getroffene Benennung als ein Irrtum am Grünen Tisch erweist: Ufernorikum ist durch die Donau und durch die große Westost-Straße eher der Westteil Pannoniens als der Norden Norikums. Die große, von Salzburg über Augsburg bis nach Trier führende Straße ist das eigentliche Rückgrat aller römischen Provinzen nördlich der Alpen; die schmalen, kunstvoll angelegten Paßstraßen quer durch das Hochgebirge gehen zwar die kürzeren Wege, aber man muß annehmen, daß die Römer und der zivile Verkehr sie nur vier bis fünf Monate im Jahr zu benützen wagen, kennen die Römer doch bereits die Lawinen und Muren, Erdrutsche und Nebeltage im Hochgebirge.

Die Straßen im Voralpenland und in den Ebenen sind hingegen zu den Lebensadern des Reiches geworden und zu den Kraftlinien seiner Verteidigung. Man kann sich keine erregendere Zeit als Hintergrund einer Biographie denken als die zweite Hälfte des fünften Jahrhunderts, in dem die Barbareneinbrüche übermächtig werden und das große Reich beinahe lautlos einstürzt. Es ist ein Vorgang, der sich über Jahrzehnte erstreckt und auf drei Kontinenten vor sich geht, aber im Prinzip verläuft er überall so, wie ihn uns die Lebensgeschichte des heiligen Severin erkennen läßt.

Der Heilige sieht die Gefahren, warnt die Bewohner der größeren und der kleineren Städte, ermahnt sie zu eigenen Anstrengungen für die Verteidigung ihrer Gemeinwesen, weil die römischen Truppen schon lange keinen Sold mehr erhalten und sich größtenteils über die Alpen nach Süden zurückgezogen haben. Und Severin versucht, an die Stelle des alten Reichsgedankens die junge Religion des Christentums zu setzen, müssen doch Menschen, die sich gegen anrennende Barbaren behaupten sollen, an irgend etwas glauben, um entschlossen Widerstand zu leisten.

Immer weiß Severin alles voraus, manchmal um Wochen vor den anderen, manchmal um Tage. Für Eugippius ist dies keineswegs verwunderlich, Severin ist ein Mann Gottes und mit höheren Kräften, mit übersinnlichen Gaben ausgestattet wie die Propheten des Alten Testaments oder der griechischen Sagen. Für uns Spätere legen diese so oft belegten richtigen Voraussagen die Vermutung nahe, daß Severin sich tüchtiger Informanten bediente, die auf den Straßen südlich der Donau ungleich schneller vorankamen als die Raubscharen der Rugier und anderer Germanen im heutigen Wein-, Wald- und Mühlviertel.

Es fällt aber auch auf, daß Severin zwar viele Christengemeinden besucht, ermahnt, tröstet und kriegskundig berät, daß er sich aber nie aus dem Bereich des Straßennetzes entfernt. Orte, die nicht an den Römerstraßen lagen, waren so gut wie unerreichbar, waren aber auch durch die germanischen Streif- und Raubscharen offensichtlich kaum gefährdet: Gut und Böse kam auf den Straßen daher, oder es kam gar nicht... Immerhin muß es neben und zwischen den Römerstraßen andere Altstraßen gegeben haben, eigene Fahrwege der Bevölkerung, die das feste, gepflasterte Netz der Legionen ergänzten. Sie haben bei den Heimat- und Bodenforschern naturgemäß Verwirrung gestiftet, um so mehr, als ja auch die Römerstraßen nicht vierhundert Jahre lang auf der gleichen Trasse verliefen. Ohne die Aufzählungen häufen zu wollen, vermerken wir darum nur, daß sich im ganzen Raum Ansfelden-Traun-Eferding immer wieder Anzeichen für römerzeitlichen Straßenbau finden, Hohlwege mit Sohlen, die durch Plattenbelag besser gangbar gemacht wurden, Straßenreste auf Höhenrücken, Waldumgehungen und Orts- oder Flurnamen, die auf solche Altstraßen hindeuten: Hörstraße (oder -gasse), verballhornt aus Heer-; Orte wie Straßham oder Straß an der heutigen Bundesstraße von Osten her nach Eferding (in der Nähe des Römerkastells Marinianum). Zahlreiche Römerfunde lassen die Gegend des Aich- und Ridlberges mit den Dörfern Schönering, Edramsberg, Fall und anderen als von den Römern intensiv genutzt erkennen, sogar ein Ziegelwerk der II. italischen Legion hat man hier aufgefunden. Es brauchte natürlich seine eigene Zufahrt, die als Stichstraße zu der Hauptroute ausgebaut worden war. Dieser Anschluß an die römische Heerstraße nach Lauriacum-Lorch erfolgte vermutlich im Raum des Flughafens Hörsching, wo bei der Anlage der Landebahnen uralte Hohlwege zugeschüttet wurden. Daß die Römer sich hier wohl fühlten, ist jedem klar, der die Gegend kennt: Das Eferdinger Becken ist eine der wärmsten Landschaften Österreichs, klimatisch begünstigt und für Frühgemüsekulturen geeignet; hier wurde auch seit dem frühen Mittelalter, vielleicht schon seit spätrömischen Zeiten, Wein angebaut, und an manchem Sommertag wurde es hier so heiß, daß selbst Legionssoldaten aus dem römischen Stammland Italien sich hier wie zu Hause fühlen konnten...

Über solchem Wohlleben mochten die hier in freundlichen Städten und inmitten eines reichen Landes lebenden Besatzer mit ihren Familien zeitweise die gottähnlich in Rom herrschenden Kaiser vergessen haben. Jahrzehntelang geht das gut, aber

Meilenstein von der Paßhöhe der Radstädter Tauern, heute im Salzburger Museum Carolino Augusteum (Die Zahl XLV [45] gibt die Entfernung bis Teurina bei Spittal an der Drau in Kärnten an, das heute ebenso ein Verkehrsknotenpunkt ist, wie es einst die illyrische und später römische Siedlung Tiburnia war.)

Spätgotische Holzstatue des heiligen Severin in Pilgertracht
aus der St. Severins-Kirche in Passau

Detail aus dem großen Mosaik der Römerstadt Virunum
im Zollfeld westlich von Maria-Saal, Kärnten

Ring und Öllampe aus dem 4./5. Jahrhundert mit Christogramm aus dem Römerlager Lauriacum, dem heutigen Lorch, einem Stadtteil von Enns bei Linz in Oberösterreich

dann traten doch immer wieder jene Kaiser auf, die mit Neuordnungen, Reformen und Christenverfolgungen den alten heidnischen Glanz des Reiches wiederherstellen wollen. Während Theodosius I. (375-395) schon so viel mit germanischen Wanderstämmen zu tun hat, daß er sich auf eine Neuordnung der Verteidigung beschränken und Ufernorikum wie Westpannonien einem eigenen Dux unterstellen muß, griff Diokletian etwa hundert Jahre vorher tief in das innere Leben Ufernorikums ein. Die alte Hauptstadt Ovilava (Wels) wurde entthront zugunsten von Lauriacum-Lorch, und die Christen, die sich hier fern von Rom bereits sicher fühlten, wurden hart verfolgt. Unter vierzig Blutzeugen der Religion, gegen die Roms Kaiser nun schon seit Jahrhunderten kämpften, ist der Berühmteste ein hoher römischer Beamter in Ufernorikum, ein *princeps officii praesidis* namens Florianus. Seiner Religion wegen hatte man ihn schon aus Ovilava oder aus Lauriacum abgeschoben in jene Stadt, die noch heute als der Inbegriff aller Provinznester gilt, nach Cetium (Sankt Pölten). Ob Florianus nun aus dem Dienst entlassen war oder nur strafversetzt, er eilte jedenfalls nach Lauriacum, als er von der Einkerkerung der Glaubensbrüder erfuhr und wurde im Jahr 304, vielleicht am 4. Mai (seinem Tag im Kalender) mit einem Stein um den Hals in die Enns geworfen.

In älteren Nachschlagewerken finden wir diesen Bericht noch mit Fragezeichen versehen, weil die älteste erhaltene Niederschrift der Legende aus dem achten Jahrhundert stammt. Doch hat Ignaz Zibermayr in seinem großen Kompendium *Noricum, Baiern und Österreich* nachgewiesen, daß die Florianslegende Verhältnisse und Fakten wiedergibt, die einem mittelalterlichen Verfasser gar nicht bekannt sein konnten und nur für die letzten Regierungsjahre Diokletians zutreffen. Die Dualität zwischen Wels und Lorch, die Tatsache, daß der Statthalter zwischen diesen beiden noch etwa gleichrangigen Residenzen hin- und herreist, die noch junge Teilung Norikums und andere Einzelheiten beweisen die Echtheit, die römerzeitliche Entstehung der Vita und damit indirekt das Martyrium des heutigen oberösterreichischen Landesheiligen.

Für uns geben diese christlichen Quellen wertvolle Aufschlüsse über das Leben zwischen den Bergen und der Donau. Florian wie Severin bestätigen uns die Freizügigkeit des Lebens in einem Kolonialland. Der Übergang vom Heidentum zum Christentum vollzieht sich in einem merkwürdigen Nebeneinander, das nur gelegentlich durch Eingriffe aus Rom zu blutigen Konflikten führt. Zeitweise residiert in Wels ein heidnischer Pontifex (Oberpriester), in Lorch aber ein christlicher Bischof. Da sie jedoch das Verwaltungsnetz und auch die Straßen gemeinsam benützen müssen, bietet uns Oberösterreich ein Beispiel vorbildlicher Toleranz, durch glücklicherweise seltene Rückfälle unterbrochen. Anders ist es auch kaum zu erklären, daß Severin, wo immer er auf Heiden trifft (und sie sitzen noch überall) ihnen mit Geduld und väterlichem Wohlwollen gegenübertritt, eine Haltung, wie sie die Prälaten späterer Zeiten nicht mehr einnahmen. Ja schon Severins Biograph Eugippius unterscheidet sich darin merklich von dem Heiligen, über den er schreibt.

Die kurioseste Mischung der Völker und Religionen, der lokalen und der überregionalen Gewalten bringen die Land- und Wasserstraßen in Salzburg zustande, einer Stadt in einzigartiger Lage, die sich bis heute einer besonders farbigen Eigenentwicklung zwischen weltlichen und kirchlichen Interessen rühmen darf.

Staunen wir auch oft über die Sicherheit, mit der die römischen Straßenbauer die für sie günstigsten Verkehrslinien durch schwer zugängliche Bergregionen zogen, so dürfen wir doch sagen, daß sie an Salzburg einfach nicht vorbeigehen konnten. Die Lage an der Salzach und am Nordfuß der Alpentäler empfahl die Stadt, die gewiß schon vorrömische Bewohner hatte, als Knotenpunkt eines Verkehrsnetzes so deutlich, daß sie dies bis heute geblieben ist, ja daß es sich bis heute kaum vermeiden ließ, neue Verkehrslinien über Salzburg zu führen, trotz der aktuellen Tendenz, lieber Umfahrungen zu schaffen als Verknotungen.

Zugleich aber hatte Salzburg durch das nahe Hallein eines der ältesten und wichtigsten Erzeugnisse vorgeschichtlicher Wirtschaft zur Verfügung – das Salz – und mit den Salzknappen einen Rückhalt an eigenständiger, wohlhabender und selbstbewußter Bevölkerung. Hallein wurde mit Salzburg zu einem Zentrum, noch ehe sich die Römer durch den Straßenbau im Tauernsystem der Stadt nähern und bemächtigen konnten. Wie so manche große Handelsstadt spielt Salzburg langezeit geschichtlich keine Rolle. Kaufleute waren seit alters neutral, sie reisten unbewaffnet und geschützt durch die Tatsache, daß schließlich alle am überregionalen Handel teilhatten und aus ihm Nutzen zogen. Salzburg ist natürlich nicht so geschichtslos wie Haydns *Dictionary of Dates* die angelsächsische Welt glauben machen möchte, in dem er als erstes(!) Datum anführt: *It was birthplace of Mozart 1756.* Aber es ist richtig, daß wir von diesem uralten Handels- und Umschlagplatz rein historisch überraschend weniges sicher wissen; selbst daß Juvavum – wie eine Inschrift mitteilt – von Kaiser Hadrian (117-138) als Castrum gegründet worden sei, wird von der Forschung bezweifelt: Die Stadt war eben da, jeder kannte sie längst, alle Berg- und Voralpenstraßen der Region führten hier zusammen wie in einer Insel der Seligen, wo kein bedeutendes Ereignis die emsigen Einwohner in ihrem Erwerbsleben störte...

Da die Straße über den Radstädter Tauernpaß erst in der späteren Kaiserzeit vollendet wurde, hatten zunächst die Ostwest-Verkehrslinien ein deutliches Übergewicht über die aus den Alpen nach Norden führenden Wege, mit anderen Worten: der Verkehr aus dem heutigen Raum Wien über Lorch, Wels und durch das Alpenvorland in Richtung auf Augsburg war ungleich intensiver als jener, der über den Alpenhauptkamm, aus dem südlichen Norikum ins Salzachtal lief. Das geht auch daraus hervor, daß die Römerstraße der Stadt Juvavum zuliebe einen Umweg beschrieb, einen Südbogen, wäre es doch viel kürzer gewesen, von Wels aus Augsburg direkt anzusteuern. Die Stadt ohne Geschichte hatte aber bereits eine so große wirtschaftliche Bedeutung, daß dieser Umweg bei der Trassierung in Kauf genommen werden mußte.

Aus alten Grabsteinen wissen wir, daß die ansässige Bevölkerung überwiegend rätisch war, also von jenen Stämmen gestellt wurde, die Tirol und die Schweizer Berge bevölkerten, nicht von den Kelten Norikums. Die Räter hatten sich nicht in Salzburg, aber auf den Tiroler Pässen hartnäckig gegen die Römer gewehrt. Im Raum Salzburg aber fanden sie sich offensichtlich recht friedlich zu einer Interessengemeinschaft mit den illyrischen Bergwerks-Betreibern, der uralt-ansässigen Bergknappenbevölkerung zusammen. Da es allen gutging, da auf allen Straßen und auf der Salzach der Handel floß und Geld ins Land kam, vertrug man sich, es reichte für alle und schließlich auch noch für die Römer.

Sie zeigen sich in den Jahren um Christi Geburt in der Stadt und legen es nicht auf Konflikte an, sondern suchen sich eigene neue Wohnviertel, die sie natürlich erst erbauen müssen. Zwischen Salzach und Mönchsberg war es mittlerweile eng geworden, also baut man auf dem rechten Salzachufer, gemächlich aber stetig – bis zu Hadrians Zeiten, im 2. Jahrhundert, eine im ganzen ansehnliche Stadt zu Füßen des keltischen Oppidums entstanden ist.

Die Hauptstraße nach Augsburg, wie die Römer sie inzwischen gebaut hatten, läßt sich hier zum Teil recht gut erkennen, sie folgte nämlich der Kleßheimer Allee. Zu beiden Seiten dieser Straße waren die Gräber besonders häufig. Die Dörfer, in denen vor allem gegraben wurde, sind Liefering im Norden und Siezenheim im Süden der Römerstraße, und beide sind schon sehr früh urkundlich erwähnt, so daß man annehmen darf, die Straße, die ihnen das Leben gab, hätte sie auch am Leben erhalten, als Salzburg selbst schon wiederholt überfallen und geplündert worden war.

Im Park des Schlosses Kleßheim fanden sich zahlreiche Skelettgräber aus dem vierten Jahrhundert, also aus einer Epoche, da das Römerreich andernorts schon ernsthaft bedroht war, der Donau-Limes jedoch noch hielt. Älter sind Brand- und Skelettgräber an der Straße von Siezenheim nach Wals, die im Zuge von Kasernenbauten 1951 entdeckt wurden. Die Grabbeigaben, unter anderem schöne Bronzefibeln ähnlich den Funden vom Bad Reichenhaller Römerfriedhof, gestatten eine Datierung auf die ältere Kaiserzeit, also etwa das Jahrhundert Hadrians. Damals wurde offenbar eine Nebenstraße von der Hauptader weg über den Walserberg geführt, der heute die Autobahnzollstation trägt. Die Verknotung der Straßen nach Nordosten in Richtung Wals und nach Südosten in Richtung Kuchl erfolgte somit etwa dort, wo auch heute der große Autobahnknoten westlich von Salzburg den Verkehr aufteilt.

Römerfunde im Raum Liefering, also dem Dorf nördlich der Römerstraße, klären und erläutern die Grabfunde von Kleßheim, denn es handelt sich hier zum Teil um Münzen aus der Zeit Octavians, also aus der ersten Eroberungsphase der Römer im Alpenraum. Weiters kamen Scherben südfranzösischer Keramik zutage, wie sie in den Regierungszeiten des Kaisers Claudius und in den Folgejahren bis Vespasian hergestellt wurde, dazu aus Italien stammende Keramik der gleichen Epoche; die Handelsstadt Salzburg importierte damals also selbst Gegenstände des täglichen Bedarfs und hatte wohl noch keine Handwerker, die den Geschmack der verwöhnten Römer trafen. Schon in der zweiten Hälfte des ersten Jahrhunderts erhob sich in Liefering ein großer römischer Gutshof, eine sogenannte Villa. Eines der Lieferinger Gräber lag hart westlich der früheren Reichsstraße München-Salzburg; ihr heutiger Verlauf ist durch die Lieferinger Zaunergasse gegeben, deren Trasse später für die Eisenbahn genützt wurde. (Die Zaunergasse liegt unmittelbar südlich der Eisenbahnführung Salzburg-Freilassing-München.) Ein paar hundert Meter weiter westlich, dort, wo die römische Hauptstraße (heute Kleßheimer Allee) verlief, lag ein Urnengrab aus dem zweiten Jahrhundert. Die Urne war aus Untersberger Marmor gefertigt. Den weiteren Verlauf der Römerstraße kennzeichnet ein Grab aus der späteren Kaiserzeit unweit der Saalach-Brücke, also zwischen Zaunergasse und Kleßheimer Allee. Das 1961 bekanntgewordene Grab birgt unter anderem ein kleines, bauchiges Tongefäß, in das ein Glückwunsch handschriftlich eingeritzt ist: *Bene valeat Marianus,* also etwa: wohl bekomm's, Marianus.

Am interessantesten aber ist der Walsberg oder Walserberg selbst, über den heute täglich Tausende von Autos rollen, ohne daß irgendeiner der Fahrer daran denkt, eine alte Verkehrspforte zu benützen. Zwischen Wals und dem Salzburger Flughafen erstreckte sich ein großes römisches Gräberfeld, es gab eine römische Ziegelei und 300 Meter vor dem Abfertigungsgebäude des Flughafens eine prachtvolle römische Villa, deren Mosaikfußboden die Theseussage als Motiv hatte (zum Teil im Wiener Kunsthistorischen Museum). Das Dorf Wals wurde noch in karolingischen Zeiten, um 790, in einer Urkunde als *Vicus Romaniscus* bezeichnet, woraus man schließen darf, daß sich dort eine romanisierte Bevölkerung länger gehalten hat als in der Stadt Salzburg selbst.

Wo die Römerstraße aus Pannonien nach Salzburg hineinführte, verraten uns zahlreiche Funde aus dem heutigen Vorort Gnigl und aus dem Raum Schallmoos, also im nordöstlichen Salzburgischen Stadtbereich. Römische Grabsteine aus Schloß Neuhaus (zwischen Gnigl und Parsch), römische Brandgräber und zahlreiche Ziegel mit römischen Stempeln lassen erkennen, daß die alte Linzer Bundesstraße der römischen Reichsstraße Erster Ordnung von Juvavum nach Ovilava folgte (auf der Autobahn passieren wir diese Gegend bei der Autobahnstation Kasern; kurz vor der Ausfahrt Wallersee führt die Römerstraße unter der Autobahn hindurch und verläuft fortan nördlich von ihr).

Da sich die Tallandschaften im Süden der Stadt schnell verengen und dann in die eigentlichen Gebirge hinein verzweigen, bot sich für die römische Landwirtschaft und für den Hang zum Landleben nur der sogenannte Flachgau an, jene Landschaft zwischen der großen Straße und der Seenplatte, die heute zwar von einigen Kennern aufgesucht wird, im Fremdenverkehr aber noch eine vergleichsweise geringe Rolle spielt. Die Salzburger Bodenforschung hat hier, im ganzen Bereich bis nach Mattsee, reiche Römerfunde festgestellt und sichere Hinweise auf römische Gutshöfe und Villen schon aus der ersten Siedlungsphase vor 100 nach Christus gewonnen.

Das gemeinsame Glück der Salzburger Vielvölkermischung währte immerhin fast fünfhundert Jahre, eine erstaunliche, ja eigentlich einzigartige zeitliche Erstreckung. Wann je war einer Stadt im Herzen Europas ein Halbjahrtausend friedlicher Entwicklung gegönnt, einer Stadt zudem, die am Schnittpunkt so wichtiger Verkehrslinien lag!

Vielleicht wäre das Unheil schon früher über sie hereingebrochen, hätte nicht Severin mit seiner großen Autorität die räuberischen Heruler immer wieder besänftigt, mit ihnen Verträge und Abmachungen über Umsiedlungen von Bevölkerungsteilen und Arbeitskräften getroffen und immer wieder nur Außenbastionen preisgegeben.

Als der Druck zu stark wurde, als auch er keinen Aufschub mehr erlangen und auch sonst keine Rettung herbeizaubern konnte, warnte er die Salzburger. Die Stadt war groß und reich und nach dem Abzug der Legionen unverteidigt. Aber das Händlervolk, das stets gut gelebt hatte, vermochte an sein Unheil, an die bevorstehende Vernichtung wohl nicht zu glauben, obwohl man sich in Kuchl inzwischen schon auf das Ärgste gefaßt gemacht, obwohl man im nahen Passau schon Schlimmes erlebt hatte.

»In dieser Nacht« (des Jahres 477) »machten die Heruler unerwartet einen Überfall, verwüsteten die Stadt Juvavum und führten die meisten (Einwohner) in die Gefangenschaft weg. Den Presbyter jedoch (den Ortspriester im Rang eines Bischofs) hängten sie an einem Galgen auf. Als dies bekannt wurde, war der Knecht Gottes (der heilige Severin) tief betrübt darüber, daß man sich um seine rechtzeitigen Warnungen nicht gekümmert habe.«

Es war ein Schicksal, wie es in diesen Jahren eine Stadt nach der anderen ereilte; in Salzburg aber blieben ausgedehnte Ruinen zurück, eine Geisterstadt geradezu, die für mehr als zweihundert Jahre verstummt, obwohl man mit Sicherheit weiß, daß sie weiterhin bewohnt wurde, in erster Linie von den verschonten romanisierten Zivilisten, Nachfahren aus Salzburgs römischer Epoche.

In dieser Zeit erfüllten die Straßen in Ufernorikum die traurigste ihrer Funktionen: sie mußten endlose Flüchtlingstrecks aufnehmen. Die Germanenfürsten der älteren Generation waren teils tot, teils entmachtet; die Väter, die Severin noch gekannt hatten, als er nicht Priester gewesen war, als er eine offenbar hohe Funktion ausübte, hatten gegenüber ihren beutegierigen und aggressiven Söhnen nicht mehr allzuviel zu sagen. Als die sonst so kriegerischen Alamannen Passau erreichten, hatte Severin dem alten Gibold noch einmal ins Gewissen reden können (»mit so fester Entschlossenheit«, sagt Eugippius, »daß dieser vor ihm ganz heftig zu zittern anfing«). Ob es nun der Christengott war, den Gibold fürchtete, oder das Schemen des furchtbaren Attila, das hinter Severin noch einmal sichtbar wurde, Passau jedenfalls erhielt eine Gnadenfrist, und Severin drillte die Bürger zur Bürgerwehr, teilte Wachen ein, ermahnte auch die Priester der Stadt, den Widerstandsgeist zu stärken. Aber gerade die Gottesmänner sahen nicht ein, wozu soviel innere und äußere Aufrüstung gut sein sollte; sie ersehnten den Abzug des unbequemen Heiligen und lagen darum bald darauf ebenso erschlagen in den Gassen der Stadt wie die Bürger. Die Überlebenden wanderten auf der Limesstraße nach Südosten oder retteten sich in Boote, wenn man auch annehmen muß, daß die Angreifer die Donau-ufer längst in ihren Besitz gebracht hatten.

Wir wissen, daß die Neuordnung in Italien, wie Odoaker (ca. 430-493) sie getroffen hatte, die Neuverteilung von Ackerland an die Soldaten, in den Garnisonen am Limes für Unruhe gesorgt hatte. Keiner wollte gegen Alamannen oder Rugier oder Heruler fallen, während zu Hause längst Frieden herrschte und die Soldaten endlich ihren Lohn empfingen (eben darum hatten sie ja einige Jahre zuvor diesen Hunnensproß auf den Schild erhoben und zum König gemacht). In den siebziger Jahren des fünften Jahrhunderts setzte damit die Rückwanderung der Legionen und Auxiliartruppen nach dem Süden ein, vermutlich schon vor dem Befehl Odoakers. Kastelle, Burgen, Straßenstationen und Posthaltereien verwaisten, und nur die Straßen selbst, die man ja nicht aus dem Boden reißen konnte, blieben zurück – und der heilige Severin.

Er hatte Stadtmauern, um die Seinen zu schützen, und er hatte die Straßen, um die verlassene, schutzlose und kampfunwillige Bevölkerung im Schutz der Mauern zusammenzuführen. Nirgends lesen wir, daß er sich bei diesen Aktionen auf die Christen beschränkte oder gar die Arianer ausnahm, die damals noch sehr zahlreichen Anhänger einer Spielart des Christentums, die an den menschlichen Charakter von Jesus Christus glaubten. Nirgends lesen wir auch, woher Severin all diese Kenntnisse kamen, die Organisation der Stadt-Verteidigung, die Marscheinteilung für Flüchtlingstrecks, die Errichtung von Versorgungslinien für die nun übervölkerten Fluchtburgen und Fluchtstädte. Das alles hatte er weder im Kloster gelernt noch in jener Wüstenexistenz, in der er angeblich meditierend verharrte und seine Berufung entdeckte. Als einen Mann, der vermutlich erst spät zum Christentum gestoßen war, packte ihn angesichts des großen Elends und der Todesgefahr ein durchaus irdischer Tatendrang. Er tröstete seine Schäflein nicht mit dem herrlichen Leben im Paradies, sondern rettete ihre sündige Existenz im Diesseits unter den Augen des alten Rugierkönigs Fewa, der nördlich der Donau saß, der keine Straßen und noch weniger Brücken zur Verfügung hatte und darum mit ein paar halbfreiwilligen Umsiedlern abgespeist werden konnte. Erst nachdem Severin die Augen geschlossen hat, wird Fewas ungebärdiger Sohn über die Donau nach Süden vorstoßen und seine Plünderungszüge bis unter die Mauern von Wien ausdehnen, gemeinsam mit einem kriegerischen Oheim, von dem wir sogar den Namen Ferduruchus kennen.

Über die römischen Alpenstraßen sind die Legionäre abgezogen, auf den Straßen im Voralpenland haben sich die Stadtbürger in Sicherheit gebracht, vermutlich dorthin, wo es keine Straßen mehr gab, in die Berge, denn es scheint, daß zwischen Salzburg und der Enns die Hinterland-Täler, häufig durch

Engstellen schwer passierbar, bis auf ein paar Köhler und Metallschürfer noch menschenleer und unwirtlich waren. Die Besiedlung der Alpen hat damit einen neuerlichen, wenn auch gewaltsamen Anstoß erhalten: je höher hinauf man flüchtet, desto sicherer darf man vor Schlächtern und Menschenräubern sein. Vieh wird mitgetrieben, Gerät mitgenommen, die Städte veröden zum Teil, weil zumindest die Alamannen deutlich bekundet haben, daß sie Städte unheimlich finden und nicht in ihnen zu leben wünschen. Das Volk der Städtegründer, dem man schon siebenhundert Jahre später alle ostelbischen Stadtgründungen zuschreiben wird, weiß mit diesen Keimzellen der Zivilisation zunächst noch wenig anzufangen.

Das große Schweigen ist beklemmend, regen sich doch gleichzeitig in Spanien und Frankreich und Italien die Federn und Griffel so vieler Kleriker. Gregor von Tours schreibt seine herrlichen Bücher voll unterhaltsam-bestürzender fränkischer Geschichten, Cassiodor verfaßt für seinen analphabetischen Herrn, den großen Theoderich, die kunstvollsten Briefe. Dort aber, wo das Nibelungenlied entstehen wird, die größte Dichtung des deutschen Mittelalters, schweigt alles, erfahren wir höchstens, daß ein Bischof im Greiner Strudel ertrunken sei.

Was in den vielen Straßen der Ebene zerfließt und ungreifbar wird, bewahren oft die schmalen Pfade der Berge oder auch die Stätten der letzten Ruhe. Hat man nicht im Frühsommer 1904 nahe beim Mallnitzer Tauernhaus in nicht weniger als 2400 Metern Höhe eine Münze des Keltenkönigs Ecritusirus gefunden, auf der sogar der uns beinahe vertraute Name seines Sohnes Gesatorix zu lesen stand? Besitzen wir nicht vom Biberg bei Saalfelden keltische Silbermünzen von Fürsten, die ganz ohne -ix schlicht Atta und Adnamatus hießen? Der Mallnitzer Tauernweg ist zur Römerzeit schon beinahe vergessen, weil die Legionäre bequemere Paßstraßen gebaut haben. Die Kelten aber gingen schon um 400 vor Christus vom späteren Wildbad Gastein über das Naßfeld in den Raum von Mallnitz und weiter hinunter ins Mölltal, das sie beim heutigen Obervellach erreichten. Karren konnten hier wohl nicht fahren, Menschen und Saumtiere aber vermochten zu passieren und einen Handel zu begründen, der mindestens tausend Jahre lang den Raum von Salzburg mit der Drau und damit dem Mittelmeer verband.

Dies alles schlief nun so tief wie die Christen von Kuchl, jene

Arianer, denen Severin so väterlich zugesprochen hatte und die in Gräbern ohne Beigaben uns immerhin sagen, daß sie keine Heiden mehr waren, sonst hätte man ihnen nämlich so allerlei für das Jenseits Brauchbares mitgegeben. Die Baiern, die um 600 in den Raum des alten Cucullis einzogen, dachten da wohl rationaler: sie nahmen Schmuck, Ölkännchen und Fibeln für die Lebenden, und die Toten grüßen neben verwaisten Straßen als christliche Gerippe.

Nächst den Gräbern im Straßen-Umfeld sind die Münzen die sichersten Beweise für die Nutzung der Wege. Den keltischen Tauriskern sagt schon der Grieche Polybios in einem verlorenen Buch nach, sie hätten sich von den Italikern, womit auch die Etrusker gemeint sein können, in der Kunst der bergmännischen Goldgewinnung unterweisen lassen, worauf dann der Goldpreis in Italien um ein Drittel gesunken sei. Als sie somit eine nennenswerte Produktion erreicht hatten, baten die Taurisker die Lehrmeister, zu verschwinden und lebten fortan allein und glücklich im Genuß des Tauerngoldes. (Zitat bei Strabo 4,6,12)

Diese wohl kaum zu bezweifelnde Nachricht beweist uns nicht nur das Funktionieren des freien Marktes schon in der Antike, sondern auch die Existenz vorrömischer Handelswege von beträchtlicher Leistungsfähigkeit im Alpenbereich. Der Handel schuf also die Wege vor den Legionären, und er hätte sie wohl auch nach den Legionären am Leben erhalten, wären die Jahrhunderte der bairischen Expansion, das siebente und das achte, nicht zu unruhig für Handelsgeschäfte und größere Transporte gewesen.

Überraschend ist, daß die neuen Bewohner der salzburgischen und oberösterreichischen Alpenregion, die Baiern oder Bajuvaren, in einem nicht ganz unwichtigen Punkt selbst hinter die Zeiten des Gesatorix zurückfallen: Sie haben keinen Sinn für Münzgeld. Zweihundert Jahre lang gibt es wohl Edelmetall als Zahlungsmittel, aber es wird auf die primitivste Weise gewogen und nicht zu Münzen ausgeprägt, und damit fallen für diese Zeiten unsere Wegweiser im Straßengrund, oft auch im Straßengraben, leider fort.

Im späteren achten und im neunten Jahrhundert kommt dafür dann aber die Überraschung, stellen sich Silbermünzen in großer Zahl an all den nun wieder häufiger frequentierten Römerstraßen und ihren Altstraßen-Fortsetzungen nach Norden ein. Sie sind zum Teil in Regensburg geprägt, wo die starken Befestigungen aus der Römerzeit den Stadtbürgern das Überleben auch gegen die wildesten Barbareneinfälle gestatteten, und sie stammen aus der neuen Münzstätte des Salzburger Erzbischofs Hartwig, dem Kaiser Otto III. in einem Privilegium vom 28. Mai 996, gegeben zu Rom, erlaubte, Münzen nach dem Vorbild der Regensburger zu prägen. Zugleich prägte er auch karolingische Denare aus beinahe reinem Silber, die damals beliebteste Scheidemünze, die in ganz Europa in Umlauf war.

»Somit war Silber«, schreibt Günther Probszt in einem Aufsatz zur Salzburger Münz- und Geldgeschichte, »zum gesamteuropäischen Währungsmetall geworden. Merkwürdigerweise aber gab es weit und breit kaum ein Silberbergwerk, dessen Produktion mit den riesigen Mengen von Denaren, die damals geschlagen wurden, in Einklang zu bringen gewesen wäre. Die Salzburger Bergwerke schlummerten noch, in Baiern gab es im Fichtelgebirge ein wenig Silber; der Rammelsberg im Harz wurde erst gegen Ende des 10. Jahrhunderts aktiv (bewirtschaftet) und (man) verwendete sein Silber in erster Linie für eine Massenausprägung in Goslar selbst.«

Die Lösung dieser Frage brachten wiederum die Handelsstraßen. Aus der geographischen Verteilung der Münzfunde ergab sich, daß all dies in Baiern und Salzburg geprägte Silbergeld gar keinem einheimischen Bedürfnis entsprach, war die lokale Wirtschaft doch nach dem Rückgang seit der Römerzeit noch nicht wieder erstarkt. Die Münzfunde bezeichneten hingegen den alten Bernsteinweg, die in Fortsetzung der pannonischen Römerstraßen nach Norden führenden Handelswege zwischen Oder und Weichsel als Hauptszene eines neuen geldintensiven Überlandverkehrs, der auch Westrußland, die Ostseeinseln, die baltischen Länder und Skandinavien mit einbezog.

Geldintensiver Handel bedeutet stets, daß eine Seite mehr liefert, als sie konsumiert, so daß die andere Seite mit Geld ausgleichen muß. Die Großkonsumenten waren die arabischen Fürstentümer im soeben eroberten Spanien. Der Eroberung war eine schnelle und überraschend intensive Blüte der von Arabern und Juden getragenen südspanischen Kultur und des Wirtschaftslebens gefolgt; der Bedarf an Hausgesinde wuchs plötzlich an, kurz: Das islamisch-jüdische Andalusien importierte Sklaven und Sklavinnen in großen Mengen aus den slawischen Ländern und von den Raubkriegern des Nordens, den Wikingern, ohne daß die Lieferanten der begehrten Ware nennenswerte Importe aus den arabischen Ländern tätigten. Um mit einer in Ost- und Nordeuropa gängigen Münze bezahlen zu können, ließen die Araber Silber aus Taschkent in Denare ausprägen, oder die Sklavenhändler selbst brachten ihre Dirhems zur Umprägung in die Münze von Salzburg. Es waren große Herren, die in Prag und Verdun bedeutende Umschlagplätze für ihre heiße (weil den christlichen Autoritäten suspekte) Ware unterhielten, und mindestens einer von ihnen, der jüdische Sklaven-Grossist Ibrahim Ibn al Jakub, wurde von Kaiser Otto dem Großen in Audienz empfangen.

Damit reisten auf den einzig vorhandenen, nämlich den halb verfallenen Römerstraßen, nun abermals Menschen in den Süden, und ihre Züge waren womöglich noch trauriger als die Flüchtlingstrecks aus den Jahren nach dem Ableben des heiligen Severin. Junge Männer und Mädchen aus den ostelbischen Slawenländern und aus der Wikinger-Kriegsbeute marschierten nach Süden und wurden teils in Venedig eingeschifft, der Handelsstadt, wo es auch Waffen für die Ungläubigen und sonst allerlei gab, was andere Städte schon nicht mehr durchließen, oder sie reisten die Rhône abwärts nach Marseille, wo seit alters ähnliche Freizügigkeit herrschte wie in der Lagunenstadt.

»Als dann in der zweiten Hälfte des elften Jahrhunderts im Zuge der fortschreitenden Christianisierung Osteuropas, aber nicht minder durch das Veto der Kirche der Sklavenhandel immer mehr zurückging, war ein schwerer Rückschlag des bairischen und des salzburgischen Münzbetriebes die natürliche Folge. Salzburg scheint die Münzprägung sogar für längere Zeit gänzlich eingestellt zu haben« (Probszt).

Prag, die von Ibrahim Ibn al Jakub beinahe hymnisch beschriebene, noch halb heidnische Haupthandelsstadt für Sklaven, war mit einem lachenden und einem weinenden Auge von diesem einträglichen Wirtschaftszweig abgerückt, als Przemysl Ottokar und andere christliche Fürsten, vor allem aber deren Frauen das Elend des Menschenhandels nicht mehr unter den Fenstern des Hradschin zu sehen wünschten; und den Bischöfen von Verdun, die am Sklavenumschlag gut verdient hatten, war von ihren Fürsten mehr als von der Kirche selbst auf die Finger geklopft worden. So kehrte Frieden ein; das Wehklagen auf den Straßen verstummte, und nach einigen Jahrzehnten, in denen nur die Bauern ihr Vieh über das Römerpflaster zu den Märkten trieben, waren es dann die Kreuzzugsheere, die auf den alten Straßen in den Südosten zogen.

DAS UNSICHTBARE NETZ

Nirgendwo in Europa werden uns die strategischen Überlegungen der Römer so bewundernswert klar wie in dem verhältnismäßig kleinen Zwickel, den sie sich aus Deutschland herausgeschnitten haben. Nicht die blinde Eroberungswut imponiert in der Geschichte, sondern die weise Selbstbescheidung des Überlegenen.

An diese Einsicht denkt man unwillkürlich, betrachtet man die Limeslinie der Römer, also ihre Grenzbefestigung im Schutz der zwei großen Ströme Donau und Rhein, die, soweit immer es möglich und tunlich war, als natürliche Grenzen genützt und als überblickbares, keine Deckung gewährendes Vorfeld der Kastelle in Anspruch genommen werden. Nur dort, wo die obere Donau ohnedies nur ein schmales Wässerchen ist und wo die enge Anlehnung an sie dem Gegner einen bösen Keil tief hinein ins römische Besatzungsgebiet gewährt hätte, nur dort, westlich von Regensburg bis zum Mainknie bei Miltenberg, verläuft die Befestigungsanlage auf den Höhen, mit einer Nordwendung beim württembergischen Lorch und einer Auffangstellung zwischen Neckar und Main. Und ganz so, als vertrauten die Römer den mächtigen Strömen mehr als selbst diesen streckenweise doppelten Befestigungslinien, führen sie ihre Hauptstraßen, wo immer es geht, auf der geschützten Seite, am südlichen oder westlichen Ufer der Ströme hin: Nachdem die von Regensburg nach Westen ziehende Haupt-Heerstraße kurze Zeit, um den Limes zu versorgen, am Donau-Nordufer verläuft, wechselt sie die Stromseite – obwohl das gewiß Verkehrsprobleme schuf. Dort verläuft sie dann hart westlich Neuburg an der Donau über Aislingen und Günzburg beinahe bis zu den Donauquellen am Südufer verbleibend, bis nach Hüfingen, wo die Straße nach Süden knickt und auf das Legionslager Vindonissa im Aare-Rhein-Winkel zuhält.

Die Baiern sind jener deutsche Stammesverband, der mit den Römern am wenigsten zu tun hatte, und man sieht es ihnen heute noch an. Woher immer sie kamen, als sie in ihren heutigen Lebensraum einströmten – die Römer jedenfalls waren bereits abgezogen, und wenn der Limeswall auch noch gut sichtbar war, weil man ihn ja nicht wegtragen konnte, so hatten die ersten Priester der christlich gewordenen Baiern für diese Relikte aus einer heidnischen Vergangenheit doch keine andere Bezeichnung als Teufelsmauer. Das Römertum war verteufelt und blieb es mehr als tausend Jahre lang. Dann kam, tausend Jahre nach jenen ersten Priestern, deren entsetzliche Unbildung auch ein Bonifatius beklagt hatte, der Pfarrer Christoph Wägemann aus Gunzenhausen (1666-1713); er griff in dieser bayrischen Limesstadt die Anregungen auf, die ihm seine nächste Umgebung, die Zufallsfunde und die sichtbaren Reste lieferten. In Christian Ernst Hanßelmann (1699-1775) fand er dann einen Vollender seiner Arbeiten und den ersten erfolgreichen Limesforscher. Es waren auch später Pfarrer und Schulmänner der Limesorte und der aus Limes-Kastellen erwachsenen Städte wie Weißenburg, Eichstätt, Gnotzheim und anderen, die vor allem die Lokalforschung vorantrieben, so daß schließlich ein Rektor namens Döderlein die revolutionierende Feststellung wagen konnte, all diese auf den Feldern herumliegenden Steine, all diese noch stehenden oder erkennbaren endlosen Mauerreste und -strecken seien keineswegs vom Teufel erbaut worden, sondern von den Römern. Das Landvolk ließ sich freilich nicht beirren, weswegen wir noch heute westlich von Regensburg auf eine Teufelsmauer nach der anderen treffen; aber die Herren, die Latein sprachen und lehrten, die Pfarrer und Gymnasiallehrer, nahmen nach und nach doch die Chance wahr, ihren Schülern ein Stück greifbares Altertum selbst in Bayern vor Augen zu führen.

Heute ist der Limes von seinem Beginn an der Altmühleinmündung westwärts in seinem ganzen Verlauf bis nach Hessen erforscht und in genauen Karten festgehalten, deren letzte und deutlichste der Konrad-Theiss-Verlag in Stuttgart seinem Limes-Wanderbuch beigegeben hat. Sie zeigt allerdings nicht die Straßen, ohne die der Limes sehr bald überrannt gewesen wäre, aber wir wissen ja inzwischen, mit welch deutlich militärischem Primat die Römer ihre Straßen erbauten: Mochten die Kaufleute sich mit Saumtieren und hochrädrigen Karren über Stock und Stein mühen – für die Legionen und ihre Versorgung, für die Offiziere und Beamten waren die besten Straßen gerade gut genug. Freilich verschwinden auch solide Straßen im Lauf der Jahrhunderte und Jahrtausende, und das vor allem dort, wo die Menschen so dicht beisammen leben wie in der heutigen Bundesrepublik. Darum ist die Limes-Zone, die zum

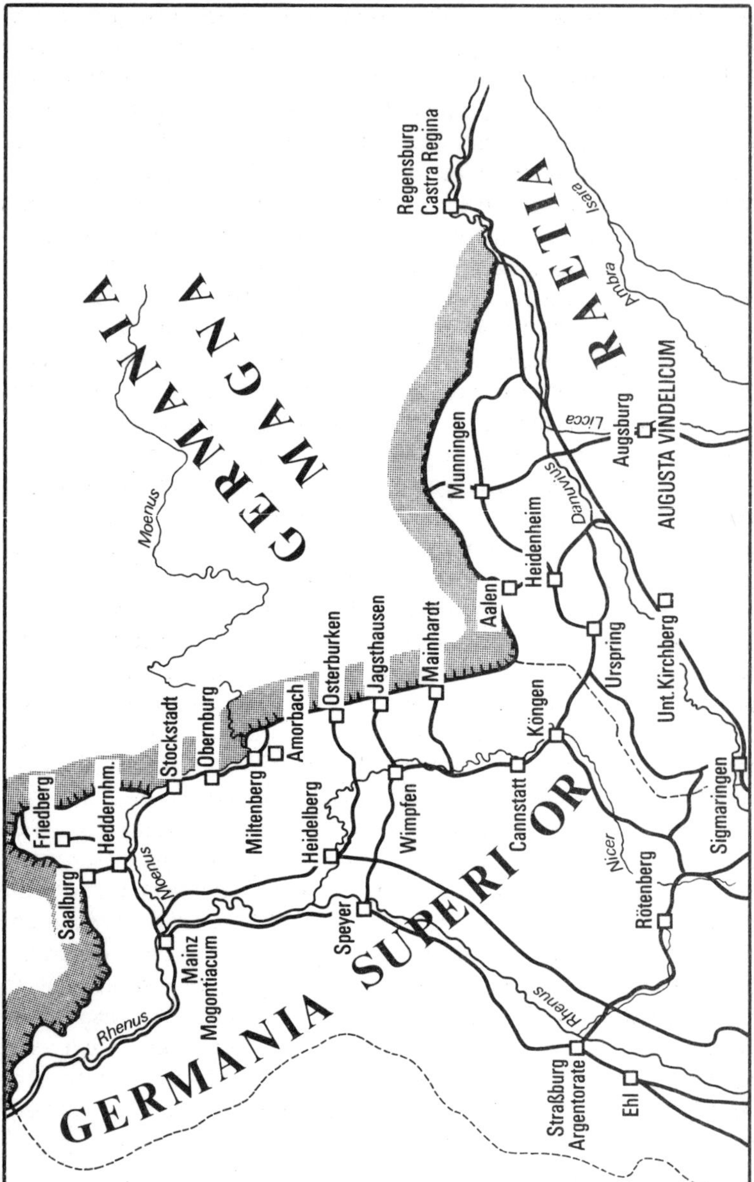
GERMANIA MAGNA
GERMANIA SUPERIOR
RAETIA
Moenus
Rhenus
Danuvius
Nicer
Licca
Ambra
Isara
Friedberg
Saalburg
Heddernhm.
Mainz
Mogontiacum
Stockstadt
Obernburg
Miltenberg
Amorbach
Heidelberg
Speyer
Osterburken
Jagsthausen
Wimpfen
Mainhardt
Cannstatt
Köngen
Aalen
Heidenheim
Munningen
Urspring
Unt. Kirchberg
Regensburg
Castra Regina
Augsburg
AUGUSTA VINDELICUM
Sigmaringen
Rötenberg
Straßburg
Argentorate
Ehl

Teil unter Naturschutz steht, auch für den Straßensucher ein günstiges Gelände. Die großen Fernstraßen liefen naturgemäß nicht den Limes entlang, sondern auf ihn zu. Die eine begann ihren bayrischen Weg unweit Brigantium (Bregenz), überquerte die Iller und erreichte den Lech bei Epfach. Lechabwärts führte sie dann nach Augsburg, dem römischen Zentrum des gesamten Voralpenlandes. Bei Cambodunum (Kempten) zweigte von dieser Hauptstraße eine Abkürzungsroute diagonal nach Augsburg. Die zweite Haupt- und Fernstraße kam von Osten her, von Salzburg über Rosenheim, wobei der Chiemsee nicht südlich umgangen wurde wie von der heutigen Autobahn, sondern im Norden, was wohl für die Salzachschiffahrt günstiger war. Über Gauting und Schöngeising wurde der Raum der späteren Großstadt München umgangen und ebenfalls Augsburg erreicht.

Nördlich von Augsburg war die gesamte Donaustrecke durch eine am Südufer geführte gut ausgebaute Straße erschlossen, eine Straße also, die der Strom selbst gegen jene Germanen-Angriffe schützte, die es geschafft hatten, den Limes zu durchbrechen. Die Limeslinie war der Donau in einer Distanz von 0 bis 55 Kilometern vorgelagert, das heißt, die imposante Mauer mit ihren Befestigungen begann an der Donau selbst und entfernte sich dann im Neckargebiet von ihr. Das Mündungsgebiet der Altmühl, wo der Limes seinen Ursprung nimmt, ist frühgeschichtlich hoch interessant. Es war ein Gebiet, in dem schon zu keltischer Zeit Erz gewonnen wurde. Wenige Kilometer westlich von Kelheim fand man ein keltisches Erzgrubenfeld, in der Nähe auch Keltenwälle. Hier, am Südrand des heutigen Hienheimer Forstes, verläuft die Limesmauer senkrecht zur an dieser Stelle südnördlich fließenden Donau und wendet sich über Laimerstadt, Hagenhill, Sandersdorf, Denkendorf, Kipfenberg und Erkertshofen zunächst nach Westen, bald aber nach Westnordwest. Westlich von Gunzenhausen, beim Hesselberg, nimmt der Limes wieder einen westlichen Verlauf, ehe er nach Süden abknickt, von Aalen bis zum württembergischen Lorch südsüdwestlich dahinzieht und erst bei Lorch dann die Nordrichtung zum Schutz des Neckargebietes einschlägt.

Hier, im Etappenfeld der langen, von einem halben Hundert Wachttürmen, Kleinkastellen und Kastellen verstärkten Befestigungslinie, ist ein dichtes Netz von Versorgungsstraßen entstanden, von dem freilich nicht allzuviel sichtbar geblieben ist. Aus der Luft sieht man beinahe noch mehr als mit der Nase an der Erde, wie uns ein Luftbild der Römerstraße zeigt, die schnurgerade zwischen den Dörfern Kösching und Pförring (am Limes-Ostende) verlief und noch heute fruchtbare Fluren so sicher teilt wie ein ferngelenkter Pflug.

Von den vielen Türmen sind im Raum Steinsdorf-Sandersdorf noch zwei zu erkennen, ein weiterer einen Kilometer ostsüdöstlich von dem Dorf Zandt und gleich zwei römische Erinnerungsmale an der Autobahnausfahrt Denkendorf: eine Römersäule und ein Turmrest am Nordzubringer. Weitere Türme stehen im Antoniholz östlich von Erkertshofen und sieben Kilometer westlich von Petersbuch, wo der Limes seine leichte Nordwestwendung macht. Das kundige Auge wird an der mauer-verdächtigen Beschaffenheit des Bodens und an gewissen, allerdings aus der Luft leichter zu erkennenden Verfärbungen dem Limes folgen können, auch wenn im Lauf der eineinhalb Jahrtausende seine Steine für zahllose Bauernhäuser und Brücken genutzt wurden, ehe dann in Gunzenhausen selbst, zwischen Stadt und Lindenhof, die Römertürme gar neben einem Bismarckturm zu stehen kamen.

Die Limes-Versorgungsstraßen sind leider nicht so gut zu erkennen, wenn man auch aus vereinzelten Bodenfunden und aus Schriftquellen weiß, wo sie verliefen. Die eine, östlichere, stieß auf den Limes gleich dort, wo er begann, und entstand wohl im Zuge der ausgedehnten Erd- und Befestigungsarbeiten, die dieses gewaltige Verteidigungswerk notwendig machte. Sie führte vom Dorf Eining, das damals den schönen Namen Abusina trug, über Pförring (Celeusum) nach Germanicum (Kösching) zu einer Zivilstadt namens Scuttarensium, die ohne Siedlungsfolge geblieben ist, vermutlich, weil sie unbefestigt war. Im weiteren Verlauf erreichte diese Straße Heidenheim, das verwirrenderweise Aquileia hieß, wie die berühmtere Adriastadt, und führte weiter nach Ala (Aalen) in Württemberg. Spuren einer zweiten, später erbauten Straße finden sich bei dem Kastellort Pfünz (an der Altmühl östlich von Eichstätt). Sie zog sich von dort in nordwestlicher Richtung gerade durch das Eimoldsholz auf Preith zu und ist nördlich des Altmühl-Hochufers streckenweise zu verfolgen.

Es ist diese Straße, die dann Weißenburg in einem weiten Bogen von Osten her erreicht: Sie begleitet den Limes westlich zwischen den Hügeln Steinbuck und Wildhau und macht bei einer noch erkennbaren Römerschanze unmittelbar nordwestlich der Landstraße nach Burgsalach einen leichten Westknick, der sie von der heutigen Landstraße, mit der sie mehr als einen Kilometer gemeinsam hat, wieder trennt. Die Römerstraße zieht dann durch freies Feld genau auf Weißenburg zu, das damals Biriciana hieß, und verschwindet bei einer Gebäudegruppe, die heute den Namen Ziegelstadel trägt.

In dem Maß, in dem die Macht der römischen Kaiser nachließ oder in Bürgerkriegen verfiel, erwies sich freilich auch dieses in seiner geographischen Linienführung so überzeugende System als verwundbar, kann doch die beste Festung nicht besser sein als ihre Besatzungen. Bezeichnenderweise forderte gerade das Limesknie zwischen Donau und Main die heftigsten Angriffe heraus, als spürten auch die Germanen, daß hier eine willkürliche, nicht durch einen Flußlauf gestützte Grenzlinie durchs Land gezogen worden war. Nach einer langen Phase, in der sich die Angriffe etwa alle fünf Jahre wiederholten, aber immer wieder abgewiesen werden konnten, wurde 259/60 endlich der Limes in einem gewaltigen Ansturm durchbrochen, und zwar durch einen Kampfbund aus Sueben, Mainfranken und Juthungen, der – durch Erfolge und Niederlagen zusammengeschweißt – fortan als Alamannen bezeichnet wird und Rom zu den größten militärischen Anstrengungen zwingt. Die Angreifer konnten zwar aus Norditalien wieder vertrieben werden, aber sie setzten sich in den kaum zugänglichen Vogesen fest. Von hier aus lieferten sie den Römern schwere Kämpfe bei Straßburg (357), bei Chalons-sur-Marne (368) und bei Colmar (378), also in Intervallen von etwa zehn Jahren.

Bei diesen Kämpfen erwies sich, daß die linksufrigen Rheinstraßen gegen die in den Vogesen unangreifbaren Alamannen nicht zu verteidigen waren, so daß eine Hauptnachschublinie der Römer an den Niederrhein aufs äußerste gefährdet war, ja zeitweise völlig ausfiel. Die Römer bedienten sich gegen diesen schwierigsten Gegner zwar ihrer besten Hilfstruppen – der Hunnen, die für Gold gegen alles und jeden kämpften –, aber während die Hunnen die unruhigen Burgunder am Niederrhein in zwei Feldzügen völlig zerschlugen, flößten ihnen die Alamannen so nachhaltigen Respekt ein, daß Attila auf seinem großen Frankreichzug die Vogesen im Norden und Süden umging.

Die Alamannen waren also durchaus keine gemütlichen Nachbarn, und seit man in Baden-Württemberg römische Villen ausgegraben hat, deren Bewohner und Gesinde und von den Alamannen offenbar nicht nur phantasievoll gefoltert, sondern anschließend auch noch verzehrt wurden, kann man eigentlich nur noch hoffen, daß dieser wilde Kampfverband aus den räuberischen Elementen anderer Germanenstämme die Ausnahme bildete und sich in den grünen Vogesen schließlich zu einem erträglichen Volk sänftigte. Soviel sie aber auch brannten und mordeten, so ließen sie die Straßen doch im Boden liegen und tasteten sie nicht an, obwohl sie sich in den Städten ganz und gar nicht wohl fühlten, sondern lieber auf großen Bauernwirtschaften lebten. Selbst einer ihrer wütendsten Gegner, der mit größter Grausamkeit gegen sie kämpfende Kaiser Julian, bestätigt ihnen außerordentliches Geschick in der Landwirtschaft und in der Organisation dörflichen Lebens.

Ammianus Marcellinus berichtet von einem Unternehmen, das Kaiser Julian mit Hilfe von achthundert Booten über den Main hinweg ins heutige Hessen hinein trug, ein Vorstoß ins Hinterland des schon geschlagenen Feindes, der sich in den dichten Spessartwäldern offenbar sicher wähnte, weil die Römer hier auf ihre gewohnten Straßen und Depots verzichten mußten:

»Durch den plötzlichen Angriff der zu Schiff herangeholten Truppen in Angst versetzt, konnten die Alamannen dennoch infolge ihrer Ortskenntnisse schnell eine Möglichkeit zum Entkommen finden. Ihr Abzug gab unseren Leuten den Weg frei, und so plünderten sie die Gehöfte mit ihren reichen Rinderbeständen(!) und Vorräten an Feldfrüchten, ohne ein einziges zu schonen. Dabei befreiten sie auch Gefangene. Sämtliche Wohnhäuser aber, die nach römischer Bauweise sehr sorgfältig errichtet waren, wurden angezündet und niedergebrannt. Nachdem Julian etwa zehn Meilen weitermarschiert war, kam er in die Nähe eines finsteren, schrecklichen Waldes und blieb dort lange Zeit zögernd stehen; ein Überläufer hatte ihn nämlich davon unterrichtet, daß an gewissen verborgenen, unterirdischen Plätzen und in einem weitverästelten Grabensystem eine große Menge von Feinden versteckt sei, die bei günstiger

Gelegenheit hervorbrechen wollten. Gleichwohl waren aber unsere sämtlichen Leute mutig genug, voll Selbstvertrauen dicht an den Wald heranzugehen. Sie fanden aber die Pfade von gefällten Eichen, Eschen und riesigen Tannen bedeckt, weshalb sie sich vorsichtig zurückzogen; denn sie hätten, wie sie mit Erbitterung feststellten, nur auf langen und beschwerlichen Umwegen ihren Vormarsch fortsetzen können.«

Die Stelle ist ziemlich bezeichnend. Dreihundert Jahre nach der ersten Berührung der Römer mit den Germanen haben diese Dauergegner voneinander allerlei angenommen. Die Alamannen bauen die Gehöfte, zumindest die der Oberschicht, nach römischem Muster und mit einigem Komfort, und sie haben in ihrem Gebiet nicht nur Wege gebahnt, breit genug für den Vormarsch einer römischen Armee, sondern verfügen auch über ein tief gestaffeltes Verteidigungssystem mit unterirdischen Depots und verdeckten Laufgräben, das heißt, sie bereiten sich in ihren Erdbefestigungen darauf vor, einen Gegner zu empfangen, der durch Marschhindernisse leicht zu irritieren ist. Dreihundertfünfzig Jahre nach der denkwürdigen Schlacht im Teutoburger Wald sind die Römer noch immer voll wohlbegründeter Hemmungen, wenn sie in ein Waldgebiet eindringen sollen. An die lichten Höhen ihres heimatlichen Italien, an die Täler und Straßen einst trockenen, sonnenbeschienenen Landes gewöhnt, zaudern sie am Rand der feuchten mitteldeutschen Wälder und es bedarf ermunternder Ansprachen ihres Kaisers, um sie, die auf der Westseite des Limes so tapfer gekämpft haben, zum Überschreiten des Mains zu veranlassen. Es ist, als schwebe mahnend und warnend der Geist des unglücklichen Varus über ihnen.

Landschaften können den Verlauf der Geschichte beeinflussen; wir kennen schmale, fjordähnliche Einschnitte in den Küsten Dalmatiens und Kilikiens, in denen sich die Seeräuberei ortsfest länger als zweitausend Jahre gehalten hat, und wir können durch die deutsche Kriminalgeschichte hindurch, anhand alter Flugblätter und Moritaten, verfolgen, wie in den Wäldern nördlich des Mains Banden und einzelne Übeltäter nisteten, seit karolingischen Zeiten bis an die Schwelle des Maschinenzeitalters. Die Alamannen und ihre germanischen Verbündeten hatten sich die besondere Natur dieses Wald- und Hügellandes zunutze gemacht und sich erfolgreich gegen die

Römer gewehrt, ja nicht nur das: nirgends sonst in Deutschland hatten die Römer gegen ihren unheimlichen Feind so aufwendige Verteidigungsbemühungen unternommen, so dichte Reihen von Legionslagern und Kastellen für Hilfstruppen errichtet wie gerade hier.

Es ist auch noch einiges davon zu sehen, denn während der große Wald kaum Spuren bewahrte von jenen Grabensystemen und den Wegen, die von Bäumen gesperrt wurden, sind die Römerbauten im Vorland und diesseits des Mains zum größten Teil solide erstellt und durch Mauern und Gräben auch gegen ausdauernde Angreifer gerüstet. Für die Verbindung zwischen diesen Festungen, die lebenswichtig werden konnten, aber auch für den Nachschub aus dem Hinterland sorgte ein hier zwischen Main, Neckar und Rhein relativ dichtes Netz von Straßen, das von altgedienten Legionären, die man nur noch in der Etappe beschäftigte, und von Veteranen instandgehalten wurde. Da diese Tätigkeit als eine Vergünstigung (Benefiz) galt im Vergleich zur Leistung der Kampftruppen, die gegen die Germanen ja keinen leichten Stand hatten, nannte man diese Straßendienst-Soldaten *beneficiarii*. Von einigen ihrer Lager wissen wir den genauen Standort durch Votivsteine, so von einem Lager bei Stockstadt unweit des heutigen Frankfurter Kreuzes und bei Obernburg am Main. Einer dieser Weihesteine hat eine Höhe von 126 Zentimetern und trägt eine Inschrift, die deutsch besagt:

»Dem sehr großen und sehr guten Iuppiter, der Königin Juno und dem örtlichen Genius hat C. Iul. Servandus, *beneficiarius consularis,* der VIII. augustäischen Legion dieses Denkmal gesetzt, am 15. Juli während des Konsulats des Albinus und Aemilianus.«

Das waren die Jahre zwischen 206 und 227, in denen die Straßenbau-Bemühungen gerade nördlich der Alpen außerordentlich intensiviert wurden, und es waren die ersten Jahrzehnte eines Jahrhunderts, in dem Rom erfahren mußte, mit welcher Urgewalt die germanischen Stämme auch gegen solide gebaute und tiefgestaffelte Befestigungssysteme anrannten. Zum ersten Mal reichten die Besatzungstruppen zur Deckung der gefährdeten Abschnitte nicht mehr aus, und die Straßen gewannen eine ungeahnte Bedeutung. Da es unmöglich war, Waldgebiete so zu beobachten wie zum Beispiel die Aufmarschräume der Quaden und Markomannen am nördlichen

Donau-Ufer, stand für die Abwehr eines Alamannen-Überfalls stets nur ein geringer Zeitraum zur Verfügung. Schnell lassen sich Truppenteile jedoch nur bewegen und an einen anderen Einsatzort bringen, wenn ausgezeichnete Straßen zur Verfügung stehen. Darum hatte der uns sonst unbekannte Beneficarius namens Servandus gerade in dieser Zeit zweifellos eine Menge zu tun und eine sehr verantwortungsvolle Aufgabe. Die hier zwischen Main und Rhein angelegten Straßen waren besonders leistungsfähig und so gut ausgebaut, daß wir noch heute, ohne es zu wissen, auf einer von ihnen dahinfahren, Tausende von Automobilen täglich: Fährt man von Höchst aus auf die Autobahn Frankfurt am Main – Wiesbaden, so hat man bei der Auffahrt, im Raum der Tankstelle, etwa die Mitte jenes schnurgeraden Stückes erreicht, auf dem diese moderne Autostraße genau auf der Römerstraße verläuft. Sie ist zwischen den Auffahrten Frankfurt/Zeilsheim und dem Autobahnknoten bei Rödelheim etwa acht Kilometer lang und ist im Grunde genommen niemals vergessen worden, seit die Römer sie als wichtigste und leistungsfähigste Nachschubstraße erbauten, um einen besonders gefährdeten Abschnitt des Limes im Notfall mit Schnelltransporten von Truppen und Gerät versorgen zu können.

In Römerzeiten kam diese Straße aus Mainz über eine Rheinbrücke auf den Frankfurter Raum zu und endete im hessischen Friedberg, das damals ein Kastell mit Hilfstruppen war und in der Mitte eines ganzen Kranzes von Befestigungen lag. Sie bildeten einen wohlbewehrten Brückenkopf nördlich des Mains mit dem Kastell Arnsburg am Limes als nördlichstem Punkt. Eine der sich hier am Ende der Fernstraße verzweigenden römischen Militärstraßen verlief auf einigen Kilometern unter der heutigen B 3 südwestlich von Butzbach, eine Stadtumgebung, in der es alles gibt vom Hunnenfriedhof bis zum Hünengrab und römischen Denkmälern. Alles, was über Butzbach und Friedberg in der Römerzeit zu sagen ist (und noch viel mehr) ist seit wenigen Jahren leicht zugänglich in dem vorbildlich ausgestatteten Werk *Die Römer in Hessen*, von Dietwulf Baatz und Fritz-Rudolf Herrmann in Stuttgart herausgegeben. Es faßt alle Einzelforschungen wohlgeordnet zusammen. Deren gab es in einem so dicht besiedelten Gebiet wie dem Frankfurter Raum natürlich nicht wenige, und es grenzt an ein Wunder, was man alles noch ermitteln konnte.

Das Römerkastell lag nördlich, das heißt am Nordrand des heutigen Butzbach, und zwar in besonders wichtiger Position, denn hier führte einer der ganz wenigen Wege durch den Limes hinaus ins freie Germanien, eine uralte Fernhandelsroute...

Wir stehen also am Nordausgang von Butzbach an einer Art Checkpoint Charlie des Altertums; die Gegend ist noch immer nicht ganz geheuer, eine mächtige Strafvollzugsanstalt schiebt ihre hohen Mauern gegen das einstige römische Lagerdorf vor, und vom eigentlichen Kastell wurden naturgemäß vor allem die mächtigsten Reste ausgegraben, die so gut wie unzerstörbaren Fundamente der Tore. Das östliche wurde an der B 3 angeschnitten und unter ihr begraben, das westliche, nach römischem Grundsatz die *porta principalis sinistra*, ist inzwischen wieder sichtbar geworden. Der Legionär blickte nicht heimwärts nach Italien, sondern nach Norden, wo das noch zu erobernde Land lag, und da war das Westtor dann eben das linke.

Wie an der Donau waren auch hier die eigentlichen Kriegszeiten die Ausnahme. Man war zwar bis an die Zähne gerüstet, aber man trieb Handel miteinander, und nicht zu knapp, wie das ausgedehnte Dorf neben dem Kastell beweist, durch das die Fernverkehrsstraße hindurchlief, ehe sie siebenhundert Meter nördlich vom Kastell den Grenzposten erreichte. Dieses Dorf an der Handelsstraße scheint die Begierde der Germanen auch mehr erregt zu haben als das Kastell selbst. Bei den Soldaten konnte man sich ja nicht viel anderes holen als blutige Köpfe; im Dorf hingegen lebten die Händler und waren die verschiedenen Handelsgüter gestapelt, griff der Verkehr der Kaufleute in friedlichen Zeiten doch bis in den Raum Kassel aus, wo die Chatten ihr Stammeszentrum hatten.

Nach dem blutigen Alamanneneinfall von 233 kehrte die Unbefangenheit nicht wieder; das Dorf wuchs nicht weiter, es gab keinen Zuzug von Händlern mehr, ja einzelne Forscher wollen ein Schrumpfen der Zivilsiedlungen neben dem Kastell erkannt haben, das selbst noch bis zum Jahr 260 bestand. Sein Dornröschenschlaf währte an die sechzehnhundert Jahre: Erst 1842 begann der Friedberger Schulmann Johann Philipp Dieffenbach mit Ausgrabungen.

Das Militärlager im Raum des heutigen Friedberg beweist uns, daß die Römer die Bedeutung dieser Stadtlage schon sehr früh erkannten, gleichsam auf den ersten Blick. Hat sich bis heute auch nicht eindeutig nachweisen lassen, daß schon der Entdecker-Eroberer Drusus in den Jahren 12 bis 9 vor Christus hier eine erste Befestigung anlegte, so steht inzwischen doch fest, daß die ersten römischen Anlagen in Friedberg auf die Zeit des Kaisers Augustus, also in die ersten nachchristlichen Jahrzehnte zurückgehen, spätestens auf den Beginn der Regierungszeit des Kaisers Tiberius (14-37 n. Chr.). Die älteste der gefundenen Münzen ist seit dem Jahr 10 nach Christus im Umlauf gewesen.

Das Lager auf dem heutigen Burgberg konnte offensichtlich nicht dauernd gegen die Germanen gehalten werden; es war zwischen den Jahren 20 und 83 unbesetzt und erhielt erst wieder eine Garnison, als Domitian gegen die Chatten vorzugehen beschloß. Friedbergs Römerkastell, in gleicher Distanz zu einem Halbdutzend anderer Kastelle am Limes gelegen, hatte in seiner zentralen Lage offensichtlich die Aufgabe, eine Eingreifreserve schneller, berittener Truppen zu beherbergen und war darum durch gute Straßen mit allen gefährdeten Punkten verbunden. Die Lokalforschung hat ermittelt, daß die heutige Friedberger Kaiserstraße etwa auf der Linie der einstigen Hauptstraße im Vicus, also im Lagerdorf, verläuft. Die hier gebrannten Ziegel und die Handwerkerwaren traten auf den guten Straßen ihren Weg in andere Siedlungen am Limes an und wurden bis nach Mainz gekarrt. Neben einer Reihe von Heiligtümern fanden sich auch sichere Hinweise auf das Vorhandensein eines Benefiziarier-Postens, wie sie an Straßenknotenpunkten nicht selten waren. Eine Lokalgottheit, die von den Legionären ja stets mitgeehrt wurde, war die keltische Göttin der vier Wege *(Dea Quadruviae)*; ihr galt ein Weihestein. Ein weiterer Stein hatte keine religiöse, sondern nur Verkehrsbedeutung; er wurde 22 Kilometer von Nidda im Jahr 249 aufgerichtet.

Elf Jahre später wurde der ganze Limes im Bereich der Wetterau von den Germanen überrannt und, soweit er nicht zerstört war, von den römischen Truppen aufgegeben, um weitere Verluste an Menschenleben zu vermeiden. Der erwähnte Meilenstein muß also einer der letzten gewesen sein, die von den Römern in dieser Gegend Deutschlands an den Rändern der Straßen aufgestellt wurden. Auch die verschiedenen Heiligtümer und Tempel in und um Friedberg, im Zivildorf am Fuß des Burgberges und auf den römischen Gutshöfen der Gegend, wurden spätestens 260 allesamt zerstört. Es muß ein Inferno des Untergangs gewesen sein, die Germanen rannten alles nieder und steckten die leergeplünderten Häuser in Brand. An den Mauern eines Tempels, der vermutlich ein Quellheiligtum war, weil er nahe beim Pfingstbrunnen lag, siedelten sich später die siegreichen Germanen an, wohl auch wegen der Nähe der guten Quelle, die bis an die Schwelle unserer Zeit einen Anziehungspunkt für die ganze Umgebung bildete.

Eine zweite, für die Verteidigung der Taunuslinie wichtige Militärstraße hatten die Römer von Trier nach Wiesbaden und weiter nach Nidda und Friedberg geführt, eine Straße, die sich aber nicht im überschwemmungsgefährdeten Moseltal hinzog, das mit seinen vielen Windungen die Entfernungen ja vergrößert hätte. Sie war auf den Höhen südlich des Mosel-Ufers trassiert worden, etwa halbwegs zwischen Mosel und Nahe und in einem erstaunlich geraden Verlauf mit einigen wenigen Richtungsänderungen bei Hinzerath und bei Kirchberg. Über Bingen und Mainz, wo der Rhein überquert wurde, erreichte die Straße dann das Etappengebiet des Taunus-Limes mit den Bädern von Wiesbaden. Sie stieß auf einen Bogen von Befestigungen, der sich bis nach Remagen nach Norden zog, ehe der Rhein dann Grenze und Verteidigungslinie zugleich bildete.

Wieviel Verkehr diese Straßen zwischen Trier, dem großen Verwaltungszentrum, und der Verteidigungslinie zu bewältigen hatten, geht unter anderem aus der Rheinbrücke bei Mainz hervor, die von den Römern so großzügig ausgebaut worden war, daß die reine Fahrbahn eine Breite von zwölf Metern haben konnte. Der Main war in diesem Raum vermutlich von vier Brücken überspannt, die auf Steinpfeilern ruhten; die Brückenstandorte Großkotzenburg und Kostheim sind als gesichert anzusehen, zwei weitere sind wahrscheinlich. Auch Meilensteine haben sich gefunden, wenn auch nicht so viele wie man eigentlich erwarten würde. Es zeigt sich, daß im weniger dicht besiedelten Alpenbereich die Meilensteine eine größere Chance hatten, an Ort und Stelle zu bleiben, als etwa in Hessen, waren in den Bergen die oft zwei Meter hohen Meilensteine doch auch bei Schneefall und bei unsichtigem Wetter wichtige Orientierungshilfen bis herauf ins Mittelalter.

Wiesbaden war, das ergibt sich schon aus der rechtsrheinischen Lage, zunächst ein Brückenkopf, entstand also zu militärischen Zwecken; vielleicht geschah es sogar im Verlauf eines Feldzuges bald nach Christi Geburt, daß hier die ersten Erdbefestigungen und Laufgräben angelegt wurden. In der Zeit des großen Straßenbauers Claudius, also um die Mitte des ersten nachchristlichen Jahrhunderts, sind dann im Raum der heutigen Stadt Wiesbaden die ersten Steinkastelle errichtet worden. Die Namen in der modernen Stadt geben einige, wenn auch nicht ganz genaue Hinweise auf die Lage der Befestigungen und auf den Verlauf der Römerstraßen: Dort wo Kastellstraße und Adlerstraße auf einer fünfstrahligen Kreuzung zusammentreffen, zog sich die Nordmauer des Römerkastells hin. Die Straßen gingen von dort in drei Richtungen aus, nach Ostnordost, nach Südosten und beinahe genau nach Süden. Nur diese letztgenannte Straße nähert sich in ihrem Verlauf Straßenzügen der heutigen Stadt Wiesbaden an; sie zog sich stellenweise nur wenige Meter neben der heutigen Schwalbacher Straße hin oder verlief überhaupt unter ihr. Die anderen beiden römischen Hauptstraßen schnitten in kompromißlos gerader Linienführung durch das heutige Straßennetz. Die Südoststraße ist allerdings noch in einem Denkmal besonderer Art erfaßbar, der sogenannten Heidenmauer. Sie flankiert die Linie, auf der die Römerstraße hart westlich von ihr verlief, ehe sie zwischen Rathaus und Marktkirche hindurch aus dem römischen Wiesbaden hinausführte. Die nach Ostnordost die Römerstadt verlassende Straße diente offensichtlich der Versorgung des Bäderbezirks. Sie verlief zwischen der heutigen Bergkirche und dem Kochbrunnen.

Was die erwähnte Heidenmauer mit den Straßen zu tun hatte, ist bis heute nicht ganz klar geworden; vermutlich ist sie ein Teil einer Befestigung, die im dritten Jahrhundert den Schutz der Thermen verstärken sollte, aber nicht mehr ganz ausgeführt werden konnte. Wiesbaden selbst hatte ein etwas gnädigeres Schicksal als so manche andere Stadt am Limes: auch die Germanen schienen ihr Herz für die warmen Quellen entdeckt zu haben und ersparten der Siedlung die völlige Zerstörung. Romanische Bevölkerung läßt sich hier bis ins vierte Jahrhundert nachweisen.

Konnten sich in der dichten Kastellfolge der Limesbefestigung die Straßen selbst kaum entfalten, so bezwangen sie um so glanzvoller die Entfernung dort, wo die Besiedlung noch dünner war und die Römerstädte nicht so eng beisammen lagen. Das war vor allem zwischen der Kaiserresidenz Trier und dem Limes der Fall, in einem Gebiet, das dem Verkehr auch heute noch so manches Hindernis in den Weg stellt. Hier ist die Sicherheit imponierend, mit der die Römer – die an sich eine Menge von der Binnenschiffahrt hielten – sowohl Mosel- als auch Nahetal souverän ignorierten und jene Straße von Trier zum Rhein bauten, die noch heute als Hunsrück-Höhenstraße weitgehend auf der Römertrasse verläuft oder römische Straßenstücke im nahen Waldbereich zugänglich macht.

Die Römer hatten noch das Zutrauen zur geraden Linie, die unsere Straßenbauer gelegentlich verlassen zu müssen glaubten, weil die sanfte Kurve für den Autofahrer angenehmer sei. Auch aus dem römischen Badeort Wiesbaden konnte man schnurgerade nach Norden reisen, auf der heutigen B 417, die beinahe die gleiche Taunus-Einsattelung benützt wie die alte Römerstraße, nämlich unweit des Jagdschlosses Platte, in Richtung auf Neuhof. Auf dem Hunsrück war es freilich schwieriger, war mehr Kühnheit erforderlich und die hier ein wenig wilde Natur, die freien, dem Wind ausgesetzten Höhen, die zahlreichen Niederschläge, das war alles dem Naturgefühl der Römer und ihren Gewohnheiten durchaus entgegengesetzt. Wie sehr, erfahren wir durch einen glücklichen Zufall: Die Kaiserstadt Trier war nämlich nicht nur Verwaltungszentrum und Kommandozentrale, sondern auch ein Mittelpunkt altrömischer Gelehrsamkeit. Und weil Kaiser Valentinian I. für seinen Sohn Gratianus einen besonders guten Lehrer zu haben wünschte, wurde zwischen 365 und 367 der in Bordeaux (Burdigala) geborene Professor der Rhetorik und bereits bekannte Poet Decimus Magnus Ausonius an den Hof nach Trier berufen. Er war einer der großen Lebenskünstler der Antike, über den man gern viel gesprochen hat und dies sogar in seinen wohlgedrechselten Lobreden auf seine beiden kaiserlichen Gönner, auf Valentinian I. und dessen Sohn, den später ermordeten Kaiser Gratianus (359-383).

Der wohlbekannte Lebenslauf dieses Dichters ist an sich interessant, weil er uns zeigt, wie ein Mann von Geist auch zu durchaus weltlichen Rängen und Würden aufsteigen und zeitweise sogar beträchtliche Macht ausüben kann, als Präfekt und als Konsul, wobei ihn allerdings gerade diese letzte Würde vermutlich ein wenig benebelte: er kann nämlich nicht aufhören, von ihr zu sprechen. Er zog auch ins Feld gegen die Germanen, die ihm in Trier ja nicht allzufern waren, und durfte sich, als er einmal Valentinian ins Feld begleitet hatte, aus der Kriegsbeute auch ein hübsches Suebenmädchen aussuchen, die in einigen seiner Gedichte unter dem Namen Sulpitilla Bissula unsterblich wurde.

Was uns an Ausonius interessiert, ist freilich nicht sosehr sein streckenweise an d'Annunzio gemahnendes Privatleben, sondern jenes große Auftragsgedicht, mit dem er die Hunsrück-Höhenstraße, wie wir sie heute nennen, in gewissem Sinn zur Via Ausonia machte. Er hat es nicht erst in seinem behaglichen Lebensabend geschrieben, als er nach der Ermordung seines Schülers und Gönners nach Bordeaux zurückgekehrt war und nur noch seiner Muse lebte, sondern offensichtlich noch in der aktiven Phase seines Lebens. Das war als er in Trier weilte, wohl in den siebziger Jahren des vierten Jahrhunderts, wenn er nicht überhaupt seine Anreise nach Trier schildert, die ja das große Ereignis seines Lebens einleitete, die Reise vom Rhein zur Kaiserstadt. Das große Straßengedicht des Ausonius hebt mit der Reportage in Bingen am Rhein an und schildert den Weg über die heutigen Orte Simmern, Denzen und Kirchberg. Wir erfahren dabei nicht nur, wo die Raststätten und Straßenstationen lagen, sondern auch, daß die Römer hier sarmatische, also aus der osteuropäischen Steppe kommende Siedler angesetzt hatten.

Wegen der schönen Verse des Ausonius wünschten wir beinahe, die Hunsrück-Höhenstraße hätte seinen Namen erhalten und wäre als Via Ausonia wohlklingend in unsere Geschichte eingegangen. Das ist aber doch wohl eine zu kühne Forderung; gegen den großen Kaiser Konstantin und sein Kastell bei Neumagen kam der Dichter nicht an, vor allem, als vor heute etwa hundert Jahren gewaltige, wenn auch etwas unbedachte Ausgrabungen aus dem Konstantinkastell die Reliefs und Weihesteine gleich tonnenweise zutage brachten.

Die 483 Hexameter des berühmten Gedichtes *Mosella* erwähnen Noviomagus (Neumagen) gleichsam nebenher als »des seligen Constantin erlauchte Feste«, womit also der Glanz eines großen Kaisers auf ein Militärlager herabfließt. Aber Ausonius, so wenig er hier zu wissen scheint, hat sich im übrigen in der Art des Herodot über die Mosellandschaft informiert; er spricht von den Fischen und vom Wein, registriert neidvoll die prächtigen Villen der reichen Römer und verspricht, von all diesen Berühmtheiten ausführlicher zu erzählen, sobald er sich ins heimatliche Bordeaux zurückgezogen haben werde.

Was Ausonius uns schuldig bleibt, das haben seit 1877 in erstaunlichem Maß die Ausgrabungen von Neumagen nachgeliefert, Inschriften und bildnerische Darstellungen, aus denen uns klar wird, wie sich das Leben an der Mosel und auf der Hauptstraße der Region abgespielt hat. Das berühmte Weinschiff von Neumagen zeigt uns in drei Metern Länge eine fröhliche Fässerfahrt, und der Steuermann ist offensichtlich schon ein wenig angeheitert, was auf dem Flüßchen mit seinen vielen Windungen das eine oder andere Problem geschaffen haben mag. Die Straße hingegen verlief gerade und wohlgepflastert, ihr Untergrund dient noch heute so manchem Neben- oder Forstweg als solide Basis. Tacitus berichtet uns in den *Annalen,* daß die Römer die Verkehrslage durch einen Kanalbau verbessern wollten: Nach einem Rheindamm, der die Ufergebiete in gefährdeten Bereichen gegen Überschwemmungen schützen sollte, wurde das große Unternehmen eines Kanalbaues zwischen Mosel und Saône erwogen, »damit die Waren übers Meer, auf der Rhône und der Saône befördert durch den Kanal dann an die Mosel gelangen könnten und moselabwärts zum Rhein. Rheinabwärts zum Ozean zu schiffen würde die Schwierigkeiten beseitigen, denen die Händler heute noch zwischen West und Nord begegnen. Diesem Vorhaben war Aelius Gracilis abhold, der Legat der Belgica.« (Annalen XIII, 53)

Warum jener belgische Gouverneur gegen den Kanalbau war, wird uns klar, wenn wir einen Blick auf die Straßenkarte und das Flußsystem Galliens werfen. Das heutige Frankreich öffnet sich, wie einst Gallien, nach Süden, zum Mittelmeer, mit der schiffbaren Rhône, an die sich nach Norden und Nordosten noch Saône und Doubs anschließen, Flüsse, die bis zum Eisenbahnzeitalter noch bedeutende Binnenschiffahrts-Frequenz hatten. Die Rhône-Uferstraße zweigte über Besançon zum Rhein bei Basel und schuf damit eine Warentransportlinie, die vom Ärmelkanal und von den Nordmeerstürmen unabhängig, aber als Straßenverbindung für Massengüter eben wenig geeignet war. Kam nun ein Kanal zwischen den großen Systemen von Rhône und Rhein hinzu, dann hatten all die blühenden Hafenorte Belgiens und auch der Straßenknotenpunkt Nymwegen mit sinkenden Umschlagziffern zu rechnen, dann wären die Niederlande wirtschaftlich auf das lokale Warenaufkommen und den Kleinhandel angewiesen geblieben.

Dieser Kanal hätte auch zwei der wichtigsten römischen Straßenverbindungen im niederrheinisch-belgischen Raum weitgehend um ihr Verkehrsaufkommen gebracht und die an dieser Verbindung liegenden Siedlungen geschädigt, die Straße von Köln über Zülpich und Marmagen nach Trier und die Straße von Köln über Tongeren nach Arras.

In einer Geistesgeschichte der Straße – gewiß ein reizvolles Thema – würde kaum eine Strecke deutschen Straßengrundes mehr Glanz auf sich vereinigen als jene Meilen namenloser Provinzial-Straßen zwischen Rhein und Trier, auf deren südlichem Ast der Dichter Ausonius reiste, während zwischen Köln und Trier sich der Zug der Geister in das germanische Rom bewegte, wie man die Kaiserstadt Trier nannte. Denn diese Stadt war im vierten Jahrhundert keineswegs nur eine Residenz der Kaiser und ein Hauptquartier der Feldherren, sondern als Zentrum berühmter Schulen in sehr früher Zeit das, was später Paris für das Abendland wurde. Augusta Treverorum war die Hauptnutznießerin einer Internationalität, die nur darum nicht sonderlich in Erscheinung trat, weil alles lateinisch sprach, einer Internationalität der keltisch-gallischen Händler, der griechischen und lateinischen Denker, der germanischen und römischen Hörer und der hohen römischen Beamten und Offiziere aus allen Teilen des großen Reiches. So wie Ausonius, der weltliche Erzpoet und Prinzenerzieher, über Hunderte von Kilometern nach Trier gereist war, so kam vom Südostende der Mittelmeerwelt Athanasius von Alexandria, der große Kirchenlehrer und Hauptgegner des bei den Germanen herrschenden arianischen Christentums. Diese Lehre, in der Christus seine menschliche Natur gegeben und eine Art Führerrolle nach germanisch-kriegerischer Auffassung zuerkannt wird, herrschte zeitweise überall dort, wo Germanen für Rom kämpften. Also hatte Athanasius wiederholt vor seinen Gegnern fliehen müssen und war schließlich über Mailand nach Trier gelangt, an die Stätte freiesten, weil universellen Geistes, wo nicht mit Dolchen, sondern mit Worten gekämpft wurde. Mit diesem Zeitgenossen des Ausonius begann, von Trier aus über den Rhein hinwegwirkend, der Versuch, die Germanen für ein neues, anderes Rom zu gewinnen, für die römische Kirche.

Die Oberschicht des Römerreiches war inzwischen schon stark germanisch durchsetzt, und da man dem Sohn eines verdienten Generals schwerlich den Zugang zu den höheren Schulen verwehren kann, drängten sich in Trier nicht nur Römer, sondern auch Gallier und Germanen zu Füßen der berühmten Lehrer Athanasius, Claudius Mamertinus, Ursulus, Harmonius und Ausonius, der ja nicht nur Prinzenerzieher, sondern auch Professor der Rhetorik war. Der unstreitig größte unter ihnen allen blieb jedoch der heilige Hieronymus, Übersetzer des Alten Testaments, Kirchenlehrer und eifriger Weltreisender in Dingen des Glaubens. Dieser dank frommer Frauen überaus wohlhabende Mann verstärkte an der hohen Schule von Trier die christliche Partei, die durch den Popularphilosophen Lactantius und Bischof Maximinus vertreten war und, unter den Augen von Kaisern und Feldherren, den heidnischen Lehrern heftige Rededuelle lieferte. Wir blicken staunend in eine Welt der Toleranz, an der uns mit Neid erfüllt, daß sich die Wortführer der Ideen frei bewegen und in der ganzen bekannten Welt in ein und derselben Sprache zu ihren Schülern sprechen konnten. Was ihnen dabei half, war ein Straßennetz, das jedem diente, an dem es keine Schlagbäume gab und in dessen Herbergen man mit ein und derselben Währung seine Zeche bezahlen konnte, vom Hadrianswall bis an den Nil.

Indes hieße es die Römer zusehr nach dem Gymnasiallehrplan zu beurteilen, würde man annehmen, daß die Straßen der Philosophen für diese erbaut worden wären. Während die großen Geister die Welt durchmaßen, dienten die weniger berühmten, die schmalen und oft nur kurzen Vicinalstraßen der römischen Besatzungsmacht, der wirtschaftlichen Erschließung der eroberten Gebiete in einem Maß, das man ohne die emsige Bodenforschung an diesen Straßen wohl niemals im vollen Umfang erkannt hätte.

Da sich diese Erschließungen überall, wohin die Römer kamen, im Grunde nach dem gleichen Muster vollzogen, können und müssen wir uns auf einige wenige unter den deutschen Beispielen beschränken.

In der Eifel, dem ebenso rauhen wie malerischen Mittelgebirge, hielten sich die Römer, deren touristisches Interesse noch als gering einzustufen ist, so gut wie ausschließlich aus

Relief aneinandergeketteter gefangener Germanen aus dem Mittelrheinischen Landesmuseum in Mainz (Um 1000 n. Chr.; ähnliche Ketten mit Halseisen wurden an der Großglocknerstraße gefunden.)

In den Fels gehauene römische Mithras-Kultstätte
unweit des alten Flußübergangs von Saint Arnual bei Saarbrücken

Die Porta Nigra (3. Jh. n. Chr.) in Trier, das großartigste Baudenkmal aus der Römerzeit auf deutschem Boden

wirtschaftlichen Gründen auf, betrieben Bergwerke und Meierhöfe und hatten für den Querverkehr zwischen der Kanalküste und dem Rheintal natürlich auch Straßen gebaut. Da kaum irgendwo sonst nördlich des Mains so eifrig gewandert wird wie in der Eifel (im Harz ist das ja nicht mehr ganz unproblematisch), kennen wir die Zusammenhänge zwischen Landesnutzung und Straßenbau hier besonders gut und müssen den Römern bestätigen, daß sie die eroberten Länder nicht nur ausbeuteten, sondern nach Möglichkeit auch entwickelten. Vermutlich ist das ganze Eifelgebiet zwischen 500 und 1800 weit weniger genützt, wirtschaftlich weniger gefördert worden als in den Jahrhunderten der Römerherrschaft.

Zülpich, südwestlich von Köln linksrheinisch gelegen, war als Tolbiacum eine wichtige Römerstadt, wenn es auch natürlich mit Colonia Agrippina nicht wetteifern konnte. In kleineren Gemeinwesen erhalten sich aber die Reste aus der Römerzeit oft sehr viel besser als in modernen Großstädten, und so können wir, Zülpich nach Süden zu in Richtung auf Merzenich verlassend, die moderne Landstraße links liegen lassen und uns auf einer aus geraden Stücken zusammengesetzten Nebenstraße auf den Spuren der Römer bewegen. Die Römerstraße verlief hier in fast genau südlicher Richtung von Merzenich und Nettersheim und ist von zahlreichen Siedlungsfunden gesäumt; auf der Höhe von Mechernich erhob sich an der Straße sogar ein Tempel, den einige Gräber umgaben. Bei Nettersheim fand sich ein Meilenstein aus den Jahren 350/53, also aus erstaunlich später Zeit, wenn man bedenkt, daß der späteste Meilenstein im Raum des hessischen Friedberg und der Wetterau schon hundert Jahre früher gesetzt wurde. Hier war die Römerherrschaft ebenso stabil wie ihr Straßennetz.

In der Voreifellandschaft südwestlich von Köln waren verschiedene Bodenschätze vorhanden, aber sie waren nicht überreich; die Landschaft bot dem Straßenbau manche Schwierigkeit, aber sie waren nicht unüberwindlich; für den Fernverkehr standen die ausgebauten Straßennetze Galliens und des Rheinufers, aber auch die Binnenwasserstraßen zur Verfügung. Nichts war extrem, alles eher typisch, und darum lassen sich die römischen Bemühungen, ihre Aktivitäten als Kolonialherren hier ausgezeichnet studieren – und sie wurden studiert, als gebe es zwischen Schleiden und Euskirchen nichts Interessanteres als römische Wasserleitungen, Straßen, Villen, Bergwerke und Gräber.

Wir stehen im Mittelpunkt allen Geschehens, wenn wir uns an die Stelle begeben, an der die römische Straßensiedlung Belgica lag, beim heutigen Dorf Billig, zwölf Kilometer südöstlich von Zülpich, auf einer kleinen Terrasse westlich der Erft, die den alten Namen *Auf dem Kaiserstein* führt. Hier trafen drei Straßen zusammen, deren breiteste mit Dreizehnmeter-Fahrbahnen vor allem militärischen Zwecken diente und auf das Kastell Wesseling des niedergermanischen Limes bei Köln zuhielt. Die von Belgica nach Bonn führende Straße war nur acht Meter breit wie die dritte nach Tolbiacum-Zülpich. Solch ein Kreuzungspunkt hatte natürlich auch seinen Benefiziarier-Posten, dazu aber auch Werkstätten jener Handwerker, die der Reisende von damals ebenso nötig brauchte wie wir heute die Tankstellen und die Automechaniker: also Wagner, Sattler, Hufschmiede und vor allem Wirte. Wäre es dabei geblieben, man hätte sich mit dem versunkenen Belgica nicht weiter befassen müssen; aber hier lagen auch Häuser und Villen von sichtlich wohlhabenden Leuten, zu denen man damals die Handwerker noch nicht rechnete. Es mußte sich um Fernkaufleute, um Bergwerkspächter und höhere Beamte handeln. Man entdeckte drei große Grabdenkmäler. »Eine Bewohnerin, die eine Weihung an Mithras gesetzt hat, besaß soviel Schulbildung, daß sie in ihren Inschrifttext einen Hexameter einschob... Drei Jupiterbildnisse aus Stein wurden gefunden, zwei von ihnen in einem Brunnen... In mehreren Brunnen lagen drei verstümmelte Jupiter- und zwei Matronenbildnisse sowie ein Diana-Altar. Die absichtliche Verstümmelung und Versenkung der Götterbilder kann auf frühe Christen, aber auch auf Franken zurückgehen« (H. von Petrikovits).

Weitere Aufschlüsse über den Reichtum der Bewohner gaben die Gräberfelder an den erwähnten Straßen im Südwesten und im Nordosten und an der einstigen Straße in Richtung auf Euskirchen. Petrikovits hat in genauer Prüfung der Grabbeigaben und sonstigen Funde ermittelt, daß Belgica als Straßenstation vom Jahr 70 nach Christus bis zum Ende des vierten Jahrhunderts seine Funktionen erfüllte und wohl noch länger bestand, weil merowingische Franken hier ebenfalls Gräber anlegten.

Die Suche nach den Bodenschätzen begann wenige Jahre

nach der Eroberung mit erstaunlicher Promptheit, vielleicht schon unter Tiberius, bestimmt aber unter dem wissenschaftlich stark interessierten Kaiser Claudius. Man fand nach und nach allerlei, was die Römer vor allem darum brauchen konnten, weil es die örtliche Versorgung verbesserte und damit lange Transportwege überflüssig machte, ganz abgesehen davon, daß eine Garnison, die sich im Lande selbst mit Waffen und anderen Ausrüstungsgegenständen versorgen konnte, damit auch Sicherheitsreserven gewann. Im Eifelraum waren es Buntmetalle und Eisen, die gefunden wurden, dazu vereinzelt Edelmetalle, aber auch Kohle, für die sich die frierenden Römer nachhaltig interessierten, dazu Kalk und Buntsandstein. »Nicht nur die guten Böden der Kölner Börde und des Erftgebietes haben als Voraussetzung für eine ertragreiche Landwirtschaft die Siedler angelockt, sondern auch die hier lagernden Bodenschätze« schreibt W. Sölter in einem Aufsatz und setzt noch hinzu, daß sogar die Glasbläser mit den Vorkommen tertiären Quarzsandes gute Arbeitsvoraussetzungen fanden. Eine von diesem Forscher erarbeitete Karte des Voreifelraumes zeigt Eisenverarbeitungsstätten, Kalkbrennereien, Bleiabbau, Steinbrüche und Kohleabbaustellen über den ganzen Raum zwischen Euskirchen, Schleiden, Münstereifel und Blankenheim verteilt mit einem Steinbruch am Südrand dieser intensiv genutzten Zone, nämlich in Ripsdorf. Ein weiterer Steinbruch wurde 1971 unweit Euskirchen, am Veybach bei Satzvey freigelegt, im gleichen Abbruchgebiet, das schon von altsteinzeitlichen Bewohnern dieser Gegend genutzt wurde.

Wir sind damit in den Arbeitsbereich der Industrie-Archäologie eingedrungen, einer neue Wissenschaft, die sich mit den imposanten Stahlkonstruktionen aus dem vorigen Jahrhundert ebenso beschäftigt wie mit den industriellen Aktivitäten unserer Vorfahren zur Römerzeit. In dem Augenblick aber, da eine Kohlengrube, ein Steinbruch Ertrag lieferten, hing alles von der Straße ab, davon, daß sie existierte und davon, wie sie beschaffen war. Wer immer nur die imposanten Fernstraßen der Römer in Gedanken begeht, die Straßen, auf denen ein Horaz an die Adria reiste und ein Ausonius nach Trier, der sollte die nützlichen Nebenstrecken nicht vergessen, ohne die das römische Leben in den Provinzen doch recht ärmlich geblieben wäre.

Man begreift es kaum, daß ein Halbjahrtausend solcher Straßennutzung, daß dieses lange Leben mit der Straße und durch sie in beinahe allen deutschen Landschaften in dem Augenblick vergessen wurde, da die Römer ihre militärischen Positionen nicht mehr halten konnten. Gewiß, es kamen Alamannen, Franken, Thüringer, aber erstens blieben Restbevölkerungen am Ort, und zweitens ist eine Straße ja kein hermetisches Buch: Die Eroberer mußten ja schon auf dem Anmarsch erkannt haben, was eine Straße wert ist, aber sie taten für die Römerstraßen, die nun ihnen gehörten, durch ihre Gebiete liefen und ihnen hätten dienen können, nicht einmal das wenige, was lokale Machthaber ohne Unterstützung durch eine starke Zentralgewalt für ein Straßennetz tun konnten, und so begann allenthalben in der damals bekannten Welt ein Verfall, der ebenso ungeheuerlich genannt werden muß, wie die Bauleistung ungeheuer war.

Zuerst verfielen die hölzernen Brücken; sie verfaulten, vermorschten, wurden nicht erneuert und entwerteten die Straßen, da die Flüsse nun wiederum – wie vordem – durch Furten passiert werden mußten, die nur in Ausnahmefällen nahe an den Römerstraßen lagen. In den Waldgebieten stürzten Bäume auf die Straße, und niemand schaffte sie weg, und die Stellen, an denen der Regen die Straßen unterwaschen hatte, wurden nicht mehr ausgebessert, so daß sich das starre Römerpflaster in scharfen Einbrüchen senkte und selbst Fußwanderer Schwierigkeiten hatten, wenn sie die Straße benützen wollten. Die noch befahrbaren Kurzstrecken dienten höchstens dem lokalen Verkehr, den Bauernkarren und Marktfahrern, waren aber bald nur noch Steinbrüche, aus denen man sich holte, was man eben brauchte. In Stadtnähe verschwanden die Straßen ganz, auf dem Lande wurden sie dauerhafte und etwas breit geratene Grenzbefestigungen zwischen Feldern und Ackergrundstücken verschiedener Besitzer.

Heute ist das gewaltige Straßennetz, das Netz, dessen Fäden zweimal den Äquator umspannten, so gut wie verschwunden; aber auf seine Reste stößt man immer wieder bei modernen Straßenbauten auch in den entlegensten Gegenden: In mehr als zweitausend Metern Höhe fanden sich Teilstrecken einer Römerstraße, als man die Großglockner-Hochalpenstraße erbaute, und seit man gelernt hat, Luftaufnahmen archäologisch auszuwerten, heben sich, wie von Geisterhand ins Gras gepinselt, die hellen Linien der ehemaligen Straßen für den Kundigen so deutlich ab wie ein altes Itinerarium mit etwas verblaßten Buchstaben von einem Pergament. Bei trockenem Wetter dörren die Steine des römischen Straßengrunds das Gras über ihnen aus, so daß sich eine hellgestreifte Bahn über den Steinlagen dahinzieht. Wenn man in einem der alten italienischen Siedlungsgebiete über Land fährt und die Straße plötzlich einen scharfen Knick macht, dann kann man oft in gerader Fortsetzung des Straßenlaufes auf Reste der römischen Pflasterung stoßen – denn die Römer bauten schnurgerade und kümmerten sich nicht um die Anrainer, deren Starrsinn heute so manche Landstraße ihre überflüssigen Kurven verdankt.

Aber es ist seltsam: diese gerade Linie, die in der Natur nur zufallsweise vorkommt, ja die sich vielleicht gar nicht mit ihr verträgt, sie wird durch die Römerstraßen der vielgestaltigen und krausen Schöpfung gleichsam nachgeliefert, als hätte sie gefehlt. Es ist beinahe so, als sähe man den alten Straßen einer fernen und klassischen Zeit an, daß es auf ihr wohl einigen Lärm gegeben hat, aber keinen Gestank und schon gar keine giftigen Gase. Sie waren, blickt man aus unserem Jahrhundert auf sie zurück, gewiß keine Vergewaltigung der Natur, eher schon der großartige Versuch, die barbarische Oberfläche eines Planeten mit Fleiß und Kunst begehbar zu machen zum größern Ruhm jenes unbekannten Wesens, das dies alles hervorgebracht hat.

Um dem Leser langes Nachschlagen zu ersparen, ist die Spezialliteratur über einzelne Straßen und die damit zusammenhängenden Funde aus der Römerzeit stets an Ort und Stelle genannt. Da man aber leider annehmen muß, daß vor 1960 erschienene Werke nur noch in Bibliotheken erhältlich sind und weil manche Leser, durch dieses Römerstraßenbuch angeregt, vielleicht den Wunsch haben, allgemeiner über Straßen oder auch über die Römerzeit informiert zu werden, gebe ich hier noch einen kurzen Überblick über ergänzende Werke.

In den Jahren 1957-59 habe ich, als erstes Buch für einen deutschen Verleger, eine Geschichte der Straßen der Welt geschrieben, die unter dem Titel *Sinfonie der Straße* vier Auflagen erlebte und kurioserweise in Japan den nachhaltigsten Erfolg hatte. Das Buch ist heute in allen Ausgaben vergriffen; die zwei kurzen Kapitel, die es den Römerstraßen widmen konnte, sind in das vorliegende Buch eingearbeitet. Dazu trage ich hier noch nach, daß sich Ludwig Friedländers *Darstellungen aus der Sittengeschichte Roms* ausgiebig mit dem Leben an der Straße, dem Reisen und den Räubern beschäftigen und einen so gut wie vollständigen Überblick über die Textstellen der antiken Literatur geben, die sich darauf beziehen. Da die bekanntesten antiken Geschichts- und Literaturwerke inzwischen in preisgünstigen Neuausgaben vorliegen, bestünde die unterhaltsamste Fortsetzung des vorliegenden Römerstraßenbuches darin, sich von Friedländer zu diesen Texten führen zu lassen und sich eine dokumentarische Anthologie selbst zu erlesen. Lexiko-lakonisch, aber kaum je versagend, informiert darüber hinaus *Der Kleine Pauly,* fünf gehaltvolle DTV-Bände, die ihren Preis dreimal wert sind.

Der 271 Lexikonspalten umfassende Straßen-Artikel aus dem ›großen Pauly‹, der *Realencyclopädie der classischen Altertumswissenschaft,* stammt von dem Berliner Hochschulprofessor Gerhard Radke und ist bei Alfred Druckenmüller in Stuttgart 1971 als Sonderdruck erschienen. Der handliche Band mit vielen Skizzen und Übersichten gibt den neuesten Stand der Römerstraßenforschung wieder und informiert gründlich auch über die allgemeinen Fakten – Technik, Pflege, Verwaltung, Gesetzgebung, Namensgebung – ergänzt durch bibliographische Hinweise. Auch der mit wissenschaftlicher Diktion wenig

Vertraute wird sich in die sehr konzentrierte, aber übersichtliche Darstellung bald einlesen und Gewinn daraus ziehen. Überraschend ist lediglich, daß die Besprechung der einzelnen Straßen außer den Römerstraßen des italienischen Mutterlandes lediglich eine der beiden Balkanstraßen und die südfranzösische Römerstraße Aix-Pyrenäen behandelt, nicht aber die Römerstraßen in Nordafrika, Spanien, England, Wales, Deutschland usw. Darum nenne ich noch einige lieferbare oder erreichbare Bücher über die Römerzeit in diesen Ländern, auch wenn sie sich nicht speziell mit den Straßen beschäftigen:

Das streckenweise gut ausgebaute nordafrikanische Römerstraßennetz wird uns zumindest in seinen Funktionen deutlich aus Ch. André Julien: *Histoire de l'Afrique du Nord.* Die Darstellung endet mit der arabischen Eroberung im Jahr 647 (2. Auflage 1964 bei Payot in Paris).

Über Altspanien lese ich aus alter Vorliebe immer noch in den Arbeiten des Altmeisters Schulten. Was er über Numantia herausfand, gilt bis heute, und über seine Tartessos-Forschungen ist man auch nicht nennenswert hinausgelangt. Neu und lieferbar: Helmut Sichtermann: *Funde in Spanien* (Musterschmidt, Göttingen 1977).

Frankreich, wo Geschichte noch ihren vollen Unterhaltungswert hat, widmet den Altstraßen seiner verschiedenen Regionen ebensoviele Untersuchungen. Zusammenfassend arbeiteten René Héron de Villefosse, der unendlich viel wissende Museumsdirektor (*Histoire des grandes Routes de France,* Paris/Perrin 1975) und der viel, aber solide publizierende André Castelot (*La belle Histoire des Voyages, ebdt.* 1965). Älter, gründlicher und mit reichen Literaturangaben versehen: *Les Routes de France depuis les Origines jusqu'à nos Jours,* ein Sammelwerk (Colloques, Paris 1959) mit kleiner, aber sehr genauer Karte sämtlicher Römerstraßen auf dem Boden des heutigen Frankreich.

Für England ist nach wie vor unübertroffen das zweibändige Werk von I.D. Margary: *Roman Roads in Britain* (Phoenix House, London 1957) wozu man allgemeiner konsultieren kann R. Syme: *The Story of Britains Highways* (Pitman & Sons, London 1952).

Seit Rudolf Pörtners inzwischen legendärem Bucherfolg *Mit dem Fahrstuhl in die Römerzeit* (Düsseldorf und Wien, Econ 1959) wirkt die Römerforschung in Deutschland ermutigt, vollzieht sich aber auf regionaler Ebene. Das hat den Vorteil der echten Akribie (ich erwähnte Bücher über Hessen, Bayern und einzelne rheinische Ausflugsgebiete), aber den Nachteil der fehlenden Übersicht. Auch die Schweiz ist über die gewaltige Leistung von F. Stähelin *(Die Schweiz zur Römerzeit,* 3. Aufl. 1948) noch zu keiner neueren Zusammenfassung vorgedrungen, doch ist der erwähnte Ausflugsführer von Hallwag ebenso brauchbar wie das für die Jugend konzipierte, ausgezeichnet illustrierte Buch *Fundort Schweiz* von Stefanie Martin-Kilcher und Marc Zaugg (Solothurn, Aare-Vlg. 1983).

Für Österreich darf ich das mehrfach aufgelegte Buch meines Bruders Georg nennen *(Die Römer in Österreich,* Frankfurt, Societäts-Vlg. 1974) dessen vorbildlich geordnete Bibliographie den ganzen Fragenkomplex auch über Österreich hinaus erschließt. Die angrenzenden pannonischen und ostmitteleuropäischen Gebiete haben noch keine neueren Untersuchungen hervorgebracht, die in deutscher Sprache vorliegen, doch ist das alte Standardwerk von J.N. von Sadowski aus dem Jahr 1877 in einem Reprint lieferbar *(Die Handelsstraßen der Griechen und Römer durch das Flußgebiet der Oder, Weichsel, des Dnjepr und Njemen.* Amsterdam, Meridian Publishing Co. 1964).

Für Italien ist, über den erwähnten Sonderdruck des Radke-Großartikels hinaus, mit Vorteil noch die inzwischen klassisch gewordene *Italienische Landeskunde* von H. Nissen zu benützen, die natürlich in vielen Einzelfällen überholt ist, weswegen Ernst Kirsten, der für Griechenland schon ausgezeichnet gearbeitet hat, zu einem gleichartigen Unternehmen für Italien angesetzt hat (bei Winter, Heidelberg, seit 1975). In einem Amsterdamer Reprint (Verlag Hamer, 1967) liegt uns die alte Untersuchung von Marucchi und Ripostelli über die *Via Appia à l'époque romaine et de nos Jours* vor. Außerdem möchte ich auf den angenehm luftigen und stillen Lesesaal des Instituts für Ligurische Studien in Bordighera verweisen, wo man sich beinahe so fühlt wie in der Villa Massimo und auf das freundlichste beraten wird.

Nicht eigens im Text aufgeführt sind die bekannten klassischen Werke zur Alten Geographie von Kiepert, Ukert, Bergier u.a. und die verschiedenen Lexika, die vor allem in ihren vor 1914 erschienenen Auflagen auch stets die römischen Namen der Städte und ihre Schicksale im Altertum erwähnen. Das tat auch das einzigartige reiche, bei annähernd fünfhundert Seiten auch an Details nicht geizende Buch *Die Hochstraßen der Al-*

pen, das bei Mairs geographischem Verlag in Ostfildern leider vergriffen ist.

Das letzte Wort gilt den Aficionados, den Altstraßensuchern aus Passion. Ihnen möchte ich sagen, daß man im engen, verbauten, verkehrsüberfluteten Mitteleuropa ohne kundige Hilfe nicht mehr auskommt – und nicht mehr auszukommen braucht. Für Deutschland gibt es die ausgezeichnete Reihe der Führer zu vor- und frühgeschichtlichen Denkmälern (Verlag Philipp von Zabern), für den österreichischen Alpenraum eine ähnliche Schriftenreihe im Verlag von Johannes Heyn in Klagenfurt. Genaue Karten, 1:100.000 oder noch besser 1:50.000 sind dennoch unerläßlich.

ZEITTAFEL

vor Christus 753	Legendäres Gründungsjahr der Stadt Rom. Vier der sieben Hügel Roms sind tatsächlich seit dem 10. Jhdt. besiedelt, von einer Stadt kann man seit 650 sprechen.
550	Rom etruskisch beherrscht, seinem Charakter nach aber latinisch.
451	Das Zwölftafelgesetz mit der ersten Erwähnung des Straßenbaues, der Breite der Straßen u.ä.
seit 330	Gelegentliche Erwähnung von bestimmten Fernstraßenbauten, vorwiegend in Italien und auf Sizilien.
im 3. Jhdt.	Die ersten Meilensteine sind steinerne Säulen. 1. röm. Meile = 1481,5 Meter.
338-146	In Kriegen gegen ihre Nachbarn, gegen Etrusker, Samniten, auch gegen Kelten und Karthager, erringt Rom die Herrschaft in Italien und in Teilen des Mittelmeerraums.
110-101	Beim Einfall der Kimbern und Teutonen in die Rheingegenden, den Alpenraum und nach Südfrankreich spielen Straßen und Umgehungswege für die erfolgreichen römischen Eingreiftruppen bereits eine große Rolle.
60-30	Cäsar (ermordet 44), Pompeius und ihre wechselnden Verbündeten weiten, z.T. in Machtkämpfen gegeneinander, die römische Herrschafts-Sphäre erheblich aus. Spanien, Gallien und der Osten bis Ägypten werden feste Bestandteile des Reiches, das in Augustus (gest. 14 n. Chr.) seinen ersten Kaiser erhält. Zielbewußter Ausbau von Straßen und Brücken, Wiederherstellung alter Straßen.
nach Christus	
41-54	Kaiser Claudius, der große Straßenbauer; Erschließung der Alpenregion und des nördl. Voralpenlandes.
43-50	Handel und Verkehr Roms weiten sich bis

	England und Nordwestdeutschland aus; Gründung von Köln.
69-117	In diesem Zeitraum erweisen sich die Kaiser Domitian, Traian und Vespasian als großzügige Bauherren auch für Straßen und Brücken. Auf Traian folgt Hadrian (117-38), der das ganze große Reich bereist und neu organisiert.
138-161	Kaiser Antoniuus Pius verstärkt die Grenzsicherungen u. zieht in England einen zweiten Wall nördlich des Hadrianswalls.
161-180	Kaiser Marc Aurel; Kämpfe an der Donaugrenze, der Bernsteinstraße und bei Wien.
193-284	Zeit der sogenannten Soldatenkaiser, von denen häufig zwei oder mehrere, auf einzelne Truppenteile gestützt, um die Herrschaft kämpfen. Schwächung des Reiches, Zunahme des Drucks von außen. Größter Soldatenkaiser: Septimius Severus (gest. 211), zahlreiche Straßenbauten in den Alpen und in Süddeutschland.
283 u. später:	Der Limes, langer Grenzwall mit Festungen vornehmlich gegen Germaneneinfälle, wird von den Alamannen u.a. germanischen Völkern überrannt und verfällt mit den zugehörigen Straßen und Nachschubwegen.
284-316	Kaiser Diocletian. Energische Reichspolitik, Christenverfolgungen; dankt 305 ab.
306-337	Kaiser Konstantin der Große. Befriedung des Reiches durch Anerkennung des Christentums. Byzanz wird Hauptstadt (330)
364-375	Kaiser Valentinian stellt Donau- und Rheingrenze wieder her und wirft Picten und Schotten nach Norden zurück.
375-452	Die Hunnen, später unter Attila, und ihre german. Verbündeten (Gepiden, Ostgoten) beherrschende Macht in Europa. Das Ende des Römerreichs kündigt sich an.
406-429	Vandalen, Sueben und Alanen ziehen über den Rhein und durch ganz Gallien, fixieren

sich in Spanien und erobern, als die Westgoten sie in Spanien bedrängen, das römische Nordafrika.

449 Angelsächsische Invasion in Britannien, von wo die röm. Garnisonen schon 407 abgezogen worden waren.

471-526 Theoderich d. Gr. herrscht über ein arianisches Ostgotenreich in Italien. Geordnete Verwaltung und Verkehrsverhältnisse. Erste Erwähnung von Lagunenstädten im Raum Venedigs.

527-567 Kaiser Justinian herrscht in Ostrom (Byzanz/Konstantinopel), erobert das vandalische Nordafrika zurück und vernichtet die Ostgotenherrschaft in Italien. Die Apenninenhalbinsel wird oström. Provinz, 568 aber von den Langobarden erobert, womit de facto das Mittelalter beginnt.

1855 Das Buch *Zur Geschichte des Wegebaus bei den Griechen* von Curtius hat ein gewisses Interesse auch für die Römerstraßen zur Folge, die bis zur Goethezeit oft noch auf weiten Strecken benutzt wurden; seit etwa 1950 setzen Bemühungen um die Erhaltung der noch sichtbaren Straßenstücke ein.

REGISTER

Die Fülle vor allem der Ortsnamen in diesem Register bedingt, daß nur die Hauptstellen aufgenommen werden konnten; jedes andere Verfahren hätte die Benutzung erschwert. Die lateinischen Ortsnamen sind stets ebenfalls aufgenommen. Erläuterungen zu Personen-Namen beschränken sich auf das zur Unterscheidung Nötige. Namen aus dem Literaturbericht scheinen im Register nicht noch einmal auf.

ORTSREGISTER

PERSONENREGISTER

BILDQUELLENNACHWEIS

Hansjörg Abuja, Klagenfurt 17/22
Bildarchiv Joachim Kinkelin, Worms (Foto: M. Mehlig) 8
Bildarchiv Foto Marburg, Marburg/Lahn 7
Bilderdienst Süddeutscher Verlag, München 11
Lucca Chmel, Wien 19
Franz Gangl, Hellmonsödt 23/24
Alain Gas, Paris 6
M. Jeiter, Aachen 27
G. & W. Klammet, Germering bei München 2/5/26
laenderpress, Düsseldorf (Foto: Erich Lessing) 13
Löbl-Schreyer, Bad Tölz 18
Guido Mangold, Ottobrunn 16
Leonard von Matt, Buochs, Schweiz 1/3/9/12
Bernhard Moosbrugger, Zürich 15
Museum Carolino Augusteum, Salzburg 20
Werner Neumeister, München 4
Gregor Peda, Passau 21
Prenzel-IFA, München (Foto: Everts) 10
Toni Schneiders, Lindau 14/25